KB150304

역사란 무엇인가?

- 역사학과 역사인식, 역사철학과 역사의식, 세계사와 민족사 -

역사란 무엇인가?

역사학과 역사인식
역사철학과 역사의식
세계사와 민족사

문성화 지음

평민사

사랑하는 아내 조은경과
두 딸 선현, 보미에게 감사의 마음을 전합니다.

지은이의 말

2020년 초부터 COVID19가 전 인류를 폐렴 공포에 몰아넣고 있지만, 그 마지막 시점이 언제일지 아직 알 수가 없다. 그로부터 2년이 훨씬 지난 현재까지도 계속해서 변이를 일으키고 있지만, 아직 제대로 된 백신이나 치료제를 개발하지 못한 상태이다. 그것은 어쩌면 21세기 최대의 세계사적 사건이 될지도 모를 일이다.

인간의 삶에서는 크고 작은 사건이 단 한 순간도 쉼 없이 발생하고 있지만, 전 인류에게 커다란 영향을 주는 어떤 사건이 아니라면, 그것은 **세계사적 사건**이라고 칭할 수 없다. 그 어떤 사건일지라도 특정 민족이나 국가에 국한되는 사건은 세계사적 사건이 아니다. 왜냐하면 세계는 모든 민족과 국가의 총합이지 어느 한 민족이나 국가가 세계를 대표할 수는 없기 때문이다.

그런데 세계사적 사건을 대하는 방식을 보면 국가마다 비슷한 점이 있는가 하면 다른 방식도 있다. 다른 방식은 각 국가가 나름대로 자신들의 조건과 특성에 맞추어서 대처하는 방식이라면, 비슷한 점은 모든 국가가 자신들에게 유리하고 이익이 되게 하는 데에 초점을 맞춘다는 사실이다. 그 어떤 일이 있더라도, 각 국가나 민족은 다른 국가나 민족의 이익을 자국이나 자기 민족의 이익보다 우선시하거나 동일한 가치로 여기지 않는다. 이것은 인류의 역사가 증명해주고 있으며, COVID19에 대처하는 방식에서도 여실히 증명되고 있다.

결국 필자가 강조하려는 것은 세계의 역사에서 보편적 이념은 존재할지라도 세계 전체가 그 이념을 중심으로 모두 동일하게 나아가는 것은 아니라는 점이다. 세계 각국에서 보편적 이념을 현실에서 실행해 나가는 방식이 모두 다르다는 뜻이다. 그렇기 때문에 현실의 역사가 보편적 이념을 수용하더라도 현실은 민족이나 국가를 중심으로 흘러갈 수밖에 없다.

이러한 현실에서 역사가는 역사의 이념이나 역사의 원리 또는 역사의 법칙을 찾아내려고 노력한다. 물론 각국의 역사를 살펴보면 우리는 그 안에서 그러한 것들을 찾을 수는 있다. 하지만 그렇게 찾아낸 역사의 이념이나 원리 또는 법칙이라고 해서 그것이 모든 민족이나 국가에 공평무사하게 적용될 수는 없다. 비록 역사에서 교훈을 얻는다고 하지만, 현실은 역사와 다르게 진행되는 경우가 대부분이기 때문이다.

그렇기 때문에 인류는 오히려 역사를 가르치고 배워야 한다. 역사와 관련한 피상적인 지식이 아니라, 어제와 오늘보다는 모든 면에서 발전한 내일을 기대한다면, 역사를 배우고 가르치는 과정에서 적어도 과거와 동일한 과오를 되풀이해서는 안 되기 때문이다. 역사가 철학과 만나야 하는 까닭은 바로 이 때문이다. 역사적 사건이라는 객관적인 기록에 머물지 않고 그 근원으로 파고들기 위해서는 **철학적 사유**가 필요하다. 그것은 역사적 사건과 기록의 객관성과는 별개의 문제이다.

　역사적 사건과 그 기록에 대한 진실성이 무엇보다 중요하기 때문에, **역사학**은 **역사인식**의 문제를 최우선으로 탐구한다. 그리고 사건과 기록의 객관성을 바탕으로 통시적 역사와 공시적 역사의 관련성을 살펴보고 어떤 요소들이 역사에 영향을 주었는지 연구한다. 과거의 역사를 이렇게 연구하는 과정에서 역사에 대한 재인식과 재해석은 어떤 방식으로든지 뒤따를 수밖에 없다. 그러나 역사학은 이쯤에서 더 이상 나아가지 않는다. 왜냐하면 역사에 대한 재인식과 재해석은 이미 객관적 인식을 넘어서 주관이 개입하는 단계이기 때문이다.

　그렇지만 엄밀하게 살펴보면, 역사적 사건을 기록하는 순간부터 주관은 필연적으로 개입하게 된다. 역사의 기록에 등장하는 낱말 하나, 단어 하나 또는 조사 – 토씨 – 하나가 어떻게 쓰였는지에 따라, 후세 사람들이 그것을 읽고 해석하는 방식은 엄청나게 달라질 수 있기 때문이다. 여기에 역사의식의 중요성이 대두된다. 어떤 학문이건 아니면 그 무엇이건 간에 인간의 삶과 직·간접적으로 연관 없는 것은 아무것도 없다. 그러한 것들 중에서 역사는 개인보다는 집단 전체와 관련 있으며, 더욱 엄밀하게는 집단 전체의 미래에 영향을 준다. 지금 현재의 것은 눈으로 볼 수 있는 가시적인 것이지만, 미래의 것은 비가시적인 것이다.

　인간은 가시적인 것에 대해서는 인식할 수 있지만, 비가시적인 것에 대해서는 의식만 가질 수 있다. 따라서 우리는 지나간 역사를 대하는 자세에서는 역사인식이 중요하지만, 미래의 비가시적인 역사에 대해서는 역사의식을 가져야 하는 것이다. 역사인식을 바탕으로 하는 역사의식의 주체는 인간이고, 인간이 어떻게 행위하는 가에 따라 역사가 진행하게 되며, 오늘보다 발전한 역사가 되기 위해서는 역사를 발전하게 하는 이념이나 원리가 중요하다. **역사철학**은 바로 이와 같은 **역사의식**을 탐구한다.

역사는 과거의 것이라는 말로 치부할 수 있는 게 아니다. 인류와 우리 민족이 존속하는 한 역사는 과거의 사실로 지나가 버리는 것이 아니라 현재와 미래를 인도하는 길잡이가 되어야 한다. 개인도 과거의 일을 거울삼아 희망찬 미래를 설계하는데, 하물며 민족이나 국가 또는 인류 전체에게 역사의 중요성은 더 말할 필요조차 없다.

우리 민족에게는 우리의 역사가 특히 중요하다. 남북으로 분단된 지 77년이 지났지만, 같은 역사를 배경으로 하는 세월을 두고 우리는 '반만년 역사'라는 표현을 사용한다. '반만년'은 그냥 흘러간 시간이 아니다. 그 안에는 우리 민족이 함께한 시간과 공간이 있고 공통으로 사용한 언어를 바탕으로 함께 이루어낸 문화가 있으며, 온갖 고난과 역경을 딛고 오늘날까지 이어온 민족의 생명이 있다. 비록 아직은 이데올로기가 첨예하게 대립하고 있지만, 우리에게 '**민족**'은 더 이상 인류학적이고 종족학적 개념이 아니라 **통일을 위한 역사적 이념**으로 작용해야 한다.

오늘의 이 저술을 집필하기 이전에 필자는 역사철학과 관련하여 『철학의 눈으로 본 민족사』(2007년)와 『삼국사기와 삼국유사의 역사인식과 역사의식』(2015년)이라는 두 책을 출판했다. 1997년 독일에서 철학박사 학위를 취득하고 귀국하여, 어렸을 때부터 줄곧 관심을 기울이고 있었던 역사의 문제를 철학적 관점에서 연구하여 두 책을 저술한 것이었다. 이 저술은 앞의 두 저술을 바탕으로 집필했는데, 2007년부터 2022년 오늘까지 보면 15년 동안에 세 권의 역사철학 서적을 집필한 셈이다. 이 저술은 이전의 두 책에서 부족했던 내용을 보완하고 수정하면서 참고자료도 많이 보충했음을 이 자리를 빌려 밝히는 바이다.

그렇기는 하지만 역사에 대한 연구가 이것으로 마침표를 찍을 수는 없다. 개인은 유한하지만 인류가 존속하는 한 역사는 계속되며, 쉼 없는 역사에서 이 연구는 그냥 한 부분에 불과할 뿐이다. 필자는 수많은 개인이 역사에 관심을 갖고 연구하기를 바라며, 그러한 연구에 필자의 저술이 조금이나마 도움이 되기를 소망하는 마음이다. 그런 개인 중에는 나의 아내 조은경과 선현, 보미라는 두 딸도 포함된다. 나의 가족은 나에 대한 비판자인 동시에 후원자들이다. 그렇기에 늘 고마운 존재들이 아닐 수 없다. 이들 모두도 역사의 주체가 되기를 바라면서…

2022년 9월
지은이 문성화

차 례

• 지은이의 말 ⋯⋯ 5

제1장
**역사학과
철학**

1. 역사란 무엇인가? ⋯⋯ 13
2. 역사학과 역사철학 ⋯⋯ 29
3. 세계사와 민족사 ⋯⋯ 41

제2장
**역사학과
역사인식**

1. 통시적(通時的) 역사
  – 역사의 종적(縱的) · 시간적 의미 ⋯⋯ 66
2. 공시적(共時的) 역사
  – 역사의 횡적(橫的) · 공간적 의미 ⋯⋯ 100
3. 역사인식과 역사의 요소
  1) 역사의 장(場)으로서 자연
    – 자연연관성과 지리적 환경 ⋯⋯ 138
  2) 역사의 주체로서 인간
    – 민중과 영웅 ⋯⋯ 171
  3) 역사이념의 담지자(擔持者)로서
    언어와 문화 ⋯⋯ 206
  4) 역사적 사건과 정치권력 ⋯⋯ 235
  5) 역사적 사건과 경제권력 ⋯⋯ 249
  6) 역사적 사건과 종교권력 ⋯⋯ 262

제3장

역사철학과
역사의식

1. 역사와 인식론
   - 역사해석과 역사이해 ······ 280
2. 역사와 인간학
   - 역사적 존재이자 역사의 주체로서
     인간이해 ······ 301
3. 역사와 실천철학
   - 역사의 이념을 실천할 토대로서
     실천철학 ······ 315
4. 역사와 형이상학
   - 역사의 이념과 원리 ······ 342

• 맺는말 - 보편적 역사는 오직 민족사뿐이다 ······ 367
• 참고문헌 ······ 397

제1장

역사학과
철학

1. 역사란 무엇인가?

국립국어원의 『표준국어대사전』에는 **역사**를 다음과 같이 세 가지로 나누어서 "1. 인류 사회의 변천과 흥망의 과정. 또는 그 기록, 2. 어떠한 사물이나 사실이 존재해 온 연혁, 3. 자연 현상이 변하여 온 자취"로 정의하고 있다. 하지만 보통 학문적으로는 이 가운데 오로지 "인류 사회의 변천과 흥망의 과정. 또는 그 기록"만을 역사로 간주하는 까닭에, 사물이나 자연의 변화 과정은 역사에서 제외하고 있는 게 일반적이다.

또 『철학사전』에서는 다음과 같이 설명하고 있다.

"[History, 歷史, Geschichte] 보통으로는 인간 생활의 과거부터의 변천과 지역, 국가, 세계가 지금까지 지나온 과정 속에서 발생한 사건들 그 자체 내지 그것들에 대한 기술(記述)을 말한다. 인류 발생 이래의 생활의 변천·경과 속에서, 사건이 문서로 기록되기 시작한 시기를 기점으로 하여, 유사 이전(有史以前)과 유사 이후(有史以後)로 구분할 수 있다. 그러나 역사 과정이라는 것은 인간의 변천만으로 제한되는 게 아니라, 자연도 또한 역사적이라는 인식이 생겨났다. 18세기에 칸트가 태양계의 생성에 대하여 말한 성운설(星雲說)은 그 대표적인 예이다. 이와 같이 자연에도 역사적 경과가 있다는 것은 점차 명확하게 밝혀지고 있다. 다윈의 생물의 진화론도 그 중요한 업적이었다.

즉 모든 사물이 시간적 변천을 통해 발생하고 발전하며, 또 소멸하여 가는 것, 과거·현재·미래를 통하여 변화하며 발전을 수행해 나가는 것 등이 객관적 세계에 있어서의 역사를 형성하고, 또 그것의 인식은 인간에 의해 기록되고 기술되는 역사가 되어 우리에게 제공된다. 다시 말해서 세계는 전체로서 변증법적인 존재 방식을 지니고 있으며, 변화·발전이 세계의 모습이라는 것이 인간 생활의 과거·현재·미래의 전망을 통해 인정될 뿐 아니라, 자연에 있어서도 이러한 사물의 기본적인 맥락이 흐르고 있음은 자연과학의 여러 성과를 통해 명확해지고 있다."[1)]

---

1) 임석진 외 지음,『철학사전』, 중원문화 2009.;『한국민족문화대백과사전』에서는 매우 자세하게 정의하고 있는데, "역사(歷史)"라는 용어가 "근대사 개념용어"로서 "19세기 말 서양의 히스토리(History)라는 용어의 번역어"이며 다음과 같이 정의하고 있다. "근대 이후 한국·일본·중국에서 공통으로 사용되고 있다. 이 용어가 들어오기 전 동양의 역사는 사(史)·감(鑑)·통감(通鑑)·서(書)·기(記)라는 용어로 쓰였다. 한편, 사(史)라는 한자의 어원은 객관성을 상징하는 중(中)과 기록을 상징하는 수(手)의 합성어로서 '객관적으로 공명정대하게 기록하는 행위' 자체를 의미하였으며, 이후 어떤 일·사실을 기록하는 사관(史官)의 의미로도 사용되었다. 전통적인 동양의 역사는 사관이 기록한 기록물로서, 연구자의 자의적 해석을 금기시하고 원전을 충실히 인용함을 중시하였다. 자신의 견해는 사론·찬(贊)·안(案)

위의 설명에는 자연의 변화 과정도 역사로서 인정해야 한다는 점이 반영되어 있다. 그렇지만 공통된 견해는 인간의 일이건 자연의 변화이건 간에 **기록**이나 **기술**이 있어야만 역사로서 인정된다는 점이다. 어느 나라의 어학사전이나 철학사전이건 간에 역사에 대한 정의는 이와 다르지 않다. 그렇다면 지구의 탄생이나 인류 출현 이후의 흔적이 남아 있고, 그 흔적이 아무리 오래되었을지라도 그에 관련된 기록이 없다면, 또는 기록이 있더라도 해독하지 못한다면 (아직은) **역사**가 **아닌** 게 된다. 그만큼 **기록**이 중요하다는 뜻이다.

그렇기에 사람들은 역사 이전시대를 선사(先史)시대라고 하여 그 이후시대와 구별하고 있다. 이와 같은 구별의 기준은 두 말할 것도 없이 바로 **문자**(文字)이지만, 그렇다고 해서 전해져 내려오는 모든 것이 반드시 문자에 의한 것만은 아니다. 인류 사회에서 문자가 아

·평(評)이라는 제목 하에 역사의 기록과 구분해 붙였다. 그런데 서양의 히스토리는 저자의 주관적인 서술이 중심을 이루는 학문이어서 종래의 사학과는 그 방법이 크게 다르므로 새로운 번역 용어가 만들어졌다. 그러나 오늘날에는 역사학과 사학은 같은 개념으로 사용되고 있다. (…) 역사라는 용어에는 4가지의 개념이 있다. 첫째, 시간이 흘렀다는 뜻이다. 지구의 역사, 군대의 역사라고 할 때의 개념과, 역사가 오래된 학교라고 칭할 때의 개념이 이에 속한다. 둘째, 과거에 기록해 놓은 기록물을 뜻한다. 예컨대 『삼국사기』·『고려사』·『조선왕조실록』·『승정원일기』·『비변사등록』 등을 역사라고 칭할 때와, 역사시대와 선사시대라고 구분할 때의 개념이 그 경우이다. 셋째, 역사학을 의미한다. 이는 사학이라고도 한다. 연구자에 의해 전문적으로 연구·서술하는 학문이란 개념이 그것이다. 넷째, 철학적 개념, 추상적 개념으로 과거의 역사가 어떤 의미를 가지는가 할 경우와, 역사의 죄인이라든가, 역사의 심판을 받는다. 역사를 창조한다고 할 때의 용어는 이 개념에 속한다. 이러한 개념 중에서 일반적으로 역사라고 할 경우, 과거 및 현재의 인간이 지적·예술적·사회적 활동을 한 산물의 총체 및 부분을 역사라고 한다." [출처: 한국민족문화대백과사전(역사(歷史)]

니더라도 입으로 구전(口傳)해 내려오는 것들도 정말 많이 있다. 하지만 그렇게 말로 전해온 것들이 당시가 아니라 현재에 이르러서 문자로 기록된다고 해서 역사의 기록으로 간주되지는 않는다.

왜냐하면 구전 되어오는 과거의 어떤 사건이 그 당시에 문자로 기록되지 않고, 현재에서야 비로소 기록되었다면, 그것은 역사가 아니라 현재에서야 기록된 과거의 전설이나 설화 정도로 평가될 뿐이기 때문이다. 하지만 전설과 설화라고 할지라도 역사로서 간주될 가능성은 항상 열려있다. 제아무리 객관적 증거에 바탕을 두는 실증주의 역사학일지라도, 전설이나 설화의 역사성을 뒷받침할 증거가 출현한다면, 그것을 역사로서 인정하지 않을 수 없기 때문이다.

그렇다면 우리는 문자를, 역사와 선사를 구별하는 유일한 기준으로 삼는 데에 매우 신중을 기해야 할 것이다. 그리고 인류의 발자취를 시간의 흐름과 기록에 따라서 구분하여, 선사시대는 선사학(先史學)의 대상이 되는 시대로서, 일반적으로는 문헌사료(文獻史料)가 존재하지 않는 시대를 일컫는다. 선사시대는 문헌사료에 의하여 역사에서 취급하는 시대와는 구별하여, 19세기 이래 고고학의 발달에 의하여 새로이 알게 된 인류의 원시시대의 의미로 사용되고 있다. 보통 이 용어 속에는 고고학에서 다루는 석기시대와 청동기시대 그리고 철기시대가 포함되는 것으로 생각되고 있으나, 오늘날처럼 해독이 가능한 문헌사료가 나타나는 곳이 지역에 따라 다르고, 또 그 시대의 문화·사회·경제의 발전단계도 각양각색이니만큼, 이 용어의 뜻은 상당히 애매하다. 다시 말해서, 선사시대가 인류에게 공통된다고 해서 지구상 모든 지역에서 동일한 시기에 선사시대가 있었고 역사시대의 출발점도 모든 지역이 동일한 시기였다는 것은 아니라는 말이다.

　문자로 기록된 역사는, 19세기 말엽부터 대두된 실증주의 역사학이 가장 중요하게 취급하고 있는, 역사적 사료로서의 가치를 지니는 매우 중요한 것이다. 근대 서구 제국주의의 침략과 더불어 수많은 고고학적 유물과 유적이 세계 도처에서 발굴되고, 알 수 없는 문자들이 아직도 발굴되고 있지만, 해독(解讀)되지 않은 문자 역시 **아직**은 역사적 기록으로 간주되지 않는다. 이에 따라서 보면, 인류의 역사는 지구의 탄생과 더불어 시작된 것이 아니라 문자의 탄생과 더불어 시작된 것이라고 할 수 있다.[2]

　앞에서 잠시 살펴봤듯이, '**역사란 무엇인가?**'[3] 라는 물음에 대한

---

2) 그렇다면 인류의 탄생과 출현에 비해서 인류의 역사는 그 기간이 너무나 짧아져 버린다. 뿐만 아니라 역사 이전 시대의 인류가 흔적조차 남기지 않은 게 아닌데도, 문자에 의한 기록이 없다는 한 가지 이유만으로 역사에서 제외해버리는 것도 사실 엄청난 문제가 된다. 그렇기 때문에 역사학은 고고학(考古學)과 밀접한 관계 속에서 학문적 탐구를 수행해야만 한다. 고고학은 주로 역사 이전 시대의 인류가 남긴 유물과 유적을 연구 자료로 삼는데, 그 연구결과를 통해 인류의 역사시대는 더욱 확장될 수 있다.

3) "역사라는 말의 어원은 그리스어 ἱστορία에 근거한 조사, 탐구라는 뜻을 가진 낱말이다. 역사의 아버지라 일컬어지는 헤로도토스가 B.C. 5세기경 페르시아 전쟁의 사실을 후세 사람들에게 알리기 위하여 그가 직접 보고 느낀 것을 기록한 저술을 『헤로도토스의 탐구』라고 이름 붙인 데서 유래하였다. 헤로도토스는 이전의 산문 서술가들의 차원에서 한 단계 벗어나 '사람들이 어떤 일들을 이루었는가'에 관한 진실을 밝히는 일을 그의 가장 중요한 임무로 간주하였다. 그리하여 그는 되도록이면 그의 서술에서 신화적·전설적인 요소를 배제하고 인간의 행동을 중심으로 전개되는 줄거리를 후세 사람들에게 전달하려고 노력하였다. (…) 고대 그리스어에서 유래한 헤로도토스적인 의미를 지닌 역사 용어들(histoire, history, storia, Geschichte)은 각 나라와 시대를 거치는 과정에서 여러 가지 의미를 갖게 되었다. 사실의 발견과 상호관련적 서술의 종합적 의미를 가졌던 탐구는 그 의미가 축소되어 이야기, 설화, 사건, 기록 등과 같은 뜻을 갖게 되었다." 임희완, 『역사의 이

일반적인 대답은 **객관적 사건** 내지는 **사건에 대한 기술**(記述)이다. 이 것은 너무나 단순한 사전적인 규정이다. 인간의 삶에 있어서 사 건은 수없이 일어나고 있으며, 일어난 사건을 기술한 내용도, 그 것을 기술하는 사람들의 수만큼이나 다양하다. 일례로 콜럼버스 (Christopher Colum- bus, 1451-1506)는 서구권에서 아메리카라는 신대 륙을 발견한 항해가이자 모험가, 탐험가로 잘 알려져 있다. 엄밀하 게 보면, 콜럼버스가 아메리카에서의 최초의 유럽인은 아니었지만, 그를 아메리카라는 신대륙의 발견자라고 부르는데 대해 이의를 제 기하는 일은 현재에도 거의 없다.[4] 하지만 콜럼버스는 모험가도 탐

해』, 건국대학교출판부, 1994 참고. (마르크 블로크 지음. 고봉만 옮김. 『역사를 위한 변 명』, 서울 (한길사) 2005, 44쪽에서 재인용.)

4) 예를 들어, 독일의 인터넷에 Christoph Kolumbus를 검색해보면 다음과 같은 글 을 볼 수 있는데, 검색 내용의 제목은 'DIE ENTDECKUNG AMERIKAS'(아메리 카 발견)이다. "Im 15. Jahrhundert waren Produkte aus Asien sehr beliebt. Die Waren wurden über den Landweg transportiert, bis Kolumbus es mit dem Schiff versuchte. Immer nach Westen, dachte er, dann würde er schon in Indien ankommen. Falsch gedacht. (…) Am 12. Oktober 1492 erklang endlich der ersehnte Ruf: "Land in Sicht!". Aber Kolumbus landete nicht in Indien, sondern in Amerika. Er ging auf einer Insel der Bahamas an Land. Im Glauben in Indien zu sein, nannte er die Bewohner des Landes Indianer. Er ahnte nicht, dass er **einen neuen Kontinent entdeckt** hatte. Tatsächlich war er bis zu seinem Tod davon überzeugt, den Westweg nach Indien gefunden zu haben." (15세기에는 아시아산 제품들이 매우 인기가 많았다. 그 물품들은 육로로 운반되었는데, 콜럼버스가 배에 실어 서 운반하려고 했을 때까지 계속되었다. 그는 언제나 서쪽으로 가는 걸 생각했고, 그러면 인도에 도착할 것이라고 생각했다. 이것은 잘못 생각한 것이었다. (…) 1492년 10월 12 일에 마침내 '육지가 보인다!'라는 간절한 소리가 울렸다. 하지만 콜롬버스는 인 도에 상륙한 게 아니라 아메리카에 상륙한 것이다. 그는 바하마의 한 섬에 상륙했 다. 그는 자신이 상륙한 곳이 인도라고 믿으면서 그 나라의 주민들을 인디언이라 고 불렀다. 그는 자신이 **새로운 대륙을 발견했다**는 것을 알아차리지 못했다. 실제로 그는 죽기 전까지 인도로 가는 서쪽 길을 찾았다고 확신하였다.) 이 글은 독일의 지역 방송인 'SWR'(Südwestrundfunk)의 어린이프로그램 채널 'Kindernetz'에 실려

험가도 아니었으며 오히려 애초에는 상업을 통해 큰 이익을 남기려는 장사꾼에 불과했다. 또한 '아메리카'라고 이름 붙여진 대륙도 순전히 그들의 입장에서만 신대륙이었지, 오래 전부터 이미 거주하고 있던 선주민에게는 자신들의 삶의 터전이었다.[5] 이러한 관점

있다. 이 방송은 독일의 제1공영방송인 'ARD'일원이다. (Der SWR ist Mitglied der ARD.) (2021년 1월 28일, de.yahoo.com으로 검색했으며, 강조는 필자의 것.)

5) 2015년 10월 13일자 문화일보에는 "'원주민 학살자論' 확산 美 곳곳서 기념일 폐지, 12일 '콜럼버스 데이'… 또 역사 논쟁"이라는 제목으로 다음과 같은 기사가 실렸다. "12일 콜럼버스 데이 휴일을 맞은 미국에서 또다시 역사 논쟁이 가열되고 있다. 1492년 아메리카 대륙에 도착한 크리스토퍼 콜럼버스를 기념하는 것이 옳지 않다는 주장이 잇따라 제기되고 있기 때문이다. 원주민 학살자인 콜럼버스를 기념하는 대신, '원주민의 날(Indigenous Peoples Day)'로 개정하자는 운동도 거세지고 있다. 크리스천 사이언스 모니터(CSM)는 이날 '콜럼버스는 한 세기 전에만 해도 미국 역사에서 가장 영광스러운 인물이었지만, 지금은 일부 도시에서 콜럼버스 이름을 딴 국가 기념일을 폐지하자는 의견이 늘어나고 있다.'면서 이같이 보도했다. 대표적인 도시는 캘리포니아주의 버클리로, 1992년 콜럼버스 데이를 원주민 희생을 기리는 날로 대체했다. 올해에는 오리건주 포틀랜드, 뉴멕시코주 앨버커키, 텍사스주 베어 카운티 등이 새롭게 이 추세에 합류했다고 로이터 통신은 전했다. 이 같은 논쟁이 불거진 것은 콜럼버스 행적에 대한 역사적 평가가 달라지고 있기 때문이다. 미국 역사학계에서 20세기까지 '신대륙 발견자'였던 콜럼버스가 이제는 '원주민 학살자'라는 인식이 강해지고 있는 것과 맞물려 있다. 실제로 콜럼버스는 1492년 현재의 아이티에 도착한 뒤 금광이 없다는 사실을 발견하고는 1495년부터 본격적으로 원주민을 노예화했다. 당시 붙잡힌 원주민 1500여 명 중 500명이 스페인 본국에 노예로 팔려갔는데, 이중 200명은 선상에서 기아 등으로 숨졌다. 역사학자 하워드 진도 저서인 '미국 민중사'에서 '콜럼버스가 아이티가 위치한 바하마 제도에 도착한 이후 70년 만에 원주민은 수백 명으로 크게 줄었고, 1650년에는 원주민이 거의 멸종했다는 보고서도 나왔다.'고 밝힌 바 있다. 윌리엄 파울러 노스이스턴대 역사학과 교수는 '미국 사회가 20세기 말 이후 원주민 학살 문제에 대해 훨씬 민감하게 반응하게 됐다.'고 분석했다. 원주민들의 반발도 역사 논쟁이 뜨거워지는 이유 중 하나다. 워싱턴포스트(WP)는 '콜럼버스를 기념하는 휴일 지정이 미국 원주민 단체들로부터 강한 저항에 직면해 있다.'면서 '대부분의 미국인들은 이 문제에 무관심하지만, 원주민들에게 콜럼버스의 아메리카 대륙 도착은 원주민의 몰락을 의미하는 것'이라고 전했다." (2021년 1월 28일, NAVER 검색 결과.)

에서 보면 하나의 사건을 기록함에 있어서 객관성을 유지하는 게 얼마나 어려운 일인지 잘 알 수 있다.

또 다른 예로 우리의 현대사에서 1961년 5월 16일에 발생한 사건을 보자. 보통의 기록물과는 달리 객관성을 유지하고 사전적인 의미로만 정의하고 있는, 국립국어원의 『표준국어대사전』에는 '오일륙(五一六)'을 '명사'로서 "1961년 5월 16일, 박정희 장군을 중심으로 한 소장 장교들이 일으킨 군사 정변. 민주당의 장면(張勉) 정권을 무너뜨리고 군사 정부를 수립하여 2년 동안 군정(軍政)을 실시하였다." 고 정의하고 있다. 이와 관련된 낱말들을 역시 『표준국어대사전』에 따라서 차례대로 살펴보면 다음과 같다. '정변(政變)'은 "혁명이나 쿠데타 따위의 비합법적인 수단으로 생긴 정치상의 큰 변동"이며, '쿠데타(coup d'État)'는 "무력으로 정권을 빼앗는 일. 지배 계급 내부의 단순한 권력 이동으로 이루어지며, 체제 변혁을 목적으로 하는 혁명과는 구별된다."고 정의하고 있는 반면에 '혁명(革命)'에 대해서는 다음과 같이 세 가지로 나누어서 정의내리고 있다.: "「1」 헌법의 범위를 벗어나 국가 기초, 사회 제도, 경제 제도, 조직 따위를 근본적으로 고치는 일. 「2」 이전의 왕통을 뒤집고 다른 왕통이 대신하여 통치하는 일. 「3」 이전의 관습이나 제도, 방식 따위를 단번에 깨뜨리고 질적으로 새로운 것을 급격하게 세우는 일."

또한 『한국민족문화대백과사전』에서는 '오일륙'을 "1961년 5월 16일 박정희 육군 소장과 김종필 등 정군파(整軍派) 장교 중심으로 이루어진 군사쿠데타"로 규정하고 있다. 하지만 당시 쿠데타를 일으킨 주역들뿐만 아니라 거기에 부화뇌동한 사람들은 현재에도 여전히 오일륙은 쿠데타가 아닌 '혁명'이라고 규정하고 있는 게 현실이다. 사정이 이러하기 때문에 오일륙에 대한 역사적 평가와 해석은 수시로 다르게 해석되어 등장하고 있다. 예를 들어, 역사와 현실을 대변한다고 하는 어떤 시사 잡지에서는 다음과 같은 글이 실리기도 했다.

> "1961년 군부는 한국사회에서 가장 근대화, 서구화한 집단이었다. 박정희를 중심으로 한 5·16 주동세력은 군 정화운동이 실패하고 사회정치적 혼란이 가중되자 이를 단번에 해결할 목적으로 무력 행동을 통한 정권 탈취를 감행했다. 자부심과 소명의식에 가득 찬 이들은 정변을 일으킬 때 이미 통치자로 나설 의도를 갖고 있었다. 비록 한국사회를 혁명적으로 변화시켰다고는 하나, 사회정치구조의 근본 변혁이 아니었다는 점에서, 그리고 민주주의 압살로 귀결됐다는 점에서 그것은 분명 혁명이 아닌 쿠데타였다."[6]

위에 언급한 내용들을 간략하게 정리하면, 유럽인의 입장에서 기록된 콜럼버스의 신대륙 발견이 선주민, 즉 인디언의 입장에서는 분명히 침략이며, 우리나라의 현대사에서 5·16 군사정변은 **혁명**[7]이

---

6) 김영명, 「'구국의 혁명' 꿈꾼 5·16, 정권탈취와 민주압살로 귀결」, 『신동아(新東亞)』 2007년 1월호. (2021년 1월 28일, NAVER 검색 결과.)

7) 역사학계에서는 근·현대의 정치사에서 등장하는 혁명(revolution)과 우리나라 역사에서 고려와 조선의 창건을 이룩한 반란의 일종인 역성혁명(易姓革命)을 구별하고 있다. 그 까닭은, 왕이 덕을 잃어 백성으로부터 버림을 받고, 급기야는 다른 성씨(姓氏)를 가진 사람에 의해 이전의 왕조가 멸망하고 새로운 왕조가 건립되기 때문이다. 이러한 사건은, 전(前) 왕조가 천명(天命)을 다했기 때문에, 하늘(天)인 백성으로부터 버림을 받는 것이며, 새로이 왕조를 건립하는 사람도 천명(天命)에 따라 행하기 때문에, 이를 가리켜 혁명이라고 일컫는다는 것이다. 따라서 역사학계

아니라 **쿠데타**였다. 이와 같은 예가 보여주고 있는 것은, 어떤 사건이 인류 전체 또는 국민이나 민족 전체의 관점에서 수용되지 못했다는 의미이다. 그렇기 때문에 역사를 기록하는 사관이나 어떤 사건을 바라보는 사람들이 자신들의 관점에 따라서 자신들에게 유리하고 이익이 되는 방향으로 사건을 규정해버리는 게 된다.

또 다른 예로 1998년 8월 24일자 『동아일보』 국제면에는 "美 '테러와 전면전' 선언 추가 공격 조짐, 이슬람 '聖戰'다짐 … '두 배로 보복할 것'"이라는 머리글이 등장했다. 여기서 '테러와 전면전'과 '성전'(聖戰)은 서로 다른 두 곳에서 벌어지고 있던 별개의 전쟁이 아니었다. 오히려 중동의 이슬람권 국가들과 미국 간에 선전포고를 하고 벌인 하나의 전쟁을 두고 서로가 자신들의 입장에서 주장한 말이다. 다시 말해서, 동일한 하나의 전쟁을 두고 그 전쟁의 명칭을 달리 붙인 것이다. 만일 이와 같은 표현이 양쪽 국가의 역사서에 그대로 기록된다면 후대의 사람들은 과연 무엇을 배우게 될 것인가?

그 전쟁에서 객관적인 사실은 말 그대로 두 진영이 벌인 **전쟁**이라는 사건뿐이다. 그런데 그 사건을 각자의 입장에서 표현한 내용은 논리적으로도 **모순**이다. '테러와 전면전'이건 '성전'이건 간에 '전쟁'을 제외한 나머지 표현들은 전혀 객관적이지 않고 오로지 주

에서는 이러한 사건을 역성혁명이라고 하며, revolution의 역어(譯語)로서의 혁명과는 다른 개념으로 취급한다. 그렇지만 실제적 사건의 전개과정에서, 소위 역성혁명의 선두에 나서서 새로운 왕조를 연 사람들은 언제나 당시의 권력자 가운데 한 사람이었으며, 그들은 권력 투쟁의 와중에서 자신들의 뜻이 관철되지 않을 때, 기존의 권력을 뒤집은 것이었다. 따라서 그들의 행동은 혁명이 아니라 쿠데타로 규정되어야 옳을 것이다.

관적일 뿐이다. 그렇기 때문에 객관적 사실인 '전쟁'을 제외한 나머지는 전쟁 당사자들과 제3자 모두가 인정할 수 있는 보편성을 전혀 확보하지 못하고 있는 게 된다.

그렇다면 그러한 사건들에 대한 기록은 **보편성**을 확보한 객관적 기록이라고 할 수 없다. 특정한 사건이 역사가 되기 위해서는 무엇보다도 사건을 기록하는 데 사용된 낱말들의 의미가 사건의 내용과 합치되는, **인식론적**으로 **참**이어야 한다. 다음으로는, 과거의 사건이 비록 당시에는 도덕적으로 부정적인 동기에서 시작되었다 할지라도, 이 부정적 측면이 현재와 미래에는 역사의 교훈으로 작용하여 긍정적으로 영향을 줄 수 있어야만 누구나가 그러한 역사에, 그리고 역사적 기록에 공감할 수 있을 것이고, 바로 이렇게 되어야만 역사가 지니는 보편성이라고 할 수 있을 것이다. 다시 말해서, 도덕적으로 결코 선한 행위가 아니라는 평가를 받는 역사적 사건일지라도 공정하게 기록된 역사라면 그것으로부터 후세인들은 긍정적인 교훈을 얻게 될 것이라는 말이다.

일상생활에서건 전문분야에서건 간에 자신의 생각이나 이론이 정당성을 확보하고 진리가치가 **참**인 것으로 인정받기 위해서는 그 내용이 보편적이어야 한다. 이때 **보편적**이라는 말은 누군가의 이론이나 생각이 특정한 어떤 집단이나 개인에게만 유리하게 또는 이익이 될 수 있게 작용하는 게 아니라 구성원 모두를 위해 동일하게 적용될 수 있어야 한다는 뜻이다. 이는 역사를 고찰하고 역사적 사건을 기록할 때도 예외가 되어서는 안 된다. 필자는 이에 대해 헤겔(G. W. F. Hegel, 1770-1831)과 신채호(申采浩, 1880-1936)를 역사 고찰의 대표자로 하여 아래에서 다루고자 한다.

혜겔과 신채호는 각각 **전체**의 관점에서 역사를 보편적으로 고찰하고 있는데, 이때 전체의 의미가 혜겔에게서는 **세계**로, 신채호에게서는 **민족**으로 나타난다. 그렇다면 세계란 과연 무엇인가? 자연적으로는 지구 전체를 의미할 수도 있을 것이고, 사회적으로는 지구상에서 사람이 사는 모든 곳이라고 할 수도 있을 것이지만, 각 민족과 국가의 총합을 세계라고 해야 할 것이다. 세계는 각각의 민족과 국가[8]를 외연적으로 포괄한다. 외연적으로 세계라는 유(類)개념 안에서 종(種)개념의 위치에 있는 각각의 민족이나 국가는 서로에 대하여 우월하거나 열등한 지위를 갖는 게 아니라 모두가 동등한 지위를 갖고 있다. 하지만 이와 같은 설명은 오로지 명목상으로만 인정되는 것이지 실제로는 전혀 그렇지가 않다. 현실에서 각각의 민족이나 국가는 자신의 민족이나 국가가 지구상에서, 즉 세계에서 으뜸이 되기를 원한다. 정치·군사·경제·사회·문화·외교 등 그 어떤 분야에서건 다른 나라나 민족과 비교했을 때 뒤처져 있다고 생각하는 민족이나 나라는 앞선 민족과 나라를 따라잡거나 추월하기 위해 애쓰며, 이미 앞서가고 있다고 생각하는 나라와 민족도 더욱 앞서가기 위해서 노력을 배가 하는 것이 사실이다. 그렇기 때문에 **세계**는 각각의 민족이나 나라에게 때로는 긍정적으로 작용하기도 하지만 부정적으로 작용하기도 한다. 다시 말해서, 발전을 가능하게 한다는 측면에서는 긍정적으로 작용하겠지만, 발전의 과정과 결과에서 대내·외적으로 얼마든지 부정적인 과정과 결과를

---

8) 필자는 '나라'와 '국가'를 혼용해서 쓰고 있는데, 이 글에서는 모두 같은 의미이다. 다만 문장 안에서 표현상 어떤 낱말이 더 자연스러운 지를 고려해서 각각 다르게 쓰고 있음을 밝혀둔다.

낳을 수도 있기 때문이다.

이제 필자는 헤겔과 신채호가 말하는 전체로서의 역사규정에 귀를 기울이고자 한다.

> "세계사는 자유의 의식 속에서의 진보이며 - 바로 이 진보를 우리는 그의 필연성 속에서 인식해야만 한다." (VG, S. 63.; 『이성』, 96쪽.)[9]

> "歷史란 무엇이뇨. 人類社會의 「我」와 「非我」의 鬪爭이 時間부터 發展하며 空間부터 擴大하는 心的 活動의 狀態의 記錄이니, 世界史라 하면 世界人類의 그리 되어 온 狀態의 記錄이며, 朝鮮史라면 朝鮮民族의 그리 되어 온 狀態의 記錄이니라." (「朝鮮上古史」 總論, 31쪽.)[10]

헤겔이 말하는 자유의식은 역사의 진행과정에서 사회·정치적 자유를 의미하고 있음이 분명하다. 헤겔은 그러한 자유의식은 역사가 진행됨에 따라 진보하는데, 자유의식의 진보는 시간의 경과에 따라서 공간적·범세계적으로 확대된다 - 물론 실제로 확대되었는지 그렇지 않은지는 이후에 살펴볼 것이다. - 고 주장하고 있다. 이에 반해서 신채호는 모든 민족을 각각 아(我)의 단위로 규정하고 다른 민족을 비아(非我)설정하는데, 각각의 아가 공간적으로 확대되

---

9) "Die Weltgeschichte ist der Fortschritt im Bewuβtsein der Freiheit,-ein Fortschritt, den wir in seiner Notwendigkeit zu erkennen haben." 여기서 'VG'는 "G. W. F. Hegel, *Die Vernunft in der Geschichte*, hrsg. v. Johannes Hoffmeister, 5. Aufl., Hamburg 1955"의 약칭이며, 『이성』은 "헤겔 저, 임석진 역, 『역사 속의 이성』, 서울 (지식산업사) 1994"의 약칭임. 이하에서 'VG'와 『이성』으로 약칭함.

10) 「朝鮮上古史」 總論, 『丹齋申采浩全集』 (上卷), 丹齋申采浩先生 紀念事業會, 형설출판사 1995 (개정 5쇄), 31쪽. 이하에서 「朝鮮上古史」로 약칭함.

면 충돌은 피할 수 없게 되므로, 역사를 '아와 비아의 투쟁'이라고 정의하는 것이다. 그런데 여기서 중요한 것은, 역사를 진보 또는 발전하는 것으로 고찰하는 많은 역사가들이 역사의 발전원리를 귀납적 방법에 의해서 발견한다고 생각하며, 역사학에다 (마치 자연과학처럼) 과학적이고 법칙적인 원리를 적용하고 있다는 점이다. 더구나 이러한 것은, 근대 자연과학의 발달과 맞물려서, 거의 모든 학문의 영역에 적용되어온, 피할 수 없는 현상이었다.

　필자가 주목하고자 하는 것은 역사를 주제로 삼는 학문들의 방법론이라기보다는－물론 이것도 중요한 문제임에는 틀림없다.－역사를 발전 또는 진보하는 것으로 간주함으로써, 역사철학자들 뿐만 아니라 역사가들조차도 단순히 사실(史實)을 기록하는 것 이상으로, 이미 스스로가 역사의 **심판자** 역할을 수행하고 있다는 점이다. 이러한 사람들에게서 필수적인 것은 자연과학자들에게서처럼 **가설**(Hypothese)을 설정하는 일이다. 그렇지만 자연과학의 가설은 실험적 원리와 관찰에 따라 진실임을 증명해내는 것을 목표로 하는 반면에, 심판자로서의 역사가들이 설정하는 가설은 어쩌면 증명이 불가능한 또는 언제나 진리가치가 전도(顚倒)될 위험을 안고 있는, 역사서술과 해석의 **주관적 기준**으로만 머무르게 될 위험성을 내포하고 있다.

　설령 각각의 역사적 사실을 모두 검토·비교한 후에－이것이 실제로는 불가능하다는 것은 더 말할 나위가 없다.－역사의 법칙을 정립했다고 하더라도, 비교하고 검토할 기준이 미리 전제되어야 한다. 이것은 **명백한 가설**이다. 또한 현재까지는 참인 것으로 간주되고 있는 것일지라도 미지의 것인 미래에 대해서는 언제나 비진리일 가능성이 열려있는 것은 가설로서 간주되어야 함이 마땅하다. 필자가 여기서 말하고 있는 것은 역사적 사실의 참과 거짓에 대해서가 아니라 역사 법칙 자체의 문제점에 관한 것이다.

역사의 과정을 법칙적으로 서술하는 사람들 또는 역사의 원리가 무엇이라고 명명하는 사람들은 평범한 사가(史家)의 수준을 넘어서서, 역사 속에서 **인간의 본질**을 밝히려는 **철학**의 영역으로 들어서게 된다. 왜냐하면 역사는 단순히 과거의 사건으로서나 사건의 기록으로만 머물러 있는 것이 아니라, 현재를 살아가는 인간들에 의해서 재해석되고 재구성되어야 하며, 그러는 가운데 인간이란 무엇이고 어떠한 존재인지가 밝혀지게 되기 때문이다. 말하자면 비록 의도하지 않았더라도, 역사적 존재로서의 인간의 본질을 정의하는 데에까지 나아가지 않을 수 없다는 뜻이다. 또한 그 어떤 학문이건 또는 그 무엇이건 간에, 인간은 인간의 관점에서 모든 것을 조명하고 파악하여 이해하고 그것을 다시 인간에게 적용하기 때문이다. 만일 그렇지 않다면 우리에게는 역사를 연구해야 할 이유가 없어질 것이다.

그 어떤 사건이던지, 사건은 역사가가 어떤 의미를 부여하고 기록해야만 역사적인 **사실**(史實)이 되기에, 완전히 객관적인 역사라는 것은 있을 수 없다. 그래서 랑케(L. v. Ranke, 1795-1886)가 "세계사의 큰 시련 속에서 역사가가 할 일은 심판을 준비하는 것이지, 심판을 선고하는 것은 아니다.", 그리고 "역사가는 자신을 숨기고 역사적 사실만을 말해야 한다."고 함으로써 역사의 객관성을 확보하기 위해 무진 애를 쓰고 있지만, 카(E. H. Carr, 1892-1982)는 "사실을 토대로 주관적으로 재구성한 것이 역사"라고 하여 실증적인 역사의 객

관성마저 인정하지 않고 있다.[11]

랑케의 말처럼, 과연 "역사가는 자신을 숨기고 역사적 사실만을 말"할 수 있을까? 우리가 무엇인가를 경험한다고 할 때, 1차적으로는 감각기관을 통해 대상을 받아들인다. 이때 눈, 코, 귀, 입, 촉각 같은 감각기관을 사용하는데, 각각의 감각기관은 서로 별개로 감각을 사용한다. 즉, 시각은 청각이 아니며 청각은 후각이 아니고 후각은 미각이 아닌 것과 같은 방식으로 대상을 각각 별도로 지각한다. 그렇게 지각한 각각의 감각 내용들은 사유를 통해 판단작용을 거쳐 하나로 종합되고, 그 결과 어떤 개념화가 일어나면서 경험이 완성되는 것이다. 말하자면 경험이 최종적으로 완성되기 위해서는 사고과정이 필수적이라는 말이다. 이렇게 일상생활에서의 경험에서조차도 인간의 사유가 필요하고, 여기에는 사유 주체의 주관적인 요소가 자신도 의식하지 못하는 사이에 개입될 여지가 충분히 있다. 하물며 역사적 사실(史實)에 주관적 요소가 전혀 개입되지 않을 수 있겠는가? 이에 따라서 보면 우리가 역사를 알기 위해 가장 먼저 해야 할 일은, 역사를 공부하기 전에 역사가를 알아야 하고, 그 전에 역사가의 역사적·사회적 환경을 이해해야 한다는 사실이다. 미래만이 과거를 해석하는 열쇠를 준다. 이런 의미에서만 우리는 역사의 객관성을 운운할 수 있다.

역사적 사건뿐만 아니라 역사를 기록하는 것 자체가 이미 인간의 행위이며, 이러한 행위는 어떤 식으로든지 그 시대적인 상황을 고려하는 가운데 행해지기 때문에, 완전히 객관적인 역사는 존재

---

11) 여기에 있는 랑케의 말과 카의 말은 "E. H. Carr 저, 진원숙 역주, 『역사란 무엇인가』, 대구 (계명대학교출판부) 1997"에 의한 것임.

할 수가 없다. 이와 같은 점을 충분히 고려하는 가운데, 우리는 현재를 기점으로 과거를 돌아보아야 하고, 현재에서 과거를 재구성해보아야 한다. 현재를 기점으로 과거를 돌아보는 것은 **지금**이라는 **역사의 시간성**에 관계하는 일이며, 현재에서 과거를 재해석하고 재구성하는 일은 **여기**라는 **역사의 공간성**에 관계한다.

2. 역사학과 역사철학

만학(萬學)의 여왕으로서 철학은, 철학의 여러 분과 가운데에서도 단초인 동시에 최종적인 근거인 형이상학(形而上學)을 핵심 분과로 해서, 사람들로 하여금 고유한 사유를 전개하도록 한다. 즉, 모든 학문에 있어서 형이상학적 사유는, 줄기를 비롯하여 가지와 잎을 키워내고 마침내는 열매를 맺게 하는, 마치 땅속에 감추어진 뿌리처럼 작용한다고 할 수 있다. 가시적으로 모습을 드러낼 수는 없지만, 현실과 모든 학문의 뿌리로서 과거와 현재 그리고 미래의 근거가 되는 학문인 형이상학이 서양에서 존재론과 신학으로 나누어지지만, 역사철학은 순서상으로는 나중에 위치하게 된다. 존재론으로 연결되는 형이상학은 철학적 문제이지만, 신학으로 연결되는 형이상학은 (특히 서구에서) **기독교**라는 종교적 문제 - 신앙 - 가 된다.[12]

12) "철학의 핵심 분과(Kerndisziplin)인 형이상학(Metaphysik)은 모든 학문으로 하여금 존재(das Sein)의 진리를 탐구할 것을 과제로 제시한다. 존재의 인식은 철학에 있어서 이론적 기본 분과(Grunddisziplin)인 인식론(Erkenntnistheorie)의 과제이다. 그러므로 이와 같은 의미에서 참된 인식은 형식과 내용의 일치, 즉 상(像)과 그 현실성의 일치를 말한다. 또한 영역 분과(Bereichsdisziplin)라고 할 수 있는 논리학(Logik)

형이상학(Metaphysik)이 철학을 비롯한 모든 학문의 뿌리라면, 철학의 기본 분과인 존재론(Ontologie)과 인식론(Erkenntnistheorie), 철학적 인간학(philosophische Anthropologie)과 실천철학(praktische Philosophie)은 큰 줄기에 해당한다. 존재론은 존재하는 모든 것의 최종적인 근거를 인간 외적인 그 어떤 것에 의존하지 않고, 인간 사유의 힘에 의해서 규명하고자 한다. 인식론은, 그러한 존재들이 객관-대상-과 주관으로 나뉜다면, 주관은 객관을 어떻게 인식할 수 있는가를 다룬다. 말하자면 인식론은 객관에 대한 주관의 관계를 문제 삼는 것이다. 이에 반해 철학적 인간학은 주관의 측면에만 관심을 기울인다. 그 결과는 다른 생물과는 구별되는 인간의 본질 문제로 귀결된다. 철학의 또 다른 기본 분과인 실천철학은 인간 사유의 구체적 행위에 관심을 기울인다. 인간의 사유 또는 사유 활동은

은 인식의 논리적 형식과 내용을 다룬다. 이러한 인식의 대상들은 사물 일반(Ding überhaupt), 즉 그것은 생명이 없는 것이기도 하고 생명이 있는 것이기도 하며 또한 정신적인 것이기도 하다. 다시 말하면, 존재 일반을 대상으로 하는 인식론은 존재에 대한 논리적 인식작용(das Erkennen)이다.

형이상학적 이념으로서 존재의 진리는 모든 개별자(das Einzelne)와 특수자(das Besondere)에 전제되어 있다. 그런데 객관이든 주관이든 간에 모든 것은 사실상 개별자이며 동시에 인식의 요소로서 사물이다. 그럼에도 불구하고 주관으로서의 개별자는 다른 개별자를 객관으로서, 더욱이 개별자에 내포되어 있는 보편자(das Allgemeine)를 인식하고자 한다. 왜냐하면 인식의 주관은 바로 보편자를 사유하는 사유능력으로서의 인간이기 때문이다. 그러나 개별자로서의 주관은 형이상학적 이념으로서의 보편자를 결코 사물인식과 같은 방법으로 인식할 수가 없다. 오히려 인식의 단초는, 칸트나 헤겔이 말하고 있는 바처럼, 가장 단순하고 직접적이면서도 아무런 규정도 되어 있지 않은 사물이 아니면 안 된다. 이와 같은 객관은 감성적으로 지각 가능하거나 인식 가능하며, 주관은 인식하는 자 또는 지각하는 자이며, 따라서 정신적으로 행위하는 존재이다. 인식작용은 주관과 객관의 관계에 기인한다." 문성화, 「버클리와 헤겔에서 인식론적 단초와 철학의 분과들」, 『철학논총』 제49집, 새한철학회 2007. 7. 30., 96쪽.

결코 추상적이지 않다. 물론 사유 활동 그 자체가 눈에 보이는 것은 아니지만, 그렇다고 해서 우리는 사유 활동에 대해 무비판적이고 맹목적으로 단순히 **추상적**이라고 해서는 안 된다. 사유는 끊임없이 활동하며, 그 결과는 (외적인) 행동으로 나타난다. 또한 행동이 가시적이라고 해서 사유와 구별되고 단절되는 것은 아니다. 인간이 하는 모든 행위는, 의식적이건 무의식적이건, 사유의 결과물이다.

이러한 것들과의 관계 속에서 우리는 **철학**이라는 단어가 뒤따르는 개별 분과들 - 예를 들면, 역사철학, 문화철학, 과학철학 등 - 을 다루어야 한다. 이렇게 역사철학은 위로는 형이상학과 존재론, 인식론, 인간학, 실천철학과의 관계 속에서 역사를 다루어야 하고, 아래로는 역사학, 역사적 사건, 사건에 대한 기록을 다루어야 한다. 오늘날 철학에서 구체적인 명칭으로 다루어지고 있는, 그래서 철학의 개별 영역에 속한다고 할 수 있는 분과들은, 바로 위에서처럼, 핵심 분과와 기본 분과를 바탕으로 하여 전개된다. **역사철학**도 예외가 아니다.

이에 따라서 보면, 역사철학은 형이상학적 사유의 측면에서 반드시 역사의 이념과 역사의 원리를 규명해야만 한다. 즉, 역사의 이념과 원리는 역사적 사건의 본질을 규명하기 위한 것인데, 그 사건에는 인간 자신도 역사적 존재로서, 역사적 사건의 본질을 규명함에 있어서 역사의 주체이자 대상이라는 점을 분명히 해야 한다. 그리고 주체인 동시에 객체로서 인간은 객관으로서의 역사적 사건 또는 사건에 대한 기록을 어떻게 인식하고 이해할 것인가의 문제를 다루지 않으면 안 된다. 다시 말해서, 인간은 역사의 주체이면서 동시에 역사의 대상이기도 한데, 이러한 인간이 어떻게 역사적 사건을 **제대로** 인식 할 수 있는가 하는 중요한 문제가 발생한다는 뜻이다.

하지만 **인식론**적 의미의 진리 – 참과 거짓의 문제 – 와 역사철학에서 진리의 의미가 반드시 같을 수는 없다. 역사적 사건의 객관성은 인식론적 의미에서 참 또는 거짓으로 분류되어야 하는 것과 동일한 문제를 발생시키지만, 역사철학에서는 그 외에도 역사적 사건 또는 기록된 사건이 후대에 어떻게 이해되고 해석되는가의 문제를 함께 다루어야 한다. 이는 역사적 사건의 의미가 오늘날 영향을 끼치고 있다는 점에서 도덕적 진리의 문제와 연결된다는 것을 의미한다. 이러한 진리에의 욕구는 현재를 살아가는 인간으로 하여금 미래에 대한 희망을 품게 하고 오늘보다 더 나은 내일을 꿈꾸게 하는 것이다.

이어서 **인간학**적 측면에서 역사를 바라 볼 때에는, 역사가 몇몇 사람들만의 역사가 아니라 바로 모든 인간의 역사이기 때문에, 그리고 역사의 주체는 인간이기 때문에, 그러면서도 인간의 중심에는 언제나 **나**(자아)가 위치하고 있기 때문에, 이러한 **나**는 과연 모든 인간을 역사의 주체로서 간주하고 있는지, 아니면 몇몇 사람들에 의해서 역사가 좌지우지되고 있다고 생각하는지를 필연적으로 검토하여야 한다. 말하자면, 역사적 존재이자 역사의 주체로서 인간을 역사가들은 어떻게 평가하는지를 반드시 살펴봐야만 한다는 말이다. 그렇지만 이러한 측면은, 역사가 지나간 사건만을 다룬다는 입장에서, 역동적으로 살아 움직이는 인간이 아니라 이미 과거에 존재했던 정적(靜的)인 인간의 모습만을 대상으로 한다고 할 수가 있다.

이러한 점을 보완해 줄 수 있는 학문이 바로 **실천철학**이다. 현실을 살아가는 인간은 그 자신이 바로 역사 자체이다. 인간은 역사와 역사적 사건을 주도하는 정신이자 행위이다. 말하자면, 역사적 과정 자체로서 인간은 살아 움직이는 동적(動的)인 존재인데, 실천철학의 측면에서는 역사가 인간의 행위를 규정하는가, 아니면 인간의 행위가 역사를 이끄는가를 살펴보아야 한다. 이처럼 철학은 역사를 다룸에 있어서 한 치도 소홀함이 없어야 한다. 그 까닭은 과거로부터 오늘까지의 역사는 미래가 없이는 아무런 의미가 없기 때문이다. 오늘보다는 내일의 의미를 위해 역사를 연구하고 배우며 가르치는 것이다.

이처럼 역사철학과의 연관성에서 역사와 역사학을 다루어야 함에도 불구하고, 많은 학자는 역사철학을 배제한 채 **역사학**을 개별 학문으로서만 다루고 있을 뿐이다. 그렇다고 해서 역사학이 중요하지 않다는 말은 결코 아니다. 역사학은 객관적인 증거를 가장 중요하게 취급한다. 그 무엇이건, 우리는 존재하는 것, 즉 **있는 것**을 사유의 출발점으로 삼고 있듯이, 역사적 사건과 기록이 없으면 아무것도 할 수가 없다. 역사학은 사건과 기록의 객관성을 확보하기 위해 노력한다. 그런데 문제는, 역사에서는 이것으로 대부분의 문제가 해결된다고 생각하는데 있다. 다음의 글은 이와 관련하여 시사하는 바가 많다.

"역사는 일기와 같은 것이다. (…) 그런데 일기에는 하루 일과를 모두 적지 않는다. 기억에 남는 이야기, 기억해야 할 이야기를 적는다. (…) 역사도 사회에서 벌어진 일들을 모두 다 쓰지 않는다. 다만,

중요한 일들이 어떻게 벌어지고 이어지는지를 좀 더 차분하고 치밀하게 적어 나갈 뿐이다. 그렇다면 어떤 일이 중요한지, 원인은 뭐고 결과는 뭔지는 누가 따질까? 그건 역사가가 하는 일이다. 역사가는 여러 자료를 살펴보면서 앞뒤가 어떻게 연결되는지, 그로 말미암아 사람들의 생활과 모습은 얼마나 달라졌는지도 저울질해 본다. (…) 역사의 참된 뜻은 어제의 사실을 그저 지난 일이나 흥미 있는 이야깃거리쯤으로 흘려보내지 않고, 오늘의 교훈으로 삼고 내일을 설계하는 디딤돌로 만드는 데 있다. 이 과정에서 여기저기 널려 있는 사실들을 촘촘히 연결하고 다듬어서 우리 삶에 보석 같은 가르침으로 만드는 것이 역사가의 몫이다."[13]

위의 글은 우리나라에서 사용하고 있는 역사교과서 가운데 하나에서 정의하고 있는 **역사**이다. 비록 역사가 과거의 사건 또는 사건의 기록일지라도, 그 사건과 기록은 당시의 역사가에 의해서 중요한 일이라고 평가받아야만 역사로 기록된다는 말이다. 그리고 역사가가 특정한 사건을 기록하는 또 다른 이유는 그 사건을 역사로 기록함으로써 현재와 미래에 교훈으로 작용하기를 바라기 때문이라는 말이다. 또한 현재와 미래의 디딤돌로서는 어떤 역사적 사건이 교훈적일 수 있는가를 탐구하는 작업이 역사가의 몫이기 때문에, 역사가의 역할과 임무가 매우 중요하다는 점을 강조하고 있다.

이러한 관점에서 본다면, 과연 역사적 사건과 기록이 객관성을 확보한다고 할 수가 있을까? 흔히 '누가, 언제, 어디서, 무엇을, 어

---

13) 전국역사교사모임 지음, 『살아있는 한국사 교과서 1』, 서울 (휴머니스트) 2002, 15쪽.

떻게, 왜'라는 육하원칙(六何原則)에 따라서, 사실에 입각하여 객관적으로 작성해야 한다는 보도문이나 기사문을 보더라도 사용한 단어나 조사(助詞)에 따라서 그 뜻이 달라지는 경우가 허다하게 일어나고 있다. 하물며 그 내용을 후대 사람들이 이해하고 해석할 때는 객관적 사건과는 정반대의 의미가 되어버리는 일도 무수하다.

그렇기에 역사에서는 객관성을 강조한다고 해서 객관적 기록으로 평가받는 게 결코 아니다. 뿐만 아니라 한 사람의 기록만 유일하게 남아 있다고 해서 객관적 기록이 되는 것도 절대 아니다. 오히려 사건의 객관성은 문자로 기록되는 순간 이미 주관적인 것으로 바뀌어버린다고 해야 옳을 것이다. 물론 '누가 언제 어디서 태어났다.'와 같은 아주 단순한 기록의 경우에는 완전히 객관적이기도 하다.

하지만 역사적 사건들은 그렇게 단순한 사건도 아니고 단순한 기록으로 남길 수도 없다. 그렇기 때문에 역사를 공부하는 우리는 엄밀한 의미에서 사건 자체를 다루는 것이 아니다. 우리에게 다가오는 역사의 의미만을 다룰 수 있을 뿐이다. 그 의미에서 후대 사람들은 교훈을 얻고자 하는 것이다. 이때의 의미는 이미 인간의 문제가 되며, 여기에 역사학과 철학이 밀접하게 관련될 수밖에 없는 이유가 있다.

"역사를 철학적으로 분석한다는 것은 역사를 연구하는 역사학과 어떻게 다른가? ① 역사 철학(歷史哲學)은 과거에 일어난 사건에 대한 의미뿐만 아니라, 역사 전체의 의미, 방향, 목적 등에 대하여 관심을 쏟고, 그것을 어떤 일관성 있는 체계나 방법으로 설명해 보려고 노력한다. 또, 역사를 현실이나 현재적인 문제들과 아무런 상관이 없는 의미 없는 과거로서 보지 않고, 현재와 연결되어 있는 어떤 가치가 있는 것으로 보고, 그 속에서 의미를 찾기도 한다. ② 역사학에서는 역사적으로 의미가 있는 사실을 취급한다. 역사가는 어떤 역사적 사실의 원인과 경과, 결과 등의 인과 관계를 규명하고 거기에서 어떤 의미를 찾는다."[14]

여기서 '역사를 철학적으로 분석한다.'는 말은 역사를 근원적으로 탐구한다는 의미이다. 역사철학은 역사학의 학문적 대상을 넘어서 역사 자체가 무엇인지를 탐구한다. 이러한 탐구의 끝에는 가시적인 사건으로서의 역사는 물론이고 비가시적인 이념으로서의 역사가 무엇인지를 밝히게 된다. 그러므로 역사철학은 역사학이 다루었던 것을 당연히 대상으로 하면서도 역사학이 다루지 않은

14) 이것은 "『고등학교 철학』 교사용 지도서, 한국 정신문화 연구원, 187-188쪽"에 나와 있는 내용이다.: 리챠드 쉐플러는 "'역사철학'이라는 주제 하에 다음과 같은 다양한" 물음을 던진다. "① '역사'의 범위에 대한 물음. 인간만이 '역사적 존재'인 가? '자연의 역사' 또한 인간의 역사와 동일한 의미를 가진 역사인가? ② 역사적 사건 진행의 특성에 대한 물음. 자연에서의 '인과성'은 특수한 역사적 활동과 어떻게 관계되는가? '진화'는 특수한 역사적 발전과 어떻게 관련되는가? 역사에서의 필연과 자유는 어떤 관계에 있는가? ③ 역사의 '주체'에 대한 물음. 역사를 만드는 것은 개인인가? 그렇지 않다면 역사적 사건은 수많은 참여자에 의하여 일어나는가? 그것도 아니라면 역사에서는 국가를 이룩한 민족만이 역할을 하는가? ④ 역사의 인식 조건들에 대한 물음. '역사의식'이란 무엇인가? '이해된 역사'는 '발생하고 있는 역사'와 '이해의 역사'에 대하여 어떤 관계에 있는가? ⑤ 역사적 인식의 결과에 대한 물음. 인식은 그것이 자신의 역사적 제약 아래서 얻어졌을 경우에 참으로 '진리'를 말하고 있는가? 역사의식은 '역사주의'와 '상대주의'에 대하여 어떤 관계에 있는가? ⑥ '학문적', '철학적' 이해와 역사의 관계에 대한 물음. 철학은 역사적 현상에 필연적으로 강제력을 가하는가? 역사 그 자체는 철학적 고찰의 가능한 대상인가? '역사의 의미' 자체에 대한 물음은 의미를 가지는가?" Richard Schaeffler, *Einführung in die Geschichtsphilosophie*, Darmstadt 1980; 김진 옮김, 『역사철학』, 서울 (철학과 현실사) 1997, 17-18쪽. (번호는 필자가 붙인 것)

것들도 대상으로 삼아야 한다.

예를 들면, 역사철학은 역사적 사건의 의미를 해석해야 한다. 이 때 해석은 이해를 전제하지 않으면 안 된다. 그리고 이해를 위해서 는 다른 학문과의 관계도 생각해야만 한다. 물론 사건 자체가 해 석의 대상인 것은 결코 아니다. 사건 자체는 객관적으로 있는 그대 로 존재해야 한다. 하지만 과거의 사건이 현재에도 여전히 언급되 고 있다면, 그것은 사건 자체 때문이 아니라 특정 사건이 오늘날에 도 여전히 전해주는 **어떤 의미** 때문이다. 따라서 특정 사건에 대한 이해와 해석은 불가피하다. 바로 이와 같은 의미에서 **역사는 철학적 관점에서 다시 써야 한다**는 말이다. 철학적 관점에서 쓴 역사는 과거 를 바탕으로 하여 현재에 발을 딛고 있으면서도 동시에 내일에도 진정으로 살아가려는 인간에게 기여할 것이다.

그런데 만일 기록된 역사에 대한 철학적 이해와 해석을 용인하 지 않는다면, 또는 만일 역사학계에서 (현재) 주류를 이루고 있는 학 문적 경향과 상반되는 역사 이해와 해석이 제기될 때, 그것이 단지 주류가 아니라는 이유로 무조건 배척한다면, 그러한 태도는 학문 의 발전을 위해서도 결코 바람직하지 않다. 뿐만 아니라 아직 미지 의 세상인 내일의 현실을 위해서도 그러한 폐쇄적인 역사 이해와 해석은 발전적이고 긍정적으로 기여할 수가 없다. 다양한 관점을 바탕으로 한 역사 이해와 해석은 역사에 대한 왜곡이 아니라 역사 의 의미를 현재와 미래에도 되살려내는 역할을 한다. 그렇기 때문 에 역사의 기록에 대한 이해와 해석은 열려있어야 한다.

서구에서는 두 번의 세계대전과 냉전시대를 거치면서 이성의 몰락을 경고한지 이미 오래되었고, 실제로 인간의 가치를 상징하는 용어인 Humanism의 의미가 퇴락해버리고, 그 자리에는 오늘날의 중요한 용어 가운데 하나인 **다원주의**(Pluralism)가 등장하였다. 그렇다보니 혼돈이 지배하는 오늘날, 특정한 가치를 인정하지 않고 다양한 가치가 난무하는 가운데, 인간의 삶이 통째로 흔들리고 있다. 이러한 다원주의의 대표적인 경향이 바로 포스트모더니즘(Postmodernism)이었다. 그런데 문제는 탈현대를 선언했던 포스트모더니즘조차도 더 이상 새로운 경향이 아니라는 점이다. 2022년인 오늘날에는 **인공지능**(AI·Artificial Intelligence)으로 대표되는 **4차 산업혁명**이라는 용어가 화두이면서 세상을 주도하고 있는 형국이다.[15]

그 어떤 시대이건 시대의 선각자들은 언제나 포스트모더니스트였을 것이다. 그렇지 않다면 그들은 선각자로 평가받지 못했을 것이다. 굳이 포스트모더니즘이라는 용어가 없었더라도 오늘을 바탕으로 내일을 바라보고, 과거와 현재의 역사에서 교훈을 얻어 더 나은

---

15) 『시사상식사전』에 따르면 '4차 산업혁명'은 "정보통신기술(ICT)의 융합으로 이뤄지는 차세대 산업혁명으로, '초연결', '초지능', '초융합'으로 대표된다. (⋯) 인공지능(AI), 사물인터넷(IoT), 로봇기술, 드론, 자율주행차, 가상현실(VR) 등이 주도하는 차세대 산업혁명을 말한다. 이 용어는 2016년 6월 스위스에서 열린 다보스 포럼(Davos Forum)에서 포럼의 의장이었던 클라우스 슈밥(Klaus Schwab)이 처음으로 사용하면서 이슈화됐다. 당시 슈밥 의장은 '이전의 1, 2, 3차 산업혁명이 전 세계적 환경을 혁명적으로 바꿔 놓은 것처럼 4차 산업혁명이 전 세계 질서를 새롭게 만드는 동인이 될 것'이라고 밝힌 바 있다. 4차 산업혁명은 ▷1784년 영국에서 시작된 증기기관과 기계화로 대표되는 1차 산업혁명 ▷1870년 전기를 이용한 대량생산이 본격화된 2차 산업혁명 ▷1969년 인터넷이 이끈 컴퓨터 정보화 및 자동화 생산시스템이 주도한 3차 산업혁명에 이어 ▷로봇이나 인공지능(AI)을 통해 실제와 가상이 통합돼 사물을 자동적·지능적으로 제어할 수 있는 가상 물리 시스템의 구축이 기대되는 산업상의 변화를 일컫는다." 그리고 "4차 산업혁명 핵심 개념들"에는 "인공지능(AI·Artificial Intelligence)", "사물인터넷(IoT·internet of things)", "자율주행차", "가상현실(VR·Virtual Reality)", "드론(Drone)" 등이 있다. pmg 지식엔진연구소, 『시사상식사전』, 박문각. (네이버 지식백과, 4차 산업혁명, 2021년 3월 87일 검색)

미래를 꿈꾸며 시대를 앞서간 사람들을 우리는 선각자라고 부른다. 또한 그 어떤 시대이건, 특정한 시대는 당대를 살아간 사람들에게는 항상 현대였을 것이며, 이 점은 과거나 현재 또는 미래에도 변치 않을 철칙이다. 그러므로 선각자는 자신의 시대를 부정할 수밖에 없고, 시대의 사조를 뛰어 넘을 수밖에 없을 것이며, 과거와 현재의 어떤 특정한 가치를 중심 가치로서 인정할 수 없을 것이다.

이와 같은 관점에 따라서 보면 다원주의는 언제나 있어 왔다고 할 수 있다. 이러한 연관성에서 보면, 다원주의와 포스트모더니즘은 의미상으로 같다고 할 수 있다. 고대 그리스의 소피스트로부터 시작하여 새로운 사조를 개척해낸 모든 사람들은 사실상 다원주의자들이자 포스트모더니스트였던 것이다. 우리 역사에서는 유교, 불교, 도교의 가르침을 혼합하여 근본정신을 찾았다고 하는 화랑도(花郎徒) 또한 당시에는 포스트모더니스트들이었다고 할 수 있겠다.[16] 그렇기 때문에 이제부터라도 우리는 맹목적으로 서구의 사조를 추종만해서는 안 된다. 지금까지 우리는 서구에서는 이미 지나간 것인데도 불구하고, 그것이 절대 진리라도 되는 양 계속 모방만 하고 앵무새처럼 반복만을 일삼아 왔던 것이 사실이다.

역사철학은 물론이고 역사학도 다원주의를 당연히 수용해야 한다. 그렇다고 하더라도 우리는 도대체 이 말이 무슨 뜻인가를 알아야만 한다. 모든 곳에서 다원주의적 사고가 지배하고 있는 현재라 할지라도, 우리는 무비판적이고 맹목적으로 이러한 주장을 받아들여서는 안 된다. 오히려 모든 측면에서 진정으로 다원주의적 견

---

16) '화랑도'에 대한 간략하고 핵심적인 설명은 '한국학중앙연구원'의 『한국민족문화대백과사전』을 참조하기 바람.

해가 수용되고 있는가를 면밀하게 관찰해야만 한다. 여기에는 역사학 또는 역사철학도 예외가 될 수 없다. 어떻게 보면 역사학이나 역사철학은, 근대 서구의 제국주의가 세계를 지배하기 시작한 이후로 다원주의적 견해를 전혀 수용하지 않고 있다고 해도 과언이 아니다. 군사력과 경제력이 우월한 국가나 민족에게서 통용되고 있는 견해나 이론은 어떤 다른 지역이나 다른 시대를 지배하고 널리 통용되는 것이 당연하다는 듯이 여겨져 왔을 뿐, 그에 대한 반론은 마치 정통에 반기를 드는 이단쯤으로 치부되어 왔다. 이러한 결과로, 오늘날에는 세계화의 음모를 비판하고 **개방적 민족주의**를 주장하는 견해들까지도 수구주의 또는 국수주의로 매도되고 있는 실정이다.

우리나라의 경우에도 예를 들면, 『삼국사기』의 기록 내용에 대해 어떤 학자가 비판적 관점에서 이해하고 해석한 글을 쓰면, 다른 관점에서 그것을 이해하고 해석하는 학자는 비판적 관점을 전혀 수용하지 않는 것은 물론이고 자신의 관점만이 오로지 정확하고 올바른 것이라는 독단에 빠져 있는 학자들이 있다. 심지어는 역사서 기록 내용의 오류를 지적하는 것마저 수용하려는 태도가 보이지 않는 실정이다.[17] 역사서의 기록 내용 자체에 오류가 있는지 어떤

---

17) 이에 대한 대표적인 연구서로 "이희진 지음, 『거짓과 오만의 역사』, 서울 (동방미디어) 2001.", "이희진 지음, 『식민사학과 한국고대사』, 서울 (소나무) 2008."을 들 수 있다. 이 책들에서 한국 고대사를 전공한 저자가 잘못되고 왜곡된 우리 역사를 바로잡기 위해서 대표적으로 『일본서기』와 『삼국사기』에 기록된 내용에 왜곡과 잘못이 있음을 밝히고 있다. 그러자면 자연스럽게 한국 고대사를 전공한 다른 학자들의 견해를 비판할 수밖에 없는데, 그러한 점이 제도권 고대사 전공자들로 하여금 저자를 배척하게 만들었다는 사실을 밝히고 있을 정도이다. 이처럼 자신들의 관점만이 오로지 올바르고, 다른 관점은 모두 잘못되었다는 태도를 보인다면 학계

지를 살피는 것은 학자의 당연한 의무이기도 하지만, 그 기록에 대한 이해와 해석의 다양성을 수용하려는 자세가 없다면, 그런 사람은 더 이상 학자라고 할 수가 없다.

이제 한 마디로 말하면, 역사학은 진정으로 다원주의적 사고를 수용해야 한다. 역사가 보편적 사유를 바탕으로 하는 철학과 결합되어야 한다고 해서, 우리가 역사의 보편성을 무조건적으로 주장하는 것은 아니다. 보편성이 강조되기 위해서는 보편성의 구성요소를 이루는 특수성과 개별성이 반드시 검토되어야 한다. 그렇기 때문에 세계사를 주장하기 위해서도 민족사는 반드시 검토되고 연구되어야 하는 것이다. 이러한 사유는, 세계사와 민족사를 주제로 하여, 역사를 철학적으로 받아들일 때 가능해진다. 그뿐만 아니라 한 국가 또는 민족 안에서도 역사 해석에 대한 다양한 견해를 수용할 줄 알아야 한다. 물론 여기에는 기록의 객관성이 당연히 전제되어야 하고 역사를 이해하고 해석함에 있어서 기록에 대한 왜곡은 없어야 한다.

3. 세계사와 민족사

민족사(ethnic history)는 세계사에 외연(外延)적으로 포함된다. 그런데 실제로 각각의 민족사가 모두 세계사 속에 포함되어 있는가? 아니 그보다는 실제로 **세계사**(world history)라는 학문이 가능할 수 있을

가 불행한 것은 물론이고, 그러한 학자들의 가르침을 받는 미래 세대 또한 결코 역사에서 교훈을 얻을 수 없게 된다는 사실도 자명해진다.

까? 세계란 무엇인가? 사전에는 '지구상의 모든 국가 또는 인류 전체'라고 정의하고 있다. 그렇다면 세계사는 지구상 모든 국가 또는 인류 전체의 역사라야 하는데, 그러한 세계사는 실제로 불가능하다. 지구상의 모든 국가라 하더라도 숱한 국가가 명멸해 갔으며, 인류도 마찬가지로 현재 생존하고 있는 인류를 제외하고 이미 사라져간 모든 인류를 포함할 수는 없기 때문이다.

이는 단순한 말장난이 결코 아니다. 그것은 예를 들면, 아직 조립하지 않은 시계의 부속품을 한 곳에 모아둔다고 해서 시계인 것은 아니며, 아직 건축하지 않은 집의 자재들을 모아둔다고 해서 집이 아닌 것과 같다. 시계나 집의 부속품이나 자재 가운데 하나가 부족할 때 온전한 시계나 집이 될 수 없듯이, 세계사도 마찬가지로 특정 국가나 어떤 인류 집단이 제외될 경우에는 참된 세계사라고 할 수 없다. 그런데 완성된 시계나 집은 시간을 알기 위함과 사람이 살기 위함이라는 분명한 목적이 있다.

이와 같은 관점에서 '세계사란 무엇인가?'라고 묻는다면 우리는 어떤 답을 할 수 있을까? 실제로는 불가능하지만, 그래도 가능하다는 가정 하에, 지구상의 모든 국가와 인류 전체의 역사를 단순히 모아두기만 한다고 해서 세계사인 것은 아니다. 여기에도 분명한 목적이 있어야 한다. 그 목적은 눈에 보이는 가시적인 것이 아니라 모든 국가와 인류 전체가 나아가야 할 이념으로서의 목적이 될 수밖에 없다. 만일 그렇지 않다면 세계사는 단순히 만물상에 불과해질 뿐이다. 따라서 세계사는 **형이상학적 사유**로 접근해야 한다. 아니 그보다도 세계가 이미 형이상학의 대상이다.[18]

---

18) 칸트(I. Kant, 1724-1804)에 따르면, 감성(Sinnlichkeit)과 대립하는 사유능력으로서

만일 세계사가 민족사를 외연적으로 포함하고 있다면, 여기에는 공통점이 전제되어야 하는데, 이때의 공통점은 그저 지구가 태양계의 행성 가운데 하나이고, 각각의 민족이나 국가는 지구를 구성하고 있는 공통 존재라는 사실뿐이다. 이것은 우리의 관점에서는 아무런 역할도 하지 못한다. 필자는 외연적인 측면뿐만 아니라 내포(內包)적인 측면까지 고려의 대상으로 삼아야 한다고 주장하는 바이다. 여기서 전체로서의 세계와 개별 국가들, 그리고 인류 전체와 개별 국민 또는 민족들의 관계를 논리적으로 살펴보자.

　　모든 "개념은 스스로의 보편성에 의해서 유(Gattung)와 종(Art)으

의 오성의 기능을 두 가지로 구별하는데, 그 사용에 있어서 경험적·가시적 대상과 관계하는 경우는 『순수이성비판』의 「초월적 분석론」에서 다루는 오성(Verstand)이고, 초경험적·비가시적 대상과 관계하는 경우는 「초월적 변증론」에서 다루는 이성(Vernunft)이다. 따라서 오성은 규칙을 매개로 하여 현상(Erscheinung)을 통일하는 능력이고, 이성은 그러한 오성의 규칙을 이념(Idee)에 의해서 통일하고 체계화하는 능력이다. 단적으로 말하면 감성은 직관하고 오성은 개념을 주며 이성은 이념을 준다. 다시 말해서, "인간의 모든 인식은 직관에서 출발하여 여기서 개념으로 나아가며 그리고 이념에서 끝난다." (I. Kant, *Kritik der reinen Vernuft*, Hamburg 1956, B 730.) 이 말은 감성과 오성으로 성립한 인식은 이성의 이념에 의해서 전체적이고 체계적인 통일 이룰 때 비로소 완성된다는 것이다. 바로 이와 같은 전체적, 체계적인 통일은 절대 완전성이라는 이성의 이념 하에서 이루어진다. 여기서 절대 완전성은 경험할 수 없는 무제약자(das Unbedingte)의 형식으로 나타나며, 이성이 이러한 경험할 수 없는 무제약자와 관계하고 있기 때문에, 칸트는 이것을 이념이라고 부르는 것이다. 그리고 이 이념은 "대상이 어떠한 성질을 갖고 있는가를 나타내주는 개념이 아니라, 우리가 그 인도 하에서 경험 일반의 대상의 성질과 관련을 어떻게 탐구해야 할 것인가를 가리켜주는 개념이다." (I. Kant, *Kritik der reinen Vernuft*, 위의 책, B 699.) 따라서 "이념이라는 것은 본래 다만 발견적 개념일 뿐이지 명시적 개념이 아니다." (I. Kant, *Kritik der reinen Vernuft*, 위의 책, B 699.) 그러므로 무제약자의 형식으로 나타나는 이 이념을 경험적으로 발견하는 것은 불가능하며, 칸트에 있어서 경험되는 것이라고 하는 것들은 언제나 제약을 받고 있는 것들이다. 그럼에도 불구하고 전통 형이상학에서는 세계의 부분이 아닌 전체를 (전체로서의 세계는 무제약자의 형식으로 있다.) 파악할 수 있다는 오류를 범한 것이다.

로 분리될 수 있으며, 이때 이러한 관계는 상대적으로 고찰된다. 특정한 관점에서 유는 다른 관점에서는 종일 수가 있다."[19] 따라서 세계와 개별 국가는 유(類)와 종(種)의 관계에 있으며 인류 전체와 개별 국민 또는 민족들도 유와 종의 관계이다. "각각의 개념에는 의미(Bedeutung)가 주어진다. 의미란 하나의 개념이 표시하는 그 무엇이다. (…) 하나의 개념이 이러한 의미와 관계한다는 것은 논리적으로 개념의 내포(內包, Intension) 또는 개념의 내용을 말한다. 각각의 개념에는 또한 범위, 즉 외연(外延, Extension)이 주어진다. 한 개념의 범위는 자신의 하위의 종들(Arten und Unterarten) 내지는 적용 가능한 개체에서 성립하며, 바로 이러한 점의 의해 서술된다. 한 개념의 내용과 범위 사이에는 상호관계가 존재한다. 범위가 넓어질수록 내용은 줄어들며, 내용이 풍부할수록 범위는 좁아진다."[20]

이렇게 논리적으로 고찰해보면 유개념인 세계와 전체 인류는 모든 개별 국가, 개별 국민, 개별 민족의 특징을 내포로서 가지는 것이 아니라 이들에 공통적인 것들만 가질 수 있다. A와 B라는 국가를 예로 들면, 각각 국가라는 공통점이 있기는 하지만, A와 B라는 두 국가가 서로 다른 이유는 두 국가를 구별하게 해주는 서로 다른 특징을 가지고 있기 때문이다. 말하자면, A 국가에는 있는 특징이 B 국가에는 없고, 반대의 경우에도 마찬가지인 특징을 예로 들 수 있다. 따라서 세계와 전체 인류에는 모든 국가와 국민, 민족이 외연적으로 포함되지만, 그만큼 내포의 수는 줄어들게 된다. 그렇기 때문에 유

---

19) Lutz Geldsetzer 지음, 문성화 옮김, 『논리학』, 대구 (계명대학교 출판부) 1997, 103쪽.
20) Lutz Geldsetzer 지음, 『논리학』, 위의 책, 104쪽.

개념으로서의 세계사에는 각각의 민족사가 외연적으로 포함될지라도 각각의 민족사가 지니고 있는 모든 특징을 내포적으로 가질 수는 없게 된다. 그런데도 세계사는 보편 학문으로서 가능하다고 주장한다면, 그것은 그렇게 주장하는 사람들에게 어떤 식으로든 이익이 되는 게 있기 때문이다. 결국 세계사는 명목상으로만 존재하고 실제로는 민족사가 그 자리를 차지하게 되는 셈이다.[21]

현실의 역사에서 문제가 되고 있는 것은 공통점이 아니라 바로 서로 **다른 점들**이다. 현실에서 각각의 국가나 민족은 지구라는 행성에서 공통점을 찾으려고 하지 않고, 다른 점을 발견함으로써 자신들의 국가나 민족을 세계―또는 지구―의 역사에서 으뜸으로 만들고자 하고 있다. 이때의 **다름**은, 현실의 역사를 올바르게 이끌고 가기 위해서는, 그저 **구별**과 같은 의미만을 지녀야 함에도 불구하고, 지금까지의 역사에서 다름은 구별이 아닌 **차별**과 같은 의미만을 가졌던 것이 사실이다. 그 까닭은 역사―세계사이든 민족사이든 간에―가 순전히 학문의 차원에만 머무는 것이 아니라 인류 사회의

---

21) 그래서 경제적인 측면에서 **세계화**(Globalization)에 대한 다음과 같은 비판은 매우 설득력이 있다. "무엇보다도 현대 교육체계는 모든 어린이가 학교를 떠나기 전까지 닮은꼴이 되게 만드는 것을 목표로 하는 균질로(均質爐)이다. (…) 사회는 저마다 고유한 환경과 자원 그리고 문화적 역사를 갖고 있고, 그렇기 때문에 각 사회에 적합한 교육은 당연히 서로 다를 것이다. 하지만 오늘날에는 단 하나의 사회모델이 지구의 모든 곳에 강요되고 있다. 이 모델은 문화들을 균질화시키고, 사람들을 그들의 지역 환경과 연결시켜주는 적응구조를 말살한다. 단종재배의 세계화 경제에서 교육의 다양성이 살아남을 여지는 거의 없고, 누구에게나 맞게 만든 속옷 같은 교육과정이 획일적으로 적용된다." (헬레나 노르베리-호지/ISEC 지음, 이민아 옮김, 『허울뿐인 세계화』, 서울 (따님) 2000, 101쪽.) 이와 같은 비판은 세계화를 목표로 나아가는 세계적 기업 또는 세계 경찰국가들에게 초점이 맞춰져 있다. 그렇기 때문에 우리는 **세계사**라는 개념과 내용에 대해서도 냉철하고 비판적으로 고찰하야 하는 게 마땅하다고 할 수 있다.

전반, 특히 정치적 측면에 커다란 영향을 주기 때문이다. 그렇기에 우리는 다음의 글을 눈여겨 볼 필요가 있다.

"1994년 미국 연방상원은 대학 역사학자들과 고등학교 역사 교사들로 구성된 큰 규모의 위원회가 기안한 고등학생용 세계사 기획서를 99대 1로 부결시켰다. 이는 분명히 그 직전에 있었던 선거에서 보수적인 공화당이 다수를 차지했기 때문에 발생한 일이었다. 당시 상원은 함께 올라온 미국사 기획서에 대해서도 대응을 했는데, 이 움직임은 더 큰 혼란을 불러왔다. 이 기획서가 기성 규범과 동떨어져 있다고 보았기 때문이다. 그러나 세계사 자체에 대한 우려는 순전히 세계사 문제와 관련한 것이었다. 학문적 주제가 나라 전체 차원에서 입법부를 통해 그렇게 강하게 거부당한 사례는 상당히 드문 일이었다.
세계사가 서양 문명의 어떤 특정한 장점을 깎아내린다고 생각한 상원은 혼란스러워했다. 서양 문명이 미국의 중요한 문화적·정치적 전통의 기원이라고 여겼기 때문이다. 상원은 결의문을 통해 모든 국사 프로젝트는 '서양 문명의 전통들에 대해 상당한 경의를 표해야 한다.'고 읊조렸다."[22]

정치가 역사에 관여하고 역사를 이용하는 일은 우리나라의 경우도 전혀 예외가 아니다. 우리나라에서 역사 교과서가 정치적 도구로 이용되어 왔다는 사실을 다음의 글을 통해 확인하려 한다.

---

22) 피터 N. 스턴스 지음, 최재인 옮김, 『세계사 공부의 기초』, 서울 (삼천리) 2019 (3쇄), 22쪽.

"박정희 정권이 유신을 전파하는 도구로 교과서를 활용한 이래 김영삼 정권에 이르기까지 우리 역사 교과서는 정치적 도구로 활용되었다는 비판을 피하기 어려웠다. 특히 당대사 서술은 정권에 대한 우호적인 서술이 관행이라고 여겨질 정도였다. 그런데 2002년 제7차 교육과정이 도입되면서 '한국 근현대사' 과목이 생기고 검정제도가 도입되었을 때, 김영삼, 김대중 정권에 대한 서술이 편향되었다는 주장이 제기되었다. 자신들이 집권했던 시절의 교과서를 한 번이라도 읽어보았다면 그런 말은 쉽게 나오지 않았을 것이다. 게다가 당시 일부 언론은 역사 교과서들이 김영삼 정권을 비판 일변도로 기술했다고 주장했지만, 사실 김영삼 정권의 성과도 병렬적으로 기술되어 있었다. (…) 심지어 교육과학기술부는 출판사에 일방적으로 교과서 수정을 지시했고, 저자들의 반발에는 아랑곳하지 않고 권력의 힘으로 수정을 강제했다. 서울시 교육청은 교장들을 불러 모아놓고 특정 교과서를 비방했으며, 이미 교과서 채택 기간이 지났음에도 불구하고 특정 교과서 채택을 취소하라는 압력을 노골적으로 행사했다. (…) 역사학자들이 밝혀낸 수많은 진실들이, 그리고 새로운 가치관에 걸맞은 역사 해석이 정치적 입장에 따라 왜곡되고 재단되어 학교교육 현장에서 엉뚱하게 쓰이는 일은 절대로 용납되어서는 안 된다. 일본의 역사 왜곡이 문제가 되었을 때 많은 연구자들이 그것을 지적하고 학술적인 연구 성과를 제출했다. 뿐만 아니라 한일 시민 사회의 영역에까지 진출해서 왜곡을 바로잡고자 노력했다. 덕분에 우리역사 교과서에 대한 관심이 높아졌고, 많은 비판과 연구가 뒤따랐다. 지금의 검정제도와 한국 근현대사 교과서는 부족하지만 그러한 노력의 작은 성과들이다. 그런데 정권이 교체되면서 그 작은 성과가 위협을 받고 있다. 물론 우리 역사학계와 역사 교육계가 그러한 위협에 쉽게 무너질 정도로 허약하진 않다. 다만 역사 연구자들이 연구에만 몰두할 수 없게 만드는 정치 현실이 안타까울 뿐이다."[23]

위의 글들에서 보듯이, 역사에 대한 이해와 역사 기록에 대한 해석이 한 나라 안에서도 정치적 목적이나 이해관계에 따라 달라진다. 하물며 다른 나라와의 관계에서 자국의 역사를 이해하고 해석하는 일은 다른 나라와의 구별을 넘어 차별성을 강조하고 자국의 우월성을 드러내는 일이 당연시 되고 있는 실정이다. 그렇지만 이러한 사실을 인정하더라도 역사에서 교훈을 얻으려면, 우리는 **차별이 아닌 구별**이라는 의미에서 **다름**을 긍정적이고 적극적으로 수용해야 한다. 이렇게 될 때 세계사 속의 개별 민족사가 제대로 드러날 것이다.

그런데 지금까지 보편적 세계사를 주장한 사람들의 사상을 검토해 보면, 우리는 그것이 민족사에 불과하다는 것을 어렵지 않게 알 수 있다. 역사학의 보편성 또는 보편적 세계사를 강조하고 주장한, 소위 유명한 이론가들의 사상을 면밀하게 고찰해 보면, 그들은 자신들의 민족이나 자신들이 속한 집단을 제일 상위에 내세우고, 자신들의 민족이나 국가가 세계의 지도적 위치에 있을 수밖에 없다고 하는 관점을 합리화하기 위하여, 민족사가 아닌 세계사라는 용어를 사용하고 있음이 발견된다. 그렇기 때문에 그들이 내세우는 세계사는 진정한 의미에서 그리고 엄밀한 의미에서 보편적 세계사

---

23) 역사교육연대회의 지음, 『뉴라이트 위험한 교과서, 바로 읽기』, 서울 (서해문집) 2009 (2쇄), 20-22쪽.

가 될 수 없다.[24]

　또한 우리는 역사학에서 **역사란 무엇인가**를 묻는 것과 철학에서 그렇게 묻는 것이 동일한 의미일까를 생각해 보아야 한다. 물론 동일한 의미가 아니다. 역사학에서 문제되는 역사는 **단절된 역사**인데 - 예를 들어, 과거의 사건으로서 3·1 만세운동은 시간적으로는 이미 단절되었지만, 그 의미는 지금도 계속되고 있다. - 반해서 철학, 즉 역사철학에서는 역사를 단절된 것으로 간주하지 않는다. 여기서 단절된 역사라는 말은 3·1 만세운동은 1919년 3월 1일에 발생했으며, 그로부터 100년이 더 지난 오늘의 사건은 아니라는 뜻이다. 역사학에서는 3·1 만세운동이 일어나게 된 역사적 배경 등을 연구하지만, 그것이 오늘날에 어떤 영향을 끼치고 어떤 의미를 주는지는 연구의 대상으로 삼지 않는다. 그렇다면 역사학자들이 표현하는 '역사적 의의'는 도대체 무엇이란 말인가? 역사적 의의는 과거의 사건이 오늘날에도 여전히 지속하고 있는 정신을 말한다. 이런 의미에서 과거의 특정한 사건은 그 당시로 단절되어버린 것이 아니라 오늘에도 여전히 지속하고 있는 사건이 된다. 역사철학은 바로 이렇게 지속하는 역사적 정신을 다룬다.

　그렇다고 해서 역사가 과거의 사건이 아니라는 말은 결코 아니다. 모든 역사는 과거의 사건이고 그 사건에 대한 기록이다. 이것에

---

24) 헤겔(*Die Vernunft in der Geschichte*), 랑케(*Weltgeschichte, 9 Bd.*), 카(*What ist History?*), 콜링우드(*Essays in the philosophy of History*), 토인비(*A Study of History*), 마르크스(*Karl Marx und Friedrich Engels Werke*), 야스퍼스(*Vom Ursprung und Ziel der Geschichte*), 신채호(『조선상고사』 외), 이병도(『한국사의 이해』 외), 이기백(『한국사 신론』 외), 강만길(『분단시대의 역사인식』 외)과 같은 모든 역사가들이 이 범주에 속한다고 할 수 있다.

대한 실증적 측면과 객관성의 보장이라는 것이 역사학에서는 매우 중요하며, 이러한 면이 보증되지 않는 것은 역사로 간주될 수가 없다. 그래서 역사학에서는 무엇보다도 **역사에 대한 정확한 인식**이 중요하고 문제시 되는 것이다. 어떤 특정한 사건과 그에 대한 기록이 인식의 측면에서 전혀 문제될 소지가 없다면, 역사학에서는 그것을 더 이상 다루어야 할 이유가 없어진다. 하지만 오늘날에도 여전히 과거의 기록에 대해 연구를 끊임없이 진행하고 있는 이유는 아직도 과거의 기록에 대한 완전히 객관적인 인식을 확립하지 못했기 때문이라고 할 수 있다.

정확하고 올바르게 인식된 역사는 과거의 것인가 현재의 것인가? 일차적으로는 과거의 것이지만, 특정 사건에 대한 인식이 오늘에야 바로 잡혔다면, 그래서 사건의 의미가 오늘에야 비로소 제대로 전달되었다면, 그러한 사건은 시간적으로 과거의 것으로만 머물 수는 없는 것이 된다. 현재에서 비로소 정립된, 과거의 사건에 대한 올바른 인식이라면, 이러한 사건은 오히려 현재적 사건이라고 해야 옳다. 그 까닭은 올바른 인식이 성립했을 때에야 비로소 특정한 시대의 사건의 의미가 현재에 교훈과 가르침을 줄 것이기 때문이다. 이러한 가르침이 과거와 현재를 거쳐 미래로 연결될 때 드는 생각이 바로 **역사의식**이다. 이렇게 보면 인식은 단절이지만 의식은 지속이다.

무엇에 대한 인식이 현재를 넘어 미래에로 연결될 수는 없다. 일반적으로 역사를 말하면서 사용하는 **가정(假定)**이라는 말은 역사학과 역사인식에 관계되는 것이 아니라, 역사의식에 관계되는 말이다. 역사에서 발전이건 퇴보이건, 그 무엇을 주장하건 간에, 그것은 관점과 기준의 차이에서 비롯되는 것이며, 더구나 모두의 공감을 불러일으키기 위해 **가정**이라는 용어와 관점을 사용하는 경우가 종종 있다. 어떤 특정한 기준과 관점에 의해서, 지금까지의 역사가 법칙적으로 발전 또는 퇴보한 것으로 간주된다고 해서, 미래에도 동일한 법칙이 적용되리라는 보장은 없다. 결국 이러한 모든 생각은 역사의식과 관련하여 역사의 과정을 가정하고 있는 셈이다.

실증 역사학에서는 가정을 수용하지 않는다. 물론 가정은 객관적 사실이 아니다. 가정은 주관적 관점을 말한다. 그렇다면 우리는, 가정이라는 용어와 관련하여, 사건과 기록이 같은지를 살펴볼 필요가 있다. 사건과 기록은 엄연히 다르다. 사건 자체는 객관적이지만, 그 어디에도 객관적인 기록은 없다. 이 말은 기록으로 남겨지기 이전의 사건 자체만을 두고 봤을 때, 그러한 사건을 두고서 객관적이라고 해야 한다는 뜻이다. 반면에 모든 기록은 주관적이다. 누군가에 의해 기록되는 순간 사건 자체는 사라져버리고 기록자의 주관적 관점이 개입되기 시작한다. 사건 자체는 기록과 상관없이 시간적으로 지나가 버리지만, 시간적으로 계속 현존하는 모든 기록은, 바로 현재적이라는 이유 때문에 주관적이 되어 버린다.[25] 지나간 사건은 사건 당시의 사람들과 직접적인 관련을 맺고 있지만, 현존하는 기록은 언제나 그때그때마다 현재하는 인간들에게 영향을 미치기 때문에 객관적일 수가 없다. 따라서 역사적 사건에 대한 기록에는 이미 가정이 전제 또는 수반되는 것이다.

이렇게 본다면, 더욱 엄밀하게 말해서, 객관성이 영원히 보장되는 실증적 역사는 존재하지 않는 셈이 된다. 물론 과거에 대한 문

---

25) E. H. Carr 저, 『역사란 무엇인가』, 위의 책, 참조.

제와 가정을 관련짓기는 어렵다. 하지만 미래에 대한 역사의식의 문제에서는 가정이 반드시 연결되어야 한다. 그렇지 않다면 우리는 미래에 대한 희망을 어떻게 가질 수 있을 것인가! 예를 들어 말하면, 소위 중국의 동북공정(東北工程)[26] 프로젝트는 한반도의 통일을 대비하여 이 지역에서 주도권을 가지려고 하는, 고구려사에 대한 중국의 역사왜곡 작업이다. 지금까지 우리나라의 역사학계에서 이에 대한 대비를 소홀히 한 것은 아니라고 할지라도, 우리의 주변 국들에서 역사왜곡 작업이 심심찮게 자행되고 있는 데에는 우리의

---

[26] "동북공정이란 중국정부의 핵심 싱크탱크인 중국사회과학원에 설치한 중국변강사지연구센터(중국변강사지연구중심)가 동북지역의 3개 성(省)과 연합하여 시작한 대규모 프로젝트이며, '동북변강역사여현상계열연구공정(東北邊疆歷史與現狀系列研究工程)'의 줄임말이다. 우리말로는 '동북 변경지역의 역사와 현실에 관한 체계적인 연구 프로젝트'이다. 동북공정은 통일적 다민족국가인 중국의 변강을 안정시키고 민족들을 단결시켜 사회주의 중국의 통일을 강화하기 위한 일환으로 추진된 학술연구이다. 그러면서도 국가의 영토와 변경, 주권에 관계되는 정치프로젝트이고, 동북지역을 대상으로 하는 연구이지만 전국적인 성격도 갖고 있으며, 중국 내부와 더불어 국제관계에도 영향을 미치는 프로젝트이다. 2000년 12월 중국공산당 중앙이 승인하고, 2002년 2월 28일부터 시작되었다. 동북공정의 과제영역은 일반연구과제, 번역과제, 당안(檔案)정리과제, 응용과제, 자료실 구축으로 구분된다. 과제들은 위탁과제와 공모과제로 구분되어 운영되었다. 위탁과제의 비중이 더 높았지만, 과제선정 내용이나 위탁상황에 대해 비공개로 진행하였으며, 응용과제의 내용도 공개하지 않았다. 공개된 과제들의 연구영역을 보면, 중국 강역이론 연구, 중국 동북지방사 연구, 동북민족사 연구, 중조관계사 연구, 중국 동북변강과 러시아 극동지역 정치경제 관계사 연구가 있었다. 특히 전통적인 한국의 역사, 또는 현재 및 미래의 한반도와 관련된 부분이 큰 비중을 차지하였다. 이 때문에 한국사회도 동북공정에 큰 관심을 두었다. 그러나 오늘날 한국인의 역사적 형성과정을 부인하는 중국의 연구프로젝트에 한국사회는 강력히 반발하여 외교문제화 하였다. 한국정부는 중국의 역사왜곡에 대처하기 위해 2004년 3월 고구려연구재단을 발족하였다. 2001년부터 매년 역사교과서 등을 통해 역사문제를 일으키고 있던 일본의 움직임에도 종합적으로 대응하기 위해 2006년 9월 동북아역사재단을 출범시키면서 고구려연구재단을 여기에 흡수통합 하였다."(출처: 『한국민족문화대백과사전』, 2021년 3월 10일, 인터넷 검색)

책임이 없다고 할 수도 없는 노릇이다. 비록 객관적 역사는 변하지 않을지라도 그 역사에 대한 의식이 변하면, 변화된 의식을 바탕으로 해서 객관적 역사인식마저도 얼마든지 달리질 수 있다. 그러한 문제가 실제로 구체적 현실에서 벌어지고 있기 때문에, 이에 대한 대비는 반드시 하고 있어야만 한다. 말하자면, '만일 중국이나 일본이 우리의 역사를 왜곡하면 우리는 어떻게 할 것인가?'라는 가정은 언제나 하고 있어야 한다는 뜻이다.[27]

이처럼 역사학에서 역사는 (객관적인) 역사인식의 문제와 연결되지만, 역사철학에서 역사는 (주관적인) 역사의식의 문제와 결부된다. 위의 인용문[28]에서 본 것처럼, 역사학에서 역사를 가르치는 까닭을, 어제의 사실을 오늘의 교훈으로 삼고 미래를 설계하기 위한 디딤돌로 삼기 위함이라고 하듯이, 역사의식이 주관적이라고 할 때에는 단순히 객관적인 측면에 대립된다는 뜻은 아니다. 나중에 살펴보겠지만, 역사의식은 올바른 역사인식을 바탕으로 해서, 개인 단위가 아닌 - 민족 단위이건 인류 전체이건 간에 - 전체적인 단위에서 과거에서 현재를 거쳐 미래로 관통하는 역사에 대한 의식을

---

27) 가정에 대한 또 다른 예로, 필자는 대학생일 때 한국사 강의를 들으면서 수업시간에 담당교수에게 '만일 신라가 아닌 고구려가 삼국통일을 했더라면 지금 우리 역사는 어떻게 됐을까요?'라는 질문을 한 적 있다. 담당교수는 '역사에서는 만일이라는 가정은 전혀 쓸모없으며, 그 이유는 그런 가정으로부터 어떤 역사가 전개될지 누구도 알 수 없기 때문이고, 그런 용어는 역사학에서 사용하지 않는다.'고 대답했다. 이처럼 역사학은 아직 미래의 것은 전혀 연구 대상으로 여기지 않으며, 과거의 사건도 무엇인가를 가정하여 추측하지 않는다. 지극히 올바른 학문 자세이다. 각 학문의 대상과 방법론이 다르듯이, 역사학은 인류의 지난 흔적을 최대한 객관적으로 밝혀내기만 하면 된다. 역사학이 제공한 연구결과를 바탕으로 역사적 사건을 미래와 연결하는 것은 역사철학자의 몫이다.
28) 각주 14번 참고.

말한다. 따라서 역사는 주관적인 동시에 객관적이라고 해야 옳다. 그것이 바로 역사를 가르치고 배우는 까닭이다.

이러한 문제는 역사적 사건과 기록을 **도덕적 관점**과 관련짓게 된다. 오늘날 일본을 비롯하여 중국의 역사 왜곡문제는 – 여기에는 우리나라뿐만 아니라 모든 국가도 물론 예외가 될 수 없을 것이다. – 역사적 사건 자체에 대한 문제라기보다는 우선 특정 사건에 대한 기록과 관련된 문제이다. 사건 자체는 이미 지나간 것이지만, 기록은 영원히 남는 것이기 때문에, 특정한 사건을 어떻게 기록하느냐의 문제는 결국 올바른 역사인식의 문제가 된다. 왜곡된 역사기록은 사건 자체를 왜곡시켜서, 현재와 미래의 역사에서도 선(善)과 악(惡)이 전도되는 현상을 초래하게 된다. 왜곡되어 인식된 역사는 미래에 대한 왜곡된 의식을 낳지 않을 수 없다. 이렇게 된다면 왜곡된 역사의식은 역사에 대한 새로운 검증을 시도할 때 결국에는 왜곡된 역사인식을 초래하게 되는 **악의 순환관계**에 빠지게 된다. 이에 대한 깊이 있는 연구서가 있는데, 그 글을 인용한다.

"사실 일본만큼 역사 왜곡 문제로 손가락질 받는 나라도 없다. 이제 자타가 공인하는 선진국인 일본이 왜 역사 인식 문제에서만큼은 후진성을 면치 못하고 있을까? 그러한 원인의 뿌리를 찾으려면 고대사까지 거슬러 올라가야 한다. 일본의 역사 왜곡에 있어서 지금 주로 문제가 되고 있는 부분은 근대사이다. 그러나 근대사를 비롯한 역사 인식이 왜곡될 수밖에 없는 뿌리는 고대사에 있다. (…) 고대사이건 근대사이건 역사 왜곡을 인정하는 일은 결과적으로 그러한 왜곡을 통해 확립된 권위를 무너뜨리는 결과가 된다. 그렇게 되면 지금까지 그러한 권위에 의지하여 기득권을 누려오던 일본의 지배층은 심각한 타격을 받을 수밖에 없기 때문이다. 왜곡을 인정하지 못하는 한계는 그 자체로만 그치는 게 아니라, 왜곡을 정당화하기 위해 또 다른 왜곡과 조작을 자행하게 된다. (…) 가장 먼저 『일본서기』를 다룬 이유는 이것이 일본의 역사는 물론, 한국 역사까지 시작부터 엉망으로 만든 근원이기 때문이다. 『일본서기』의 왜곡된 기록은 이를 이용한 식민사학이라는 왜곡된 역사관으로 이어졌다. 그 후유증은 지금까지도 우리 사회에 남아 있다. 이른바 황국사관에 젖은 일본 학자들의 연구방법론을 실증사학의 이름을 빌어 정당화시키는 일은 물론, 더 나아가서 일본 학자의 연구를 베껴놓고 식민사학 극복을 외치는 황당한 경우까지 있다. (…) 왜 이런 현상이 나타날까? 한 마디로 말해서 '검증' 장치가 제대로 되어 있지 않기 때문이다. 따지고 보면 역사를 조작한다는 것은 단순히 역사를 제대로 인식할 필요성을 느끼지 못한다는 차원이 아니다. 역사 왜곡을 통해 무엇인가를 얻고자 하는 이해 집단이 있기 때문에 끊임없이 역사가 왜곡되고 조작되는 것이다."[29]

그렇기 때문에 1차적으로 역사인식을 주도하는 역사가나 역사학자들의 책임이 말할 수 없이 크다. 이들이 인식한 역사가 일반인들에게 전달되는 것이며, 따라서 일반인들이 인식하는 역사는 역사가나 역사학자들이 1차적으로 인식한 역사를 **재인식**하는 것이다.[30]

---

29) 이희진 지음, 『거짓과 오만의 역사』, 위의 책, 4-7쪽.
30) 재인식은 역사적 사실에 대해 2차적이고 올바른 이해를 위해 무척이나 중요하다. "인식된 것에는 (정치적) 역사의 영역뿐만 아니라 예술과 문학, 한 마디로 말해서 인간의 모든 문화가 속한다. 문헌학은 전달(보고/Mitteilung)에 의존하고 있다.; 말해진 단어와 쓰인 단어는 인식된 것을 전달하는 가장 중요한 방식으로서 나

그리고 이와 같이 재인식된 역사에 의해서 일반인들은 막연하게나마 역사의식을 갖게 된다. 사정이 이러하니, 어떻게 우리는 역사가나 역사학자들에게 도덕적 기준과 양심을 요구하지 않겠는가! 그렇다고 해서 우리는 역사가나 역사학자들에게만 도덕과 양심을 요구하는 것으로 머물러서는 안 된다.

만일 그렇게 된다면, 자칫 역사적 사건은 모두가 정당화 될 수도 있기 때문에, 우리는 순환관계에 있는 사건과 인식 그리고 의식, 이 모두에 도덕적 기준과 양심을 적용하고, 지금까지 맹목적이고 무비판적으로 수용하고 있는 사건과 기록을 다시 검토하고 바로 잡아야 한다. 왜냐하면 비록 과거의 것이긴 하지만 그 어떤 역사적 사건도 자체적으로 가치중립적이지는 않기 때문이며, 게다가 사건에 대한 기록은 더 말할 것도 없기 때문이다. 더구나 왜곡된 역사 기록이나 서술 그리고 역사가나 역사학자가 자신이 속한 집단이나 개인의 이익을 위해 왜곡한 역사인식을 일반인들에게 알린다면, 이것이야말로 역사에 죄를 짓는 것이다. 역사를 기록하는 관점, 즉 사관(史觀)의 문제는 바로 이렇게 발생하며, 또한 누구의 입장에서 역사를 기술하는가에 따라서 기술된 역사의 내용도 달라질 수밖에

타난다. (…) '인식된 것을 재인식하는 것, 시대의 잘못된 변화를 순수하게 서술하는 것, 오해를 제거하는 것, 전체로서 출현하지 않는 것을 전체로 통합하는 것, 이 모든 것은 최고의 본질적인 그 무엇이며 이것이 없이는 모든 학문은 즉시 종말에 이를 것이다.' (Boeckh, *Enzyklopädie und Methodenlehre der philosophischen Wissenschaften*, hrsg. von E. Bratuscheck, Darmstadt 1966, S. 15.) 인식된 것의 인식을 뵈크(Boeckh)는 이해라고 명명한다. 이해는 재인식과 동일시된다. (…) 결국 이해란 인식된 것 안에 있는 이념을 재인식하는 것이다. 현실의 다양성은 이념의 다양한 현상이다.; 뵈크는 '본질적인 것'(das Wesentliche)에 관하여, 그리고 역사적인 현상의 '내부에 있는 내용'(der innere Gehalt)에 관하여 이야기한다." 한스 인아이헨 지음, 문성화 옮김, 『철학적 해석학』, 서울 (문예출판사) 1998, 136-137쪽.

없다. 한 마디로 말하면, 역사가는 어느 한편의 관점에 치우치지 않는 절대적인 도덕적 가치중립의 입장에 서서 역사 사실에 대해 객관적으로 서술해야 한다는 의미이다. 이에 대한 카의 긴 글을 인용하려한다.

"역사와 도덕의 관계는 보다 더 복잡하고, 따라서 이 문제에 대한 과거의 논의에는 여러 가지 애매한 점들이 있었다. 오늘날, 사가는 자신이 다루는 역사적 인물의 사생활에 대해서 도덕적 판단을 하지 않아야 한다는 주장은 재론할 필요가 없는 일이 되었다. 사가의 관점과 도덕가의 입장은 다르다. (…) 사가들이 관심을 두는 것은 그들 – 역사적 인물들[31] – 의 업적이다. (…) 이것은 개인 차원의 도덕이 중요하지 않다거나 도덕의 역사는 역사의 합법적인 한 부분이 아니라는 것을 의미하지는 않는다. 그러나 사가는 자신의 책에 등장하는 개인들의 사생활에 대해 도덕적 판단을 내리는 그런 탈선을 하지 않아야 한다. 그에게는 해야 할 다른 일들이 있다. (…) 그러나 히틀러나 스탈린 – 그리고 원할 경우 상원의원 매카시 – 을 도덕적으로 심판하는 것은 우리들의 일이 아니라고 하는 주장에 대해서 이의를 제기하는 사람도 있을 것이다. (…) 그러므로 사형선고를 내리는 재판관으로서의 사가라는 생각을 버리고, 개개인이 아니라 과거의 사건·제도·정책에 도덕적 판단을 내리는 보다 어렵지만 보다 유익한 문제로 눈을 돌리기로 하자. 사가에 있어 중요한 판단은 바로 그런 것들에 대한 판단이다. 개인에 대한 도덕적 판단을 열렬하게 주장하는 사람들은 무의식중에 집단이나 사회 전체를 위해 하나의 알리바이

---

31) 필자 삽입

를 제공해준다. (…) 물론 개인을 칭송하는 도덕적 판단 또한 개인을 도덕적으로 비난하는 것과 마찬가지로 옳지 못하고 해로운 일이다. (…) 사가는 제도에 대해 도덕적 판단을 해야 하되 그것을 만들어낸 개인들을 도덕적으로 판단하지 않아야 한다고 주장하는데, 이것은 옳은 주장이다. (…) 상술했듯이 역사 사실은 어느 정도의 해석을 전제로 하며, 역사적 해석은 언제나 도덕적 판단을 포함한다. – 혹은 보다 중립적인 용어로 표현할 경우 가치판단을 포함한다."[32]

역사가 철학과 만나야 하는 까닭은 다름 아닌 다양한 관점을 수용함으로써 보편적인 관점을 확립해야하기 때문이다. 어떤 특정한 사건에 대한 완전무결하고 절대적인 인식이란 존재할 수 없기 때문에, 객관성을 절대적으로 보장해주는 기록은 있을 수 없다.[33] 이러한 이유 때문에, 역사가는 가능한 모든 관점을 수용할 때 결점을 최대한 줄이고 객관적 인식에 다가 설 수 있게 될 것이다. 이와 같

---

32) E. H. Carr 저, 『역사란 무엇인가』, 위의 책, 95-100쪽, 강조는 필자의 것.

33) 다음과 같은 비판도 귀담아 들어야 한다. "'기록은 기억을 지배한다.' (…) 기록을 만들 때부터 실제 벌어졌던 사실에는 아랑곳하지 않고 자기들 좋을 대로 만들어 넣는다. 후세에 다른 자들이 그런 기록을 이용해서 자기들에게 유리하도록 해석한다. 그리고 그런 게 역사적 교훈이라고 대중들에게 들이대면 대부분의 대중은 진짜 그런 줄 안다. (…) 역사를 주입식으로 가르치는 이유도 여기에 있다. 그래야 많은 사람들이 자신이 원하는 대로 생각하게 만들 수 있으니까. 자기들이 그렇다면 그런 줄 알라는 식이다. 그런 나라일수록 교과서에 집착한다. 다른 책은 읽건 말건 독자의 선택이지만, 인생을 포기하지 않는 한 교과서를 보지 않고 견딜 재간은 없다. 교과서의 내용은 시험이라는 것을 통해서 머릿속에 구겨 넣도록 강요받는다. 이런 식으로 머릿속에 구겨 넣은 정보는 결국 그 사람의 행동을 통제한다. 비슷한 일이 생기면 머릿속에 구겨 넣은 사고방식에 끼워 맞추어 해석하는 경향이 있기 때문이다. (…) 식민사학은 바로 이렇게 역사를 팔아 기득권을 챙기는 행태의 하나이다." 이희진 지음, 『식민사학과 한국고대사』, 위의 책, 35-37쪽.

은 자세가 전제된 기록이 후대에 전해져야만 비로소 올바른 역사의식이 확립된다는 것에는 이론의 여지가 있을 수 없다. 이렇게 본다면, 우리는 현실적으로 객관성이 완전히 보증된 역사기록 또는 역사인식은 존재할 수 없다는 것을 알아야만 한다. 한편으로 보면, 여러 나라에서 행해지고 있는 역사왜곡은 당연한 것인지도 모른다. 그러나 다른 한편으로는, 왜곡된 역사가 잘못된 역사의식을 형성하게 하고, 결국에는 인류 전체의 불행을 초래할 가능성이 매우 크므로, 바로 이와 같은 점들이 역사를 기록하고 인식하는 데에 철학적 사유가 필요한 이유가 된다.

위에서와 같은 이유 때문에 등장한 역사학이 랑케로 대표되는 - 우리나라에서는 이병도(李丙燾, 1896-1989)로 대표된다고 할 수 있다. - **실증주의 사학**인데, 이 역사학은 역사인식에서 대두될 수 있는 이론(異論)을 잠재우기 위하여 역사에서는 사료, 즉 객관적 증거를 가장 중요한 것으로 취급한다. 랑케에 따르면, 사실(史實)을 떠나서 존재할 수 있는 역사가는 아무도 없으며, 그 어떤 역사가일지라도 사료를 연구할 때에는 자기 자신을 죽은 자로 간주할 정도로 자신을 잊어버려야 하며, 역사가는 그 어떤 보편적 원리를 추구하거나 어떠한 목적의식이나 선입견도 가져서는 안 되고, 철저히 사료에만 의존해야 한다.[34]

---

34) 랑케의 이러한 견해는 카에 의해서 맹렬한 비판을 받는다.: "'역사란 무엇인가?'라는 물음에 대한 우리들의 대답은, 의식적이든 무의식적이든, 우리 자신이 처해 있는 시대적 위치를 반영하며, 따라서 그 대답은 우리들이 살고 있는 사회를 어떻게 볼 것인가 하는 보다 포괄적인 문제에 대한 우리들의 답의 일부가 된다. (…) 랑케(Ranke)는, 1830년대에 역사의 도덕화에 대해 정당한 항의를 제기하면서, 사가의 과업은 **단지 사실을 본래 그대로(wie es eigentlich gewesen) 보여주는 것**이라고 말했는데, 별로 심오하지도 않은 이 격언은 실로 놀라운 성공을 거두었다. 3대에

랑케의 견해는 역사학에서 마땅히 전제되어야하는 지극히 올바른 것이다. 그런데 문제는 사실이 언제나 누구에게나, 비록 역사가라 할지라도, 동일한 모습으로 수용되고 인식되지는 않는다는 점이며, 더구나 한 개인에게 있어서도 정신적·심리적 등 여러 상황에 따라서 하나의 사료가 다르게 보여 질 수 있다는 데에 있다. 철학적·인식론적으로 말하면, 하나의 주관과 대립되는 객관은 물론이고 주관 자신도 스스로를 객관화 할 수 있기 때문에, 언제나 변치 않는 동일한 주관이라고 할 수 없는 데에서 문제가 발생한다. 다시 말해서, 우리는 사료의 객관성 확보를 부정하는 것이 아니라, 이미 누군가에 의해서 받아들여진 것은 많은 것들 가운데에서 **선택되었다**는 말이며, 선택되었다는 것은 - 제아무리 선입견을 배제한 연구의 결과라 할지라도 - 역사가가 주관적으로 판단하고 인식했다는 것을 말한다. 그러므로 완전히 객관적으로 선택된 사료는 존재할 수가 없으며, 선택된 사료에는 사료를 선택한 사람의 인식과 이해 그리고 해석과 의식이 개입되는 것은 당연한 일이다. 그렇다고해서 왜곡해도 된다는 말은 결코 아니다. 어떤 사건이나 자료든지, 어떤 역사가가 선택하지 않으면 **아직**은 사료가 아니라는 점은 분명

걸친 독일과 영국, 심지어 프랑스의 사가들은 **본래 그대로**란 마술적 문구를 주문(呪文)처럼 외우면서 진군했다. 그러나 이 주문도 대부분의 다른 주문들과 마찬가지로 스스로 생각해야 하는 귀찮은 의무로부터 그들 사가들을 해방시켜주는 것이었다. 과학으로서의 역사를 열심히 주장한 실증주의자들은 그들의 영향력을 발휘하여 그 사실 숭배를 더욱 조장했다. 실증주의자들은, 먼저 사실을 확인한 다음 결론을 이끌어내라고 말했다. (…) 이것이야말로 상식적 역사관이라 불러도 좋을 역사관이다. 역사는 확인된 사실의 집합으로 이루어진다. 생선가게에서 생선을 입수하듯이, 사가는 문서나 비명(碑銘) 등에서 사실을 입수한다. 사가는 사실을 수집하여 집으로 가져와 자신의 구미에 맞게 요리하여 자신의 식탁에 올려놓는다." E. H. Carr 저, 『역사란 무엇인가』, 위의 책, 9-10쪽, 강조는 필자의 것.

하다. 그렇다면 사료라는 것은 **이미** 선택되었다는 것이며, 선택에는 주관성이 어떤 식으로든지 개입되지 않을 수가 없는 일이다.[35] 다음의 글은 이러한 필자의 생각을 잘 뒷받침해준다.

"위대한 역사가 레오폴트 폰 랑케와 함께 독일에서 시작된 역사학 전통은 역사를 좀 더 전문적이고 정확성을 추구하도록 만들었고, 과거를 '실제 있던 그대로' 묘사해야 한다고 주장했다. 이것이 역사 연구의 관행으로 이해되면서, 역사가들은 자세한 문헌 연구에 큰 관심을 두었으며, 길게 그리고 주석을 많이 달아 **특정 주제**들에 관해 많

---

35) 카도 이러한 견해에 적극 동의한다.: "사가가 연구하는 과거는 죽은 과거가 아니라 어떤 의미에서는 현재에도 살아있는 과거이다. 사가가 과거 행위의 배후에 깔린 사상을 이해하지 못하는 경우 그 과거의 행위는 사가에게는 죽은 행위, 곧 무의미한 행위이다. (…) 역사 사실은, 순수한 형태로 존재하지도 않고 또한 존재할 수도 없으므로, 우리에게 '순수한' 것으로 나타나지 않는다. 역사 사실은 언제나 기록자의 마음을 통해 굴절된다. (…) 사가는 자신이 연구하고 있는 사람들의 마음과 그들의 행위의 배후에 작용하는 사상을 상상적으로 이해할 필요가 있다. (…) 오직 현재의 눈을 통해서만 과거를 볼 수 있고 과거를 이해할 수 있다. (…) 사가가 사용하는 낱말들 – 예컨대 민주주의·제국·전쟁·혁명 등의 낱말 – 은 사가 자신도 벗어날 수 없는 시대적 함축을 갖고 있다." 그래서 카는 역사란 "사가와 사실 사이의 지속적인 상호작용 과정, 즉 현재와 과거 사이의 끊임없는 대화"라고 정의한다. E. H. Carr 저, 『역사란 무엇인가』, 위의 책, 26-37쪽.
바로 이러한 측면 때문에 우리나라에서도 일제 강점기에 이병도를 중심으로 형성된 실증주의 사학이 비판을 받고 있다. 그 까닭은 다음과 같다. 일제 강점기에 식민사관(植民史觀)을 극복하고 민족사를 회복하기 위한 역사학적 경향, 즉 민족주의 사학, 사회경제사학, 실증주의 사학이 있었다. 이 가운데 민족주의 사학과 사회경제 사학은, 각각 극단적인 경향으로 흐르고 이데올로기로 무장한 면이 없지 않지만, 일제에 대항하고 궁극적으로는 민족을 해방시키기 위하여 자신들의 신체적 불이익까지 감수하면서도 끝까지 노력한 반면에, 실증주의 사학은 사료를 통해 실증(實證)되지 않은 것은 역사가 아니라고 하여, 결국에는 식민 사학에 동조하는 결과를 초래하게 된다. 이에 대해서는 "1986년 8월 17일 조선일보는 광복 41주년 특별기획 '우리 歷史 점검'"이라는 기사를 참조하기 바람.

은 정보를 제공해주는 책들을 양산했다. 19세기 스위스의 역사학자 야콥 부르크하르트 같은 거장은 이탈리아 르네상스에 관한 고전적 연구서를 남겼다. 이런 접근 방식은 중요한 특정 역사적 시대나 사건에 대해 오랫동안 남을 만한 묘사와 정의(定義)를 만들어 냈다. 그러나 이렇게 역사적 정확성을 추구하는 경향은 전반적으로 주제를 특정 전쟁이나 조약, 대통령 같은 지도자 등으로 다소 **제한된 범위**에서 **선택**하게 만들었다."[36)]

따라서 객관적 증거만이 올바른 역사 이해 방법이라고 주장하는 것은 지극히 잘못되고 편협한 생각이다. 그 어떤 역사적 사료도 100% 객관적으로 선택되는 것은 있을 수가 없다.

그렇다면 **보편적 세계사**란 과연 존재하는가 아니면 **민족사**만 가능한가? 이 문제에 대한 대답도 역사인식의 객관성을 이해하는 문제와 매우 유사하다. 한 마디로 말해서, 하나의 이념을 보편적 이념으로 내세우는 보편적 세계사란 존재할 수가 없다. 만일 누군가가 그와 같은 세계사가 존재한다거나 서술할 수 있다고 주장한다면, 그것은 **세계사라는 탈을 뒤집어 쓴 민족사**에 불과하다. 역사란 단

---

36) 피터 N. 스턴스 지음, 『세계사 공부의 기초』, 위의 책, 28쪽. (강조는 필자의 것.); 인용문의 저자 스턴스의 말을 계속 들어보자. "세계사 교육과 연구에 뛰어든 이들이 깨닫게 되는 첫 번째 교훈은 '과감하게 버려야 한다.'는 점이다. (…) 과거의 사실들을 발굴해 내는 일에 빠져 있는 이 분야에서, 문제는 무엇을 생략할지 결정하는 일이다. (…) 그러나 선택의 기준을 마련해 주는 몇 가지 방법이 있다. (…) 첫째, 그 어떤 세계사 학자도 세기별로 서술해야만 한다고 생각하지 않는다. (…) 둘째, 어느 세계사 학자도 정의할 수 있는 모든 지역이나 모든 (근대) 국가를 탐구하는 척하지 않는다. (…) 셋째, 어느 세계사 학자도 상상할 수 있는 모든 역사적 주제를 세계사의 화폭 위에 펼쳐야 한다고 생각하지 않는다." 피터 N. 스턴스 지음, 『세계사 공부의 기초』, 위의 책, 34-36쪽. (강조는 필자의 것.)

순히 과거의 사건을 기록한 것일 뿐이라고, 그리고 그 기록이 객관성을 보증하지 못할지라도 역사임에는 틀림없다고 주장하지 않는 한, 역사란 (누군가가 동의를 하건 하지 않건 간에) 특정한 이념을 바탕으로 형성되는 것임이 틀림없다.

이와 마찬가지로, **세계사**라는 제목으로 표현되는 모든 자료는 어떠한 세계관이든지 반드시 특정한 관점을 근거로 삼기 마련이다. 만일 그렇지 않다면 그것은 여러 나라 또는 여러 민족의 역사를 단순히 모아서 나열해 놓은 것에 불과할 뿐이다. 카의 다음과 같은 말은 역사가도 시대의 정신을 얼마나 따르고 있는지를 잘 설명해준다.

> "그런데 사가도 하나의 개인이다. 다른 개인들과 마찬가지로 그 역시 하나의 사회적 현상이며, 그가 속해 있는 사회의 산물이며, 의식적이든 무의식적이든 그 사회의 대변인이다. 사가는 이런 자격으로 역사적 과거인 사실에 접근한다. 우리들은 때때로 역사 과정을 '움직이는 행렬'이라고 말한다. (…) 사가도 행렬의 한 구석에 끼어 터덜터덜 걸어가는 보잘것없는 또 하나의 존재일 뿐이다. 거기다 행렬이 굽이쳐서 혹은 우로 돌고 혹은 좌로 돌고 때로는 거꾸로 돌아가는데 따라 행렬의 각 부분의 상대적 위치도 지속적으로 변하므로, 지금의 우리들이 한 세기 전의 증조부들보다 중세에 가깝다거나 케사르시대가 단테시대보다 우리에게 더 가깝다고 말하는 것이 완전히 사리에 맞을지도 모른다. 행렬의 움직임 – 사가도 같이 움직인다. – 을 따라 새로운 전망과 새로운 시각이 끊임없이 나타난다. 사가는 역사의 한 부분이다. 그 행렬에서의 그의 위치가 과거에 대한 그의 시각을 결정한다."[37]

카의 말에 따르면, 사가의 관심과 연구에 따라 먼 과거의 역사가 몇 년 전의 역사보다 훨씬 더 현실적으로 현재의 사람들에게 다가온다는 것이다. 사람들이 어떤 것에 관심을 두지 않는 한 그것은 사람들에게 존재하지 않는 것이나 마찬가지다. 그런데 사가에 의해서 현재적인 것으로 다가온 과거의 사실이라고 할지라도, 그것은 과거의 사건이 현재 부활하는 게 아니며, 오히려 과거의 정신과 이념이 현재에 영향을 준다는 의미이다.

이제 우리는 과연 지금까지 세계사라는 제목으로 지역적·시대적으로 세계를 아우르고, 각각의 요소를 동등하게 다룬 역사의 기록이 있었던가를 깊이 있게 고찰해 보아야 한다. 역사의 단위를 세계로 단정 지을지라도, 그 내용에 있어서까지 진정한 세계사라고 부를만한 자료는 없다. 언제나 특정 국가나 민족이 통치의 이념으로 삼고 있던 것이 세계사라는 자료에서 강조될 뿐이다.[38]

---

37) E. H. Carr 저, 『역사란 무엇인가』, 위의 책, 44-45쪽.

38) 폴리비오스(Polybios, BC 201-120)의 『세계사』-40권, 앞부분의 5권만 현존-는, 비록 그리스인의 폴리스 중심주의를 초월하였으나, 로마 패권사(覇權史) 이상의 것은 아니었다. 아우구스티누스(Augustinus, 354-430)는 『신국론』-22권-에서, 기독교적 역사관에 입각하여, 아담과 이브의 낙원추방으로부터 그리스도의 탄생과 속죄에 의해서 인류의 구원이 완성되기까지의 긴 역사를 기록했다. 이후 서양에서, 역사는 신의 섭리 아래서 인간이 자유의지로 만들고 최종목표를 향해서 시간적인 발전을 이룩한다는 관념으로 형성되어, 근세에 이르기까지-요셉 괴레스(J. Goerres, *Wachstum der Historie*, 1807), 프리드리히 슐레겔(F. Schlegel, *Philosophie der Geschichte*, 1829)-유럽의 전통적 역사관이 되었다. 근대에 이르러 그 관념은 여러 양상으로 변모하였다. 헤르더(Herder, *Auch eine Philosophie der Geschichte zur Bildung der Menschheit*, 1774; *Ideen zur Philosophie der Geschichte der Menschheit*, 1784/91)와 칸트(Kant, *Geschichtsphilosophie, Ethik und Politik*, hrsg. von Karl Vorländer, Hamburg 1959, S. Ⅶ-ⅩⅩⅣ: A. Geschichtsphilosophische Schriften:*Allgemeine Naturgeschichte und Theorie des Himmels*), 헤겔(Hegel, *Die Vernunft in der Geschichte*, Hamburg 1955)의 역사철학 등이 그 예이다.

지금까지 고찰한 모든 내용을 종합해 볼 때, 역사 또는 역사학과 관련하여 철학이 해야 할 임무는, 역사적 사건의 윤리적 측면과 도덕적 요소에 대하여 철학적으로 고찰해야 함은 물론이고, 그 사건의 기록과 기록자에 대한 보편적 관점에서의 윤리적이고 논리적인 판단을 내리는 일이다. 역사를 철학적으로 고찰해야 하는 가장 큰 까닭은, 비록 역사적 사건과 기록은 과거의 것으로 머물지만, 시간은 여전히 흐르고 있고 역사는 언제나 재검토·재인식되고 있으며, 그 영향은 공간적으로도 축소되거나 확대되기도 하기 때문이다. 우리가 역사의 시간성과 공간성을 철학적 사유에 입각해서 살펴보아야 하는 까닭도 바로 이 때문이다.

마이어호프(Hans Meyerhoff)는 특히 신의 섭리라는 이념에 따라서 역사를 기술하고 있는 서구의 역사관을 다음과 같이 비판하고 있다: "전역사(全歷史)는 창세기에서의 불명확한 근원으로부터 역사 안에서 또는 역사를 넘어서서 구세적(救世的)이며 종말론적인 종착점에 이르는 활동과 방향을 의미 있게 전시(展示)한다. 이런 점에서 유태인과 기독교인의 전통은 역사의식의 새로운 형태를 표현해 주었다. 이것은 서방세계의 역사관의 특징이 되었다. (…) 종교적인 전통은 성 아우구스티누스의『신국론』이라는 역사에 관한 위대한 신학적인 해석을 낳았다. (…) 이 견해에 의하면, 역사는 하느님이 창조하신 세계의 일국면(一局面)이다. 그것은 전 인류의 생을 포용한다. 그러므로 하느님의 역사는 어떤 지방의 지역사나 로마와 희랍 사가의 국가 단위의 역사가 아니라 '보편사'이다. (…) 현대의 아우구스티누스파(派)인 아놀드 토인비의 말처럼, 만일 〈역사가 그것의 기원인 신으로부터 그것의 목표인 신에게로 운동하는 신의 창조의 비전〉이라고 한다면, (…)『역사의 연구』는『신국론』과 마찬가지로 기독교 호교론(護敎論)의 작품이다. (…) 이와 같이 역사를 호신론(護神論)으로 변화시킨 기독교 역사관은 천년 이상이나 서구사상을 지배했다." Hans Meyerhoff, *History and Philosophy*, Meyerhoff, ed., *The Philosophy of History in Our Time* (1959), pp. 1-25.; 진교훈 옮김, 이기백/차하순 편,『歷史란 무엇인가』, 서울 (文學과 知性社) 1995 (22쇄), 113-137쪽: 토인비의 말(Arnold Toynbee, *A Study of History*, Vol X., London and New York 1954, p. 3.)은 재인용.

제2장
역사학과
역사인식

1. 통시적(通時的) 역사
– 역사의 종적(縱的)
· 시간적 의미

　　"시간은 머물러 있는 것도 아니
고 가는 것도 아니다. 시간이라는 어떤 독자적인 영역을 얻을 수 없
다면 어떻게 시간의 모습을 말할 수 있겠는가. 운동하는 사물로 말미
암아 시간이 있는 것이니 사물을 떠나면 어떻게 시간이 있겠는가. 그
리고 운동하는 사물 자체에도 실체가 없는데, 하물며 시간에 어디 실
체가 있겠는가."[1]

　　위에 인용한 불교의 시간관은 우리에게 많은 것을 가르쳐준
다. 철학에서 시간개념은 공간과 더불어, 현실 속에서 살아 움직
이는 모든 것을 포괄하는 동시에 존재의 근거가 되는 궁극적 지평

---

1) 법성 지음, 『앎의 해방, 삶의 해방』, 서울(한마당) 1989, 194쪽.

(Horizont) 가운데 하나이다. 시간이 인간의 존재근거라는 말의 의미는 인간이 없이는, 더욱 정확하게는, 살아 움직이면서 생동하는 인간이 없이는 시간 자체가 아무런 의미가 없다는 뜻이다. '시간이란 무엇인가?'라고 묻는 인간은 생동하는 존재이며, 생동하는 인간은 끊임없이 미래를 향해 나아가는 존재이다.

반면에 물리학은 시간을, 자연의 흐름을 법칙적으로 해명하기 위하여, 인위적으로 분리한다. 자연 자체에 시간이 있는 게 아니라 인간이 자연의 흐름을 인위적으로 분리하여 단위를 붙인 것이다. 그렇지만 철학이든지 물리학이든지 시간을 **운동**과 결부시키는 점에서는 크게 다르지 않다. 우리는 운동이 배제된 시간을 가정할 수 없을 것이고, 이것을 규정짓는 인간을 배제하고서도 역시 시간이란 의미 없는 것이 될 것이다.

바로 이러한 의미를 위해 역사는 존재한다. 역사는 이미 과거의 것을 의미하기 때문에 현재의 사실(事實)이 아님을 말해주지만, 과거와 단절된 현재는 더 이상 현재라고 할 수가 없다. 현재는 과거가 있기 때문에 현재가 되는 것이다. 과거-현재-미래는 상대적 개념이지 절대적 개념이 아니다. 역사는 과거의 사실(史實)을 말하지만, 때로는 현재와 미래까지도 포괄하면서 영향을 미치기에 바로 **역사**이다. 이것은 역사의 **연속성**에 다름 아니다. 과거의 시간 속에서 운동을 거듭해온 것은 역사적 사건이기 이전에 **인간 자체** 또는 인간의 사건이며, 인간을 한 마디로 규정지을 수 없다면 우리는 시간 역시 무엇이라고 정의할 수 없다.

그럼에도 불구하고 우리가 시간을 말하는 까닭은 그 속에서 인간이 살아왔고, 삶의 흔적을 **내면화**(Er-Innerung)하여 **기억**(Erinnerung)

속에 간직하며, 이를 바탕으로 미래를 선취하기 때문이다.[2] 우리가 역사를 단순히 과거의 시간적 경과 속에서 일어난 사건으로만 정의할 수 없는 까닭이 바로 여기에 있다. 왜냐하면 물리학의 의미에서 과거는 더 이상 현재가 아니지만, 인간의 기억 속에 자리 잡은 역사적 의미의 과거는 언제나 **현재**이기 때문이다. 그렇기 때문에 현재에도 계속해서 영향을 끼치고 있는 **과거의 역사적 사건**은 물리학적 현재 속에서도 언제나 **현재적 사건**으로서 지속되는 것이다. 다시 말해서, 역사적 사건은 자연적인 시간의 흐름 속에서는 과거의 일로 지나가버리지만, 그것이 영원히 기억되는 이유는 역사가 흐르는 시간을 단절시키고 초월적인 의미를 획득하기 때문이다. 이처럼 역사적 시간은 **초월성**을 특성으로 가지며, 이때 역사적 사건은 과거의 사건으로 지나가버리고만 것이 아니라, 현재에도 여전히 살아 움직이는 사건으로 남아서 미래에도 지속적으로 영향을 미치는 **현재적 사건**으로 역사 속에 자리를 잡는다.

말하자면 물리학적 시간은 인간의 외적인 삶을 이루고, 역사적 시간은 내적인 삶을 형성해 나간다. 따라서 이들의 관계가 인간의 삶에 있어서는 분리될 수 있는 게 아니다. 흔히 인간을 고찰하면서 육체적 존재와 정신적 존재로 나누고 있지만, 육체와 정신이 인간의 삶 속에서 결합될 때 온전한 인간이 된다. 이처럼 역사도 과거의 사건 자체라는 의미로는 육체처럼 가시적 대상에 해당되겠지만,

---

2) "인격적 주체를 구성하는 자아 또는 영혼의 개념은, 계속되는 체험과 그 체험에 대한 기억과 불가분의 관계이다. 이 순간 '나는 존재한다.'라고 주장하는 것만으로는 불충분하다. 개인이라는 것은 기억과 같은 몇 가지 특성과 더불어 경험의 연속을 뜻한다." 폴 데이비스 지음, 류시화 옮김, 『현대물리학이 발견한 창조주』, 서울(정신세계사) 1988, 182쪽.

그것의 현재적 의미로는 비가시적인 정신에 다름 아니다. "과거는 **이미** 존재하지 않고, 또한 미래는 **아직** 존재하지 않는 것이므로"[3] 현실에 **존재**할 수 있는 것은 언제나 다만 현재로서의 시간뿐이다. "이렇게 무엇이든 간에 또한 어디에 있든지 간에 과거와 미래는 다만 현재로서만 **존재한다.**"[4] 과거가 또한 현재에 있어서 존재하면서 동시에 미래가 이미 들어와서 가지런히 놓여 있는 유일한 장소는 영혼, 즉 의식이다.[5] 그러므로 기억은 과거의 현재화이고, 기대와 희망은 미래의 현재화이다.

이와 같은 기억이 개인 단위가 아닌 집단, 즉 민족 단위로 나타날 때, 역사적 사건은 기억의 장(場)에 자리를 잡으며, 기억의 힘은 역사의 힘으로서 작용하는 것이다. 역사를 "의식하는 현존재(現存在, 인간[6])만이 자기의 시간을 파악하고 이용할 수 있는 동시에 시간에 묶여져 있든가, 혹은 시간으로부터 자유로운가라고 하는 경험을 할 수 있다."[7] 다시 말해서, 과거와 미래는 역사를 의식하는, 역사성을 갖는 의식 주체가 현재에서 그것들을 결합시키지 않으면 존재하지 않는 것과 마찬가지가 되어버린다. 현재에 발을 딛고 있는 존재가 과거, 즉 역사를 바탕으로 미래를 선취하는 의식을 가질 때 참된 존재 가치를 지닌다는 말이다.

그러므로 역사와 관련하여 시간을 이해할 때에는, 물리학에서처

---

3) Friedrich Kümmel 저, 권의무 역, 『시간의 개념과 구조』, 대구 (계명대학교출판부) 1986, XI · 14 · 17쪽, 재인용.

4) Friedrich Kümmel 저, 『시간의 개념과 구조』, 위의 책, XI · 18 · 23쪽, 재인용.

5) Friedrich Kümmel 저, 『시간의 개념과 구조』, 위의 책, 35쪽.

6) 필자 삽입

7) Friedrich Kümmel 저, 『시간의 개념과 구조』, 위의 책, 6쪽.

럼 외적 사태와 사건에 대한 계기적 측정으로써, 즉 객관적인 측정으로써는 과거와 현재, 미래를 연결 지을 수가 없게 된다. 그렇다면 여기서 시간은, 인간의 의식이 과거의 역사적 사건을 현재와 미래에 매개시키려는, 인간의 주관적 경험과 체험의 장(場)으로써 역할을 하게 된다. 이처럼 시간이 역사와 만나면, 물리학적 시간은 "과거와 현재와 미래의 분절된 계기를 정적(靜的)으로 이해하는 객관주의적 태도에서 벗어나 현재를 중심축으로 과거와 미래를 역동적으로 통합"[8]하는 기능을 수행하게 된다. 즉, 역사에서 시간은 언제나 그 자체가 살아 움직이는 동적(動的)인 시간이 된다는 뜻이다.

필자가 역사를 다룸에 있어서 시간의 철학적 의미를 살펴보는 이유는 우리 인간이 과거의 역사 또는 역사적 사건을 현재라는 시점에서 재인식하여 다시 체험하기 때문이다. 이렇게 역사를 인간이 의식 속에서 다시 체험하려 할 때 역사는 **역사성**(歷史性)으로서 등장하게 된다. 즉, 개인의 기억과 기대가 집단의 의식을 통해서 사회성과 역사성을 띠게 되는데, 한 마디로 말하면 인간은 스스로가 **역사적 존재**라는 사실을 의식하게 된다는 말이다.[9] 이러한 역사성은 개인의 주관적인 시간이 비물리학적이고 현실적이며 역사적으

---

8) 김영민, 『현상학과 시간』, 서울 (까치) 1994, 15쪽.
9) "인간은 특별한 방식으로 시간적으로 규정되어 있다.; 시간은 인간의 본질 자체에 속한다.; 인간은 초시간적인 존재와는 반대로 시간적으로 규정되어 있다. 우리 인간이 현재 살고 있다는 것은 구체적인 의미이다.; 그러나 우리가 무엇을 행한다는 것은 지금(im Jetzt), 현재(Gegenwart)우리의 행위가능성을 규정하는 과거(Vergangenheit)를 통해서 함께 제약되어 있다.; 그러나 우리가 실행하는 것이 미래(Zukunft)에로도 미치며, 그렇지만 대부분의 행위가 미래에는 종결된다. (…) 만일 우리가 역사적 존재로서의 인간에 대해서 말한다면, 우리는 이를 통해서 결국 인간의 '삶과 행위의 시간적 상태'(zeitliche Verfaβtheit des Lebens und Handelns)를 생각하게 된다." 한스 인아이헨 지음, 『철학적 해석학』, 위의 책, 108쪽.

로 객관화되어 나타날 때 가능해진다.

> "인간은 자신의 과거만을 탐구하는 것이 아니라, 오히려 과거에
> 의해서 함께 규정되어 있다.; 그리고 인간이 항상 행하고자 하는 것
> 은 소여성과 현재하는 제조건에 의해서 함께 규정되고 있으며, 또 함
> 께 규정되어 있다.; 인간은 스스로 역사적 진행과정에 의해서 규정된
> 존재이다. 그런데 역사에 몰두하는 일은 한 개인을 뛰어넘는 제연관
> 성이 존재한다는 점을 알게 한다. 이렇듯 바로 이러한 경우에 한 사
> 람의 체험에 관하여 말한다는 것은 통찰력 없는 일일 것이다.; 제연
> 관성은 개인의 체험을 넘어선다."[10]

따라서 역사성은 과거의 사건을 추체험(追體驗, Nacherleben)을 통
한 현재의 의식, 즉 "공동체의 집단적 기억과 기대에 근거해서 형
성된 시간 의식"으로서, 역사의식과 같은 뜻을 지닌다.[11]
그리하여 헤겔은 다음과 같이 말하고 있다.:

> "역사의 전개·발전이 시간에 귀속된다는 것은 곧 정신의 개념에
> 합치된다. 시간은 부정적인 것으로서의 규정을 내포한다. 이렇듯 시
> 간이 부정적 규정·성질을 지닌다는 것은 우리에게는 긍정적인 어떤
> 것, 즉 하나의 사건이다. 그러나 또한 이 긍정적인 것의 반대일 수도
> 있는, 즉 이와 같은 비존재(das Nichtsein)에의 관계야말로 시간으로
> 서, 이때 우리는 이러한 관계를 단지 사유하는 것(denken)만이 아니

---

10) 한스 인아이헨 지음,『철학적 해석학』, 위의 책, 157쪽.
11) 김영민,『현상학과 시간』, 위의 책, 142-143쪽.

라 동시에 직관한다(anschauen). 시간이란 이와 같이 전적으로 추상적, 감각적인 것이다. 비존재가 어떤 것 안으로 침입하지 않을 경우 우리는 무엇이 **지속된다**고 말한다."(VG, S. 153.; 『이성』, 213쪽, 강조는 필자의 것.)

헤겔은 역사가 시간적으로 전개된다는 것을 분명히 밝히고 있다. 그렇지만 단순한 시간적 경과가 아니라 정신에 의해 **개념적으로 포착된** 사건이 역사이다.[12] 이것은 연속되는 시간의 측면에서 보면 단절된 시간이며, 동시에 단절된 시간은 기억 속에 영원히 보존된다는 측면도 함께 지니게 된다. 개념적으로 포착된 사건은 발생 당시의 시간에만 머물지 않는다. 그것은 물리적 시간을 뛰어 넘어 현재와 미래에도 영원히 존재하게 된다. 따라서 역사는 물리적 시간을 부정하는 것이면서도 시간을 바탕으로 하는 것이다.[13] 이처럼

---

12) 헤겔 철학에서 유명한 명제인 "진리는 전체이다."(Das Wahre ist das Ganze.)는 개념적 인식, 즉 "개념적으로 파악하는 인식작용"(begreifendes Erkennen)을 말하는데, 그는 『정신현상학』(*Die Phänomenologie des Geistes*)에서 "실질적인 내용이나 견실한 의미를 지닌 것에 대해 판단을 내리는 일(zu beurteilen)이 가장 쉽다고 한다면, 이것을 파악하는 일(zu fassen)은 그보다 좀 더 어렵다고 하겠고, 가장 어려운 것은 이 두 가지를 합한 것, 즉 이것들을 서술하는 일(Darstellung)이다."라고 말한다. 이것이 바로 헤겔이 말하는 "개념적으로 파악하는 인식작용"이다. 이에 대해서는 "G. W. F. Hegel, *Phänomenologie des Geistes*, Hamburg 1952, S. 11, 21."과 "G. W. F. Hegel, *Enzyklopädie der philosophischen Wissenschaften* 1, § 2, S. 42., in G. W. F. Hegel Werke in zwanzig Bänden, Theorie-Werkausgabe Redaktion Eva Moldenhauer und Karl Markus Michel, Frankfurt a. M. 1970-1971, Bd. 8"을 참고할 것.

13) "시간이란 본래 연속적이며, 그와 동시에 끊임없이 변화하는 것이다. 시간이 갖는 이 두 가지 특질의 대립에서 역사 연구의 중요한 문제들이 생겨난다. 시간이라는 것은 역사가들의 존재이유가 되기도 한다. 역사 연구는 곧 계속 흘러가는 연대 가운데서 크게 두 부분으로 구분될 수 있다. 시간의 추이에 따라 이 두 부분 사이

부정되지 않는 시간은 영원히 **지속하는 것**이지만 부정되는 시간, 즉 역사는 과거를 넘어서 현재와 미래 속에 살아있는, 지금 현재와 미래에는 존재하지 않는 물리적 시간이다. 물리적으로 존재할 수 없는 역사적 시간은 **사유**(Denken) 속에 보존되는 시간이며, 이것은 **직관**(Anschauung)할 수 있는 현재의 물리적 시간 속에 살아있는 것이다. 근세 초기에 절대 공간개념과 더불어 형성된 절대 시간개념은 수학화 된 정식으로서, 자연과학의 기본 개념으로 간주되고 있다. 특히 시간은 모든 현상에 객관적인 질서를 부여하는 원리가 되었지만, 이것을 역사에 그대로 적용해서는 안 된다. 그 까닭은 역사가 단순히 과거의 시간만을 의미하지는 않기 때문이다.

그러므로 역사의 시간성은 역사적 사건과 역사가 지니는 초월성을 의미한다. 과거에 발생한 역사적 사건과 사건의 기록이 물리적 시간을 뛰어 넘어 현재에도 여전히 영향을 주고 있다면, 그것은 바로 역사가 초월적이기 때문이다. 이와 같은 초월성이 어느 특정인이나 특정 집단의 전유물은 아니지만, 개개인을 배제하는 초월성도 역사의 의미를 주지는 못한다. 오히려 역사의 초월성은 모든 개별성을 포괄하는 **보편성**이어야 한다.[14] 다시 말해서 역사에 기록된,

에 설정된 관련성이 시간 자체의 경과에서 생기는 차이보다도 어떤 때는 많아지고 어떤 때는 적어지기도 한다. 가령 우리는 가장 최근의 것을 이해하기 위해서 가장 오래된 사물에 관한 인식이 어느 정도는 필요하다고 생각하기도 하고 불필요하다고 생각하기도 한다." 마르크 블로크 지음, 『역사를 위한 변명』, 위의 책, 53쪽.

14) 보편성, 특수성, 개별성을 논리적으로 설명하면 다음과 같다. 모든 인간 A, B, C… 는 각각 개인인데, 이때 A, B, C … 는 **개별성**이다. 그렇지만 각 개인이 X라는 공통적인 특징을 지니고 있음으로 인해 인간이라고 하는데, 이때 X는 유(類)의 특징 (Gattungsmerkmal), 즉 **보편성**이다. 그러나 각각의 개인인 A는 B가 아니고 C도 아니며 …, B도 A가 아니고 C도 아니며 …, 마찬가지로 C도 A도 아니고 B도 아니다. 이렇게 각 개인은 자신만의 고유한 특징, 즉 종차(種差, spezifische Differenzen)를 지

그래서 현재라는 시점에서도 여전히 영향을 미치고 있는 과거의 사건들은, 이미 사건 발생 당시의 특수성을 넘어서, 현재와 미래에도 계속해서 영향을 미치는 보편성을 지니게 된다. 그런 사건들은 물리적으로는 분명히 현재의 사건이 아님에도 불구하고, 역사(의식)적으로는 현재적 사건과 다름없는 것으로 취급된다. 이렇게 시점을 초월하는 사건들은 물리적 시간에서 보면 현재가 아닌 과거에 발생한 사건이기 때문에, 그런 의미에서 현재와 미래와는 단절된 것이다.

예컨대 일본제국주의 강점기시대는 물리학적으로는 이미 지나간 과거이다. 하지만 우리는 그 일 때문에 다시는 그와 같은 사건 – 역사 – 을 되풀이하지 않겠다고 다짐을 한다. 그렇게 하는 까닭은 무엇일까? 그 까닭은 그 사건들이 단순히 과거의 일이 아니라고 여기기 때문이다. 여기서 우리는 역사에서의 시간이 물리학적 시간과는 다르다는 것을 알 수 있다. 만일 우리가 과거의 어떤 사건 때문에 지금도 영향을 받고 있다면, 그 사건이 우리의 정신 속에서는 여전히 현재의 일로서 존재하기 때문이다. 또한 그러한 일을 다시는 되풀이하지 않겠다고 다짐하고 있다면, 우리는 그와 유사한 일이 현재에서도 반복될 수 있다는 것을 전제하고 있다고 볼 수 있다. 이런 생각의 바탕에는 과거의 사건이 단순히 과거에 머물러 있는 것이 아니라는 생각이 깔려 있다.

니고 있기 때문에, 서로 상대적으로 특수성을 지니고 있는 것이다. 이러한 논리적 구조에 대한 더 자세한 설명은 "Lutz Geldsetzer 지음, 『논리학』, 위의 책, 106-109쪽"을 참고할 것.

"각 시대간의 연대성은 매우 공고하기 때문에 시대를 이해할 수 있다는 것은 사실 이중적인 의미를 지닌다. 현재에 대한 이해 부족은 필연적으로 과거에 대한 무지 때문에 생겨난 것이다. 반대로 현재에 대해서 아무것도 알지 못하면서 과거를 이해하려고 노력한다면 아마 그것도 마찬가지로 헛된 일일 것이다."[15]

이러한 측면에서 본다면, 역사적 사건으로서의 시간은 우리의 정신 속에 존재하는, 살아있는 시간이다. 우리의 현실 역사 - 정치사 - 에서도 과거단절론이 이슈가 된 적이 있으며, 지금도 여전히 문제가 되고 있다. 그런데 분명히 생각해야 할 점은, 현재가 과거와의 단절을 원한다면, 현재가 명백한 비약을 하지 않으면 과거와의 단절은 불가능하다는 사실이다. 과거와는 다른 무엇을 현저하게 나타내지 못하는 단절은 역사적 단절이 될 수 없다. (또 다른 예로는 전통과의 단절, 한자폐지와 한글전용, 영어공용 등을 들 수 있다.) 그러나 비약이 곧 발전을 의미하는 것은 아니라는 점을 명심해야 한다. 과거의 역사적 사건을 단순히 오늘날 더 이상 언급하지 말자고 한다고 해서 과거의 역사와 단절되는 것도 아니며, 그렇다고 현재가 과거를 딛고 도약하는 것도 아니다. 역사에서 교훈을 얻고 역사를 극복할 때 비로소 현재는 비약과 도약을 하는 것이며 잘못된 역사와의 단절도 가능해진다.

이런 측면에서 보면, 독일과 일본은 2차 세계대전에서 자국이 저지른 잘못된 역사를 대하고 평가하는 태도가 극과 극을 이루고 있음을 더욱 더 잘 알 수 있다. 이미 잘 알려져 있듯이, 독일은 자국

15) 마르크 블로크 지음, 『역사를 위한 변명』, 위의 책, 73쪽.

의 과오에 대해서 기회 있을 때마다 반성하고 잘못을 되새기는 반면, 일본은 언제나 변명을 되풀이하고 과오를 인정하지 않는 태도를 보이고 있다. 이러한 태도는 독일로 하여금 과거의 잘못된 역사와 단절하고 발전하는 미래로 나아가게 하는 도약과 비약의 발판이 되게 하지만, 일본은 계속해서 과거의 잘못된 역사에 머무름으로써 한 발짝도 미래로 나아가지 못하는 현상을 낳고 있다. 다르게 표현하면, **독일**은 미래지향적인 역사를 써내려가고 있지만, **일본**은 (경제적 발전과는 별개로) 과거에 매몰된 역사만 있고 현재와 미래는 없는 국가로 평가받는 셈이다.

　역사에서의 시간은 정신적 시간이며, 정신적 시간 속에서 사건은 단순히 과거의 일로써 머물지 않고 현재적 사건으로써 작용하게 되는 것이다. 그렇기에 역사는 우리에게 현재를 살아가는 밑거름이 되고 미래를 비추는 거울이 된다. 역사는 단순히 과거의 전체가 아니라, 과거의 전체 시간에 포함되는 한 부분－일 부분－이다. 이렇게 본다면 역사적 현재는 개개인의 관점에 따라 과거가 될 수도 있고, 현재 또는 미래도 될 수 있다. 흔히 역사는 미래에 대한 해답을 찾기 위해 연구한다고 한다. 그렇다면 미래는 이미 현재 속에 들어와 있는 것이고, 현재는 과거에 들어가 있었으며, 따라서 현재와 미래가 과거 속에 포함되어 있었다는 결론을 얻을 수 있다. 그래서 우리에게는 현재와 미래를 과거보다 더 발전하는 것으로, 즉 과거의 잘못을 되풀이하지 않기 위해서, 역사를 새롭게 해석해야 할 당위성이 있다.

　만일 역사가 자연과학처럼 진정으로 발전 또는 진보한다면－물론 이 또한 관점에 따라서 얼마든지 다르게 볼 수 있다.－그것은 현재와 미래에 과거의 잘못된 역사를 되풀이하지 않을 경우에만 가능해진다. 그렇지만 현재와 미래에는 과거의 잘못과 유사한 사건이 되풀이되지 않더라도, 그것과는 전혀 상관없는 잘못된 역사가 얼마든지 발생할 수 있으며, 또한 역사적 사건 발생에 영향을 주는 자연의 사건·재해도 얼마든지 발생할 수 있다. 그렇기 때문에 과거의 잘못과 유사한 사건이 현재와 미래에 발생하지 않는다고 해서 역사가 발전 또는 진보한다고 단정적으로 말할 수는 없다.[16] 비록 이러할지라도 적어도 과거의 잘못과 유사한 사건이 발생하지 않도록 하기 위해 언제나 역사를 새롭게 해석해야할 당위성은 있는 것이다.

하지만 역사를 새롭게 해석한다는 말이 과거와, 특히 **전통**과의 단절을 의미하는 것은 아니다. 오히려 전통은 시간과 역사를 초월하여 역사의식 속에 역사성으로 자리 잡은 것을 일컫는다. 전통은 모든 개별자 속에 스며들어 있으면서도 개별자로만 머물지는 않는다. 이것을 신채호는 역사의 "相續性이니, 時間에 있어서 生命의 不絶함"(『朝鮮上古史』 總論, 32쪽.)이라고 한다. 다시 말해서, 시간도 역사도 가변적이지만, 전통은 그 안에서도 여전히 생명을 유지한다.

---

16) "과학은 우리 손에 무기를 들려주었다. 지난 수십 년 동안 우리는 이 무기를 사용해서 파탄지경에 몰리는 떨리는 경험을 했다. 20세기에 파괴된 인간의 생명이 얼마나 되는지만 따져 봐도 진보의 불가피성을 역설하는 모든 환상을 쫓아내고도 남는다. 1억 5천만 명이 전쟁터에서 목숨을 잃었다. 1억 명에 가까운 사람들이 금세기에 발생한 엄청난 기아로 목숨을 잃었다. (…) 나아가 정부의 탄압으로 목숨을 잃은 사람들도 1억 명에 달한다. 그러나 대량 학살로 희생된 천 4백 만의 죽음 앞에서 우리는 가장 길게 애도한다. 그들의 운명을 생각하다 보면 철학자 이사야 벌린이 20세기를 '인류 역사상 가장 끔찍한 세기로만 기억'하게 된 이유를 쉽사리 알아차릴 수 있다." 크리스 브래지어 지음, 추선영 옮김, 『세계사, 누구를 위한 기록인가?』, 서울 (이후) 2007, 234-235쪽.

아무리 역사가 가변적일지라도 그 속에서 면면히 흐르는 역사의 전통은 그 생명이 단절되지 않고 현재를 넘어 미래까지 계속 이어진다. 신채호는 이것을 "역사적 아(我)"의 **시간적 속성**이라고 말한다. (「朝鮮上古史」總論, 32쪽.)

역사는 근본적으로 **세계사**여야 된다고 말하는 헤겔의 역사철학과, **민족사**라고 하는 신채호 사상의 차이는 역사의 시간성을 한 민족 안에서 인정하는 것과 그렇지 않은 것의 차이다. 민족사를 인정하지 않는 상태에서는 세계사를 말할 수 없다. 헤겔의 주장처럼, 비록 자유의식의 진보가 세계사의 이념이고, 그 이념에 따라 세계사는 진보를 거듭한다고 전적으로 인정할지라도, 그러한 이념은 개별 민족들이 자기 민족의 흥망성쇠(興亡盛衰)에 따라 변화하는, 그 민족 자체의 정신적 변화과정을 추적한 이후라야 비로소 가능할 것이다. 즉, 모든 민족의 역사도 반드시 세계사 안에 포함되어야 하는데, 인류의 역사에서 그동안 사라지거나 흩어져버린 민족들의 역사는 진보나 발전은 말할 것도 없고, 심지어 역사 자체가 없어져버렸으니 역사의 진보나 발전을 주장할 수는 없다. 물론 헤겔은 그러한 것 역시 **변증법적 발전과정**에서 일어나는 역사 현상 가운데 하나라고 한다.

이 반면에 신채호는 우리 민족과 다른 민족의 이러한 과정을 고찰하여, 즉 개별 민족의 역사 전개과정을 고찰하여 역사를 "**아(我)와 비아(非我)의 투쟁**"(「朝鮮上古史」總論, 32쪽.)이라고 규정하였다. 그러나 헤겔은 역사의 시간성이 초월적이라는 데에만 주목하여, 이것을 자신이 구상한 세계사라는 도식에 꿰어 맞추기 위해서, 다음과 같은 스스로의 말에도 모순되는 세계사를 전개하고 있다.

"이렇게 해서 비로소 정신과 역사의 일반적 목표가 파악되거니와, 이것은 마치 배세포(胚細胞)가 한 나무의 전체 성질과 열매의 맛이나 형태를 그 내부에 간직하고 있듯이, 정신이 거쳐 온 최초의 자국도 역시 생동하게 전체 역사를 내포하고 있다는 것이 된다." (VG. S. 61.; 『이성』, 95쪽.)

이를 통해서 우리가 알 수 있는 것은, 지구상의 어떤 민족이든지 간에 인간인 한에서 **정신**이 본질로서 파악되어야 하는데, 헤겔의 말은 정신 안에 발전의 배아(胚芽)가 반드시 내포해 있다는 주장이다. 그 배아는 **자유의식**인데 특정 민족의 정신 안에서 싹을 틔우고 발전과 진보를 거듭하여 만인이 자유로운 상태에 이르게 된다는 게 헤겔의 역사철학이다. 이런 한에서 - 만일 역사가 반드시 발전한다면 - 각 민족의 정신은 모두가, 다른 민족의 도움에 의해서가 아니라 스스로의 발전 능력에 의해서, 완전성에로 나아갈 능력을 지니고 있는 것이 된다.

하지만 이를 바탕으로 세계사를 탐구할 때에는 언제나 과정 중에 있는 세계사만 존재할 뿐, 완결된 세계사는 존재할 수 없다는 사실이 밝혀진다. 왜냐하면 인류가 존속하는 한, 발전이나 퇴보의 여부와는 상관없이, 역사는 인류와 함께 계속해서 이어지며, 따라서 **과정**으로서의 역사적 도식은 성립될 수 있을지언정 완성된 도식은 있을 수 없기 때문이다. 역사적 과정마저도 - 비록 헤겔이 역사적 과정에 있어서의 유일무이한 **유적 특징**(generisches Merkmal)을 **자유**라고 말하기는 하지만 - 일직선적인 발전이 아니라, 유사한 상황의 순환과 반복을 되풀이 할 수도 있고, 때로는 퇴보의 과정에 있기도 한다.

더구나 헤겔은 역사 고찰의 방법을 정신의 변증법적 발전과정으로 설정하고, **자연**은 단순히 반복될 뿐이기 때문에 여기에 해당되지 않는다고 하여 배제한다. 하지만 위의 인용문에서 보는 것처럼, 그가 변증법적 **단초**(Anfang)를 설명하고 전체로서의 과정을 포착하는 실례를 언제나 **자연**을 통해서 들고 있는 것을 우리는 어떻게 이해해야 하는가?[17] 이에 대해 헤겔은 다음과 같은 말로써 대답하고 있다.

> "자연은 스스로를 포착하지 못한다. 따라서 자연에게는 그의 형태화에 따르는 **부정적인 것**이 현존하지 않는다. 그에 반하여 정신적 영역에서 좀 더 고차적인 형태화는 앞서간 하위단계에 속하는 형태화의 개조를 통하여 창출된다고 하는 현상이 나타난다. 따라서 앞서간 하위단계의 형상은 더 이상 존재하지 않게 된다. 결국 하나의 형태화는 앞서간 것의 정화(Verklärung)를 가져온다는 사실이 현상화 된다는 것, 바로 이것이야말로 정신적 형태화의 현상이 시간에로 귀속되는 이유이다. 결국 세계사란 도대체가 자연으로서의 이념이 공간 안에서 스스로를 개진하듯이 시간 속에서 정신이 개진되는 것을 의미한다." (VG, S. 153f.; 『이성』, 214쪽, 강조는 필자의 것.)

---

17) 일례로 우리는 다음과 같은 헤겔의 말을 들 수 있다. "예컨대 꽃봉오리가 활짝 피어나면 그것은 반드시 소멸되게 마련이거니와 이때 그 꽃봉오리는 새로 피어난 꽃에 의해서 부정된다고 할 수 있다. 이렇듯 만개한 꽃은 오히려 그 자신이 거두어들인 열매로 인해서 식물의 거짓된 현존재(falsches Dasein)임이 밝혀지면서 마침내 그 열매는 꽃봉오리를 대신해서 식물의 진리로서 등장한다." G. W. F. Hegel, *Phänomenologie des Geistes*, Hamburg 1952, S. 4.; 임석진 역, 『정신현상학』, 재판, 서울 (분도출판사) 1983, 58쪽. 그리고 이와 유사한 내용을 "*Enzyklopädie der philosophischen Wissenschaften I*, § 161, Zusatz"에서도 찾아볼 수 있다.

필자가 나중에 자연을 역사의 요소로서 살펴보겠지만, 헤겔에게 있어서 자연은 시간성으로 고찰되지 않기 때문에, 그는 자연의 역사를 인정하지 않는다. 비록 자연이 공간을 점유하고는 있지만, 그 속에서는 **발전**하는 모습을 띠지 않기 때문에, 역사적 존재는 아닌 것이다. 말하자면 헤겔은 그 안에 발전의 요소가 내재해 있지 않는 것은 역사적 존재로 인정하지 않는데, 그렇다면 역사를 설명하고 이해하기 위해서도 자연을 예로 들어서는 안 될 일이다. 만일 그게 아니라면 다음과 같은 야스퍼스(K. Jaspers, 1883-1969)의 말처럼 헤겔도 자연이 역사의 근거가 되는 이유를 말했어야 했다.

"역사는 자연과 같은 그 자체가 아니고 자연의 근거에 존재하는 것이기 때문이며, 그러한 자연은 역사 이전에 측정할 수 없는 시대에 이미 존재하였으며 오늘날에도 존재하고 또 우리가 인간으로서 존재하는 그 모든 것을 짊어지고 있는 것이다. 우리는 자연의 역사에 관해서도 말할 수 있고 인간의 역사에 관해서도 말할 수 있다. 이 양자에 공통되는 것은 시간 내에서 전도될 수 없는 과정이다. 그러나 이 양자는 그 본질과 의미가 전연 다르다."[18]

헤겔은 역사를 **오직 발전하는 것**으로만 고찰하며, 그가 정신의 발전을 시간 속에서 시간의 경과에 따라 고찰하기는 하지만, 자신이 생각하는 발전 개념에서 벗어나는 것은 이미 역사가 아닌 것으로 간주한다. 필자는 헤겔이 정신적 능력이 시간 속에서 전개됨에 따

---

18) 칼 야스퍼스 저, 백승균 역, 『역사의 기원과 목표』, 서울 (이화여대 출판부) 1986, 380-381쪽.

라 발생한 사건을 역사로 간주하는 데에는 동의하지만, 그러한 사건은 이전의 것에 비해 퇴보한 사건이 아니라 오직 발전을 증명하는 사건일 뿐이라고 하는 것에는 동의하지 않는다. 다시 말하지만, 역사의 시간성은 역사의 연속성과 단절성을 모두 포괄한다. 연속성도 단절성도 역사에서는 모두 긍정적 또는 부정적으로 작용할 수 있다.

위의 헤겔의 글에서 보이고 있는 '부정적인 것'(das Negative)이란, 헤겔에 의하면, 역사를 이전 단계보다 더욱 발전시키는 **역사적 사건**을 말한다. 즉, 이전의 현실에 대해서는 부정적인 것으로 작용하지만 이후의 역사에는 긍정적 역할을 하게 되는 사건을 의미한다. 그러나 모든 역사적 사건이 발전만을 대표하지는 않는다. 현실에서 모순은 바로 그 모순으로 인해 어떤 식으로든지 해소되기 마련이지만—이렇게 해소되는 모순을 헤겔은 **변증법적 모순**이라고 부른다.—해소의 방향이 반드시 더 나은 쪽으로 나아가는 것만은 아니다. 부정적인 것은 긍정적인 것을 낳기도 하지만, 또 다른 부정적인 것을 결과로서 산출하여, 부정의 부정으로서 긍정이 아닌, 부정에 부정이 더해져서 더욱 더 나쁜 결과를 가져오기도 한다.

그렇기 때문에 헤겔은 역사의 단절성에만 주목하고 있을 뿐 연속성은 등한시하고 있는 셈이다. 역사의 단절성이란, 연속된 물리학적 시간 속에서 특정한 시점에 특정한 사건이 발생함으로써, 그 사건 발생의 이전 시대와 이후 시대를 구별하게 하는 역사의 시간성을 말한다. 그렇기 때문에 단절된 역사는 연속되는 역사를 전제하지 않고는 전혀 가능하지 않다. 이렇게 보면 역사는 분명히 시간 속에 존재하지만, 모든 시간이 역사인 것은 아니며, 따라서 역사 속에 시간이 존재한다고도 할 수가 있다. 우리가 과거-현재-미래라고 부르는 것은 시간을 일상적으로 분류하는 것이며, 이것은 시간을 주관적으로 분류하는 것이다. 즉, 역사가 과거인 것은 분명하지만, 모든 과거가 역사인 것은 아니다. 다시 말해서, 과거-현재-미래는 연속되는 시간을 분류한 것이지만, 역사는 그 가운데 특정한 시점을 말하는, 단절된 시간을 의미한다. 그렇기 때문에 시간의 진정한 의미는 역사를 통해서 비로소 밝혀지게 된다.

이처럼 모든 과거가 역사인 것은 아니라면, 역사에 대한 기준, 즉 이념이 마련되어 있어야 한다. 모든 현재는 반드시 과거로 되기 마련이지만, 역사로서 기록되는 과거는 영원한 현재로서 존재하게 된다. 기록으로 남는 과거는 특정한 이념을 반영하거나, 아니면 그 시대의 이념에 반항하는 또 다른 이념을 산출하기도 한다. 그렇기에 그러한 과거는 역사가 되고, 특정한 이념을 반영하는 과거는 역사의 연속성을 지탱하는 것이 된다. 그렇지만 그 시대의 이념에 반항하는 과거는 역사의 단절성을 통한 **비약**을 가능하게 한다. 따라서 역사의 이념이라고 해서 반드시 고정·불변하는 것은 아니다. 오히려 이념은 언제나 가변성을 전제해야만 한다. 다시 말해서, **이념이 현실을 반영하기도 하고 현실이 이념을 창출하기도 한다.** 이러한 것을 바탕으로 역사가들은 **시대**를 **구분**한다.

"시대구분은 역사가들이 변화의 과정을 잡아내서 스스로 정확하게 이해하고 다른 이들을 납득시킬 수 있도록 만들어주는 수단이다. (…) 시대구분의 첫 번째 전제는 새로운 시대가 등장하기 전에 지배적이던 주제들은 비중이 작아지거나 심지어는 부정될 수도 있다는 것이다. 그렇다고 새 시대가 과거로부터 이어져 온 일정한 지속성을 회피하지는 않는다. 모든 특징이 다 변화한다고 기대하는 것은 잘못이다. 그러나 이전의 틀은 지배력을 상실해야 한다. 그렇지 않으면 이전의 시대가 계속 작동하고 있다고 가정해야 하기 때문이다. 변화에 대한 생각을 보여주는 이 첫 번째 전제가 출발점이 된다. 시대구분의 틀에서 두 번째 전제는 불가피하게 이어지는 내용이다. 이전의 조직 원리들이 비중을 상실하거나 무언가로 대체되었다면, 새 주제들은 무엇이며 이 새 주제들이 어떻게 인간 경험의 주요 측면들을 조직하기 시작했는지 설명하는 것이 중요해진다. 어떤 시점에 가면 새 주제도 힘을 잃기 시작하고 결국은 다른 시대에 자리를 내줄 수밖에 없다."[19]

그러므로 역사에 대한 무조건적인 부정, 즉 부정을 위한 부정은 과거와의 단절에만 관심을 기울이는 일일뿐, 비약을 통한 새로운 역사의 창조에는 무관심해진다. 그 까닭은, 현실과 이념은 불가분의 관계에 있음에도 불구하고, 연속성을 거부하고 단절성만 주장하는 일은 역사의 이념에 대한 보편성을 스스로 부정하는 결과를 가져오기 때문이다. 또한 역사를 의도적으로 단절시키겠다면, 단절을 통한 비약과 비약을 통한 발전을 가져와야만 한다. 이것은 역사의 연속성을 긍정할 때, 그리고 그 속에서 부정적 요소를 역사의 발전을 위해 긍정함으로써만 가능해진다. 만일 그렇지 못하다면 역사는 퇴보하고 만다. 즉, 역사의 비약을 낳을 수 있는 단절성은 연속성의 바탕 위에서만 가능하다는 말이다.[20]

---

19) 피터 N. 스턴스 지음, 『세계사 공부의 기초』, 위의 책, 128-129쪽.
20) "학문 분과로서의 역사학의 핵심적 공헌을 꼽으려면, 변화 과정에 대한 이해, 또

예를 들어, 정치에서 모든 정권은 – 긍정적이든 부정적이든 간에 – 이전 정권들을 바탕으로 하지 않고서는 창출이 불가능하다. 그런데 우리나라의 현대 정치사에서 지금까지의 정권들은 모두가 한결같이 이전 정권에 이어지는 연속성 – 이 연속성이 다음 정권 탄생에 긍정적으로 작용하건 부정적으로 작용하건 간에 – 을 부정하고, 집권자들의 입맛에 따라 자신들만의 법통과 정통성을 설정하기를 반복하였다. 그러나 연속성이 부정되는 비약은 애초부터 가능하지가 않다. 역사의 연속성을 긍정할 때에만, 연속되는 역사 속에서 그 연속성이 부정될만한 사건이 발생할 때, 그런 사건이 과거의 잘못을 바로잡을 경우에는 발전적인 방향으로의 비약도 가능한 것이다.

연속성을 중단하게 하는 단절된 역사는 **비약**을 가능하게 한다. 그렇기 때문에 – 헤겔의 입장에 적극적으로 동의한다는 가정 하에서 보면 – 중국과 인도의 신화가 그리스와 로마제국의 초기 민주적 제도를 낳을 수 있는 것이며, 마라톤 전투가 프랑스 혁명의 불씨가 될 수 있는 것이다. 하지만 연속성을 배제하는 단절성은 있을 수 없다. 세계사의 연속성은 어떤 한 민족의 역사에 충실할 때 밝

는 적어도 변화에 대한 이해에 다가갈 수 있는 가장 가능성 높은 방법이라는 데 있다. 변화와 관련한 분석에 도움을 주기는 하지만, 다른 어떤 사회과학도 이렇게 명시적으로 이 현상에 초점을 두지는 않는다. (…) 변화를 다루는 과정에서 마지막 쟁점은 지속성과 관련되어 있다. 중요한 변화가 있으면 '모든 것이 바뀐다.'는 통념에도 불구하고, 변화가 일어난다고 해서 그 이전의 패턴을 망각해 버리는 경우는 상당히 드물다. 비교해 보면, 어떤 사회들은 지속성을 좀 더 필사적으로 고수하려고 한다. 이런 모습은 여러 면에서 세계사의 중요한 요소이다. 사실 지속성이 오랫동안 변화를 압도하기도 했다." 피터 N. 스턴스 지음, 『세계사 공부의 기초』, 위의 책, 104-110쪽.

혀질 수 있으며, 역사가 생명력을 갖는 까닭은 바로 여기에 있다. 그러므로 필자는 단절된 역사만을 고집하는 헤겔의 역사를 **보편사** (Universalgeschichte)라고 부르지 않는다. 물론 헤겔의 세계사 고찰방식이 부분적으로는 통시적(diachronisch)이긴 하다. 그러나 각 민족의 통시적 역사를 고려하지 않는 것은 역사(-철학)의 참된 고찰방법이 아니다.[21] 따라서 우리가 무엇보다 먼저 주목해야 할 일은 한 민족의 구체적 역사를 통시적으로 고찰하는 일이다. 이제 신채호의 말에 귀를 기울일 때이다.

> "'…' 後起한 王朝가 前朝를 미워하여 歷史的으로 자랑할 만한 것은 무엇이든지 破壞하며 燒蕩시키기로 爲主하므로, 新羅가 興하매 麗·濟 兩國史가 볼 것 없게 되며, 高麗가 作하매 新羅史가 볼 것 없게 되며, 李朝가 代하매 高麗史가 볼 것 없게 되어, 매양 現在로써 過去를 繼續하려 아니하고 抹殺하려 하였도다. 그리하여 歷史에 쓰일 材料가 薄弱하였으며, '…'." (「朝鮮上古史」 總論, 45쪽.)

---

21) 이와 같은 헤겔의 역사철학을 필자는 카의 말을 빌려 다음과 같이 비유적으로 비판하고자 한다. "지난 400년 동안의 영어권 세계의 역사는 말할 것도 없이 역사상의 위대한 시기였다. 그러나 그것을 세계사의 중심으로 보고 그 밖의 것은 모두 그것의 주변적 역사로 다루는 것은 불행하게도 왜곡된 견해이다. 이러한 일반적인 왜곡을 바로잡는 것이 대학의 의무이다. (…) 영어권 국가들에 사는 우리들이 모여 앉아서 쉬운 일상의 영어로 다른 나라와 대륙들은 그들의 터무니없는 행동 때문에 우리들의 수준 높은 문명의 은혜와 축복을 받지 못했다고 수군거리는 동안에, 이해할 능력도 의지도 없어서 세계의 현실적 움직임으로부터 고립되고 있는 것은 우리 자신이 아닌가 하는 생각이 들 때가 가끔 있다." E. H. Carr 저, 『역사란 무엇인가』, 위의 책, 192-194쪽.; 또 다른 곳에서 카는 다음과 같이 말한다. "역사는 특수한 것과 보편적인 것 사이의 관계를 다룬다. 당신이 사가인 이상 사실과 해석을 분리할 수 없듯이, 특수한 것과 보편적인 것을 분리할 수 없고, 어느 하나를 다른 하나의 우위에 둘 수도 없다." E. H. Carr 저, 『역사란 무엇인가』, 위의 책, 83쪽.

고대적 의미의 왕조이건 근대적 의미의 국가이건 간에, 특정한 민족이 주체적으로 지속되고 있을 때에는, 역사의 단절성이 개입되더라도 넓은 의미에서 역사는 연속성을 갖는다. 이러는 가운데 반란이나 쿠데타에 의해서 왕조나 정권이 바뀌어 역사가 단절되더라도－단절성을 지니더라도－그것은 실제로는 지배계층 사이에서 일어나는 정치적 권력의 이동일 뿐이다. 물론 이때는 동시에, 헤겔이 말하는 것처럼, 정치적 자유가 확대되거나 축소되기도 한다. 그러나 여기서 우리가 주목하고자 하는 것은 역사의 이념이나 원리가 아니라, 중단 없는 역사는 인간으로서의 민족에게 이어진다는 점이며, 이렇게 될 때만 세계사는 참된 **보편사**로서 역할을 수행할 수 있다는 점이다.

이 경우에는 역사를 오직 필연성 또는 인과관계로만 파악할 위험도 있다. 흔히 사람들은 예측하지 못했던 일이 발생하면 **우연**에 의한 것이라고 생각해 버린다.[22] 그러나 모든 사건은, 비록 예측하

22) 카는 "역사적 불가피성", 역사에서의 "우연"이라는 용어에 대해 『역사란 무엇인가』의 제4장 「역사에 있어서의 인과관계」에서 "클레오파트라의 코"를 예로 들면서 특히 많은 비판을 하고 있다. "이것(클레오파트라의 코)은, 역사야말로 대개 우연의 집합체이고, 우연의 일치에 의해 결정되고 전혀 우연적인 원인들의 소치인 사건들의 연속일 뿐이라는 이론이다. (…) 우리들이 다루는 인과연쇄가 다른 어떤 인과연쇄에 의해, 그것도 우리들이 보기에는 아무런 관련도 없는 인과연쇄에 의해 언제든지 단절될 수 있고 또 빗나갈 수 있다고 할 경우 우리들은 어떻게 역사에서 인과연쇄를 발견할 수 있으며, 역사에서 어떤 의미를 찾아낼 수 있겠는가 하는 문제가 그것이다. (…) 역사에 있어서 우연의 역할은 오늘날 그것의 중요성을 강조하려는 사람들에 의해 지나치게 과장되었다. (…) 역사에 있어서 우연은 단지 우리들의 무지를 증명해주는 것－즉 우연이란 단지 우리들이 이해하지 못하는 어떤 것의 이름－이라는 견해 또한 타당하지 않다. (우연은 단순히 우리들이 이해하지 못하는 어떤 것은 아니다. 나는 역사에 있어서 우연의 문제에 대한 해결책은 전혀 다른 사고방식에서 찾아져야 한다고 생각한다. 이미 앞에서 지적한 바와 같이 사가에 의해 선택되고 정리

지 못했더라도, 필연적인 관계를 가지게 마련이다. 필자는 역사에서 물리학적 인과율(Kausalität)을 따를 생각은 없지만, 그렇다고 해서 역사적 필연성을 "이성의 간계"(List der Vernunft)(VG, S. 105.; 『이성』, 154쪽.)나 신의 섭리로만 받아들일 생각도 없다.[23] 카의 말처럼 "역사에서 인과관계를 다루어 나가는데 열쇠의 역할을 해주는 것은 목적 개념이다. 그리고 목적 개념에는 가치판단이 내포된다."[24] 역사의

되어 역사적 사실들로 될 때 역사가 시작된다. 사실이라고 해서 모두 다 역사적 사실이 되는 것은 아니다. 그러나 역사적 사실과 비역사적 사실 사이의 경계선은 고정된 것도 불변적인 것도 아니다. (⋯) 사가와 원인의 관계는 사가와 사실의 관계와 마찬가지로 이중적이고 상호적인 성격을 갖는다. 원인은 역사적 과정에 대한 사가의 해석을 결정하고, 사가의 해석은 그의 원인의 선택과 정리를 결정한다. 원인들의 상하관계, 하나 혹은 한 묶음의 원인들이 다른 원인에 대해 지니는 상대적 중요성 등이 사가의 해석의 핵심을 이룬다." E. H. Carr 저, 『역사란 무엇인가』, 위의 책, 124-131쪽.

23) 이러한 사상에 대해 야스퍼스도 다음과 같이 비판하고 있다. "역사철학이란 적어도 서양에서는 그 근거를 기독교의 신앙에서 찾고 있다. 아우구스티누스(Augustinus)에서부터 헤겔(Georg W. F. Hegel)에 이르기까지의 위대한 많은 저서 속에서 그러한 신앙은 언제나 역사 속에서 이루어진 신의 활동을 고찰하여 왔다. 그래서 헤겔은 다음과 같이도 말하였다.: '모든 역사란 그리스도로부터 와서 그리스도에게로 되돌아가는 것이고 성자(聖子, Gottessohn)의 출생은 세계사의 차축인 것이다. 그러한 세계사의 기독교적 구조를 위한 우리들의 서력기원(西曆紀元)이 그 증거가 되는 것이다.' 그러나 기독교 신앙이란 하나의 신앙이지 인류 전체의 신앙은 아닌 것이다. 여기에서의 허점은 그러한 보편사관이 오직 신앙하는 기독교인들에게게만 타당할 수 있다는 사실에 있다. 그러나 서양에서도 기독인들이 자신들의 경험사관(die empirische Geschichtsauffassung)을 기독교적 신앙에만 결부시키지는 아니한다. 하나의 신앙적 명제란 그들에게는 역사의 현실적 진행과정을 경험적으로 통찰하는 사실을 말하는 것이 아니다. 기독교의 역사는 기독인들에게도 의미가 상호 상이한 것으로서 세속의 역사와 구별된다. 심지어 신앙에 차 있는 그리스도인들도 기독교적 전통 그 자체를 타 경험적 대상들과 같이 연구할 수도 있다." 칼 야스퍼스 저, 『역사의 기원과 목표』, 위의 책, 20-21쪽.

24) E. H. Carr 저, 『역사란 무엇인가』, 위의 책, 136쪽.; "그러므로 역사는 역사적 중요성의 견지에서 행해지는 선택과정이다. '⋯' 역사는 실재(實在)에 대한 인식적

목적이 되는 **가치**에는 도덕적 가치뿐만 아니라 민족의 가치, 국가의 가치 그리고 역사 자체의 가치라는 것도 포함되어야 한다. 그러나 역사를 목적론적으로 파악할 때에는 과정과 결과를 포함한 역사 전체를 신의 섭리라고 하는 결론을 낳기도 한다. 그렇기 때문에 이때는 역사가의 자의(恣意)에 의한 선택적 사실만 적용될 위험이 있으며, 이에 대한 전형적인 사람으로 우리는 헤겔을 들 수 있을 것이다.

따라서 우리는 역사의 필연성 또는 인과관계를 법칙적으로 받아들이기보다는 역사의 연속성으로 이해해야 한다. 일반적으로 사람들은 하루 전인 어제의 자신의 모습과 오늘의 모습은 다르지 않다고 말하면서도, 10년 전의 모습과 오늘의 모습은 다르다고 생각하는 경향이 있다. 그러나 10년이라는 시간은 **하루**가 연속되지 않고는 불가능한 것이다. 이처럼 후대(後代)의 왕조가 전대(前代)의 왕조를 거부한다고 해서 전대의 왕조가 역사의 마당(場)에서 사라지지는 않는다. 역사의 정통성은 역사의 시간적 연속성, 즉 **통시적 역사**를 통해서만 가능하다. 그렇기에 역사의 정통성을 비약·단절시키려는 사람들은 전체로서의 민중 또는 민족을 역사의 주체로 삼지

태도의 '선택적 체계'일 뿐만 아니라 인과적 태도의 '선택적 체계'이다. 사가는, 무한한 사실의 바다로부터 자신의 목적과 관련하여 의미 있는 사실들을 선택하듯이, 원인과 결과의 무한한 연쇄로부터 역사적으로 의미가 있는 것들, 오직 의미 있는 것들만을 뽑아낸다. 그리고 역사적 의미의 기준은 바로 자신의 합리적 설명과 해석의 유형에 그 인과연쇄들을 적합하게 맞추어 넣는 그의 능력이다. 다른 인과연쇄는 우연적인 것으로 배제되어야 하는데, 그것은 원인과 결과 사이의 관계가 다르기 때문이 아니라 인과연쇄 그 자체가 부적절하기 때문이다. 이런 부적절한 인과연쇄는 사가에게는 아무 소용이 없다. 그것은 합리적 해석에 들어맞지도 않고 과거나 현재와 관련하여 아무런 의미도 없다." E. H. Carr 저, 『역사란 무엇인가』, 위의 책, 134쪽.

않고, 자신들만 역사의 주도자라고 생각하는 오만불손한 태도를 가진 자들이다.

그렇기 때문에 신채호는 역사의 **계통**(系統)을 반드시 구해야 하며, 그것은 **인과관계** - 이것도 물론 필연성이나 목적 개념으로서가 아니다. -에 따라야 할 것을 주장한다.[25) 그리고 역사의 계통이라 함은 단순히 시간적 연속성에만 머무는 것이 아니라, 한 민족의 **고유한 정신**을 통시적으로 이어주는 민족정신의 연속성을 말한다는 점에서, 헤겔의 사상과 신채호의 사상은 일치한다고 할 수 있다. 그러나 헤겔은 비록 정신의 연속성과 발전 상태를 말하기는 하지만 한 민족을 넘어서 세계사적으로 확대한다는 점에서, 민족의 고유 정신을 주장하는 신채호의 사상과 다르다. 이것은 역사의 **공시성**(共時性)에 대한 관점의 차이에서 비롯된다.

일상적으로는 역사의 연속성을 지탱해주지만, 때로는 역사를 단절시키기도 하는 역사적 정신은, 위와 같은 관점에서 본다면, "공동체의 집단적 기억과 기대에 근거해서 형성된, 확장된 시간 의식"[26), 즉 역사의식이라고 할 수 있다. 그리고 이러한 역사의식은 인식론적 경험에 따르는 공통된 역사 인식을 바탕으로 해서만 형

---

25) 「朝鮮上古史」 總論, 61-62쪽 참조.

26) 김영민, 『현상학과 시간』, 위의 책, 142-43쪽.; 우리 역사를 말할 때 우리는 흔히 '반만년' 또는 '5천년' 역사라는 표현을 쓰는데, 이는 단군기원인 기원전 2333년을 서력기원과 더하여 상징적으로 표현하는 것이다. 이 단군기원으로 연도를 표기한 것은 대한민국 정부수립과 동시에 시작되었는데, 1962년부터 서력기원을 사용하고 있다. 물론 2022년인 올해를 기준으로 하더라도 정확하게 5천년 또는 반만년인 것은 아니지만, 그만큼 우리 역사의 기원이 오래되었다는 상징적인 표현이다. 단군기원의 정의, 연원, 내용 및 변천, 의의와 평가에 대해서는 "한국학중앙연구원의 『한국민족문화대백과사전』(인터넷 http://encykorea.aks.ac.kr)"을 참조하기 바람.

성될 수 있으며, 이는 동일한 "역사성을 구성하는 인간들의 공통된 경험방식을 뜻하는 것으로써, 시간 의식의 공동체적 확장이 이루어지는 구조와 패턴을 보편적으로 포착하는 방식"이다.[27] 그런데 문제는 이러한 역사의식이 자칫 잘못하면, 특정한 이데올로기를 전 인류에게 강요하는 전체성 또는 전체주의로 흐를 수 있다는 점이다. 즉, 역사가 또는 역사철학자들이 자기 이론의 보편성을 확보하기 위하여 세계의 역사에서 **역사적 이념**을 강요한다면, 그것은 또 다른 이데올로기를 낳을 수 있다는 말이다.[28] 이와 같은 문제가 현

---

27) 김영민, 『현상학과 시간』, 위의 책, 143쪽, 각주.: "현재의 대한민국 이전에 조선이 있었고 그 전에는 고려가 있었지만, 그리고 더욱 더 소급해서 과거로 올라가면 고조선까지 이어지지만, 고조선은 말할 것도 없고 고려도 조선도 더 이상 존재하지 않는 나라이다. 그렇다면 지금 우리가 말하고 있는 과거의 역사는 과연 무엇이란 말인가? 그것은 과거 역사를 인식하면서 배우게 되는 역사적 정신으로서 결국 역사의 교훈을 의미한다. 과거는 부정한다고 해서 부정되는 게 아니다. 1년이라는 시간은 하루하루가 이어지지 않고는 이루어질 수가 없다. 마찬가지로 10년도 100년도, 그 이상의 시간도 하루가 모여서 이루어진 세월이다. 따라서 부정하려야 할 수 없는 게 역사라면, 오히려 이전의 역사를 적극적으로 긍정하고 수용하는 자세가 필요하다. 그렇다고 해서 이러한 자세를 가져간다는 말이 이전의 모든 역사를 무조건 긍정적으로 평가하라는 뜻을 결코 아니다. 오히려 이전의 역사를, 역사적 사건을 적극적으로 인정함으로써 그 안에 포함되어 있는 부정적 요소를 제거하고 긍정적 요소를 적극적으로 현재에 되살려서, 즉 이전 역사에서 현재에도 적극적으로 수용하고 따를 필요가 있는 역사적 정신을 되살려서 현재와 미래를 위한 교훈으로 삼아야 된다는 말이다." 문성화 지음, 『삼국사기와 삼국유사의 역사인식과 역사의식』, 서울 (소명출판) 2015, 48쪽.

28) "이데올로기란 세계에 대한 해석과 그러한 세계 속에서 상황에 대한 해석을 사유하는 사람에게 절대적인 진리로서 서술하는 사상의 복합성 혹은 관념의 복합성을 말한다. 어떻든 그렇게 사유하는 사람은 자기 기만을 정당화시키고 은폐시키며 회피하는가 하면 어떤 의미에 있어서는 현재의 자신의 이권에만 끌어들인다. 그러므로 사상을 이데올로기로서 파악한다는 것은 오류를 밝히는 것을 의미하고 악의 가면을 벗겨버리는 것을 의미한다. 또한 사상을 이데올로기로 명명하는 것은 비진리와 비진실성에 대한 비난이므로 가장 격렬한 공격일 수도 있다." 칼 야스퍼스

실에서는 보편성을 획득하지 못한 채 이데올로기화 되어버리는 가장 큰 이유는, 역사의 시간성을 공유하지도 않으면서, 특정한 이념이 내세우는 보편적 의미에 대해 무비판적으로 수용하려는 태도를 보이기 때문이다. 따라서 제아무리 도덕적으로 선한 이념이라고 할지라도, 그것이 역사의 연속성에서 도출 가능한 것이 아닐 때에는 보편적 의미를 가지지 못한다. 그렇기 때문에 역사의 이념은 반드시 역사의 연속성과 관련하여 역사의 시간성에 근거를 두지 않으면 안 된다.[29] 하지만 역사적 공시성이 바탕이 되지 않는 연속성은 역사적 이념을 현실적으로 공유할 수가 없게 된다.

　　과거의 사건이 개인적인 것으로만 머무르게 된다면 그것은 역사가 아니다. 역사로 남는 과거의 시간은 시대를 초월하여 모두가 **공유**하는 현재 · 지금이라는 시간이다. 지나가 버린 과거의 사건으로

저, 『역사의 기원과 목표』, 위의 책, 219쪽.

29) 이와 연관해서, 딜타이(Dilthey)의 역사고찰 방법은 매우 중요하다. "인간은 자신의 과거만을 탐구하는 것이 아니라, 오히려 과거에 의해서 함께 규정되어 있다. 그리고 인간이 항상 행하고자 하는 것은 소여성과 현재하는 제 조건에 의해서 함께 규정되고 있으며, 또 함께 규정되어 있다. 인간은 스스로 역사적 진행과정에 의해서 규정된 존재이다. 그런데 역사에 몰두하는 일은 한 개인을 뛰어넘는 제 연관성이 존재한다는 점을 알게 한다. 이렇듯 바로 이러한 경우에 한 사람의 체험에 관하여 말한다는 것은 통찰력이 없는 일일 것이다. 제 연관성은 개인의 체험을 넘어선다." 이런 의미에서 우리는 딜타이가 말하는 체험의 의미를 역사의 시간성으로 이해 할 수 있을 것이다. 한스 인아이헨 지음, 『철학적 해석학』, 위의 책, 157쪽.; 역사와 관련하여 가다머(Gadamer)에게서 가장 중요한 개념이 바로 '영향사적 의식'(wirkungsgeschichtliches Bewußtsein)인데, "이를 통해서 특히 분명해져야 할 점은 역사의 연구대상으로 향하는 우리의 통로는 언제나 대상의 영향에 의해서 역사 안에서 함께 규정되어 있다는 사실이다." 다시 말해서, 영향사는 우리들이 그때마다 우리 자신일 뿐만 아니라, 우리들이 상호 이해한다는 사실의 근거가 되며, 이로써 상호 이해라고 하는 것은 하나의 공통적 관계의 지평을 전제하지 않으면 안 된다. 이렇게 상호 이해를 가능케 하는 역사적 지평은 역사의 시간성을 공유하지 않으면 불가능하다. 한스 인아이헨 지음, 『철학적 해석학』, 위의 책, 201쪽.

서 역사는 물리적 시간의 의미로만 머물지 않고 현재·미래와 관련을 맺을 때 역사성을 획득하게 되고, 이때에야 비로소 역사는 살아 움직이게 된다. 공동적이고 집단적인 역사성은 단편적인 어떤 시점에만 형성되는 것이 아니라, 연속되는 시간과 공동의 공간 속에서 개개인으로서의 인간이 타인 또는 타자의 사유에 부단히 관계함으로써 형성된다. 그러므로 역사적 시간은 통시적 역사에 주목할 때 현재와 미래로 연결되는 의미, 즉 역사적 시간성으로 자리를 잡게 된다.

이러한 사실을 간과한 채, 세계사라는 보편적 의미에만 집착한 나머지, 공간적·시간적 비약을 감행하는 헤겔의 역사관뿐만 아니라 특정 민족의 이념을 타 민족의 역사에 강제로 주입시키려고 하는 모든 역사 사상은 보편적 세계사가 될 수는 없다.[30] 뿐만 아니라 그들이 그 결과로써 세계사적 이념이 형성되었다고 제아무리 주장할지라도, 그것은 실제로는 특정 민족사를 강조하는 것일 뿐이지, 결코 세계사라고 칭할 수는 없는 노릇이다. 이런 의미에서 **민족주의**

---

30) '세계사'와 관련하여 다음과 같은 글이 있다. "실제로 세계사를 통해 변화를 탐구하다 보면 전반적인 상황을 굽어볼 수 있는 시야를 갖추게 된다. 어쨌든 확실히 주목해야 하는 두 가지 가운데 하나는 '비교'이다. (…) 둘 이상의 사회를 비교하는 것은 세계사를 조직하는 그물망들 중에 하나이다. (…) 비교는 적어도 두 사회 이상에서 나타나는 중요한 측면에 초점을 두어야 한다. 상당한 기간에 걸쳐 비교를 해야 하는 경우도 있다. (…) 비교는 주제에 대한 설명으로 시작한다. 관련된 모든 사회를 다루어야지, 절대로 한 사례만을 가지고 먼저 시작하지 않는다. (…) 자기 사회가 비교 대상 가운데 하나일 때나 비교하는 사회들 가운데 한쪽에 연구자가 소속감을 느낄 때, 애착심을 잠시 내려놓을 필요가 있다. 말이야 쉽지만 그렇게 되지 않는 경우가 대부분이다. (…) 하지만 비교 연구의 경험은 자기 사회를 타자의 눈으로 바라보는 일을, 적어도 상상할 수 있게 해준다. (…) 비교는 고정된 것이어서는 안 된다." 피터 N. 스턴스 지음, 『세계사 공부의 기초』, 위의 책, 113-117쪽.

(Nationalism)는 제국주의적 민족주의와는 다르게, 새롭게 고찰되어야 한다.

그것이 무엇이건 현실적으로 존재하는 보편성은 그 어디에도 없다. 감각적인 모든 것은 구체적인 것뿐이다. 사람들이 보편적인 것이라고 내세우는 모든 것은 구체적인 것이 아니라 오직 추상적이고 비감각적인 것들뿐이다. 플라톤이 말하는 것처럼, 보편자는 현실계에 존재하는 것이 아니라 이데아(Idea) 세계에만 존재할 수가 있다.[31] 헤겔이 말하는 '자유의식의 진보'도 단지 이념일 뿐이다. 자유란 법칙도 아니고, 더구나 변증법적으로 발전하거나 퇴보하는 것도 아니다. 자유의식은 그 자체 본래의 모습이 **자유로워야** 한다.[32]

---

31) "플라톤은 사고가, 그 자체로서도 절대로 변하지 않는, 여러 가지 대상들과 관계를 맺고 있기 때문에, 사고의 내용도 변화하지 않는다고 분명하게 말하고 있다. '영혼은 항상 꼭 같은 방법으로 그 대상들과 관계를 맺고 있다. 왜냐하면, 영혼은 그렇게 함으로써, 그 자체도 종류가 꼭 같은, 그 어떤 것을 붙들게 되기 때문이다.' 그 어떤 것이란 '우리들의 입에 항상 오르내리는' 대상들이다. 즉 아름다움 그 자체, 선 그 자체, 건강 그 자체, 힘셈 그 자체, 같은 것, 큰 것 및 적은 것 그 자체, 요컨대 하나하나의 본질(실체, 우시아)이다. 이 대상들에게는 '어떠한 방법으로서건, 또 그 어떠한 때에라도, 손톱만한 변화도 절대로 없다.' 이 대상들은 한 가지 모습을 하고 있는 어떤 것이요, 영원한 것이요, 죽지 않는 것이요, 신적인 것이다. 이러한 것이 플라톤의 이데아다." 요한네스 힐쉬베르거 지음, 강성위 옮김, 『서양철학사(上)』, 대구 (이문출판사) 1987 (4판), 143쪽.

32) **자유** 개념을 자연과 대립시켜서 보는 견해도 있다. "근대는 어떤 의미에서 하나의 독립된 현실로서의 자연과 자유의 발견으로 비롯되었다고 할 수 있다. 그런데 오늘날 이 두 개념만큼 또한 문제가 된 개념도 없다. 인간이 '자연의 주인이요 소유주'가 될 수 있도록 실천과학을 발전시키려고 했던 데카르트나 자연에 대한 순종을 통해 자연을 정복하고자 했던 베이컨은 다 같이 인간중심적이고 환경적대적인 사상가로 낙인이 찍혔는가 하면 자연지배의 수단이었던 과학과 기술은 또 다른 예속과 부자유를 가져온 장본인으로 지목되기도 한다. 정복과 지배의 대상으로 보던 관점에서 삶의 환경과 짝꿍로 보는 관점이 우세해짐에 따라 '인간 곧 자유'라는 등식이 크게 문제시된다. (…) 하지만 서양 근대철학의 주도적 전통은 생각한다

헤겔이 증거로써 제시하는 자유는 1789년 프랑스 대혁명 이후의 현실적인 **현상들**이었음을 부인할 수 없다.

개인의 과거가 역사에 근거하건 그렇지 않던지 간에, 그리고 미래 또한 현재의 상황을 지탱해 주던지 그렇지 않던지 간에, 과거와 현재 그리고 미래는 때로 개인을 구속하기도 하고 해방시켜주기도 한다. 그렇기 때문에 시간의 연속성은 개인이나 민족을 구별하지 않으며, 모두에게 역사로서의 역할을 수행한다. 개인이나 민족에게 연속된 시간으로서 역사는 기억 또는 기록으로 남아서 과거와 현재, 미래를 상호 관련 지어주지만, 단절된 시간으로서 역사는 연속된 시간을 초월하고자 하는 힘을 개인과 민족에게 부여해준다. 이러한 힘이 때로는 헤겔에게서처럼 자유의식으로, 때로는 신채호에게서처럼 아(我)와 비아(非我)의 투쟁으로, 때로는 마르크스에게서처럼 혁명으로 발현되기도 하는 것이다. 이렇게 볼 때 기억이나 기록의 힘은 다름 아닌 역사의 힘인 것이고, 기억이나 기록의 장(場)이 바로 사건이고 역사 자체인 것이다.

> "사람들이 시간의 흐름을 자연적 과정 – 계절의 순환이나 인간의 일생 – 으로 보지 않고 인간이 의식적으로 관여하고 의식적으로 영향을 줄 수 있는 특수한 사건들의 연속으로 생각할 때 역사가 시작된다. (…) 역사는 이성의 힘으로 자신의 환경을 이해하고 그것에 영향을 끼쳐 온 인간의 오랜 투쟁과정이다. 그러나 근대는 혁명적

___
든지, 도덕적으로 행위한다든지 하는 것은 자연질서 속에서 발생하는 사건이 아니라 자연질서를 떠나, 그와 전혀 다른 방식으로, 어떤 다른 무엇에 자극되지 않고, 그 자신으로부터 고유하게 발생하는 독특한 사건으로 이해하였다." 강영안 지음, 『자연과 자유 사이』, 서울 (문예출판사) 1998, 16-17쪽.

방식으로 그 투쟁을 확대해왔다. 이제 인간은 환경만이 아니라 자신을 이해하고 또 영향을 끼치려 한다. 그리고 이것은 말하자면 이성을 새로운 차원으로 끌어올리고 역사 또한 새로운 차원으로 끌어올렸다. 현대는 모든 시대 중에서 역사의식이 가장 강한 시대다. 현대인은 전에 볼 수 없던 정도로 자기 자신을 의식하고, 따라서 역사를 의식한다. 현대인은 자신이 걸어 나온 과거를 되돌아본다. - 과거의 희미한 빛이 자신이 가고 있는 앞길의 어둠을 비춰줄 것으로 기대하면서 말이다. 또한 반대로 앞길에 대한 기대와 불안은 과거에 대한 통찰을 자극한다. 과거·현재·미래는 역사라는 끝없는 쇠사슬로 연결되어 있다."[33]

이제 역사의 힘은 현재·미래와 분리되어 절대시간과 절대공간 속에 머물지 않는다. 과거와 미래라는 물리학적 시간도 역사의 힘 앞에서는 하나로 통합된다. 그렇지 않는다면 역사적 사건은 더 이상 발생하지 않을 것이기 때문이다. 따라서 **역사의 시간성**은 단순히 시간 방향을 객관적으로만 고찰하려는 것이 아니다. 오히려 시간을 표상하는 주체가 바로 역사적 개인이고 민족이며 인류 전체이기 때문에, 우리는 이들이 지닌 힘에 의해 특정한 시점과 시점 사이에서 발생한 사건이 시간의 방향을 과거와 미래 가운데 어느 방향으로 이끄는가를 주목해야 한다. 따라서 단순한 사건이 아닌 역사적 사건으로 평가 받고 기록된 모든 사건은, 그 사건의 시대적 상황을 초월한 것이다.

---

33) E. H. Carr 저, 『역사란 무엇인가』, 위의 책, 172쪽.

"어떤 나라 또는 민족에게 있어서 역사의 계통(系統)을 확인하고 철저히 한다는 것은 매우 중요한 일이다. 특히 역사가 오래된 민족일수록 특정 시대 이전과 이후를 구별하게 하는 거대한 역사적 사건을 통한 단절성보다는 역사의 계통이라는 연속성을 더 중요시한다. 그 까닭은 특정한 지역을 바탕으로 하는 국가는 명멸을 거듭할 수 있지만 민족은 대체로 지속적으로 유지되기 때문이다. 그렇기 때문에 한반도에서 국가는 '고조선 – 위만조선(衛滿朝鮮) – 부여(扶餘)·마한(馬韓)–삼국–고려'로 변천의 과정을 겪었지만, 우리 민족은 단절되지 않고 일연 당시에도 유지되었으며, 오늘날도 여전히 이 땅의 주류 민족은 한민족인 것이다. 따라서 통시적 역사는 부정될 수도 없으며, 역사가 또는 역사학자라면 기본전제로 삼아야 할 필수적 요소이다.

물론 통시적 역사에는 연속성만 있는 게 아니라 단절성도 있다. 그렇지만 여기서 말하는 단절성은 역사가 거기서 끝나서 종말을 고한다는 뜻이 아니라, 특정한 역사적 사건을 중심으로 그 이전의 역사와 이후의 역사의 흐름이 바뀐다는 것을 의미한다. 크게는 국가나 왕조의 교체를 가져오는 역사적 사건도 있으며, 작게는 고려 무인정권 전과 후의 대내적 상황의 변화 등을 예로 들 수 있다. 더욱 자세하며 살펴보면, 예를 들어 고려의 멸망을 불러 온 이성계의 '위화도 회군'은 대외적인 외교정책에서부터 대내적인 유교통치이념에 이르기까지 국가와 사회 전반에 걸쳐서 엄청난 변혁을 가져왔다. 또 다른 예로, 후삼국을 통일한 고려는 그 이전의 사회적 혼란을 진정시키고 단일 국가체제 하에서 사회의 안정을 가져왔다. 고려에서 조선으로의 역사적 단절이 역사의 비약을 가져왔다고 단정하기는 어렵지만, 후삼국에서 고려로의 역사적 단절은 바로 우리 역사를 비약시켰다고 평가할 수 있을 것이다. 그렇기에 모든 역사적 사건이 그 이전과 이후의 역사를 단절시키기는 하지만, 그러한 단절이 반드시 역사의 비약적인 발전을 이룬다는 것은 아니며 역사의 퇴보를 가져오기도 한다.

그렇지만 역사의 단절성도 연속성을 전제할 때만 가능하며, 이 둘이 상호보완적인 관계에 있어야만 역사가 발전할 수 있다. 연속적인 역사에서 단절을 야기할 정도의 사건은 이전 역사와 이후를 단절시키는 데에만 그치지 않고, 그 이전의 역사를 비약적으로 발전시키는 방향으로 전개되기 위해서라도 역사의 연속성을 전제해야 된다는 말이다."[34]

물리적 시간이 과거로부터 현재를 지나서 미래로 나아간다고 해서, 그 속에서 발생한 모든 사건이 반드시 역사의 발전과 진보를 증명하는 것은 아니다. 마찬가지로 역사의 초월성을 의미하는 단절된 역사가 반드시 미래만을 지향하지도 않는다. 현재의 우리가 과거의 사건으로부터 교훈을 얻기 위해 역사를 연구하고 공부한다는 것은 과거를 부정적으로만 본다는 뜻이 아니다. 기준이 무엇인가에 따라서, 과거보다 현재나 미래가 얼마든지 퇴보할 수도 있고 발전할 수도 있는 것이다. 또한 과거의 사건이 현재의 사건에 대하여 원인일 수도 있으며, 현재의 사건도 미래의 사건에 대하여 원인일 수는 있지만, 각각의 사건의 결과가 그 이전 사건, 즉 원인이 된 사건보다 더 발전된 것이라는 보장은 전혀 없다.

"제정신을 가진 사람은 누구도 역전(逆戰)·탈선·중단 없는 그런

---

34) 문성화 지음,『삼국사기와 삼국유사의 역사인식과 역사의식』, 위의 책, 46-47쪽.

일직선의 진보를 믿지 않았으며, 따라서 어떤 심각한 역전도 진보에 대한 우리들의 신념에 치명적인 손상을 줄 수 없다고 하는 것이다. 분명하지만 진보의 시대와 마찬가지로 퇴보의 시대도 있었다.

　더욱이 후퇴가 있은 다음의 진전이, 이전에 중간되었던 바로 그 지점에서 이전의 방향을 따라 이루어진다고 생각하는 것도 속단이다. 헤겔이나 마르크스가 말하는 4개 혹은 3개의 문명, 토인비가 말하는 21개의 문명, 문명도 흥기·쇠퇴·몰락의 과정을 겪는 생명체같이 생명주기를 갖는다는 이론-이런 도식(圖式)들은 그 자체로 무의미하다. 그러나 이런 도식은, 문명을 전진시키는 데 필요한 노력이 한 지역에서 소멸되면 후일 다른 지역에서 다시 나타나며, 따라서 우리들이 역사에서 볼 수 있는 어떤 진보도 시간적으로나 공간적으로 결코 연속적인 것이 아니라고 하는 인지된 사실을 나타내어 준다."[35]

　그 까닭은 역사가 시간에만 관련지어진 것이 아니라는 데에 있다. 시간은 그 자체적으로 물질도 아니고 물질의 움직임도 아니지만, 역사적 사건과 역사의 주체를 포괄하는 **지평**(Horizont)이다.[36] 그런데 이러한 사건과 주체는 시간만을 지평으로 삼는 것이 아니라,

---

35) E. H. Carr 저, 『역사란 무엇인가』, 위의 책, 148쪽.

36) 이와 관련하여 필자는 철학적 해석학의 가르침이 중요하다고 생각한다. "그때그때마다의 관점은 사람들이 관찰할 수 있는 데까지를 규정한다.; 우리는 과거로 방향을 돌림으로써 여러 가지 **역사적 지평**을 획득한다. 그런데 가다머(Gadamer)는 다수의 지평에는 그때그때마다 하나의 지평이 기초가 되어 있다는 점을 특히 강조한다. 왜냐하면 별개인 현재의 지평도 완전히 분리된 역사적 지평도 존재하지 않기 때문이다. 오히려 현재의 지평은 과거와 그 지평과의 계속적인 대결에 의해서 형성되고 있을 것이다." 한스 인아이헨 지음, 『철학적 해석학』, 위의 책, 201-202쪽. (강조는 필자의 것)

공간 또한 역사의 지평으로 삼고 있다. "많은 학문은 습관적으로 시간을 단지 하나의 척도를 나타내는 것에 지나지 않는다고 간주한다. 이와 반대로, 일단 진행되면 역행할 수 없는 구체적이고 생생한 현실로서의 역사의 시간은 온갖 현상이 그 안에 담겨 있는 혈장(血漿)이며 이들 현상을 이해할 수 있도록 해주는 장소와 같다."[37] 사건과 주체는 모두가 공간 속에서 움직이기 때문이다.

2. 공시적(共時的) 역사
- 역사의 횡적(橫的)·공간적 의미

21세기에 살고 있는 우리는 **아직** 현대에 발을 딛고 있는가, 아니면 **이미** 미래에 살고 있는가? 이러한 물음이 도대체 가능하기나 한 물음인가? 가능하다면, 우리는 이러한 물음을 왜 던져야 하는가? 필자는 20세기에 태어났고 현재는 21세기에 살아가고 있다. 필자가 태어날 당시에는 21세기가 미래였지만 지금은 그 미래를 현재로 하여 살아가고 있는 것이다. 모든 인간이 죽음의 시기를 정확하게 예측할 수는 없지만, 적어도 오늘뿐만 아니라 내일도 동시에 생각한다면, 그것은 오늘에 살고 있지만 내일을 함께 하고 있는 셈이다. 이것은 시간에 대한 관점의 변화일 뿐만 아니라 공간의 관점도 변화하기 때문에 가능한 일이다. 우리는 오늘날 첨단 정보통신기술의 발달 덕분에, 비현실적인 공간인 사이버공간(Cyberspace)을 마치 현실적인 공간인양 인식하는 가운데 공간도 초월해가면서 살고

37) 마르크 블로크 지음,『역사를 위한 변명』, 위의 책, 52쪽.

있는 게 사실이다.

이렇게 보면 인간은 현실에 살고 있으면서도 동시에 언제나 이미 미래 속에 살고 있으며 또한 아직은 미래의 공간이 아닌 현실 공간 속에서 살아가고 있다. **이미**와 **아직**이라는 수식어는 **내일**에 살고자 하는 **오늘**의 **아직 - 아니 - 완성**된, 미래 개방적인 인간만이 던질 수 있는 적극적인 물음 가운데 있다. 과거에는 **아직**이라는 개념이 물리학적·자연과학적 의미에서 미래에 속한 시간적 단어였지만, 오늘날에는 모든 학문의 분야에서 이미라는 개념과 함께 사용되고 있다. 왜냐하면 그 어느 시대이건 현재는 언제나 미래와 함께 있는 포스트모던의 시대이기 때문이다. 20세기에 비해서 상대적으로 포스트모던의 시대인 21세기는 시간관의 변화만 가져온 것이 아니라, 공간관에 대한 관점도 엄청나게 변화시켰다.

이에 대한 대표적인 예가 바로 사이버스페이스이다. 사이버스페이스는 분명히 현실 공간이 아님에도 불구하고, 많은 사람들은 그 것을 오늘날 실재하는 또 다른 공간으로 간주하고 있다. 과학의 발달과 더불어 공간관도 변하고 있는 것이다.[38] 이에 대해서 비판적

---

38) "사이버 공간은 현실을 충실히 반영하지 않으며, 현실과 완전히 분리되어 있지도 않다. 하지만 사람들은 이 공간에서 자신의 행동과 생각이 증폭되고 확장되는 경험을 한다. 이뿐 아니라 상상만 했던 행동이 실제로 일어나기도 한다. 사이버 공간이 컴퓨터로 연결된 기계의 공간이 아니라 인간의 심리적 공간이 되는 이유가 바로 여기에 있다. 사이버 공간에서 인간은 현실과 유사하지만 현실과 다른 경험을 하기 때문이다. (…) 현실과는 다른, 그러나 현실과는 떼려야 뗄 수 없는 관계를 가진 사이버 공간 속에서 인간은 점차 자신의 모습을 새롭게 만들어간다. 그러면서도 이런 변화에 의해 현실 공간의 자기 모습들이 달라지는 것도 경험한다. 이런 경험은 바로 사이버 공간이 현실을 변화시키는 새로운 매개체로 작용한다는 사실을 암시한다." 황상민 지음, 『사이버 공간에 또 다른 내가 있다』, 서울 (김영사) 2000, 「책머리에」 참조.

인 관점을 견지하는 사람들은 사이버스페이스가 현실의 참된 주체를 죽음에 이르도록 탈주체, 탈육체하도록 하는 파괴력을 지닌 공간이라고 비판한다. 그러나 역사는 사이버 공간의 문제가 아니라 현실의 문제이다. 예를 들어, 남북통일은 사이버 상으로는 언제·어디서나 가능한 일일지라도 구체적 현실에서 실현되지 않는다면 아무런 의미가 없다. 인간이 살아가기 위해서는 기본적으로 의식주가 필요한 것처럼 역사에는 현실적 공간이 필요하다. 그것이 국가에서는 바로 **영토**이다.[39)]

---

39) 대한민국 헌법 3조는 영토조항으로써 다음과 같다. "大韓民國의 領土는 韓半島와 그 附屬島嶼로 한다." 그리고 2001년 3월 21일 헌법재판소는 다음과 같이 판례를 결정하였다. "헌법 3조의 영토조항은 우리나라의 공간적인 존립기반을 선언하는 것인바, 영토변경은 우리나라의 공간적인 존립기반에 변동을 가져오고, 또한 국가의 법질서에도 변화를 가져옴으로써, 필연적으로 국민의 주관적 기본권에도 영향을 미치지 않을 수 없는 것이다." 『小法典』, 서울 (현암사) 2010.; 한국학중앙연구원의 『한국민족문화대백과사전』에 따르면 역사에서 영토와 국경을 일컫는 '강역'(疆域)에 대해서 다음과 같이 설명하고 있다. "[정의] 강토의 구역. 강역이라는 말에는 경계(境界) 또는 변방이라는 의미와 봉역(封域) 또는 영역이라는 의미 두 가지가 있다. [내용] 전자는 국경이라는 말로 대치 사용할 수 있고, 후자는 영토라는 말로 바꾸어 쓸 수 있다. 즉, 강역이라는 말은 개념이 세분화되기 이전에 사용된 복합 용어라 할 수 있고, 국경이나 영토는 근대적 개념의 용어라 할 수 있다. 사실 국경과 영토는 분리하여 생각할 수 있는 별개의 것이 아니다. 따라서, 국경의 변천은 곧 영토의 변화를 의미한다. 강역의 출발은 생활 문화적 동질 집단의 터전이다. 그러나 정복 활동이 활발해지면서 국가 간의 강역은 물리적 힘에 의하여 변천을 거듭하여 왔다. 이에 따라 생활 문화적 공동체는 정치·군사적 힘에 희생되어 많은 국민들은 이민족의 통치 하에서 시달리기도 하였다. 여기서 주목하여야 할 점은 경계, 즉 국경과 영토의 개념이 변천해 온 점이다. 첫째, 국경이라는 개념은 지역 개념에서 선(線)의 개념으로 발달하였다. 고대로 거슬러 올라갈수록 산악이나 강하(江河)에 의하여 경계가 이루어졌으며, 자연환경에 따라 생활 문화권이 형성되어 영역을 이루었다고 하겠다. 그러나 근대 국가로 발전하면서 국경은 선의 개념으로 구체화되었다. 둘째, 강역은 영토에서 발전하여 영해·영공까지를 포함하게 된 점이다. 특히, 영해까지를 강역으로 인식하면서 도서(島嶼)의 귀속 문제가 국가 간에 분쟁의 대상이 되고 있다. 따라서, 강하를 경계로 할 때 등거리주의

다 같이 역사를 주도하는 정신을, 그리고 정신의 변화과정을 기술하는 일이 역사가의 참된 임무라는 데에 주목한 헤겔과 신채호는 정신의 적용 범위를 공간적으로 각각 세계와 민족국가에 두고 있다. 즉, 이들은 특정한 민족이나 인류 전체를 인도할 정신이 공간적으로 각각 그 민족이나 인류에게 작용할 때, 그 정신이 역사를 주도하는 주체라고 한 것이다. 예를 들면, **중국**(中國)이라는 명칭은 중화사상(中華思想)에서 유래한다. 중화사상은 고대 유교의 왕도정치(王道政治) 이론에 바탕을 둔 것으로서, 황제가 거주하며 통치하는 곳을 중심으로 변방의 오랑캐들(夷狄)로 하여금 황제를 존경하며 따르도록 하는 데에 그 목적이 있는 사상이다. 그러므로 중국이라는 국가의 명칭에는, 명칭이 유래를 두고 있는 특정한 이론이나 사상이 내재해 있으며, 따라서 특정한 정신이 깃들어 있다고 할 수 있다. 이처럼 우리는 **대한민국**이나 **조선** 또는 **일본** 등의 명칭도, 그 명칭에 내재해 있는 정신을 찾아볼 수 있을 것이다.

그렇지만 헤겔은 세계를 지구 전체로 동시적으로 받아들이는 것도 아니고, 오히려 **세계**라는 개념의 의미를 공간적으로 확대하지 않고, 특정한 지역을 시대에 따라서 자신의 철학적 방법론에 따라서 한정하고 있다. 게다가 그러한 세계는 시간적 흐름에 따라서 공간적 이동만 이루어진 세계를 일컫고 있을 뿐이다.[40] 그 공간은 동

와 최심주의(最深主義)가 대두되고, 도서의 경우에는 근접주의와 국토의 자연연장설을 내세워 강역을 결정하고 있다. 그러나 실질적으로는 학술적·논리적 해결보다는 힘을 바탕으로 강대국의 의지대로 결정되는 경우가 많아 강역에 대한 분쟁은 계속되고 있다. 여기서 간과할 수 없는 것은 생활 문화적 차원, 즉 역사성에 근거하여 해결점을 모색하는 것이 우선해야 한다는 점이다."

40) 이러한 측면 때문에 헤겔은 다음과 같은 비판을 새겨들어야 한다. "일종 독특한 것으로도 생각되는 방식으로써 헤겔은 세계사의 단계 행정에 대한 견해를 세계사

(東)에서 서(西)로 지리적 방향만 이동시키고는 세계사라고 칭하는 것일 뿐이다. 따라서 그가 말하는 보편적 세계사라는 것은 **유개념**으로서, 서로 다른 종적 특징과 차이를 지니는 각각의 민족들이라는 개념을 **종개념**으로 가질 수도 없을 뿐만 아니라, 각각의 민족들로부터 하나의 유적 특징이 귀납될 수도 없다. 물론 헤겔은 당연하다는 듯이 철학적 세계사를 추구한다.

> "철학적 세계사는 모든 국민의 구체적인 정신적 원리와 그 역사를 고찰하면서 어떤 개별적 상황이 아닌 전체 속을 일관하는 일반적 사상을 다루는 것이다. 이 일반적이며 보편적인 것은 우연적 현상에 속하는 것이 아니라, 오히려 여기서는 수많은 특수성이 단 하나로 포괄되어야만 한다. 결국 역사는 각기 다른 실존의 모든 측면을 자체 내에 총괄하는 가장 구체적인 대상을 눈앞의 표적으로 삼거니와, 이때 역사의 개체, 역사적 개인은 바로 세계정신(ihr Individuum ist der Weltgeist)이다." (VG, S. 32 f.: 『이성』, 55쪽.)

위 인용문에서 보듯이, 헤겔이 말로는 각 민족의 특수성을 세계정신 안에 포착하려고 하지만, 실제로 그의 역사철학 사상의 전개 과정을 보면 오히려 특수한 민족들만 세계정신을 지닌 것으로 등장하

적 민족에 관한 그의 논리와 결합시키고 있다. 그러한 민족으로서 나타나는 것은 헤겔의 경우, 전진하는 세계정신의 담당자로서 나타나는 그러한 민족이다. 헤겔이 제멋대로의 구성방식으로써 특정의 선택된 국가와 민족을 그것들의 영고성쇠의 속에서 세계정신의 단계적 진행의 수단으로 치켜세우고 있는 것은 간과할 수 없는 것이다." 만프레드 회퍼, 「헤겔의 역사철학」, 에르하르트 랑게 엮음, 신민우 옮김, 『헤겔과 현대』, 서울 (풀빛) 1985, 130쪽.

고 있다. 사정이 이러하기 때문에, 처음부터 강의의 대상을 철학적 세계사로 규정한 헤겔의 역사철학은 독자(讀者)들을 혼란에 빠뜨릴 위험이 매우 크다. 왜냐하면 **철학적 세계사**라는 내용을 처음 접하는 독자들로서는, 비록 헤겔이 자유의식의 진보를 역사의 이념으로 내세울지라도, 그 의식이 진보한 상태에 있건 아니면 그렇지 못한 상태에 있건 간에, 적용범위는 바로 **세계와 전(全) 인류**가 되어야 할 것인데도, 사실은 범위가 언제나 한정되어 있기 때문이다.

"헤겔이 상정한 세계사적 발전단계의 내용과 시금석은 주로 인간적 자유라는 견지 하에서 고찰하는 것인데, 그 경우 다음과 같은 도식이 발생한다.

최초의 단계에 있어서 인간은 직접 자연으로부터 나오는 존재자로서 나타난다.('정신이 자연성의 속으로 가라앉아 있는 상태'). 인간은 여기에서는 오직 '부자유한 개체성'으로서 존재할 따름이다. 이것은 '최초의 가상적 세계'에 대해서 말하는 것이지만, 이 세계에서의 인간의 상황을 헤겔은 (특히 '동방적 전제정치'에 관련시키면서) '한 사람이 자유이다.'고 하는 식으로써 특징지운다. 제2의 단계를 헤겔은 '정신이 자기의 자유를 의식하는 곳으로 걸어 나가는' 것으로서 해석한다. 그러나 이 걸어 나가는 것은 정신이 아직 직접적 자연성의 계기에 부착되어 있는 한, 아직 불충분하고도 부분적이다. 이것에 해당하는 방식은 '약간의 사람들이 자유이다.'인 것이다. 제3의 단계에서 정신의 순수한 보편성의 상태로의 인간의 (정신의) 상승, 혹은 - 헤겔이 또 그러한 말도 쓰고 있는 바와 같이 - 주관적 정신과 객관적 정신과의 화해가 발생한다. 이것에 대한 헤겔의 방식은 '인간이 인간으로서 자유이다.'인 것이다."[41]

　　만일 우리가 헤겔의 (변증법적) 역사발전 사상이 전적으로 옳다고
간주하여 무비판적으로 있는 그대로 수용한다고 하더라도, 다음과
같이 말해야 옳을 것이다. 헤겔의 말에 따라서, 중국과 인도라는 동
양의 세계가 세계사의 단초를 이루고 있을 때, 고대 그리스와 로마
제국은 지구상에 탄생하지도 않았으며, 아테네의 자유 시민들이 노
예를 부리면서 전쟁을 일삼을 때, 중국과 인도 민족들은 이미 세계
사의 무대 뒤로 사라져 버렸고, 기독교의 게르만 세계－서유럽 전
체－가 자유의식을 만끽하고 있을 때, 지구상의 나머지 민족들은 역
사의 종말을 맛보았을지도 모를 일이다. 이와 같은 공간적 이행과정
에서, 헤겔은 자유의식을 그렇게 강조하면서도 모든 진행과정을 일
회성으로만 설정하고 만다. 헤겔은 다음과 같이 말하고 있다.

　　"이제 세계를 두루 관망해 보면 우리는 구(舊)대륙 가운데서 세 개
　　의 주요 형태를 간취할 수가 있다. 그 하나는 후방 아시아적 원리로
　　서 이는 역사상 최초의 원리이기도 하다(몽고·중국 및 인도). 두 번째
　　는 마호메트교적 세계로서 여기에는 추상적 정신이나 유일신의 원
　　리가 현존하면서도 또한 방종적인 자의가 이에 맞서 있다. 마지막 세
　　번째는 기독교적인 서구세계로서, 여기서는 최고의 원리라고 할 자
　　기와 자기의 깊이에 대한 정신의 앎이 성취되어 있다. (…) 그런데 이
　　상과 같이 거대한 원리들이 다년생적으로 병존하면서 존속된다고

---

41) 만프레드 회퍼, 「헤겔의 역사철학」, 에르하르트 랑게 엮음, 『헤겔과 현대』, 위의
　　책, 131쪽.

하여 결코 이 모든 원리는 곧 시간의 흐름 속에서 명멸하는 모든 형상들이 영속되어야 함을 요구하는 것은 아니다. 이를테면 우리는 아름다운 이교(異敎)정신을 지닌 그리스나 로마 민족이 오늘에 재현되기를 바랄 수도 있겠지만, 그러나 이들 민족은 소멸되어 버렸다."(VG, S. 154.;『이성』, 215쪽.)[42]

이러한 생각에 대해 마르크 블로크는 "역사가들이 공통적으로 숭배하는 가장 특징적인 이 우상은 '기원'이라는 고정관념"이라고 비판하고 있다.[43] 말하자면 헤겔은 세계사의 기원을 처음부터 기독교적 사회인 유럽으로 설정해두고 자신의 변증법적 사유의 틀 속에 역사의 과정을 꿰맞춘 것이라고 할 수 있다. 왜냐하면 중국이건 인도이건, 또는 아랍 세계나 유럽이건 간에 모든 민족은 각각 자신들 나름대로 역사의 시원을 가지고 발전과 퇴보를 거듭하는 역사

---

42) 다음의 카의 비판은 헤겔을 지칭한 것이 아니지만 서구 중심의 목적론적 진보사관에 대한 비판이라는 점에서 매우 중요한 가르침이다. "역사가 그것으로 향해 간다고 하면서 하나의 목표를 설정함으로써 전적으로 새로운 한 요소-목적론적 사관-를 처음으로 도입한 사람들은 유태인들이었고 그 다음에는 기독교도들이었다. 그리하여 역사는 의미와 목적을 획득했으나, 그 대가로 그것의 비종교적 성격을 잃어버렸다. 역사의 목적에 도달하는 것은 이제 자동적으로 역사의 종말을 의미하게 되었다. 곧 역사 그 자체가 호신론(護神論)이 된 것이다. 이것이 바로 중세의 사관이었다. (…) 근대적 역사서술의 창시자들이었던 계몽사상시대의 합리주의자들은 유태-기독교의 목적론적 관념을 보전하는 한편 역사의 목적을 비종교적인 것으로 설정했다. 그러므로 그들은 역사과정이 갖는 합리적 성격을 회복할 수 있었던 것이다. 이제 역사는 지상에서의 인간성의 완성이라는 목표로 향해 가는 **진보의 과정**이 되었다. **진보에 대한 신앙**은 영국의 번영, 국력, 자신감이 최고조에 달했던 때에 절정에 달했다. 영국의 작가들과 사가들은 이 신앙의 가장 열렬한 신봉자들이었다. 그 현상은 자세한 설명이 필요하지 않을 만큼 잘 알려져 있다." E. H. Carr 저,『역사란 무엇인가』, 위의 책, 141-142쪽. (강조는 필자의 것.)

43) 마르크 블로크 지음,『역사를 위한 변명』, 위의 책, 53-62쪽.

과정을 이어나가는 가운데 현재에 이르고 있는데도, 헤겔은 자신의 사유 틀 속에 들어오지 않는 것은 배제해 버렸기 때문이다.

지구상의 모든 국가와 민족 - 지난 과거라는 시간 속에서 명멸해 간 모든 국가와 민족을 포함하여 - 의 역사를 한 곳에 모아둔다고 해서 세계사가 되지는 않는다. "세계사가 단순한 사실들을 나열한 목록은 아니다. 능동적 분석을 통해 재편되고 결합되고 응용되지 않으면, 사실 자체만으로는 별로 도움이 되지 않는다."[44] 또한 어느 특정한 한 민족이나 국가의 역사라고 할 때, 그 민족이나 국가가 차지하고 있는 공간적인 측면만 역사의 기준이 되는 것도 물론 아니다. 한 민족이나 국가에서 역사적 사건으로 간주되는 것들은 시간적 경과에 따라서 필연적으로 인과관계를 띨 수밖에 없으므로, 그러한 사건의 제 연관성에서 역사를 이끄는 이념이 도출되기도 하고, 반대로 특정한 이념이 여러 사건을 유발하기도 하는 것이다. 물론 이때의 인과관계는 직접적일 수도 있고 간접적일 수도 있다. 나중에 일어난 사건이 언뜻 보기에는 이전의 어떤 사건과 전혀 관계가 없는 것처럼 보일지라도, 이전의 사건에 의해서 영향을 받지 않는 사건은 있을 수가 없다.[45] 이후의 시대가 역사적으로 이전의 시대보다 더 발전할 수도, 더 퇴보할 수도 있다. 따라서 발전이건 퇴보이건, 시간적으로 선·후로 이어지는 역사적 사건은 반드시 이전

---

44) 피터 N. 스턴스 지음, 『세계사 공부의 기초』, 위의 책, 88쪽.
45) "역사는 온갖 인간 행위의 사례가 폭넓게 채집되어 있는 실험실이라고도 볼 수 있다. 과거와 아주 비슷한 상황이 오늘날 발생하는 경우도 부지기수다. 그래서 사례를 공부함으로써 현재의 상황을 이해하고 어떻게 대응해야 하는지에 대한 실마리를 찾을 수 있다." 피터 N. 스턴스 지음, 『세계사 공부의 기초』, 위의 책, 101-102쪽.

의 어떤 사건에 의해서 영향을 받을 수밖에 없다. 따라서 시간적으로 나중에 발생한 사건이 선행했던 유사한 사건으로부터 어떤 역사적 교훈을 얻어서 발생했는지 등을 연구하는 게 역사학자의 임무이기도 하다.[46)]

이를 바탕으로 해서 보면, 우리는 만국의 역사를 모아 놓은 만국사(萬國史)에서 어떠한 이념을 찾을 수 있을까? 또는 어떤 이념이 만국사를 인도한다고 할 수 있는가? 물론 특정 이념이 없다고 해서 역사가 없다거나 역사적 사건이 발생하지 않는 것은 결코 아니다. 그렇지만 지극히 짧은 시간이라면 모르지만 사건과 사건의 연쇄 속에서 서로 연관성을 갖게 하는 공통점이 발견된다면, 그것에는 어떤 특정한 이념이 작용하고 있음에 틀림없다. 공간적·지리적으로 인접한 국가 간에는 그러한 특정 이념이 충분히 새롭게 발현될 수도 있을 것이고 공통으로 작용할 수도 있을 것이지만, 공간적 관련성이 전혀 없는 곳에서는 – 적어도 교통과 통신이 발달하지 않는 과거에는 – 이념을 공유할 수는 없는 노릇이다. 그렇기 때문에

---

46) "역사에서는 과거에 일어났던 일에서 교훈을 얻어 장래를 위해 활용한다는 측면을 중요한 가치로 여긴다. 그렇기 때문에 그 교훈을 정확하게 파악하는 것이 우선이다. 이런 성향은 어떤 사회가 중요한 일을 결정해야 할 때 작용할 수 있다. 특히 권력과 연결이 되는 문제라면 심각한 문제가 된다. 그래서 일상적인 일은 이념과 종교에 따라 결정되는 일이 많지만, 국가적인 큰일에는 역사적인 경험이 중요한 변수로 작용하는 경우가 많다. (…) 이래서 국가 단위의 큰일에는 과거의 경험을 면밀하게 따지는 역사학이 중요한 작용을 하는 것이다. 그런데 바로 이러한 역할이 심각한 문제를 만들어 내기도 한다. 국가적으로 중요한 일에 역사적 교훈을 참고해야 할 때, 그 교훈이 잘못되어 있으면 어떻게 될까? 심지어 역사에서 교훈을 조작했다면? 역사를 팔아 교훈을 조작하는 작업은 순진한 사람들의 생각보다 훨씬 많이 자행되었다. 거의 고전적인 수법에 속하는 정도다. 그만큼 역사학은 원칙적인 역할 못지않게 정반대의 역할도 많이 해 왔다." 이희진 지음, 『식민사학과 한국고대사』, 위의 책, 30-31쪽.

공간적·지리적으로 현실 세계를 인도하는 주체적 이념을 찾을 수 없다면, 세계사도 실제로는 존재 할 수 없으며, 세계사라는 것은 단지 명목상(名目上)으로만 가능할 뿐이다.[47]

---

47) 물론 야스퍼스 같은 철학자는 오늘날과 같은 교통과 통신의 발달이 전혀 없었던 시대에도 세계사는 가능했다고 주장하면서 다음과 같이 '차축시대'를 말하기는 한다. 하지만 야스퍼스도 여기서는 특정한 이념의 등장을 말하는 것이 아니라, 인간이 인간으로서 스스로를 자각하기 시작한 철학적 사유의 출발이 이루어진 시대를 차축시대라고 정의한 것이다. 특히 양차 세계대전을 겪으면서 인간의 실존에 대해 철학적으로 성찰하고 인간성 회복의 계기를 역사에서 찾기 위한 야스퍼스의 시도였다고 할 수 있다. 그래서 다소 긴 글이지만 인용하려 한다.: "세계사의 차축은, 만일 그러한 차축이 존재한다면, 그 자체가 그리스도인들에게는 물론이고 많은 사람들에게 타당할 수 있는 하나의 사실 내용으로서 경험적으로 발견될 수 있을는지도 모른다. 그러한 세계사의 차축은 인간이 이 세상에 태어나 존재한 이후부터 시작되었을 것이고, 인간 존재가 형성되는 가운데서 비로소 큰 결실로 이루어졌을 것이며, 그러한 방식은 서양이나 아시아 그리고 모든 인류에게 특정한 신앙 내용의 척도를 용납하지 않은 채 경험적으로 어떻게 할 수도 없고 통찰할 수도 없으나, 모든 민족들에게는 하나의 공통적인 역사적 자명성으로 등장하게 되었다고 하는 그러한 경험적 통찰을 근거로 해서 확신될 수 있는 것을 말한다. 이러한 세계사의 차축은 기원전 약 500년경으로 BC 800년과 BC 200년 사이에 이루어진 정신적 과정 속에 존재하는 것 같다. 이 시기가 우리에게는 가장 심오한 역사의 기점으로 되었다. 오늘날 살고 있는 우리 인간이 바로 그때부터 살기 시작한 것이다. 이 시기를 우리는 요약해서 '차축시대'(車軸時代, Achsenzeit)라고 부른다.
이 차축시대에서는 비상한 것들이 응축되어 나타났다. 중국에서는 공자(孔子)와 노자(老子)가 생존했었고, 여러 가지 방향의 중국철학이 등장하였으며, 묵자(墨子), 장자(莊子), 열자(列子) 그리고 수많은 다른 사람들이 철학을 하였는가 하면, 인도에서는 우파니샤드(Upanisad)가 이루어졌고 불타가 생존하였으며 모든 철학적 가능성들이 회의주의와 유물론으로, 심지어는 변증론과 중국에서와 같은 허무주의로 발전하게 되었다. 이란에서는 짜라투스트라(Zarathustra)가 등장하여 선악의 투쟁이라고 하는 세계상을 가르쳤는가 하면, 팔레스틴에서는 엘리아(Elias)에서부터 이사야(Jesaias)와 예레미아(Jeremias)를 거쳐 제2 이사야(Deuterojesaias)에 이르기까지의 많은 예언자들이 나타났던 것이다. 희랍에서도 우리는 시인으로서 호머(Homer)를 들 수 있고, 철학자들로서는 파르메니데스(Parmenides), 헤라클레이토스(Herakleitos), 플라톤(Platon)을 들 수 있으며, 비극론자로서는 투키디데스(Thukydides)와 아르키메데스(Archimedes)를 들 수 있을 것이다. 이와 같은 유명한 이름들이 분명히 암시하고 있는 것은 이 몇 세기 동안에 서로가 전연 알지 못한

그렇다면 다음과 같은 의문이 제기 될 것이다. 교통과 통신의 발달로 세계 각국이 거의 모든 분야에서 접촉이 가능해진 현대 이후에는 참된 세계사의 시대라고 해야 하지 않겠는가? 정보혁명의 시대를 지나 4차 산업혁명시대라고 하는 오늘날에는 사람들이 위와 같은 질문에 현혹되고 긍정할 수밖에 없을 것이다. 하지만 사정은 전혀 그렇지 않다. 그 까닭은 세계의 그 어떤 민족이나 국가도 세계 속에서, 그리고 오늘날의 **세계화**라는 흐름 속에서 주도권(Hegemony)을 움켜쥐려고 하지, 다른 민족이나 국가에 양도하지는 않기 때문이다.[48] 그래서 각 민족이나 국가는 주도권 - 그 주도권이 정치적이든 경제적이든 또는 군사적이든 간에, 심지어는 문화

채 중국, 인도 그리고 서양에서 동시에 그 모든 것이 대두하였다는 사실이다." 칼 야스퍼스 저,『역사의 기원과 목표』, 위의 책, 21-22쪽.

48) 21세기 세계 역사에서 전 세계의 헤게모니를 움켜쥐고 있는 국가는 두말할 필요도 없이 미국이라는 사실에 대해 부정할 사람은 아무도 없을 것이다. 물론 최근에 이르러서는 중국이 대항세력으로 부상하고 있는 것 또한 사실이다. 그런 미국에 대해 촘스키(Noam Chomsky)는『불량국가』에서 다음과 같이 말하고 있다. "'불량국가'라는 개념은 오늘날 정책을 수립하거나 분석할 때 핵심적인 역할을 한다. 1998년 4월에 일어난 이라크 위기는 가장 최근의 사례이다. 워싱턴과 런던은 이라크를 '불량국가', 즉 이웃 국가들과 전 세계에 대한 위협, 세계질서의 수호자인 미국과 그 '주니어 파트너(junior partner)'들'에 의해 봉쇄되어야 할 히틀러의 화신에 의해 주도되는 '불법국가'로 선포했다. (…) 우선 '불량국가'란 개념에 대해 살펴보자. 기본적 개념은 냉전이 끝났지만 미국은 아직도 세계를 보호할 책임을 지고 있다는 것이다. 무엇으로부터 보호하는가? 분명한 것은 '급진적 민족주의', 다시 말하면 강대국의 의지에 복종하지 않으려는 독립적인 국가의 위협으로부터 보호하는 것은 아닐 것이다. (…) 이제 기준은 매우 분명해졌다. '불량국가'는 단순히 범죄를 저지른 나라를 뜻하는 것만이 아니다. 강대국 - 그 자신은 (불량국가에서) 물론 면제된다. - 의 명령을 거부한 나라이다." (노암 촘스키 지음, 장영준 옮김,『불량국가』, 서울 (두레) 2002, 25-55쪽 참조.) 필자가 대표적으로 미국을 예로 들고 있지만, 이처럼 어떤 나라나 민족이든지 간에 언제·어디서나 다른 나라 또는 다른 민족들에 대해서 어떤 수단과 방법을 동원해서라도 미국이 주도권을 행사하려 했다는 사실은 지금까지의 역사가 생생하게 증명하고 있다.

적 측면에서조차도 - 다툼에서 자신들에게 도움이 되는 이념을 세계사를 주도하는 이념으로 내세우고자 하는 것이다. 따라서 겉으로는 민족주의가 자취를 감춘 것처럼 보일는지 몰라도, 역사와 현실의 저변에는 언제나 **민족주의** - 따라서 이것은 신민족주의라고 불러도 무방할 것이다. - 가 도사리고 있다는 사실을 우리는 반드시 알아야 한다. 그것도 아니라면 세계를 거대 문화권으로 나누고, 그 중에서 사람들은 자신이 속한 문화권의 편을 들기도 한다. 다음의 글은 이를 잘 대변해주고 있다.

"일부 세계사 학자들은 서구 중심적인 기존의 세계사 설명을 바로잡으려는 의욕이 강하고, 서구적 우월성의 기미를 보이는 어떤 것에 대해서도 적대적이어서, 서구의 잘못을 다소 지나치게 강조한다. 이른바 서구 때리기 과정이다. 1994년에 발간된 세계사《전국 표준서》(National Standards)는 대서양 노예무역이나 인종주의 등 서구의 실패를 강조하면서, 다른 문명 전통들에 대해서는 비판적 평가를 피하고 교묘하게 면제시키는 서술을 했다고 할 만하다. 서구만 세계에 해를 끼쳐 왔다는 생각을 내비치고 있다. 환경사에 대한 새 관심도 비슷하게 불균형한 서구 때리기의 함정에 빠질 수 있다. 마치 서구의 경험과 가치관만이 환경 악화에 책임이 있는 것처럼 서술하기 쉽기 때문이다."[49]

---

49) 위의 글은 미국 조지메이슨 대학교 역사학과 교수이면서 미국역사협회 (AmericanHistorical Association) 회장을 역임하고 1996년부터 2006년까지 세계사 대학과정인증시험(AP) 위원장을 지낸 피터 N. 스턴스가 쓴 "피터 N. 스턴스 지음, 『세계사 공부의 기초』, 위의 책, 253쪽"에 있는 글이다. 이른바 세계사 학자라고 하는 사람도 결국 자신 속한 사회에 대한 비판은 쉽게 수용하지 못하고 있음을 잘

적어도 위 인용문의 서술 내용을 보면, 노예무역이나 인종주의, 환경문제 등에 관해 서구가 세계 다른 어떤 지역보다 책임이 크다는 것은 부인할 수 없는 사실임에도 불구하고, 그러한 비판에 대해 '서구 때리기'라는 표현을 함으로써 불편한 심기를 내비치고 있다. 이는 세계사라는 명칭을 사용하더라도 결국 자신이 속한 사회를 중심으로 서술해야 한다는 점을 드러내고 있는 셈이다. 한 마디로 말해서, 포장이 세계사라고 해서 내용도 세계사인 것은 아니라는 말이다. 이에 덧붙이자면, 역사를 바라보는 관점에는 순환론도 있고, 기독교적 창조와 종말론에 근거하는 직선사관도 있으며, (그 형식이 직선적이건 나선형적이건 간에) 발전사관도 있지만, 이 모든 관점은 역사의 문제가 아니라 역사가의 문제라는 점이 중요하다. 그렇기 때문에 필자는 다음과 같은 카의 견해와 카가 인용한 마르크스의 견해에 전적으로 동의한다.

> "나(카)의 경우 신의 섭리, 세계정신, 자명한 천명(天命), 대문자 H로 시작하는 역사, 혹은 때로는 역사를 이끌어간다고 여겨져 온 다른 어떤 추상적 개념 따위를 믿지 않는다. 그러므로 나(카)는 아래의 마르크스의 견해에 무조건 찬성한다.
>
> '역사는 아무 것도 행하지 않으며, 거대한 재산도 소유하지 못하고 아무런 싸움도 하지 않는다. 모든 것을 행하고 소유하고 싸우는 것은 인간, 실제로 살아있는 인간이다.'[50]   *

보여주고 있다.

50) E. H. Carr 저, 『역사란 무엇인가』, 위의 책, 62쪽. (여기서 괄호 속 '카'는 필자가 삽입한 것임.: 카가 인용한 마르크스의 말은 "Marx-Engels, Gesamtausgabe, Ⅰ, iii, p. 625.")

즉, 역사가의 선택과 규정에 의해서 역사는 적어도 명목상으로 나마 **세계사**가 될 수도 있고 **민족사**가 될 수도 있으며, **세계사의 탈을 뒤집어 쓴 민족사**가 될 수도 있는 것이다. 그러나 "잘못 이해된 역사는, 주의하지 않으면, 결국 제대로 이해된 역사마저 불신하게 만들 위험이 있다. 만일 우리가 그런 지경에 이르게 된다면 우리는 변함없이 간직해온 우리의 지적 전통과의 심각한 단절을 그 대가로 지불하게 될 것이다."[51] 한 국가, 한 민족의 역사도 얼마든지 왜곡할 수 있는데, 하물며 지구상의 모든 국가와 민족의 역사를 공평하고 객관적으로 서술하고 기록할 수 있는 세계사가 과연 존재할 수 있을 것인가? 그건 애초에 불가능한 일이다.

그 시대가 과거였건 현재이건, 아니면 미래라고 할지라도, 일정한 시대의 정신이 적용되는 범위를 일정한 지역에 거주하는 민족 단위로 한정한 신채호는 실제로 한 민족의 고유한 정신이 그 민족을 뛰어넘어서 확대되는 것으로 보지 않았다.[52] 즉, 역사란 '아(我)

---

51) 마르크 블로크 지음, 『역사를 위한 변명』, 위의 책, 26쪽.

52) 신채호의 민족사는 당연히 민족주의와 연결된다. "량치차오(梁啓超)의 영향을 가장 많이 받으면서 '민족주의'를 언급한 것은 신채호였다. 신채호는 한말의 시점을 제국주의의 시대, 민족주의의 시대, 자유주의의 시대라고 이해하였다. 그는 당시 '민족주의'를 '타민족의 간섭을 받지 않는 주의', 즉 '아족의 국(國)은 아족이 주장한다.'는 주의로 해석하였고, 제국주의를 '영토와 국권을 확장하는 주의'로 해석하였다. 이와 같은 그의 '민족주의'에 대한 이해는 량치차오의 민족주의와 거의 같은 것이었다. 그리고 신채호는 민족주의는 실로 '민족 보전의 불이적 법문(不二的法門)'으로서 민족주의가 강건하면 나폴레옹과 같은 대영웅의 강군도 막아낼 수 있다면서, 제국주의에 저항하는 길은 민족주의를 분휘(奮揮)하는 데 있다고 강조하였다." 박찬승 지음, 『민족·민족주의』, 서울 (小花) 2019 (2판 2쇄), 142쪽.; 그렇다고 해서 신채호가 우리 민족이 **단일 민족**임을 내세우는 **혈통적 민족주의**를 주장한 것은 아니었다. "단재 신채호는 1908년에 『대한매일신보』에 발표한 「독사신론」에서 '동국(東國) 민족을 대략 6종으로 나누나니 첫째는 선비족(鮮卑族), 둘째는 부여족(夫餘族), 셋째는 지나족(支那族), 넷째는 말갈족(靺鞨族), 다섯째는 여진족(女

114

와 비아(非我)의 투쟁'이라고 하는 신채호는 공간적·지리적으로 세계에 바탕을 둔 세계사를 인정할 리가 만무했다. 다시 말해서, 각 민족의 역사는 특수성을 지니고 있는데, 역사의 보편성이 존재한다고 할지라도, 그것은 특정 민족사에 국한될 뿐이며, 역사적 정신의 영향이 특정 민족이 차지하고 있는 공간으로 확대될 때 비로소 역사의 보편성 – 민족사 안에서의 보편성 – 이 확보된다는 말이다. 한 민족의 고유한 정신을 공유하는 사람들은 특정한 지역 내에서 공통적인 관습의 영향을 받으면서 사회·문화·정치적으로도 자신들만의 전통에 따라 독특한 것을 이루고 있는 것이 사실이다.

"모든 문화는 민족 고유의 원형에서 파생하며, 역사의 전개 양식은 원형과 시대적 환경과의 긴장관계에서 생긴다. (…) 개개 민족의 기본적 존재 양식은 곧 문화이며, 그 문화의 기본적인 가치의식 또는 문화의지가 곧 원형이다. 인류는 지구상 북극으로부터 적도에 이르

眞族), 여섯째는 토족(土族)'이라 하였다. 그는 이 가운데 '부여족은 즉 우리 신성한 종족 단군 자손이 바로 이것이니, 4천 년 동토(東土)의 주인공이 된 자'라고 덧붙이고 있다. 즉 '6종 중에 형질상·정신상으로, 타 5종을 정복하여 타 5종을 흡수하여, 동국 민족 세위(世位)에 자리한 자는 실로 부여족 1종에 불과하니, 무릇 4천 년 동국 역사는 부여족 성쇠소장의 역사'라고 주장하였다. 그가 이렇게 부여족을 주 종족으로 보는 까닭은 '단군 적통을 전승한 부여 왕조가 확실히 존재하였으니 설혹 당시 아동(我東)에 10국이 있었을지라도 주족(主族)은 부여가 그것이며, 백국(百國)이 있었을지라도 주족은 부여'라고 보았기 때문이다. 즉 부여는 '당당히 단군의 정통을 이어받은 나라'라는 것이다." 이처럼 신채호는 통시적으로 단군조선을 시작으로 해서 공시적으로 한반도에 6족이 함께 존재했지만, 그 중에서 주족이 부여족이라는 점을 강조하고 있는 것이지, 오로지 부여족만이 혈통적으로 단일 민족을 이루어서 지금까지 이어져 온 것이라고 주장하는 게 아니라는 점이 중요하다. (인용문은 "박찬승 지음,『민족·민족주의』, 위의 책, 87-88쪽."이며 인용문에 있는 신채호의 글은 "단재신채호선생기념사업회 편, 1972,『단재신채호전집 상』, 형설출판사, pp 473-475, 481."임)

기까지 각 곳에 분포되어 있다. 또한 각 민족은 각 지역의 환경 조건에 어울리도록 독자적인 문화를 갖는데 그것을 형성하는 것이 그 민족의 원형이다."[53]

이와 같은 점들을 배제한 채 공시적 역사를 말할 수는 없다. 공간적으로 관련이 없는 상태에서는 유사한 역사적 정신을 띨 수는 있을지언정 하나의 동일한 정신 아래에서 호흡을 함께 하지는 못한다. 그렇지만 공간적인 배경을 공유한다고 해서 통시적 역사를 배제한 공시적 역사가 성립하는 것도 아니다. 말하자면, 공시적 역사는 통시적 역사를 전제할 때에만 가능한 것이다. 이에 대해서는 『삼국사기』와 『삼국유사』가 아주 적절하고 좋은 예가 될 수 있다. 우선 『삼국사기』를 분석해보면 다음과 같다.

"『삼국사기』에는 『삼국유사』와는 대조적으로 통시적으로 고조선은 말할 것도 없고 삼국과 공시적이라 할 수 있는 부여나 가야, 심지어는 발해의 역사마저도 제외되어 있다. 이는 역사의 공시성이라는 관점에서 볼 때 상당히 문제가 있다고 할 수 있다. 신라가 삼국을 통일한 668년에는 고구려가 멸망했기 때문에, 『삼국사기』에는 자연스럽게 고구려 본기를 비롯해서 더 이상의 고구려 역사가 존재할 수가 없다. 그렇다면 고구려의 영토도 멸망과 더불어 없어지게 되는데, 그만큼 역사의 공간도 이전과는 달리 축소된 것이다. 특히 고구려의 최전성기의 영토와 비교해봤을 때 신라에 의한 통일이라고 하는 표현이 진정한 통일이라고 할 수 있을지도 의문이다.

---

53) 김용운 지음, 『원형의 유혹』, 서울 (한길사) 1994, 36쪽.

또한 고구려 멸망 이후 옛 고구려 땅에 거주하던 백성들이 신라 영토로 이주하지 않는 한 그들은 삼국의 백성이 아닌가? 이렇게 보면 역사의 공간성, 즉 공시적 역사는 매우 중요하다는 것을 알 수 있다. 통일 이후의 신라만을 역사의 정통성으로 인정하고, 옛 고구려 영토에서 고구려 유민을 백성으로 해서 건국된 발해를 역사에 포함하지 않는다는 것은 고구려 역사의 무대는 모두 포기해버리고, 통일 이후의 신라 영토만 인정하는 결과를 가져오기 때문에 김부식의 역사관은 문제가 될 수밖에 없는 것이다."[54]

이어서 『삼국유사』를 고찰해보면 다음과 같다.

"『삼국유사』 '기이'편에 등장하는 첫 국가는 古朝鮮(王儉朝鮮)이다. 이어서 魏(衛)滿朝鮮, 馬韓, 二府, 七十二國, 樂浪國, 北帶方, 南帶方, 靺鞨渤海, 伊西國, 伍伽倻, 北扶餘, 東扶餘, 高句麗, 卞韓百濟, 辰韓, 新羅, 南夫餘·前百濟, 後百濟 순으로 다루고 있다. 이들의 국가나 정체세력에 대한 배열이 어떤 원칙이나 서로간의 관련성이 내재하는지는 쉽게 찾을 수 없다. 순서가 국가 혹은 정치세력의 등장 시기에 맞춘 것도 아니다. 고조선-삼한-삼국의 체계를 잡은 뒤 나름의 배열과 설명을 가한 것 같은데 확신하기는 어렵다. 靺鞨渤海는 아홉 번째다."[55] 「기이」편은 기전체 역사서인 『삼국사기』의 「본기」에 해당하는 것인데, 일연이 발해를 본기에 포함했다는 것은 발해를 우리 역사

54) 문성화 지음, 『삼국사기와 삼국유사의 역사인식과 역사의식』, 위의 책, 55-56쪽.
55) 이효형, 「『歷代年表』와 『三國遺事』를 통해 본 一然의 발해 인식」, 『동북아역사논총』 제18호, 동북아역사재단 2007. 12., 199쪽.

로 간주했다는 게 된다.

『삼국유사』「말갈발해」(靺鞨渤海) 조의 내용을 신뢰할 수 있는지 어떤 지의 문제는 지금 여기서는 그다지 중요하지가 않다. 무엇보다 중요한 점은 일연이 발해를 우리 역사의 일부로 분명하게 인식하고 있었다는 사실이며, 그에 따라서 발해의 영토도 자연스럽게 우리 역사의 공시성에 토대가 된다는 사실이다. 이는 물론 일연이 『삼국유사』를 저술할 당시를 말하는 게 아니다. 『삼국사기』든 『삼국유사』든 간에 비록 고구려, 백제, 신라의 삼국을 말하는 것이기는 하지만, 『삼국유사』가 발해를 포함하고 있다는 것은 고구려 멸망 이후에도 옛 고구려 영토를 역사적·공간적으로 아우른다는 것이며, 이는 그 공간에서 시간적으로 지속되는 역사적 정신이 계승됨을 의미한다. 한마디로 말해서, 역사가라면 역사의 시간성을 역사의 정통성, 즉 계통 측면에서 반드시 다루어야 한다면 역사의 공간성은 역사적 정신을 공유한다는 면에서 반드시 다루어야 하는 것이다."[56]

이처럼 민족 단위의 역사를 과거로부터 현재를 거쳐 미래로 이어가면서 시간적으로 연결해주는 통시적 역사가 역사의 **주관적 측면**에 해당하는 것이라면, 공시적 역사는 타 민족·국가에 대하여 특정 민족의 역사에 독자성을 확보해주는 **객관적 측면**이라고 할 수 있다. 다시 말해서, 역사의 단위를 민족으로 볼 때, 우리 민족의 역사는 (그리고 다른 민족의 역사는) 인접한 국가들의 민족에 대하여 상대적이면서도 우리(我)의 역사는 비아(非我)의 역사일 수가 없고, (다른 민족의 역사인) 비아의 역사는 우리의 역사가 아닌 객관적 역사로 존립해야

---

56) 문성화 지음, 『삼국사기와 삼국유사의 역사인식과 역사의식』, 위의 책, 62-63쪽.

한다. 우리 민족을 포함하여 모든 민족은 민족 구성원 개개인이 통시적 역사 가운데서도 일정한 시점에서는 역사의 정신을 공유하는 것이 공시적 역사이기 때문에, 어떤 민족이 다른 민족의 역사를 공유하지는 않는다. 이에 반해서 다음과 같은 견해도 있다.

"세계사를 공부하는 기본적인 이유는 오늘날 우리가 살고 있는 지구화된 사회에 대한 역사적 맥락과 관련되어 있다. (…) 우리가 사는 세계가 얼마나 복잡하고 서로 연관되어 있는지를 많은 교육자들과 학생들이 점점 더 실감하고 있으며, 이에 따라 새로운 역사적 시야가 필요하다는 점이 분명해지고 있기 때문이다. 일국사나 지역사만 갖고는 이 문제를 해결할 수가 없다. 국가나 지역 단위의 역사가 유용하려면 세계사적 접근 방법과 병행해야 할 것이다. 우리에게 필요한 것은 세계의 관계들이 어떻게 시작되었고, 다양한 문화적·정치적 전통이 저마다 어떻게 형성되었으며 또 상호작용했는가를 보여주는 역사이다."[57]

위의 내용은 오늘날 지구화(Globalization)된 사회에서 지극히 당연하고 맞는 말이다. 교통과 통신의 발달에 따라 세계는 시간이 흐를수록 점점 더 복잡해지고 다른 나라로의 인간의 이동도 많아져서 각 민족과 나라의 고유한 전통들도 서로 뒤섞이고 있다. 그렇기 때문에 새로운 역사적 관점을 형성할 필요도 있다. 그렇지만 새로운 역사적 관점을 형성하기 위해 동원하는 방법론은 과연 어떤 것인가? 그저 각 나라에서 가르치는 각국의 역사를 한곳에 모으기만 하

---

57) 피터 N. 스턴스 지음, 『세계사 공부의 기초』, 위의 책, 19쪽.

면 되는 것인가? 그런다고 해서 새로운 역사적 관점이 생기지는 않는다. 새로운 관점은 그동안 역사를 바라보고 이해하며 해석해왔던 관점이 틀렸을 때, 즉 그동안의 역사관에 따르면 절대 예측 불가능하고 발생할 수도 없으며 발생해서도 안 되는 역사 과정이 진행될 때, 다시 말해서 그동안 역사관이 틀렸음이 증명될 때 나타나는 것이다. 새로운 역사관을 인위적으로 시도하면 잠시 유행은 할 수 있을지라도 오랜 기간 지속하면서 정착되지는 않는다.

또한 **세계사**라는 말은 분명히 공간적으로도 세계 전체를 말하며, 인류가 거주하는 모든 곳을 말하기 때문에, 인류 전체가 세계사의 주체가 되어야 한다. 하지만 모든 인간이 세계사는 고사하고 자기 민족 역사의 주체도 되지 못한 채 사라져갔다. 그렇기 때문에 역사의 공간을 지구 전체로 확대하여 지구 전체의 역사를 하나의 관점 하에 아우를 수 있다는 오만한 생각을 버려야 한다. 이에 따라서 보면, 역사의 공간성이라는 말이 자연과학적 의미의 공간에 국한되지는 않는다고 할지라도, 자기 민족의 역사적 정신을 시대적으로 공유하고 있는 사람들이 분포되어 있는 곳이라는 의미에서, 우리는 **공시적 역사**를 **역사의 공간성**이라고 명명할 수 있을 것이다.

세계 지도를 살펴보면 유명한 - 유명하다고 해서 반드시 옳은 견해를 가졌다는 말은 아니다. - 역사학자들이 많이 배출된 유럽 전체와 다른 곳의 지리적 차이를 확연하게 알 수 있다. 유럽은 오늘날 거의 모든 국가가 EU(유럽 연합, the European Union)에 가입하여 공동의 통화인 유로(EURO)를 사용하고 있을 정도로, 여러 민족과 국가가 긴밀한 관계를 맺고 있다. 이것을 위한 배경에는 고대 그리스 사상과 기독교[58]라는 종교를 공동의 기반으로 삼고 있는 것뿐만 아니라, 지리적·공간적으로도 특정 국가에서 일어나는 어떤 변화가 곧 바로 이웃 나라로 쉽게 전파될 수 있는 여건을 가지고 있다. 유럽 각 국가의 국경은 대부분 인위적인 경계선이지, 거대한 산맥이나 큰 강에 의해 나누어진 것이 아니다. - 물론 도버해협을 경계로 나누어진 영국을 제외한다면 말이다. 일례로 흔히 베네룩스 3국으로 불리는 벨기에, 네덜란드, 룩셈부르크는 모두 독일과 국경을 접하고 있다. 그런데 네덜란드에서 가장 높은 곳은 해발 높이가 300m를 조금 넘을 뿐이다. 이러한 자연적 여건 하에서는 국경이 있다고 하더라도 사람들의 왕래가 자유로울 수밖에 없으며, 어떤 곳의 사건 경과나 결과가 다른 곳으로 금방 전파될 것은 두 말할 필요가 없다.

하지만 우리나라를 예로 들어 보면 사정은 달라진다. 교통과 통신의 발달로 국경의 의미가 달라진 오늘날의 경우는 또 다른 측면

---

58) 서양 역사와 관련하여 야스퍼스의 말은 분명 귀담아 들을 필요가 있다. 야스퍼스는 "서양의 의식으로 봐서는 그리스도가 역사의 차축이 된다. 그리스도 교회라는 형태로서의 기독교는 모르기는 하지만 지금까지 존재하였던 인간정신의 조직형태 중에서 최대 최고의 형태일 것이다."라고 하면서 서양의 전통적 정신에 막대한 영향을 끼치고 있는 기독교를 인정한다. 또한 "서양은 기독교와 고대 사상을 기초로 하고 있다. 이 양자가 무엇보다도 고대 말기에 게르만 민족에게 전승된 형태로 남게 되었다. 그래서 성서종교와 희랍 정신의 근원으로 소급하여 한 걸음 한 걸음 전진하여 나아간다."고 함으로써 서양에서의 기독교의 지속적인 영향에 대해서도 언급한다. 그렇지만 그것으로 인해 역사가 완성되었다고 하는 데 대해서는 다음과 같이 비판한다. "피히테(Johann G. Fichte), 헤겔 그리고 셸링(Friedrich W. J. Schelling)의 독일관념론은 그들의 시대를 가장 심각한 역사의 전환기로 해석하였다. 특히 그들은 이제 막 결정적인 전환 내지 완성에 도달하게 될 기독교의 차축시대를 파악함으로써 그러하였다. 그것은 오만불손한 정신적인 자기기만이었다." 이처럼 야스퍼스는 기독교와 더불어 역사가 다시금 차축시대를 맞이하게 된 것으로 파악한 독일관념론 철학자들을 비판하고 있다. 칼 야스퍼스 저, 『역사의 기원과 목표』, 위의 책, 107, 109, 163쪽.

에서 보아야 하지만, 과거에는 압록강과 두만강을 자연적 경계로 삼아서 중국 대륙과 마주하고 있었다. – 이 또한 고구려와 발해의 역사를 중심으로 볼 때는 사정이 달라진다는 것은 이론의 여지가 없으며, 바다를 경계로 하는 일본과의 관계도 자연적이고 지리적인 측면에서 고찰하여야 한다. 그렇기 때문에 우리나라와 중국이 서로 국경을 개방하거나 침략을 하지 않는 한, 특정한 사건이 서로에게 영향을 주지 않았고 또한 줄 수도 없었다.

그렇다면 어떤 사람들은 삼국시대와 고려의 불교 그리고 조선의 유교는 중국의 영향을 직접적으로 받았기 때문이 아니냐고 반문할지도 모른다. 물론 불교나 유교가 중국의 영향을 받은 것은 사실이지만, 우리의 선조들은 그것을 독자적으로 수용하여 통치 이념으로 적용해 나갔던 것이다. 중국도 우리에게 불교나 유교를 강요한 것은 아니다. 사대주의(事大主義)에 따라서 중국을 섬겨왔던 조선도 명(明)이나 청(淸)나라의 통치 이념을 섬긴 것은 아니다. 그러므로 우리나라와 중국은 유럽과는 달리 지리적·공간적 경계로 인해서 서로가 역사의 이념 또는 통치의 이념을 달리하여도 그에 따르는 간섭행위는 없었으며, 오히려 독자적인 역사 변화의 과정을 거쳤던 것이다. 물론 중국의 역대 왕조는 한반도를 무수히 침략하였다. 또 우리의 고대 왕조, 예를 들면 신라가 당나라를 불러들인 역사도 있다. 그렇지만 그런 역사적 사건들이 우리에게 주–종 관계를 요구하기는 했지만, 중국 역사의 이념을 강요한 것은 아니라는 말이다.

물론 오늘날은 분명히 과거와는 다르며 또한 다를 수밖에 없다. 전 세계를 하나로 엮어주는 교통과 통신의 발달은 일상적인 사유의 한계를 무너뜨릴 정도이며, 이를 바탕으로 해서 각 나라의 지도

자들은 세계화(Globalization)라는 미명 하에, 전 세계는 모든 분야에서 이미 **하나**가 되었으며, 또한 그렇게 되어야 하고, 그렇게 될 수밖에 없다고 선전하고 있다. 그러나 위에서 언급한 것처럼, 한 가지 분야에서는 그것이 불가능하다. 그 한 가지란 다름 아닌 **역사** 분야이다. 진정한 세계화는 그 결과에 따른 이익이 전 인류에게 균등하게 분배될 때에만 가능해진다. 그런데 현실은 그렇지 않은데도, 각국의 지도자들은 개인적으로 자신들에게 이익이 된다고 해서 해당 국민을 기만하고 있는 실정이다. 말하자면 해당 국민 (또는 민족) 전체와 국가의 이익이 도외시된 세계화는 거짓이라는 말이다.[59]

현실의 실제적 사정이 이러한데, 하물며 역사는 두 말할 나위도 없다. 자기 민족이나 국가의 이익을 대변하지 않고, 전 인류가 나아가야 할 길을 제시하는 것이 목표라는 역사서술은 모두가 거짓이고 허위이다. 그렇기 때문에 카의 다음과 같은 말은 지극히 올바른 견해이다.

"나(카)의 목표는 단지 두 개의 중요한 진리를 밝히는 것이다. 첫째, 문제에 접근하는 사가의 입장을 우선 파악하지 못하면 그 사가의

---

59) 이러한 관점에 대해서는 "헬레나 노르베리-호지/ISEC 지음, 이민아 옮김, 『허울 뿐인 세계화』, 서울 (도서출판 따님) 2000년"을 참조 할 것.; 이러한 관점으로 쓴 글을 예로 들어보면 다음과 같다. "현대의 통신네트워크는 '사람들을 한데 묶는' 수단으로서 공공연히 조장되고 있다. 광고들은 전화 덕분에 우정을 돈독하게 유지할 수 있다거나, 텔레비전 다큐멘터리 프로그램이나 인터넷을 통해서 어린이들이 멀리 떨어져 있는 곳에 대해서 배운다는 것을 끊임없이 보여준다. 하지만 이러한 것들이 가장 중요한 효과라면 통신네트워크에 수십억 달러의 엄청난 돈이 투자되지는 않았을 것이다. 훨씬 더 중요한 것은, 그것을 통해서 산업경제와 다국적기업 그리고 정부들의 힘이 미치는 범위를 넓힐 수 있다는 사실이다." 헬레나 노르베리-호지/ISEC 지음, 『허울뿐인 세계화』, 위의 책, 73쪽.

저작을 충분히 이해하거나 평가할 수 없다는 것이다. 둘째, 사가의 입장 자체는 사회적·역사적 배경에 그 뿌리가 있다는 것이다. 마르크스가 한 때 지적했지만 교육자 자신이 교육받아야 한다는 점을 잊지 말라. 현대적 용어로 말하자면 세뇌시키는 사람의 뇌 자체가 세뇌되어야 한다는 것이다. 사가는 역사를 쓰기 전부터 이미 역사의 산물이다."[60]

오늘날 발달한 교통과 통신, 그리고 각 나라의 정치·사회·경제·문화적 요인 등은 각각의 민족을 세계 도처에서 뒤섞여 지내도록 하고 있다. 14억이 넘는 중국인은 세계 어디에서나 볼 수 있고, 우리 민족도 재미교포와 재일교포를 필두로 해서 여러 나라에서 삶을 영위하고 있으며, 이미 우리 사회를 다문화 사회라고 표현할 정도로 우리나라에도 많은 국가의 사람들이 들어와서 함께 살고 있다. 그렇지만 현실이 이렇다고 해서, 자국의 이익이 우선시 되는 현실 역사에서 역사의 공간성이 다른 국가나 민족에게로 확대되지는 않는다. 오히려 다른 공간에서 살고 있는 민족은 먼저 그 공간을 점유하고 있던 민족에 의해서 항상 배척당하고 박해받고 있다는 사실을 현재도 여전히 역사가 증명해 주고 있다. 물론 지금까지의 모든 역사적 사건이 이와 같은 것을 증명하지는 않으며, 오히려 반대의 경우도 무수히 많다.[61]

---

60) E. H. Carr 저, 『역사란 무엇인가』, 위의 책, 50쪽. (여기서 괄호 속 '카'는 필자가 삽입한 것임.)

61) 이와 같은 예는 무수하다. 스페인의 인디언 학살, 미국의 노예제도를 통한 아프리카인 학살, 나치의 유태인 학살, 이스라엘과 미국의 중동정책에서 살해당하고 있는 많은 아랍인들, 그리고 최근에는 미국과 영국의 연합군이 이라크를 침공하

그렇다면 세계화 또는 세계사는 이념적·관념적으로만 지구 전체로서의 세계를 지향할 것이 아니라, 공간적으로도 분명히 세계를 바탕에 두어야 한다. 경제적 세계화 또는 역사적 세계사는 각각의 국가나 민족을 단순히 집합체로 설정한다고 해서 가능해지지 않는다. 현실적인 공간의 뒷받침이 없으면, 그것은 한낱 구호에 불과해질 뿐이다. 현실적 공간의 뒷받침이란, 그 공간에 실제로 거주하는 구성원들의 **공속감**이 전제되지 않고는 불가능하다. 경제적 세계화는 한 국가가 타 국가 또는 타 국민들에 대해서 그 구성원들을 실제적이고 현실적으로 보호해 주지 않고, 자국의 경제적 이익을 극대화할 방안으로 세계화를 추진하는 한, 진정한 세계화의 길로 나아가는 것이 아니다. 최근의 예로는 코로나바이러스 감염증19(COVID19)[62]가 2020년 초부터 전 세계적으로 확산하고 있는데,

---

여 결국에는 죽임을 당하고 있는 무고한 이라크인들, 이들 모두가 피를 불러일으키는 전쟁이라는 사건의 피해자들이다. "콜럼버스 이전에 아이티에 거주한 인디언 수는 거의 800만에 육박했지만, 1496년에는 110만으로 격감하였다. 14살 이하의 어린이는 계산하지 않았고, 산으로 도망간 아라와크족은 셀 수 없었지만, 커크패트릭 세일은 인근의 인디언까지 포함하여 약 300만 명일 것이라 추정했다. 벤자민 킨(Benjamin Keen)에 따르자면 '1516년에 컬럼버스가 주도한 인디언 노예정책과 노동정책으로 단지 12,000명만 남았다.'고 했으며, 라스 카사스는 1542년경에는 200명이 못되는 인디언이 살았다고 말했다. 1555년 이들은 모두 사라졌다. (…) 스페인 지배하의 아이티는 역사 전체에서 민족말살의 최초 예증의 하나이다." 제임스 W. 로웬 지음, 이현주 옮김,『선생님이 가르쳐 준 거짓말』, 서울(평민사) 2001, 86~87쪽.; 또 다른 책에서는 다음과 같이 밝히고 있다. "에스파냐 사람들이 라틴아메리카 원주민에게 미친 영향은 인류 역사상 가장 끔찍한 사건 중 하나다. 그 결과는 흑사병보다도 훨씬 끔찍했다. 1519년 멕시코의 인구는 2천 5백만 명이었지만 1565년에는 2백5십만 명으로 급감했다. 1607년에는 백만 명만이 살아남았다. 천백만 명이 살았던 페루의 경험도 비슷해 결국 백5십만 명만이 살아남았다." 크리스 브래지어 지음,『세계사, 누구를 위한 기록인가?』, 위의 책, 128-129쪽.

세계 각국은 백신과 치료약을 개발하고 있지만 아직 완전한 백신과 치료약을 개발하지 못하고 있다. 그나마 효과가 적더라도 현재 개발한 백신과 치료약을 전 인류에게 골고루 나눠주고 있는 것도 아니다. 전 세계적으로 유행하는 전염병과 감염병에 대처하는 것도 경제적 이익을 비롯한 자국의 이익을 최우선시하고 있는 게 부정할 수 없는 사실이다.

이와 마찬가지로 세계사 역시도, 지구 전체의 역사를 구성하는 모든 국가나 민족을 현실적으로 포괄하지 않는 한, 그것은 진정한 세계사라고 불릴 수 없다. 그렇기 때문에 세계를 논의의 대상으로 삼는 데에 있어서도 모든 국가와 민족은 반드시 필요한 것이며, 경제적 측면이건 역사적 측면이건 간에 모든 국가와 민족을 공간적인 측면에서 바라 볼 때 **영토**를 반드시 고찰의 대상으로 삼아야 한다.[63] 물론 영토는 영해·영공과 더불어 어떤 한 국가가 관할하는 국가의 영역을 뜻한다. 그러나 사람이 살 수 없는 영해-사람이 살 수 있는 섬은 예외로 하고-나 영공과는 달리, 영토는 해당 국가의 국민이 주권을 가지고 생존을 유지·존속하고 모든 전통을 지속시키는 거주지로써 국가의 불가결한 요소이다.[64] 일정한 공간, 즉 영

---

62) 이에 대해서는 2022년 현재 정확한 주석을 덧붙일 수 없다. 왜냐하면 최초로 어디에서 발생했는지에 대한 견해부터 분명하지 않고 완전한 백신이나 치료약이 개발된 것도 아니며, 여전히 현재 진행형이기 때문이다. 이것도 시간이 지나면 전 세계적인 대사건으로 기록될 것임이 분명하며, 이미 전 세계적인 대사건으로 진행 중이다.

63) 독도(獨島)에 대해 계속 행하고 있는 일본의 망언과 역사왜곡은 이에 대한 매우 좋은 예이다. 2021년 3월 30일 언론보도에 따르면 "독도는 '일본 고유의 영토'라는 억지 주장이 내년부터 쓸 일본 고등학교 교과서에 모두 실린 것으로 나타났다."(2021년 4월 1일, NAVER 뉴스 검색)

64) 영토의 다른 말인 '강역'(疆域)에 대해서는 '각주 77번'을 참조하기 바람.

토에 함께 거주하는 사람들은 동일한 정치·사회·경제·문화 등의 영향을 받을 수밖에 없으며, 따라서 영토는 역사의 공간성을 형성함으로써 역사에서 필수적인 요소이다.

지리적으로 고립된 섬나라 – 예컨대, 영국이나 일본 – 민족의 역사적 정신이 – 무엇보다 교통이 발달하지 않은 고·중세 때에는 – 타 민족에게 거의 영향을 주지 못한 것이 사실이다. 반면에 특정한 지리적 경계가 불분명한 서유럽의 역사적 사건들은 각 국가들 간에 심대한 영향을 끼쳤던 것이다.[65] 그렇기 때문에 공시적 역사는 지리적 위치와 매우 밀접하게 관련된 사항이다. 뿐만 아니라 공시적 역사는 일정한 시점에서 행해지는 정치·사회·경제적인 제도와 문화적 관심에 따라서도 큰 영향을 받는다. 한 민족이라 할지라도 시대와 지역에 따라 정치형태가 다르고 사회·경제적인 제도가 엄격하게 구별될 수 있으며, 그런 상태에서 형성되어 전해지는 문화적 전통의 전승이라는 측면에서도 보면 구성원들이 관심을 기

---

65) 그래서 서구의 역사학들은 필자의 견해에 동의하지 않는 경우가 많다. 그런 견해에 대해 다음의 글을 예로 들 수 있다. "세계사에서 장소는 지리적 특징과 고유한 역사적 경험이 결합되어 결정된다. 지리는 중요하다. 세계사는 위치에 대한 지식 뿐 아니라, 기후지대를 비롯한 물리적 특징과 경계들에 대한 지식에 바탕을 두고 있다. 그러나 지리만 갖고 어떤 지역들을 일관된 것으로 또는 구별되는 것으로 결정하지는 않는다. 공유하는 문화와 제도 역시 중요하다. (…) 세계사에서 장소는 정치적 경계와 일치하기도 하지만 늘 그런 것은 아니다. 실제로 대개는 일치하지 않는다. 학교에서 '국사'를 공부한 학생들은 국가를 합당한 분석 단위라고 간주한다. 다행스럽게도 (현재 독립 국가는 200개국이 넘는다.) 이는 사실이 아니다. 중요하고 정의할 수 있는 지역들이 정치적으로 나뉜 가운데 다채롭게 작동하고 있다. 심지어 지역 안에서 내전을 치르는 경우도 많다(이웃하여 싸우는 나라들이 지역적 특징을 공유할 수도 있다.). 결론은 장소는 결정되는 것이 아니라는 점이다." 그래서 서구의 역사학들은 세계사를 칭하면서 세계를 지역으로, 즉 여러 개의 문명권으로 나누는 걸 좋아한다. 대표적인 사람으로 바로 토인비를 들 수 있다. 피터 N. 스턴스 지음, 『세계사 공부의 기초』, 위의 책, 160-161쪽.

울이는 곳이 달라질 수밖에 없다. 따라서 역사적 정신의 변화도 한 민족 내에서 각각 다르게 발생할 수 있기 때문에, 역사의 시간성은 결국 공간적으로 한정되지 않을 수 없다.

그러므로 비록 한 민족이라고 할지라도 삶의 공간을 달리한다면, 민족정신의 동일성을 지속한다고 할 수는 없다. 동일한 민족정신은 동일한 공간을 기틀로 삼고 있는 특정한 민족이, 역시 동일한 역사적 전통을 바탕으로 하는 정치·경제·사회·문화 등의 영향권 내에서만 형성될 수 있을 뿐이다. 『민족·민족주의』에 따라서 **민족 형성**에 대한 견해를 정리하면 다음과 같다.

> "민족 형성에 대한 의견 차이는 20세기 말에는 근대주의적 입장과 역사주의적 입장으로 나타났다. 민족의 형성 시기와 관련하여 전자는 '근대 이후 형성'을 주장하고 후자는 '역사적 형성'을 주장한다. (…) '역사주의자'의 대표로서 앤서니 스미스(Anthony D. Smith)를 들수 있다. 그는 우선 근대적 네이션(nation)의 역사적 토대로서 문화와 역사를 공유하는 에스니ethnie(혹은 에스닉 공동체)의 존재를 지적하고, 그 역사의 깊이를 강조한다. '에스니'란 근대적 네이션이 성립하기 이전에 존재하는, 근대적 네이션의 원형을 가리키는 것으로 이해된다. 스미스는 이처럼 네이션의 에스닉한 기원을 지적하고, 그것이 근대에서 부활하고 문화적·정치적 내셔널리즘의 형태로 되살아난다고 주장한다. (…) 그는 오늘날의 사회적 관계와 문화적 실천은 세대에서 세대로 전해져 온 전통, 신화, 기억, 상징과 가치에 뿌리내리고 있고, 그것들은 오늘날에도 — 때로는 숨겨져 있지만 — 정치적 전통, 법과 관습, 풍경과 성스러운 장소, 언어와 문학, 건축, 미술, 음악,

춤, 의상, 음식, 오락 등에서 강력한 힘을 발휘하고 있다고 본다. (…) 결론적으로 스미스는 현대 세계의 민족 개념은 영토적·법적·공공 문화적 요소들을 어떤 집단적·문화적 정체성을 성격 짓는 공통의 기억, 유산들과 결합되어 있다고 본다. 즉 민족은 '공통의 신화와 기억, 대중적 공공 문화, 특정한 지역, 경제적 단일성, 모든 구성원의 동등한 권리와 의무를 가진 집단'으로 정의될 수 있다고 주장한다."[66]

이렇게 본다면 **진정한 세계사**는 세계라는 동일한 공간 속에 거주하는 전 인류가 동일한 정신을 이념으로 삼아서 역사적 작업을 실제로 수행하고 있을 때에만 가능하다는 결론이 도출된다. 그런데 이와 같은 이념은 지금까지의 역사에서 존재하지도 않았고, 앞으로도 존재할 수 없을 것이다. 그렇기 때문에 **참된 세계사**라는 말은 애초부터 불가능한 헛된 구호에 불과하다고 할 수 있다. 공통의 정치·경제·사회·문화적 전통에 기반을 두지 않는 한, 구성원 모두가 동일하게 지향할 이념을 갖는다는 것은 불가능하다. 또한 민족 단위를 뛰어 넘는 이념이 현실에서는 사실상 존재하지 않으며, 만일 존재한다고 하더라도 그것은 뜻 그대로 **이념**(Idee, Idea)일 뿐, 그것을 실현하려는 현실의 모습은 각양각색으로 나타난다. 따라서 역사의 범주가 세계로 확대될 수는 없다. 역사는 오직 한 민족의 역사일 수밖에 없으며, 공간적으로도 한정 될 수밖에 없고, 역사가 지향하는 어떤 이념이 있을지라도, 그 이념은 특정한 민족의 범위를

---

66) 박찬승 지음, 『민족·민족주의』, 위의 책, 35-42쪽. (박찬승은 스미스의 글을 "앤서니 스미스(1996), 『국제화시대의 민족과 민족주의』, 강철구 옮김, 명경"에서 인용하고 있다.)

넘어서기가 어렵다.

신채호의 공시적 역사관은 바로 이와 같은 사상에 기반을 두고 있으며, 그의 역사관의 기조(基調)를 이루는 것도 특정 계층이 아니라 민족의 다수를 차지하는 **민중**이다. 그는 역사의 주체는 바로 민중으로서 "「固有的 朝鮮의」「自由的 朝鮮民衆의」「民衆的 經濟의」「民衆的 社會의」「民衆的 文化의」朝鮮을 建設하기 위하여 「異族統治의」「掠奪制度의」「社會的 不平均의」「奴隸的 文化思想의」現象을 打破함"(「朝鮮革命宣言」, 45쪽.)[67]을 역사의 본질로 간주하고, 민족 전체의 정신이야말로 참다운 역사적 정신이라고 말한다. 이에 근거해서 보면, 언제 어느 시대이건 간에 **역사의 정통성**을 주장하고 고집하는 사람들－특히 소위 정치인들－은, 무엇이 진정으로 역사의 정통성이 될 수 있는지에 대해서는 진지하게 고찰하지도 않은 채, 그리고 참다운 역사적 정신을 보편화하려는 의지가 없이 오로지 통시적 역사에만 주목할 뿐이다. 그 결과 역사를 실제로는 보편화시키는 것이 아니라 오히려 **특수한 것**으로 취급해버리는 오류를 범하게 된다. 즉, 역사가이건 정치가이건 간에 역사를 통시적으로만 고찰하여 자신들이 설정한 범주에 속하는 것만 정통성이 있는 것으로 간주함으로써 역사를 특수한 것으로 만들어버린다는 말이다. 이 반면에 역사적 정신의 보편화에만 지나치게 몰두하면, 역사의 정통성을 소홀하게 취급하고 특정한 시대에 형성된 민족의 의식만을 보편적인 것으로 간주하여 역사를 단절시켜버릴 위험이 있다. 그렇기 때문에 역사의 정통성과 보편성에 바탕을 둔 정신만이

---

67) 「朝鮮革命宣言」, 『丹齋申采浩全集』 (下卷), 丹齋申采浩先生 紀念事業會, 형설출판사 1995 (개정 5쇄), 이하에서 「朝鮮革命宣言」으로 약칭함.

오로지 참된 **역사의식**인 것이다.

신채호의 관점에서 보더라도 헤겔은 역사의 공간성, 즉 공시적 역사를 매우 예리하게 고찰하고 있다. 다만 차이가 있다면 그것은 신채호가 역사를 민족 단위로 고찰하는 반면에, 헤겔은 (자신만의 관점에서) 전 인류를 대상으로 한다는 점이다. "자유의식의 진보"를 역사의 이념으로 삼는 헤겔에게서 "순수한 보편성을 갖춘 자유로의 고양(인간은 바로 인간으로서 자유롭다) ─ 즉 정신성의 본질에 관한 자기의식과 자기감정으로의 고양"(VG, S. 156.; 『이성』, 217쪽.)이야말로 극대화된 역사의 보편성을 의미하고 있으며, 이러한 보편성이 기독교 세계라는 공간 속에서 실현되고 있는 것으로 간주된다. 왜냐하면 헤겔은 구체적으로 "기독교 세계의 게르만 시대"(VG, S. 156.; 『이성』, 218쪽.)를 완성된 자유의식의 세계로 고찰하면서, 그 세계의 모든 사람의 의식 속에 자리 잡은 **관념적인 자유**를 증거로 끌어내기 때문이다. 하지만 헤겔이 제아무리 그 세계에 속하는 사람들을 **인류**라고 강변할지라도, 그들은 실제로 전 인류인 것도 아니고, 게르만 시대가 세계사적으로 인류의 역사를 종결하는 시대도 아니며, 기독교 세계만이 전 세계를 공간적으로 대표하는 것도 더더욱 아니다.[68]

"헤겔이 변증법적 고찰에 어디까지 진실인 한, 그는 사회의 '전진', '단계행정'은 무한으로의 과정인 것 같이 보인다는 것을 인정하

---

68) 이하에서 고찰되고 있는 '헤겔의 동적 공간 개념'은 필자의 논문 "문성화,「사이버스페이스와 현실 공간 ─ 공간 개념의 윤리적 전환」,『哲學硏究』, 대한철학회 논문집, 제 80집, 86-87쪽"에서 인용한 것이다.

지 않을 수 없다. 완성의 관념에서 본다면 '영원히 목표에 달하지 못하고 있는' 그러한 '과정'이 문제여야 할 것이다. 그러한 까닭에 변증법적인 사고를 하는 한, 헤겔은 역사와 사회적 완성이 제3의 단계로써 결코 중단될 수 없는 가능성을 인정하지 않을 수 없는 것으로 된다. 여기에서 헤겔은 그의 체계와 그 자신의 사회적 입장과의 요구와 충돌하게 되는 것은 물론이다. 헤겔이 보편적 인간적 자유가 달성된 단계를 단순히 자본주의사회와 동일시할 뿐만 아니라, 또 그 앞으로의 발전단계를 중단하는 것으로 하였다는 것은 위와 같은 동기 탓이다. 발전과정이 거기에서 중단되는 것은 정신이 이 단계에 있어서 그 자신 속으로 회귀하기 때문이며, 따라서 헤겔은 결국에 가서는 그의 변증법적 발전관에 심하게 모순하면서, '그렇기 때문에 또 어떤 종의 순환이 거기에 있으며, 정신이 그 자신을 구하는 것이다.'고 하는 결론에 도달한다."[69]

그러나 주지하다시피 헤겔의 모든 철학은, 역사철학까지도 **이념**(Idee)의 완성을 목표로 하고 있으며, 그것은 현실적인 실행 여부를 떠나서 최소한 이념으로서라도 - 그러므로 헤겔의 정신 속에서라도 - 존재하기만 한다면, 헤겔에게서 세계사는 완성된 것이나 다름없다. 또한 역사를 논할 때 배제할 수 없는 것이 역사적 사실이기에, 헤겔도 이에 주목하면서 프랑스 혁명이 내세우는 혁명의 이념, 즉 자유·평등·사랑을 현실에서 실현된 세계사의 이념으로 간주하였던 것이다. 하지만 혁명 이후에 실제로 펼쳐진 여러 가지 정치

---

69) 만프레드 회퍼, 「헤겔의 역사철학」, 에르하르트 랑게 엮음, 『헤겔과 현대』, 위의 책, 132쪽.

·사회적 사건들을 뒤로 한 채, 헤겔은 오로지 이념에만 주목한 결과 그것을 세계사의 완성으로 보았을 뿐이다.[70] 하지만 프랑스 혁명 이후에 벌어진 여러 사건은 그 혁명의 이념을 무색하게 만들기에 충분했다. 바로 이와 같은 관점이 세계사의 실재적 존재 가능성을 주장하는 사람들이 극복해야 할 필연적 과제이다. 역사의 원리가 비록 정신적 이념으로 존재할지라도, 현실의 역사를 이끌고 가는 것은 그 외에도 많은 요인들이 있다.

역사는 현실을 이끄는 이념만으로 성립하지도 않으며, 현실을 도외시 한 채 흘러가지도 않는다. 물론 모든 역사가가 이 사실을 모르는 것은 아니다. 그런데도 그들은 어찌하여 시종일관 하나의 이념을 바탕으로 하는 세계사를 주장하는가? 특히 헤겔이나 마르크스처럼 역사가 발전하고 진보한다는 분명한 생각을 갖고 있는 사람들은 역사의 발전과 진보를 이끄는 이념이 반드시 존재한다고 주장한다. 그런데 그런 사람들의 생각이 잘못되었음은 이미 증명되었다.

개별적 민족의 역사이건, 아니면 전 인류가 따라 움직이는 세계사이건 간에, 모든 역사에는 반드시 역사의 움직임을 주도하는 집단이 있을 수밖에 없다. 하나의 민족 내에서도 이러한 집단이 모든 구성원의 호응을 얻기 위해서는 모두 하나가 될 수 있는 구체적인

---

70) 그래서 카는 또 헤겔을 다음과 같이 비판한다. "헤겔은 자신의 절대자에게 세계 정신이란 신비한 외투를 입혔는데, 그는 역사과정을 미래로 투사하는 대신 현재에서 끝나게 하는 커다란 오류를 범했다. 그는 과거에 존재한 부단한 진화 과정은 인정하면서도 미래에 존재할 진화 과정은 부당하게도 인정하지 않았다. 헤겔 이후로 역사의 본질을 가장 깊이 생각한 사람들은 과거와 미래의 종합이라는 것에서 역사의 본질을 발견했다." E. H. Carr 저, 『역사란 무엇인가』, 위의 책, 155-156쪽.

이념을 제시해야 하는 것과 마찬가지로, 세계사도 현실적으로 가능하려면 전 인류가 함께 실제적으로 지향할 수 있는 이념이 전제되어야 하는 것은 두 말할 나위가 없다. 그런데 문제는 여기서 발생한다. 세계사에서는 세계사의 이념을 주도하는 특정한 집단이 현실적으로 특정한 민족이나 국가에서 나올 수밖에 없으며, 따라서 그 집단이 속한 국가나 민족이 세계사의 선두에 선다는 것은 자연스러운 일이다. 그렇기 때문에 아무리 좋은 이념이 제시되었다고 할지라도, 그 이념은 전 인류에게 공평무사하게 적용될 수가 없으며, 결국 그러한 세계사는 **민족사로 환원**되고 만다. 여기서 현대 세계사 학자 한 사람의 견해를 들어보자.

"세계사 교육과 연구에 뛰어든 이들이 깨닫게 되는 첫 번째 교훈은 '과감하게 버려야 한다.'는 점이다. (⋯) 과거의 사실들을 발굴해내는 일에 빠져 있는 이 분야에서, 문제는 무엇을 생략할지 결정하는 일이다. (⋯) 세계사 학자들은 방대하면서도 자세하게 서술하려는 열정을 갖고 있기는 하지만, 감당하지 못한 채 공을 놓치게 될 위험이 있음을 부정할 수 없다. (⋯) 그러나 선택의 기준을 마련해 주는 몇 가지 방법이 있다. (⋯) 첫째, 그 어떤 세계사 학자도 세기별로 서술해야만 한다고 생각하지 않는다. 모든 세계가 프로그램들은 일정하게 정의할 수 있는 기본 주제들이 들어 있는 전반적인 시대들을 강조한다. (⋯) 둘째, 어느 세계사 학자도 정의할 수 있는 모든 지역이나 모든 (근대) 국가를 탐구하는 척하지 않는다. (⋯) 세계사 학자라면 누구 할 것 없이 전반적인 지역적 패턴과 상호작용을 다룬다. (⋯) 셋째, 어느 세계사 학자도 상상할 수 있는 모든 역사적 주제를 세계사의 화폭 위에 펼쳐야 한다고 생각하지 않는다. (…) 모든 세계사 프로그램에는 세 가지 기본 방법론이 적당히 결합되어 있다. 한정된 숫자의 이 방법론들을 이해한다면 분명히 목표에 접근할 수 있다.

첫째, 대부분의 프로그램은 **주요 사회와 문명**에 한정된 가운데 진행된다. (…) 둘째, 점점 더, 세계사 연구자들은 **주요 사회들** 사이의 접촉에 대해, 이들 접촉이 어떤 결과를 낳았는지에 대해 깊은 관심을 기울인다. (…) 셋째, 세계사 연구자들은 비단 접촉만이 아니라 여러 다양한 사회, 심지어 직접 접촉이 없는 사회에도 영향을 미치는 **거대한 동력들**을 알아내고 추적하는 것에도 관심을 갖는다. (…) 세계사는 다양한 사회들이 이렇게 공동으로 직면한 영향력에 어떻게 대응했는지를 비교할 수 있다. 따라서 세 번째 방법론은 첫 번째와 연결되어 접촉이 **거대한 동력들**과 어떻게 연루되어 있는지를 탐구할 수 있게 해준다. **거대한 동력들**의 구성에 나타난 변화는, 접촉 패턴에서 나타나는 변화와 함께 세계사 시대를 조직하고 정의하는 데 참조해야 하는 요소 가운데 하나이다.

주요 사회들을 추적하고 비교하는 것, 접촉의 전개와 결과를 보는 것, **거대한 동력들**에 맞서는 대응들과 **거대한 동력들**의 성격 변화까지 추적하는 것, 이것이 감당할 수 있는 조직화 원칙의 목록이다."[71]

다소 길게 인용한 위의 글을 보면 제아무리 스스로 세계사 학자임을 자처하더라도 결국 사료를 선택할 수밖에 없음을 고백하고 있다. 사료를 선별하는 객관적 기준은 그 어디에도 존재하지 않는다. 어떤 학자가 선택한 사료를 다른 학자는 전혀 하찮은 것으로 여

71) 피터 N. 스턴스 지음, 『세계사 공부의 기초』, 위의 책, 34-37쪽. (강조는 필자의 것)

길 수도 있다. 또한 어떤 것이 **주요 사회**이고 **주요한 문명**이란 말인가? 뿐만 아니라 접촉이 없는 사회에도 영향을 미치는 **거대한 동력**이 있다고 말하는데, 이때 거대한 동력이란 도대체 무엇인가? 이와 같이 살펴보면, 결국 역사가가 기준을 정하거나 아니면 역사가가 속한 사회나 집단을 기준으로 삼거나, 둘 중 하나가 기준으로 작용할 수밖에 없을 것이다. 여기서 필자가 말하는 집단은 학자가 속한 이익사회가 될 수도, 학문적 학파일 수도 있을 것이며, 그것도 아니라면 그가 속한 민족이나 국민 또는 국가가 될 수도 있다. 적어도 전 세계와 전 인류가 될 수 없다는 점은 분명하다.

헤겔의 철학적 사유의 방법이자 원리인 **변증법**도 여기서는 예외가 아니다.[72] 헤겔은 사람들이 변증법을 좀 더 쉽게 이해할 수 있게 하기 위해서 현실에서 많은 예를 찾는다. 그가 주로 즐겨 들고 있는 예는, 한 알의 씨앗[73]을 심어서 수많은 열매가 맺히는 과정

---

72) "헤겔의 철학 사상을 전공한 사람이건 그렇지 않은 사람이건 간에, 사람들은 **헤겔**을 떠올리면 동시에 **변증법**을 떠올릴 것이다. 그만큼 헤겔 철학에서 변증법은 결코 빼 놓을 수 없는 핵심 요소라는 말이다. 그러면서 동시에 사람들은 소위 **정-반-합**이라는 3단계를 헤겔 철학의 변증법적 발전 단계라고 말하기도 한다. 물론 내용적으로는 그것이 사실이라고 하더라도, 적어도 정-반-합이라는 용어는 피히테의 것임을 알아야 한다.
그런데 정-반-합이란 도대체 무엇인가? 정과 반이란 서로 대립되고 반정립된 것이긴 하지만, 만일 정과 반이 이와 같기만 하다면 도대체 합은 어떻게 가능하다는 말인가? 헤겔은 이것을 자신의 용어인 지양(Aufhebung)을 통해서 설명한다. 필자가 주목하는 것은 바로 이 용어이다. 그 까닭은 헤겔이 말하는 바, 지양은 첫째, 대립되는 요소들 가운데 없앨 것은 제외하고 둘째, 그런 후에 한 단계 고양시킬 것은 상승시켜서 셋째, 최종적으로 그것을 보존하는 기능을 수행하기 때문이다. 다시 말해서, 필자는 헤겔이 무엇을 없애고 무엇을 높여 가져서, 결국에는 보존하는 것이 무엇인지를 밝히고자 하는 것이다. 헤겔은 바로 이와 같은 원리를 변증법이라고 했다." 문성화, 「헤겔 철학에서 인식 방법론」, 『철학논총』제54집, 새한철학회 2008. 10., 250쪽.

을 설명하는 데에 있다. 씨앗은 아직 땅에 심기 전에는 동시에 열매였던 것인데, 이제 열매로서가 아니라 땅에 심기 위해 씨앗으로만 사용되는 것은 이미 열매를 부정하는 것이며, 이 씨앗에서 맺히는 열매는 또한 이전에는 씨앗이었던 사실을 부정한 결과라는 말이다. 이러한 헤겔의 논리는 맞는 말이지만, 여기에도 빈틈은 있다. 왜냐하면 나중에 전개되는 모든 것은 이전의 것을 부정한 결과이긴 하지만, 나중의 것이 이전의 것보다 반드시 발전된 결과를 가져오는 것은 아니기 때문이다. 심어진 씨앗이 싹을 틔우기는커녕 땅 속에서 그대로 썩어버릴 수도 있다. 또한, 오늘은 어제의 부정이고 내일은 오늘의 부정이지만, 오늘과 내일이 모든 면에서 퇴보 할 수도 있다. 이 세상의 모든 자녀가 부모에 대한 부정의 결과, 즉 부모로부터 태어났지만 본인들이 부모가 아닌 것은 맞지만, 모든 자녀가 부모보다 더 나은 존재가 되리라는 보장은 전혀 없다. 어떤 사람에게 수술을 요하는 병이 생겼을 때 완치되리라는 희망을 갖고 수술을 하더라도, 결과는 더 나빠질 수도 있는 노릇이다. 이상의 결과를 종합해 볼 때, 역사에서 현실과 이념이 반드시 일치하는 것은 아니라는 사실이 분명하다. 그 까닭은, 역사가 이념을 중요시하기는 하지만, 기록되는 것은 현실이기 때문이다. 역사에서 공간성이 중요한 까닭도 여기에 있다. 이념이 특정한 공간을 넘어서 확대될 때, 우리는 이념만으로 참된 세계사가 가능한지를 진지하게 되물어야 한다.[74]

---

73) Hegel, *Enzyklopädie der philosophischen Wissenschaften* I, in G. W. F. Hegel Werke in zwanzig Bänden, Frankfurt / M. 1970-1971, Bd. 8., § 161, Zusatz 참조 할 것.

3. 역사인식과 역사의 요소

1) 역사의 장(場)으로서 자연
- 자연연관성과 지리적 환경

필자가 역사의 요소로서 **자연연관성**을 논하고자 하는데 대해 사람들은 의문을 가질 것이다. 왜냐하면 적어도 개념 규정상 자연은 그 자체로 무역사적이기 때문이며, 역사는 오직 인간만의 것이기 때문이다. 필자도 이 점을 결코 부정할 생각이 없다. 자연이 역사의 요소이기는 하지만, 자연이 역사적이라는 주장을 하려는 것은 아니기 때문이다. 그렇다면 자연 또는 자연연관성이 역사의 요소라는 근거는 무엇인가?

지금까지의 여러 학문에서 자연을 연구의 대상으로 삼고, 넓은 의미에서 자연과학에 속하는 학문들이 자연을 깊이 있게 다루기는 하지만, 자연 그 자체에 (적어도 인간의 역사라는 의미와 같은) 역사적인 의미를 부여한 연구는 없었다. 그것은 자연이 단순히 변화와 반복만을 거듭할 뿐 발전이나 퇴보 또는 순환 등과 같은 역사관이나 법

---

74) 이념이란 어떤 분야에 사용되건 간에, 플라톤의 이데아(Idea)사상에 근원을 두는 것으로써, 현실과 사물의 원형(原型)인 진정한 존재를 의미한다. 그렇기 때문에 역사의 이념은 현실이 나아가야 할 원형이자 목표로서 설정된다. 이러한 목표가 무엇인지는, 인류의 종말이 오지 않는 한, 아니 종말이 온다고 하더라도 밝혀지지 않을 것이다. 하지만 인류가 지금까지 이 목표를 포기한 적은 없다. 숱한 역사적 사건과 인물들이 역사의 목표를 위해서 전개되었고 사유 능력을 확장시켜왔으며, 앞으로도 더욱 풍부해질 것임에 틀림없다. 이념은 아직 완성된 것이 아니라는 의미에서, 현재와 관계하는 것이 아니라 미래와 연결된다고 할 수 있다. 미래는 현실의 세계가 아니라 가상의 세계이다. 인류가 미래를 위해서 현재 준비하고 있는 모든 것은 아직 완성되지는 않았지만, 이미 실현되고 있는 것일 수가 있다.

칙을 적용할 수 없었기 때문이다. 어떤 사람들은 자연에는 특히 동물들이 **진화**하지 않느냐고 반문할지도 모른다. 하지만 진화는 인간의 입장에서 본 관찰과 연구의 결과이지, 자연의 측면에서는 환경변화에 대한 적응의 결과로 스스로 변화한 것이지 그 자체적으로는 진화라고 할 수가 없다. 마찬가지로 자연의 법칙이라고 하는 것들도 인간이 편리하게 법칙이라고 규정해놓은 것일 뿐, 자연 자체에는 법칙이 내재해 있는 게 아니다. 바로 이러한 까닭으로 자연은 무역사적이라고 하는 것이며, 따라서 자연을 역사의 요소로 간주하지 않고 있는 것이다.

우리 인간이 '과거에 일어난 사건' 또는 '그 사건에 대한 기록'을 역사라고 정의할 때, 이때 사건은 인간과는 무관한 자연의 자체적인 변화 또는 천재지변을 말하는 게 아니라 인간이 일으킨 사건들을 일컫는다. 그런데 이러한 사건들을 기록하여 역사라고 하면서도 자연에 의해서 영향을 받은 점에 대해서는 중요한 의미를 그다지 부여하지 않는다. 이처럼 역사와 관련해서 볼 때 과연 자연이 무의미하고 전혀 중요하지 않은 것일까? 이 말에 동의하는 사람일지라도 자연이 인간의 역사에 영향을 끼치는 게 전혀 없다고 말하지는 못할 것이다.

원시시대 인간은 자연의 위력 앞에 무력한 모습으로 순응하며 살았다. 먹을 것을 찾아 떠돌아다니며 자연이 제공해주는 쉼터에 주거지를 마련하고 더위와 추위를 견뎌냈다. 그러다 우연히 발견한 불(火)과 농경을 알게 되면서 정착을 하게 되지만, 자연에 대한 의존은 유목 생활을 하던 때와 다르지 않았다. 이때의 인간은 전적으로 자연에 의존해서 살았으며, 그들만의 역사를 개척하거나 간직하지도 못하면서 그저 자연의 일부분으로 생존만을 영위할 뿐이었다. 더구나 아직 문자가 발명되기 이전 시대라서, 그 시대를 후세 사람들은 선사(先史)시대, 즉 역사 이전의 시대라고 부른다. 선사시대는 문자에 의한 기록이 남아 있지 않기 때문에 고고학에 의존하여 연구가 진행되는데, 연구의 성과들은 주로 인간이 어떻게 자연에 의존하여 정착하고 집단을 이루어 살기 시작했는가 하는 것들을 밝혀내는 게 대부분이다.[75]

선사시대에 이어서 역사시대로 들어오면서 인간의 여러 활동이 문자로 기록되어 오늘날까지 전해지고 있기는 하지만, 여전히 인간은 자연 앞에 무력하기 짝이 없었으며, 위대한 고대문명이라고 불리는 중국·인도·메소포타미아·이집트 문명도 황하·인더스·갠지스·유프라테스·티그리스·나일 강 등의 강 유역에서 발생하였다. 이어서 인간의 문명이 조금씩 발전함에 따라 거주 지역은 확대되어 갔지만, 인간은 여전히 자연으로부터 벗어날 수는 없었다. 거주 지역이 달라지고 오랜 정착생활을 거치면서 각 지역의 자연적 특성에 따라서 거주민들의 기질이나 품성도 조금씩 달라지기 시작했으며, 거주 지역의 위치와 기후도 인간의 삶에 지대한 영향을 미치게 되었다. 예를 들면, 일 년 내내 뜨거운 여름이 계속되는 지역과 추운 겨울만 있는 지역에 사는 사람들의 기질이나 특성이 같을 수는 없

---

75) "세계사를 어디서부터 시작할 것인가? 과거에 역사서술을 시작할 때는 통상적으로 기록의 출현을 강조했다. 선사시대(역사의 영역이라기보다는 고고학의 주제였다.) 와 문자 기록물에 기초를 둔 진짜 역사시대를 구분했다. 이런 구분은 점차 사라지고 있다. 대부분의 세계사 프로그램은 인류의 기원과 이주, 수렵채집 경제의 성격에 관해 어느 정도 논의하면서 시작한다. 이는 농업의 출현과 함께 인류의 경험이 처음으로 체계적으로 달라지게 되는 배경이기 때문이다." 피터 N. 스턴스 지음, 『세계사 공부의 기초』, 위의 책, 141쪽.

다. 4계절이 뚜렷하게 나타나는 지역이라고 하더라도 산이 많은 지역과 넓은 평원이 펼쳐진 지역, 그리고 바다로 둘러싸인 섬나라 거주민의 기질과 특성도 서로 많이 다르다.[76] 이는 모두 거주 지역의 지리 또는 자연적 환경이 지대한 영향을 끼치기 때문에 그러하다.

인간은 그러한 자연적 환경에 순응하며 살기도 하고 극복하며 살기도 한다. 특히 자연적 환경이 가지고 있는 난관을 극복하기 위해 사람들은 다른 지역으로 눈을 돌리는데, 그 과정에서 다른 지역의 사람들과 전쟁을 벌이기도 한다. 말하자면, 영토 확장 또는 이동인 셈인데, 이것도 교통과 통신이 발달하기 이전 시대에는 일본이나 영국처럼 바다로 둘러싸인 지역은 상대적으로 영토 확장에 따른 침략을 덜 받은 반면, 유럽의 평원지대처럼 국경을 구별하기가 쉽지 않는 지역에서는 수많은 침략전쟁이 일어났던 것이다. 인류역사에서 전쟁만큼 커다란 영향을 준 사건은 없다. 세계대전이라고 부를 정도로 전 세계적으로 일어난 전쟁도 있었고, 좁은 지역 안에서 같은 민족들 간에 행해진 전쟁도 있었다. 이러한 전쟁들 대부분은 인간의 생존을 위해 필요한 자원 확보를 위해 치러진 침략전쟁 또는 약탈전쟁이었으며, 현대에도 석유를 비롯한 자연 자원 확보가 전쟁의 궁극적인 원인인 경우가 많다.

그래서 세계사 학자들은 세계를 지역으로 구분하거나 여러 개의 문명권을 나누기도 한다. 그렇지만 그러한 구분이 마치 현대의 국경선처럼 분명한 경계를 가지고 있는 것도 아니다. 또한 그렇게 구분한다고 해서 그것이 절대 불변의 기준이 될 수 없음은 물론이고

---

76) 역사와 기후의 관계에 대해서는 "브라이언 페인건 지음, 윤성옥 옮김, 『기후는 역사를 어떻게 만들었는가』, 서울 (중심) 2002"를 참고하기 바람.

때로는 하나의 견해에 불과한 것으로 치부될 수도 있다. 그렇기 때문에 어떤 학자는 세계사를 정리하기 위해 지역을 구분하면서도 그것이 절대적인 것은 아님을 다음과 같이 말하기도 한다.

"여러 지역은 저마다 중심 사회를 갖고 있는데, 중심 사회가 실제로 꽤 가운데에 자리한 경우도 많다. 또한 지리적으로 이웃해 있는 다른 영토들은 (우호적이든 적대적이든) 잦은 상호작용 때문에 서로 공유하는 역사적 공간을 만들기도 한다. (⋯) 기후나 지형의 측면에서 볼 때 지역에는 내부적으로 다양한 지리대가 있을 수 있다. 인도아대륙이 딱 그런 사례이다. 또한 중국의 남부와 북부, 그리고 유럽의 남부와 북부 역시 마찬가지이다. 상호작용과 공유하는 경험을 통해 이런 특징들을 적어도 부분적으로 아우를 수 있다. 어떤 지역은 좀 더 간접적으로 규정되고, 그렇다 보니 선명하게 잘 부각되기 힘들다. 동남아시아의 다양한 지방들은 가까이 모여 있고, 대부분은 주기적으로 상호작용을 해왔다. (⋯) 모든 시대에 다 해당되는 규정이라는 것은 역사적으로나 지리적으로나 이치에 맞지 않다. (⋯) 일반화의 오류를 방지하기 위해서는 내부의 지역적 차이들을 인식하는 것도 중요하다. 특히 사하라 이남 아프리카의 경우가 그러하다. 여기에 딱 맞는 공식은 없다."[77]

역사를 기술하는 과정에서 역사의 요소를 구체적으로 범주화하여 고찰하는 일은 흔하지 않다. 더구나 역사가의 자의(恣意)로 인하여 역사 기술(記述)의 대상이 특정한 방향으로 치우치기도 한다. 이

---

77) 피터 N. 스턴스 지음, 『세계사 공부의 기초』, 위의 책, 170-171쪽.

것을 방지하기 위하여 사람들은 역사의 요소보다는 역사라는 개념의 의미에 더욱 집착한다. 헤겔도 역시 예외가 아니다.

> "독일어의 역사(Geschichte)라는 말은 객관적인 면과 주관적인 면이 합일화 된데서 일어난 '사건 그 자체'(res gestas)인 것과, 마찬가지로 또한 일어난 '사건의 기술'(historiam rerum gestarum)이라는 측면, 즉 본래 일어난 것, 행위·사건과는 구별되는 역사의 기술(記述)을 의미한다. 이 두 가지 의미의 합일을 우리는 외적인 우연성에만 그치지 않는 그 이상의 뜻을 지닌 것으로 보아야만 하겠다." (VG, S. 164.; 『이성』, 225쪽.)

위에서 보는 것처럼 헤겔은 객관적 역사 인식을 넘어서 역사의 필연성, 즉 역사의 절대적 원리에 주목하고 있다. 이것은 '이성의 간계(奸計)'(List der Vernunft)라는 원리에 의해서 '정신적 자유'의 역사가 현실 속에서 실현된다고 하는 법칙이다. 따라서 헤겔은 이 법칙에 해당하는 국가·종교·헌법·세계사적 영웅 등을 역사의 요소로 삼고 있다. 여기서 우리가 간과해서는 안 될 사항은, 정신의 발전·진보원리와 아무런 연관이 없는 것으로 존재하는 자연은 헤겔의 역사철학에서 처음부터 역사의 무대에 등장하지 않는다는 점이다.[78]

---

[78] 리챠드 쉐플러도 발전 개념이 자연에 전제 되는 한에서만, 자연을 역사의 요소로서 수용할 수 있다고 말한다. 그에 따르면 그렇게 되어야만 자연의 역사화와 역사의 자연화가 가능하기 때문이라고 한다. 그러나 '인간도 자연의 일부분'이라는 생각에 동의를 한다면, 이때는 자연으로서의 인간을 어떻게 규정할 것인가 하는 의문이 들지 않을 수 없다. 적어도 인간이 자연성을 극복할 수 있기 때문에 인간으로

헤겔의 『엔치클로페디』(*Enzyklopädie der Philosophischen Wissen-schaften*)에서 '자연철학'은 논리학과 정신철학 사이에 위치한다. 헤겔에게서 "자연의 전개는 또한 정신의 자기 형성 과정으로도 이해된다. 헤겔 자신의 철학적인 발전 과정에서 나름대로 변화되어 온 논리학과 자연철학 그리고 정신철학의 관계에 대한 이해가 자연철학의 총체적인 파악에서 요청되는 것은 바로 이 때문이다."[79] 그럼에도 불구하고 헤겔이 자연을 역사에서 배제하는 까닭을 우리로서는 이해하기가 무척 어렵다. 헤겔의 말처럼, 자연이 정신의 자기 형성 과정이라면 그리고 정신의 개념이 자연 속에 은폐된 형태로 존재한다면, 비록 자연이 단순히 필연성에 의해서 움직이고 반복과 순환의 과정만을 되풀이한다고 하더라도, 역사의 전개 과정에서 배제되어서는 안 될 것이다.

헤겔에 반해서, 신채호는 역사의 3대 요소를 "時·地·人"(「朝鮮上古史」總論, 36쪽.)이라고 분명히 말하고 있다. 시간적 계통과 공간적 전개는 역사적 이념의 보편성을 확보하기 위해 필수적인 요소이

서 존재할 수 있다는 데에 동의한다면, 처음부터 자연을 배제할 수는 없을 것이다. Richard Schaeffler, *Einführung in die Geschichtsphilosophie*, 위의 책(김진 옮김, 『역사철학』), 참조.

79) 임홍빈, 「헤겔의 자연철학: 그 이념과 서술 원칙에 대한 일반적 고찰」, 『인간과 자연』, 계명대학교 철학 연구소 편, 서울 (서광사) 1995, 145-166쪽.; "헤겔의 중심적 이념에 속하는 것 가운데에는, 모든 사건의 전체성과 발전이라는 상호간에 서로 결합되어 있는 철학적 인식이 있다. 전 세계는 하나의 통일적 전체를 나타낸다고 하는 위대한 사상을 포괄적으로 그는 전개하려고 하였다. 이 확신은 특히 자연의 영역에 있어서 그의 『자연철학』도 갖고 있다. 자연을 변증법적인 통일체로서 이해하고, 각각의 영역간의 필연적 연관과 하나의 단계로부터 다른 단계로 전진하려는 이해를 통하여 만들어지는 하나의 조직적 전체로서 파악하려는 것이다." 헬무트 코르히, 「헤겔의 자연철학」, 에르하르트 랑게 엮음, 『헤겔과 현대』, 위의 책, 200쪽.

며, 그 주체는 모든 사람이어야 한다는 것이다. 그리고 신채호가 민족정신을 역사의 이념으로 삼고 있음은 주지의 사실이다. 그는 時·地·人을 역사의 요소로 삼아야 하는 역사가의 임무를 다음과 같이 규정하고 있다.

> "歷史의 筆을 執한 者ㅡ必也 其 國의 主人되는 一種族을 先 發現하여, 此로 主題를 作한 後에, 其 政治는 若何히 張弛하였으며, 其 實業은 若何히 漲落하였으며, 其 武功은 若何히 進退하였으며, 其 習俗은 若何히 變移하였으며, 其 外來各族을 若何히 吸入하였으며, 其 他方異國을 若何히 交涉함을 敍述하여야, 於是乎 歷史라 云할지니, 萬一 不然하면, 是는 無精神의 歷史라. 無精神의 歷史는 無精神의 民族을 産하며, 無精神의 國家를 造하리니, 어찌 可懼치 아니하리요."
> (「讀史新論」, 472쪽.)[80]

과거로부터 현재를 거쳐서 미래로 향하는 시간의 흐름은 역사의 주인인 인간ㅡ더욱 정확하게는 민족ㅡ과 더불어 당연히 역사의 한 축을 이루는 것이지만, 공통의 역사적 정신을 바탕으로 시대의 흐름을 함께 한 민족이 삶의 터전으로 살아온 곳도 역사의 요소에서 배제되어서는 안 된다. 이러한 터전이 신채호에 따르면 **지(地)**이며, 이는 바꾸어 말해서 바로 한 민족의 터전인바 **자연**인 것이다. 요컨대 한 민족의 삶은 시간적으로 면면히 이어져 내려오는 가운데 전 세대에서 후 세대로 전승되며, 이와 같은 전승은 공간적으로도 그

---

80) 「讀史新論」, 『丹齋申采浩全集』(上卷), 丹齋申采浩先生 紀念事業會, 형설출판사 1995 (개정 5쇄), 이하에서 「讀史新論」으로 약칭함.

민족의 삶의 터전을 벗어나기가 힘든 까닭에, 어떤 민족의 삶의 터전도 역사의 요소일 수밖에 없으며, 따라서 자연도 인간 – 민족 – 의 정신을 형성하는데 필수적인 요소라고 할 수 있다. 외적인 모든 조건은 내적인 원리와 직접적인 관련을 갖지는 않더라도, 전혀 영향을 미치지 않는다고 할 수는 없다. 우리는 역사를 서술함에 있어서 이 모든 것에 관심을 기울여야 한다. 역사의 과정은 분명히 **변화하는 것**이며, 그렇다고 하더라도 이 변화가 반드시 발전·진보만을 의미하지는 않는다. 필자는 **변화**[81]에 주목하되 발전이나 진보 또는 퇴보에 집착하지 않는다. 오히려 역사는 언제나 **유동적**이라는 점이 중요하며, 여기에는 여러 가지 요소가 복합적으로 작용한다.

일반적으로 사람들은 자연을 바라 볼 때, 자연에는 어떤 경우에도 발전이란 없으며 자연의 운동 과정은 단순히 순환과 반복만을 되풀이 할 뿐이라고 생각한다. 하지만 자연이란 동양적 개념인 **스스로 그러함**(自然)의 뜻으로 보나, 서양적 개념인 **태어나다, 생기다**(natura/physis)의 의미로 보나, 그 속에서 인간을 제외할 수가 없다. 인간을 제외할 수가 없다면, 인간에 의한 모든 정신적·물질적 산물까지도 포함해야함은 당연지사일 것이다. 일찍이 서양철학이 출발할 때, 고대인들은 자연에 내재하는 생명력을 만물의 근원(Arché)으로 보고 물·불·공기 등을 주장하였다. 동양에서도 도가철학(道

---

81) 현대의 역사철학자 리챠드 쉐플러는 '역사' 개념의 유명적 정의(Nominaldefinition)를 '변화'에 결부시켜 다음과 같이 제안한다. "변화(Veränderungen)가 일어나는 것은 역사에 속한다. 그러나 고립된 개별 사건들이 역사를 만드는 것이 아니라, 서술되고 있는 개별 사건들의 연계(Nacheinander)가 역사를 만든다. (…) 2) 연속성을 가진 변화가 인간이 살고 있는 조건들에 관련된 것은 역사에 속한다. (…) 3) 기억과 망각이 실재적 결과를 가지는 것은 역사에 속한다." Richard Schaeffler, *Einführung in die Geschichtsphilosophie*, 위의 책(김진 옮김, 『역사철학』), 22-23쪽.

家哲學)에서는 인위적으로 무엇을 행하지 않는 상태를 자연이라고 하였는데, 이때의 자연은 있는 그대로 놓아두기만 하면 저절로 모든 것이 이루어진다는 말이다. 그렇다면 이러한 자연에는, 비록 우리 인간이 알 수는 없을지라도, 내재적인 고유한 무엇인가가 작용하고 있다는 말이다. 우리 인간은 그 누구를 막론하고, 바로 이와 같은 자연 속에서 태어나서 생명을 유지하고, 자신의 유형·무형의 창조물까지도 자연에 내어 놓으며, 결국에는 죽음에 이르지 않을 수가 없다. 자연을 떠나서 존재할 수 있는 것은 아무 것도 없다.

과연 여기서 역사는 예외가 될 수 있을 것인가? 인간의 삶이 자연으로부터 지대한 영향을 받는 가운데 형성되는 것이 분명하고, 그러한 삶의 과정이 역사로서 기록된다면, 역사와 자연은 어떤 식으로든지 관련을 맺고 있다는 말이 된다. 또한 우리가 자연에 내재한 생명력을 분명히 인식하고 있는 한, 자연이 단순히 순환·반복할 뿐이라고 해서 — 물론 자연이 단순히 순환과 반복만을 되풀이하는 것도 아니지만 — 역사의 무대에서 자연을 제외해 버린다면 심각한 오류에 빠질 수 있다. 왜냐하면 인간도 여타의 생물과 마찬가지로 생명체의 일부로서 삶의 조건은 자연 환경에 제약되고 있으며, 이에 따라 형성되는 정신도 역시 자연으로부터 영향을 받기 때문이다.[82] 사람들의 생활 패턴은 자연이 주는 조건에 따라 지역적으로 매우 유사한 모습을 보이는 곳도 있는 반면에, 전혀 다른 패턴을 보여주는 곳도 있다. 이것은 도덕적으로 선과 악의 기준에 따라 판별할 성질의 것이 아니지만, 기후나 풍토에 따라 형성되는 국민성

---

82) "브라이언 페인건 지음, 『기후는 역사를 어떻게 만들었는가』, 위의 책"은 이에 대한 매우 좋은 예가 될 것이다.

이나 습관 등이 역사적 사건에 대처하는 독자적인 방식을 전개하게 해주기도 하며, 따라서 자연환경이 역사의식으로 연결되는 일은 당연한 것으로 간주되어야 한다. 그래서 요즘에는 다음과 같은 연구도 있다.

"세계사 연구자들은 좀 더 지역적으로 정교한 문화적 패턴에 주목한다. 이는 '지리 결정론'의 틀과는 대조를 이룬다. 그럼에도 지리가 고유의 지역적 패턴에 영향을 주는 것은 어쩔 수 없는 일이다. 따라서 분명 그런 접근 방법은 확장될 수 있다.

인도는 산맥을 넘는 육로나 여러 지점을 통해 건너갈 수 있는 바닷길을 통해 접근이 가능했고, 중국에 비해 역사적으로 좀 더 접촉에 개방되어 있었다. 하지만 중국 역시 완전히 폐쇄되어 있지 않았다는 점도 중요하다. 하나의 사회로서 중국은 높은 생산성으로 이득을 보았다. 어느 정도는 중앙아시아에서 정기적으로 불어오는 바람으로 쌓인 비옥한 표토 덕분이었다. 그래서 중국은 서쪽 이웃들에 비해 **자연환경**이나 경제적으로 유리했고, 지금도 마찬가지다. 러시아 역사에서 **기후**의 역할은 뚜렷하다. 최근까지도 특히 많은 비율의 인구가 토지를 경작해야 했고, 얼지 않는 항구를 얻기 위해 군사·외교적으로 온갖 노력을 기울여야 했다.

다양한 **지리적 요소**를 통해 **지역 고유의 경험**을 규정할 수 있다는 점은 의심할 나위가 없다. 그러나 지난 200년 동안 기술과 통신이 발전함으로써 그런 차이가 점차 완화되어 왔다고, 또는 잠정적으로 완화될 것이라고 주장할 수는 있다."[83]

---

83) 피터 N. 스턴스 지음, 『세계사 공부의 기초』, 위의 책, 163-164쪽. (강조는 필자의 것)

그러나 역사가 발전·진보한다고 규정하는 사람들에게 있어서 자연은 인간의 정신생활과는 극단적으로 대립하는 것으로 간주된다. 이런 사람들에게는 역사가 퇴보한다거나 정체한다는 것은 상상조차하기가 불가능한 일일 것이다. 이들은 자연을 역사에서 단순히 배제하는 것으로 역사관의 정립이 끝났다고 생각하지 않는다. 데카르트에 의해서 서양의 근대 기계론적 자연관이 확립된 이후로, 이들은 전체 자연을 인간에 의해서 만들어진 거대한 기계와 같은 것으로 간주하였으며, 따라서 그러한 기계는 창조자인 인간에 의해서 조작될 때에만 생명력을 얻는다고 생각하였다. 이와 같은 사유의 결과로 오늘날 이루 말로 다하기 어려운, 엄청난 자연파괴라는 결과를 가져왔는데, 문제는 이러한 관점을 인간에게도 그대로 적용하고 있다는 사실이다.[84] 대표적인 발전사관을 지닌

---

84) 그렇기 때문에 우리는 다음과 같은 비판을 귀담아 듣고 뼈저리게 반성하여 잘못을 바로잡아야 한다. "이번 세기말(20세기말) 진보의 탑 하단을 좀먹는 또 다른 세력은 전 지구적으로 벌어지는 환경 파괴다. 과학이 낳은 서구 산업 모델은 잔인할 정도로 자연 자원을 착취하며 오염시킴으로써 지구의 생명들을 갑작스런 죽음을 맞이할지도 모르는 상황으로 내몰며 위협을 가하고 있다. 그리고 지구가 더 이상 돌이킬 수 없는 피해를 입지 못하도록 지구를 움직이는 기존의 방식을 충분히 수정한다고 해도 서구 산업 모형의 '미덕'은 인류 전체에게 확장시킬 만한 미덕이 되지 못할 것 같다.
심지어 가장 위대한 과학적 성취마저도 황폐화된 환경이라는 대척점에 맞닥뜨린 것으로 보인다. 먹을거리 생산이 상당히 증가했지만 그 결과 광대한 면적의 토양을 못 쓰게 만들고 그곳의 자연적 서식 환경을 모두 파괴하는 결과를 낳았으며, 전기를 활용해 빠른 속도의 이동이 가능해졌지만 궁극적으로는 대기 중에 가스를 배출함으로써 지구 온난화 현상을 심각한 수준에 이르도록 만들었다. (…) 그러나 **진보라는 신화**는 여전히 의문으로 남는다. 우리는 앞으로만 그리고 위로만 전진한다고 더 이상 믿지 않는다. 그리고 역사적 불가피성이라는 개념도 폐기해야만 한다. 모든 것은 우리가 하기 나름이다. 새롭고 더 평등하며 보살피는 사회는 보기 흉한 낡은 물통의 수문에서 흘러나오

헤겔의 다음과 같은 말을 들어보면, 사람들은 놀라움을 금치 못할 뿐만 아니라, '그들이 진정 역사가 왜 발전하기를 바라는가?' - 실제로 역사가 발전하는지 아닌지는 차치하고 - 라는 의심도 하게 될 것이다.

> "인간은 바로 이 인간으로 태어나는 순간부터 자연과 대립관계에 놓이는 가운데 비로소 인간이 된다. 그러나 또한 인간이 한낱 자연과 구별되는 데 지나지 않는 한, 그는 이 첫 번째 단계에서 이미 열정에만 치우친 미개한 인간에 불과할 것이다. (…) 흑인이란 있는 그대로의 야만적인, 그리고 스스로를 억제할 줄 모르는 자연적 인간의 표본이나 다름이 없으니, 그를 올바르게 파악하기 위해서는 우리가 간직하고 있는 일체의 유럽적인 관념을 뿌리쳐버려려야만 한다. 다시 말해서 우리는 어떤 정신적인 신이나 도덕률을 염두에 두어서도 안 된다. (…) 이 최초의 자연적인 상태는 곧 동물적 상태이다." (VG, S. 218.; 『이성』, 290쪽.)[85]

는 것이 아니다. 반대로 사람들이 그러한 사회를 다듬어 가야 한다. 그리고 만일 사람들의 선택이 잘못되었다면 우리가 기술적으로 **한 걸음 진보할 때마다 반드시 두 걸음 후퇴하는 결과**를 가져올 것이다." 크리스 브래지어 지음, 『세계사, 누구를 위한 기록인가?』, 위의 책, 236-238쪽. (괄호 안 삽입과 강조는 필자의 것)

85) 이와 같은 헤겔의 사상은 어느 날 한순간 갑자기 생겨난 게 아니다. 오히려 필자가 여기서 헤겔을 대표적으로 언급하고 있다고 보는 것이 옳다. 헤겔이 말하고 있는 '흑인'이라면 누구나 아프리카를 자연스럽게 떠올리게 될 것이다. 그러한 아프리카가 현대에는 지구상에서 가장 가난한 지역이고 보건의료 혜택조차 제대로 받지 못하고 있다는 사실은 잘 알려져 있다. 그래서 서구의 양심적인 지식들은 "아프리카가 기아에 빠진 이유"를 원인부터 철저하게 연구하여 서구의 책임임을 밝히고 있다. "유럽인들은 자신들이 단순히 원료의 조달을 위해 열대 지역에 의존한다고 보았다. 가령 모잠비크나 앙골라의 농민들이 지역민들을 위한 먹을거리 재배를 그만두고 포르투갈의 섬유산업에 원료가 되는 목화를 재배해야만 하는 이유

여기서 헤겔이 말하는 자연적 상태와 동물적 상태는, 누가 보아도 알 수 있듯이, 인종차별의 정도를 훨씬 넘어서고 있다. 헤겔은 인간이 탄생 순간부터 자연과 대립적인 관계를 가져야 하며, 그 상태를 벗어나지 못하거나 자발적으로라도 자연 상태의 삶을 즐긴다면, 그 삶은 **미개**에 해당한다고 말하는 것이다. 여기서 '미개'라는 말 자체가 이미 자신들의 기준으로 모든 것을 평가하려는 의도를 담고 있다는 사실을 우리는 잘 알 수가 있다.[86] 하지만 자연을 역사

였다. (…) 이것은 포르투갈에만 독특하게 나타나는 현상이 아니었다. 원주민을 문명화하고 교육시킨다며 유럽인들은 수많은 수사를 동원했지만, 모든 유럽 열강은 식민지에 대해 같은 태도로 임했다. 아프리카의 부를 유럽으로 옮겨 오면 그만이었다. 비옥하고 매장 광물이 풍요로웠던 지역은 모두 수탈했다. (…) 이러한 현상은 먹을거리를 생산하는 일에도 적용되었다. 오늘날 아프리카에 몰아친 기근과 광범위한 영양실조는, 먹을거리를 재배하는 농민을 데려다 강제적으로 유럽인들이 사용할 환금작물을 재배하도록 했던 식민지 정책에 그 기원을 두고 있다." 크리스 브래지어 지음, 『세계사, 누구를 위한 기록인가?』, 위의 책, 212쪽.

86) 문화 인류학자인 루스 베네딕트의 말처럼, "사람을 죽인다는 사실에 있어서는 식인 습관이나 전쟁을 통한 살해 행위가 다르지 않다."는 말에 동의하는 사람이라면, 인간의 어떤 행위를 미개한 행위로 볼 것인가는 전적으로 그것을 평가하고 판단하는 사람의 주관에 달려 있다고 하는 데에 동의할 것이다. 루스 베네딕트 지음, 김열규 옮김, 『문화의 패턴』, 서울 (까치) 1991.; 국립국어원의 『표준국어대사전』에 '문명'을 검색하면 「참고 어휘」로 '문화(文化)'와 '미개(未開)'가 함께 나온다. 그리고 「명사」로서 '문명'은 "인류가 이룩한 물질적, 기술적, 사회 구조적인 발전. 자연 그대로의 원시적 생활에 상대하여 발전되고 세련된 삶의 양태를 뜻한다. 흔 히 문화를 정신적·지적인 발전으로, 문명을 물질적·기술적인 발전으로 구별하기도 하나 그리 엄밀히 구별할 수 있는 것은 아니다."라고 정의하고 있다. 즉, 여기서 '문화'는 '문명'과 비슷한 뜻으로, '미개'는 반의어(反意語)로 규정하고 있다는 말이다. 필자는 이러한 단어의 뜻에는 동의할 수 있어도, 어떤 것이 더 좋은 것인지 또는 어떤 상태가 더 옳은 것인지에 대해서는 선뜻 동의하기 어렵다. 왜냐하면 인간의 역사는 아직 끝나지 않았고, 물질적 측면의 발전이 인간의 삶을 더 편리하고 윤택하게 만든 것은 사실이지만, 끝나지 않은 역사의 측면에서 봤을 때 문명은 인간은 물론이고 지구 전체를 종말로 이끌고 있다고 경고하는 목소리가 도처에서 울려 퍼지고, 또 실제로 그런 징후들이 계속 나타나고 있기 때문이다. 그

의 과정에 포함하는 것도 배제하는 것도, 모두 역사의 과정으로 간주하여야 한다. 설령 자연이 무역사적이라서, 사람들이 자연을 역사과정에서 배제한다고 하더라도, 그것은 인간이 자연의 한계를 넘어서려는 의지를 발휘하기 때문에 가능한 것이다. 그렇다면 자연은 역사과정의 도약대가 될지언정, 역사에서 불필요한 것으로 취급되어서는 결코 안 될 일이다. 또한 자연 상태의 삶을 영위하는 사람들도 마찬가지이다. 집단을 형성하고 있는 사람들의 삶은 어떤 식으로든지 다음 세대에 전해질 수밖에 없다. 비록 그러한 사람들이 문자를 가지고 있지 못하고, 그래서 자신들의 삶의 과정을 기록하지 못한다고 할지라도, 문자로 기록된 역사가 특정한 민족의 우월성을 입증해준다고 보기도 힘들다.

우리는 어떤 특정한 지역에 사는 사람들은 품성이 온순하고, 어떤 다른 지역에 삶의 터전을 두고 있는 사람들은 포악하다는 편견이나 선입견을 가져서는 안 된다. 그렇지만 현대와는 달리 교통과 통신이 발달하지 못한 예전에는 산과 골이 깊어서 맹수가 많고, 게다가 황무지가 많아서 곡물을 재배하기가 어려운 지역에 사는 사람들이라면 생존에 대한 욕구와 본능이 상대적으로 무척 강할 것

렇다면 '미개'가 나쁜 게 아니고 옳지 않은 것도 아니라는 사실만은 분명해진다.: 한편 헌팅턴(Samuel Phillips Huntington, 1927-2008)의 『문명의 충돌』(The Clash of Civilizations)에 반대하는 견해를 보인 하랄트 뮐러(Harald Müller)는 "문명을 완벽하게 서술하고자 한다면, 다음의 국면들을 포함시켜야 할 것이다. 기술의 발전 단계, 경제 방식, 통치 체계, 사회 구조, 법 체계, 가치 체계. 디터 젱하스는 사회가 어느 방향으로 나아가야 할 것인지 규범적 차원에서 방향을 가리켜주는 '문명의 육각형' 개념을 사용하였다. 문명의 육각형이란 국가의 권력 독점, 법치국가주의, 민주적 참여, 권력으로부터 자유로운 갈등 문화, 사회 정의와 격정 통제를 포함한다. 교육과 사회화 역시 포기할 수 없는 문명의 구성 요소로 인식된다."고 말한다. 하랄트 뮐러 지음, 이영희 옮김, 『문명의 공존』, 서울 (푸른숲) 2001, 48-49쪽.

이고, 따라서 품성이 매우 강인할 수 있을 것이다. 또한, 바닷가에서 풍랑과 파도와 싸우며 생존해 가던 사람들도 상대적으로 생명력이 강인할 수 있다. 반면에 곡물이 잘 자라는 기후와 지역에 살면서 자연재해마저 빈번하지 않은 곳에 산다면, 사람들의 마음은 평화로울 것이며, 어쩌면 품성은 상대적으로 나약해질 수도 있을 것이다. 그래서 예를 들어, 생존을 위해 침략이 시작되면 곧 전쟁이 벌어질 수밖에 없을 것이며, 전쟁을 일으키게 한 근본적이지만 간접적 원인이라고 할 수 있는 자연적 환경이나 지리적 영향 등은 역사에는 전혀 기록되지 않을 수도 있다. 바로 이와 같은 점을 신채호는 중요하게 여기고 살폈지만, 다른 역사가나 역사학자들은 단지 자연이 **무역사적**이라는 것 때문에 역사의 요소로 인정하지 않는 경향을 보인다.

비록 자연 자체는 무역사적이지만, 그래서 사람들은 자연을 생명체로 인정하지 않는 경향이 있고, 자연의 경제적 가치 또한 사람들에 의해서 인정되지 않을 때는 전혀 가치 없는 것으로 간주하고 있지만, 인간을 포함해서 '생명 있는 모든 것은 결국 죽는다.'는 지극히 평범한 자연의 이치가 자연을 역사의 무대로 끌어들인다. 국가나 민족이 위치한 지리적 환경이 **민족성**이나 국민성을 형성하는 데 지대한 영향을 끼치고, 그것을 극복하는 과정에서 인간만의 역사가 발생한다고는 하지만, 직접적이든 간접적이든 자연을 역사의 요소로서 인정하는 순간부터 역사는 결코 진보하거나 발전한다고 단정적으로 규정할 수는 없다. 인간은 무엇을 근거로 역사가 발전 또는 진보한다고 할 수 있는가? 인간의 평균수명이 늘어나는 것이 곧 발전인가? 물론 그럴 수도 있다. 그러한 것이 개인에게는 발전으로 보일 수도 있지만, 유적(類的) 존재로서 인간만이 아니라 생물계 전체로 봤을 때는 인류가 멸망의 길로 들어선지 이미 오래되었을지도 모를 일이다. 오염된 땅과 물, 공기 등은 인류 전체를 한 순간에 멸망시킬 수도 있기 때문이다. 또한 인간이 다른 동물들을 살육하는 것도 모자라서 같은 인간에 대한 살상도 아무런 죄의식 없이 행하고 있는 게 분명한 현실이다. 이러한 모든 것은 인간이 **발전**이라고 생각하고 자랑스러워하고 있는 문명을 가지고 행하고 있는 과정이자 결과들이다.

자연은 인간이 행하는 모든 행위를 받아들이는 듯 보이지만 실상은 그렇지 않을 때가 많다. 핵실험조차도 자연이 견디어 낼 수 있는 범위 안에서만 가능한 행위이다. 땅 속 깊숙한 곳, 저 아래에서 어떤 일이 일어나고 있는지 인간은 알지 못한다. 거듭되는 핵실험이 어떤 지각변동을 일으키는지 구체적으로 모르면서도 연구의 결과물을 잘도 내놓는 게 인간이다. 한 순간의 지진해일은 수십만 명의 생명을 한꺼번에 앗아갈 뿐만 아니라 해일이 발생한 지역을 초토화시켜버린다. 이외에도 산사태나 지진, 가뭄과 홍수, 화산폭발 같은 천재지변에 대해 인간은 속수무책이다. 그렇기 때문에 자연은 전체가 **생명**인 것이다. 생물학적 의미의 생명만 생명이 아니다. 예를 들면, 인간이 광물질(mineral)을 함께 먹어야만 살 수 있듯이, 모든 생명체가 무생명체를 생존의 바탕으로 삼고 있으며, 생명체와 무생명체를 모두 포함해서 우리는 **자연**이라고 부른다. 이러한 자연이 인간의 역사에 직접적이든 간접적이든 영향을 주어 온 것은 분명하며, 따라서 이제부터라도 자연을 역사의 필수 요소로 인정하지 않으면 안 될 것이다.

여기서 우리는 다시 한 번 역사의 종착점을 이야기하지 않을 수 없다. 인류의 종말이 오지 않는 한, 역사의 종말도 있을 수 없다. 그런데 오늘도 계속되고 있는 역사의 과정을 살펴보면, 역사의 종말이 눈앞에 있는 듯이 보인다. 문명인이라고 자부하던 인간들이 인류 전체를 위해서 행한다고 하는 일들의 결과란 과연 무엇이란 말인가! 지금 현재 우리 눈앞에 펼쳐져 있는 모든 것은 문명인들이 인종차별적 관점에서 말하는 **소위 미개인들**이 행한 결과물이 아니다. 현재의 자연파괴와 환경파괴 그리고 인간파괴까지도 그들 문명인들이 행한 결과이다. 이러한 결과를 두고 그들은, 과거에 그랬던 것처럼, 지금도 여전히 역사가 발전한 결과이고, 이 발전을 주도할 사람들은 오직 자신들뿐이라고 주장하고 있다.

고대에는 서양이나 동양이나 할 것 없이 자연을 그 자체적으로 운동하는 것으로 인정하고 만물의 근원을 자연에서 찾았다. 서양 철학사에서 맨 앞에 등장하는 탈레스(Thales, BC 6세기)가 **만물의 근원**인 아르케(Arché)를 물(水)이라고 주장한 이후로 무한자(Apeiron), 공기, 4원소설(元素說) 등 아르케를 모두 자연에서 찾았으며, 인간은 만물의 근원과는 근본적인 관련이 없는 것으로 파악하였다. 물론 자연을 파악하고 인식하며 이해하고 평가하는 주체가 인간이기는 하지만, 적어도 인간을 만물의 근원이라고 하지는 않았다. 그렇게 만물의 근원을 자연에서 찾다보니 그것을 찾는 주체가 인간이라는 것을 알게 되었고, 프로타고라스(Protagoras)는 '인간이 만물의 척도'(homo mensura)라고 주장하기에 이른다. 대상을 바라보면서 서서히 인식의 주체를 세상의 중심으로 등장시키기 시작한 것이다. 이때부터 서양에서는 조금씩 자연과 거리를 두게 되며, 인간이 자연을 바탕으로 점점 더 발달된 문명사회를 건설하면서 자연을 지배의 대상으로 여기게 되었다. 그러한 가치관과 자연관이 아주 잘 드러나 있는 곳은 바로 성서(聖書)이다.

서양의 전통적인 기독교 정신에 따르면, 신의 모습을 닮은 인간은 자연 위에 군림하면서 모든 자연물을 지배할 권능을 신으로부터 위임받았기 때문에, 자연이 인간의 역사에 개입될 여지가 전혀 없다. 성경의 「창세기 1장 27-28절」에는 다음과 같이 적혀 있다.

"하느님께서는 당신의 모습대로 사람을 지어 내셨다. 하느님의 모습대로 사람을 지어 내시되 남자와 여자로 지어 내시고, 하느님께서는 그들에게 복을 내려 주시며 말씀하셨다. '자식을 낳고 번성하여 온 땅에 퍼져서 땅을 정복하여라. 바다의고기와 공중의 새와 땅 위를 돌아다니는 모든 짐승을 부려라!'"

하느님의 모습대로 지어진 인간은 자연에 대해 어떤 생각을 할까? 남자와 여자로 지어진 인간은 자식을 낳고 온 땅 위에 퍼져나가 지금은 지구상에 80억에 가까운 인간이 살고 있으며, 그 중에서 2022년 현재 중국 인구는 14억이 넘고 인도는 14억에 육박하고 있다. 이만하면 가히 온 땅에 퍼졌다고 해도 될 것이다. 이렇게 많은 사람들에게 '땅을 정복'하고, '바다의 고기와 공중의 새와 땅 위를 돌아다니는 모든 짐승을 부려라' 하고 하느님이 말씀하신 것 - 이것이 실제로 하느님이 하신 말씀이라는 전제 하에 - 은 어떤 의미일까? '정복'이란 상대를 복종시킨다는 뜻도 있지만, 어려운 일을 극복하고 끝내 성취한다는 의미와 함께, 다루기 어려운 대상을 자기 마음대로 할 수 있게 되었다는 뜻도 포함하고 있다. 그렇다면 땅을 진정으로 정복한다는 것은 땅을 인간에게 복종시킨다는 의미는 아닐 것이며, 오히려 땅을 인간의 마음대로 할 수 있도록 한다는 뜻이 더 클 것이다. 또한 그러기 위해서는 사람들은 먼저 땅에 대해서 모든 것을 알지 않으면 안 된다. 그 때문에 과학이 발전해 왔으며 인간은 자연의 여러 법칙들을 알아내었지만, 그것은 인간이 알고 있는 한도 안에서만 그런 것이지, 인간이 자연의 본질에 대해서는 영원히 결코 알 수 없다. 그리고 인간이 아무리 자연의 변화, 즉 자연재해에 대해서 대비를 한다고는 하지만 인간의 힘이나 능력은 자연 앞에서 무력하기 짝이 없다. 인류 역사상 수많은 자연재해가 이를 잘 증명해주고 있다. 그러므로 땅은 결코 인간에 의한 정복의 대상이 아니다.

다음으로는, '모든 짐승을 부려라'고 하는 하느님의 말씀인데, 과연 인간이 다른 동물들을 마음대로 부릴 수가 있을까? 제대로 부리는 일은 부리는 사람의 마음과 피동체(被動體)의 마음이 완전히 하나가 될 때에만 가능한 일이다. 사람과 사람 사이라면 명령을 받는 자가 명령에 따라서 100% 움직이기만 하면, 그것이 가능한 것처럼 보이기도 한다. 그렇지만 창세기의 내용은 인간과 다른 동물들 사이의 관계에 대해서 인간이 부림의 주체이고 다른 동물은 객체라고 명시되어 있다. 인간과 다른 동물들 사이는 인간과 인간 사이와 같은 소통이 가능하지 않다. 그렇기 때문에 인간은 다른 동물들을 제대로 부릴 수가 없다. **제대로** 부리는 것처럼 보이는 경우도 알고 보면 온갖 폭행 도구나 고문 도구 같은 것을 사용해서 인간의 마음대로 움직이게 하고 싶을 따름인 것이다.

지금까지 필자가 역사와는 관련 없어 보이는 내용을 비교적 길게 논한 까닭은 자연이 얼마나 중요하고, 그래서 인간의 삶에 얼마나 큰 영향을 주는 지에 대해 강조하기 위함 때문이다. 위대하고 경이로운 자연에 대해서는 말할 것도 없고 다른 동물들조차 결코 인간이 마음대로 어떻게 할 수가 없다. 인간이 다른 동물들에게 가장 편리하게 마음대로 하는 행위는 바로 살육을 하는 행위이다. 살육 행위보다 더 쉽게 인간이 마음대로 하는 것은 없다. 이런 행위를 두고 인간의 위대함이라고 말한다면 이 세상에서 인간보다 더한 해충(害蟲)은 없다. 제아무리 종교적인 사람일지라도 현실에서는 자연을 떠나서 살 수가 없다. 마찬가지로 역사가 아무리 이념에 의해서 추진력을 받아서 움직인다고 할지라도 자연을 현실적으로 초월할 수 있는 역사적 사건은 없다.[87]

우리는 신채호를 제외한 다른 역사가들이 자연을 역사의 요소로 포함하는 것을 찾아 볼 수 없을 것이다. "자연의 역사는 자연 그 자체를 의식하지 못한다. 그러한 역사는 단순한 한 사건으로서, 자기 스스로를 알지 못하고 인간이 아는 것에 대해서 비로소 알게 된다. (…) 자연이란 그러한 의미에 있어서 무역사적인 것이다."[88]라고 하는 야스퍼스의 견해는 옳다. 물론 맞는 말이다. 하지만 필자가 주장하고자 하는 것은 자연의 역사성, 즉 자연이 역사적이라는 말이 아

---

87) 전체 지구를 하나의 생명체로 간주하는 러브록의 "가이아 가설은, 자연을 반드시 우리가 정복하여야만 하는 본원적 힘을 가진 대상으로 간주하는 이제까지의 독선적 견해에 대한 대안이 될 것"이라고 한다. 이처럼 자연 또는 지구 전체가 인간의 삶에서 결코 분리될 수 없는 동반자이자 전제라면, 인간의 행위 과정이자 결과인 역사에서 결코 배제되어서는 안 될 노릇이다. J. E. 러브록 지음, 홍욱희 옮김, 『가이아 - 생명체로서의 지구 - 』, 서울 (범양사출판부) 1999, 참조.

88) 칼 야스퍼스 저, 『역사의 기원과 목표』, 위의 책, 381쪽

니라, 인간이 자연에 근거해서만 생명을 유지하듯, 역사도 어쨌든 자연에 근거하지 않을 수 없다는 점이다.

그렇다고 해서 우리가 자연의 무역사성을 부정하려는 것이 아니라, 역사적 정신이 형성되는 과정에 작용하는 자연의 연관성 또는 지리적 위치를 반드시 고찰해야 한다는 말이다. 엄밀한 의미에서 자연은 무역사적이지만, 역사적 인간은 어떤 식으로든 자연으로부터 영향을 받는다. 자연 자체를 따로 분리해서 보면 분명 무역사적이다. 하지만 인간의 삶이 자연으로부터 영향을 받는 것이 분명하다면, 자연을 무조건 역사에 배제해서는 안 된다. 적어도 간접적으로라도 인간에게 영향을 끼친다는 말이다. 그래서 신채호의 다음과 같은 말은 이러한 관점을 잘 반영해주는 것이다.

> "盖 地理란 者는, 其 民族의 特質을 與하며 習慣을 與하여, 凡 人心·風俗·政治·實業에 一一이 密接 關係를 與한 者니, 國民된 者가 一 此에 硏究하여, 自家의 特性을 發揮하며 缺處를 補充함이 亦其 天職也니라."(「讀史新論」, 477쪽.)

인간은 자연 속에서 살아가기 때문에, 자연을 도외시하고는 역사를 말할 수 없다. 지구의 역사에서 인류가 탄생한 이후로, 인간은 자연의 한계와 자신의 한계를 넘어서기 위하여 자신의 능력을 계발해 왔다. 인류가 이룩한 모든 것은 자연을 발판으로 삼은 결과이거나 아니면 자연을 극복한 결과라고 할 수 있다. 이러한 사실은 이미 자연이 인간의 삶과 역사에 개입하고 있다는 증거가 된다. 더욱 엄밀하게 말하면, 역사의 이념, 즉 역사를 움직이는 정신을 형성하는데 자연은 크든 작든 분명히 영향을 끼치고 있다.

만일 우리가 서양철학의 데카르트(R. Descartes, 1596-1650)의 사유 방식에 따라서 인간에 대해 말한다면, 인간은 육체와 정신으로 나누어진다고 할 수 있을 것이다. 오늘날 지구는 모든 분야에서 분열과 갈등의 양상을 보이고 있다고 해도 결코 지나친 말이 아니다. 크게는 인간과 자연이, 아니 인간이 자연을 일방적으로 파괴시키고, 자연은 그 대가를 그대로 인간에게 되돌려 주고 있다. 작게는 국가와 국가, 민족과 민족, 종족과 종족, 문명과 문명, 정파와 정파, 선진국과 후진국, 부자와 빈자 사이의 갈등과 대립 등 이루 말할 수 없을 정도의 수많은 분열과 갈등이 있다. 이러한 현상에 대해 근대 기계론적 자연관을 확립하여, 인간과 자연을 분열시킨 데카르트의 책임이 아니라고 할 수 있겠는가![89]

육체는 인과 필연성에 따르지만 정신은 자유를 본질로 한다는 것이 일반적인 견해이다. 그런데 여기서 문제는 정신의 본질이 **자유**라고 하는데 있다. 정신의 본질이 자유라는 것은 정신이 인과 필

---

89) "근대적 세계관의 기계화는 먼저 물리학과 천문학에서 시작되었다. 아이작 뉴턴의 권위가 절대적이어서 영국의 생물학자들도 기계론 철학과 이것에 부수되는 공리주의적 자연관을 채용하는 경향이 강하였다. 모든 생물을 조지 체인George Cheyne이 〈거대하고 복잡한 우주 기계〉로 불리는 것의 일부로 보는 사고방식이 유행하였다. 어떤 것도 기계론의 굴레에서 도망칠 수 없다. 예를 들면 르네 데카르트René Descartes는 동물은 기계이며 고통도, 기쁨도 느낄 수 없다고 명언했다. 이 견해는 프랑스의 많은 실험실에서 놀라운 결과를 불러일으켰다. (…) 자연과학자들은 동·식물을 감각이 없는 물질, 즉 내적인 의지와 지성을 갖지 못한 궁극적으로 입자 상태로 환원시킴으로써 [자연에 대해] 마음먹은 대로 자행하는 경제적 착취를 저지하는 최후의 장벽을 제거해 버렸다. (…) 데카르트의 철저한 기계론은 합리적이고 도덕적인 질서를 파괴하며, 질서 대신에 원자와 원자 또는 개체와 개체의 무질서한 충돌을 일으킬 위험이 있었다." 도널드 워스터 지음, 강헌·문순홍 옮김, 『생태학, 그 열림과 닫힘의 역사』, 서울 (아카넷) 2002, 60-62쪽.

연성에 얽매이지 않는다는 말일뿐이지, 인과 필연성에 따르는 모든 것을 올바르지 못한 방법으로 지배하라는 말이 아니다. 또한, 사람들은 자유의지에 근거해서 인간을 동물과 구별한다. 다시 말해서, 자유의지는 여타의 생물로부터 인간을 구별해주는 '종적 특징'(spezifisches Merkmal)이 되며, 인간의 육체적 인과 필연성은 여타의 생물과 공유하는 '유적 특징'(generisches Merkmal)인 것이다. 그런데 유적 특징을 전제하지 않으면 '종차'(spezifische Differenz)는 불가능하기 때문에, 유적 특징과 종차는 사실상 상호 보완적인 관계에 있다.[90] 따라서 인간의 육체와 정신은 어느 것 하나로만 존재할 수 있는 것이 아니다. 근대의 기계론적 자연관은 자연을 효과적으로 지배하지도 이용하지도 못하였다. 오히려 인간을 자연으로부터 철저하게 분리함으로써 인류를 파멸의 길로 몰아넣고 있다. 이러한 견해에 따르면, 인간의 삶은 자연의 법칙·질서에 반(反)하는 것이어야 하며, 반면에 자연의 원리에 따르는 삶은 바로 무역사적인 것으로 되어 버린다.

자연의 인과 필연성을 초월하려는 인간의 노력과 자연의 힘에 순응하려는 자세는 서양과 동양의 자연관의 차이에서 비롯된다. 자연을 초월하기 위해서도 자연에 순응하기 위해서도 인간은 자연을 올바르게 인식하지 않으면 안 된다. 그리고 인식의 과정에는 주관, 즉 인간의 정신이 개입하며 이 과정에서 역사가 발생·성립한다. 인간이 자연과 자연의 법칙을 인식하기 시작하면서 주체적으로 행동하기 시작했을 때 비로소 역사가 발생한 것이며, 그 결과는 인간과 자연의 통일 또는 대립으로 나타났으며 지금도 여전히 그

---

90) '유적 특징', '종적 특징', '종차'에 대해서는 이 책 '각주 52번'을 참고할 것.

러하다. 인간과 자연의 진정한 **통일**은 인간과 자연 모두를 **생명**으로 보는 관점에서, 그리고 **대립**은 인간만을 생명으로, 자연을 **무생명**으로 보는 관점에서 비롯되었다.

동양은 인간이 자연에 순응하는 과정에서 형성하게 된 역사적 정신을 인정하는 반면에, 서양은 자연의 영향이 분명히 있음에도 불구하고 그 영향을 부정하고 있다. 자연과 인간의 통일은 인간의 삶에서 자연에 대한 인간의 순응·적응으로 나타나지만, 자연과 인간이 대립하는 데에서는 인간이 자연을 변형하고 지배하려 한다. 이 두 가지 삶의 방식이 표면적으로는 대조를 이루지만 근본적으로는 서로 다르지 않다. 왜냐하면 인간이 자연에 순응하기 위해서도 자연을 지배하기 위해서도 자연의 원리를 알지 않으면 안 되기 때문이다. 그러나 동양에서는 자연과 인간의 공통적인 요소를 원리로 삼은 반면에, 서양에서는 구별되는 요소를 자연과 인간 각각의 원리로 삼음으로써 역사의 범주를 설정하는 데에도 차이를 보이는 것이다. 말하자면, 한편에서는 자연의 원리를 인식하는 과정이 순응의 과정인 반면에, 다른 한편에서는 지배의 과정인 것이다.

그렇기 때문에 신채호는 지리를 역사고찰의 중요한 요인으로 간주하고, 나아가서 일정한 지역 안에서 인간의 생활에 필요한 모든 것을 해결할 수 있다면 역사의 무대를 다른 지역으로 확대할 필요가 없다고 말하는 것이다. 이렇게 본다면 역사가 비록 자연필연성에 의해 진행되지는 않는다고 하더라도 자연적 환경과 결코 무관하지는 않는 것이 된다.

이에 반해서 헤겔은 "자연이 자신의 현존을 통해서 나타내는 것이란 결코 자유가 아니라 '필연성'과 '우연성'"[91]일 뿐이기 때문에,

자연은 역사철학의 고찰대상은 아니라고 하면서도, '세계사의 도정'을 서술하는 과정에서는 자유의 의식이 동쪽(동양)에서 서쪽(서양)으로 나아갈 수 있었는 데에는 자연적·지리적 조건이 매우 커다란 역할을 하였다고 말하고 있다.[92] 이는 헤겔 스스로가 모순적으로 말하는 것인데, 도대체 무슨 까닭으로 그렇게 말하는 것일까? 헤겔에 따르면, 인간은 본래가 완전성을 향한 충동을 지니고 있어서 어떤 분야에서건 변증법적 발전과 지양을 감행한다. 하지만 헤겔은 자연은 외적인 형태만 조금씩 변화할 뿐 근본에서는 아무런 변화가 없이 단순한 반복만을 되풀이 할 뿐이라고 한다. 그런데도 헤겔은 변증법적 발전과 지양을 위한 모범을 언제나 자연에서 찾고 있다. 그는 역사의 태양을 설명하는 데 있어서 자연의 태양을 끌어들이면서도 자연의 역사성을 수용하지는 않는다. 더구나 헤겔은 유럽을 세계사의 종착점이라고까지 주장한다. 그렇다면 역사는 더 이상 발전을 멈추게 될 것이고, 자연의 태양이 서쪽으로 지는 것처럼 역사의 태양도 유럽에서 져야만 할 것이다. 이상에서 보았듯이, 자연이 역사의 단초가 되었건, 역사가 인간의 자연성을 탈피하는 데에서 시작되었건 간에, 역사에서 자연의 영향을 전혀 배제할

---

91) Hegel, *Enzyklopädie der philosophischen Wissenschaften* II, Frankfurt a. M. 1970, § 248. (강조는 헤겔의 것); 더구나 야스퍼스에 따르면, 헤겔이 말하는 변증법적 지양까지도 우연적인 것에 뿔과 할 뿐이다. "공통성이란 가상적일 수 있다는 사실이다. 상호의 차이는 너무나 크다. 즉 언어의 차이와 종족의 차이, 영토의 차이와 역사적 회상의 방식에 따른 차이 등이 그것이다. 이에 대한 공통성이란 일련의 우연성과 같은 것이다." 칼 야스퍼스 저, 『역사의 기원과 목표』, 위의 책, 33쪽.

92) 이에 관해서는 『역사 속의 이성』(*Die Vernunft in der Geschichte*) 가운데 특히 「자연연관성 혹은 세계사의 지리적 기초」(*Der Naturzusammenhang oder die geographische Grundlage der Weltgeschichte*) 부분을 참조할 것 (VG, S. 187-241.; 『이성』, 253-318쪽.).

수는 없다. 헤겔은 이점을 전혀 인정하지 않고 있지만, 그가 역사의 종착점을 언급하는 곳에서 그의 역사철학도 사실상 끝이 난 것이며, 그것도 아니라면 그의 역사철학은 발전사관이 아니라, 오히려 일직선적인 발전사관에 종말론적 역사관을 가졌다고 해야 옳을 것이다.[93]

만일 우리가 신채호의 말을 헤겔식으로 받아들인다면, 지리적 조건이 역사의 정신을 형성하는 데에 "일정한 영향을 발휘하는 것만은 사실"이지만, 인간이 자연을 의식하는 – 자연적 의식을 갖는 – 순간부터 인간은 자연을 인간의 정신에 대립되는 것으로 이해하기 때문에, "자연성이야말로 인간이 그로부터 자체 내에서의 자유를 획득하게 되는 최초의 기점"(VG. S. 189f.; 『이성』, 256-257쪽.)이 될 것이다. 헤겔은 이것을 '자연적 의식'이라고 부르는데, 우리는 '이것은 책상이다.'라고 말하기 위해서는, 반드시 먼저 또는 적어도 동시에 책상을 인식하지 않으면 안 된다. 그리고 우리가 책상을 인식하는 순간, 이미 나(我)와 책상은 구별되는 것이다. 즉, 이 말은 상대적으로 인식하는 주관인 '내'가 이미 먼저 또는 동시에 작용하고 있다는 의미이다. 또 다른 예를 든다면, 내가 나를 나라고 부른다면 그리고 내가 나를 나라고 부르기 위해서는, 이미 또는 적어도 동시에 타인인 너를 인정해야만 가능하다. 너는 너이기 때문에 상대적으로 나는 내가 된다. 다시 말해서, 너라는 존재가 나 자신을 나로

---

93) "헤겔이 변증법을 포기하고 평탄한 진화주의로 역전하는 곳처럼 그의 역사적, 사회적으로 제약된 인식의 한계성이 선명하게 눈에 보이는 곳은 아마 다른 데에는 없을 것이다. 그러나 이 경우에도, 역사의 종결이라는 주제 속에 오로지 다만 사변적인 계기밖에 보지 않는다면 분명히 잘못이라 하겠다." 만프레드 회퍼, 「헤겔의 역사철학」, 에르하르트 랑게 엮음, 『헤겔과 현대』, 위의 책, 132쪽.

서 자각하도록 만든다는 말이다. 남자밖에 없다면 남자라는 단어도 여자라는 단어도 필요 없을 것이고, 너가 없다면 나라는 단어도 필요 없는 것과 마찬가지이다. 인간을 인간으로서 특징짓는 이성적 존재라는 말도 비이성적 존재를 전제하는 것이다. 이처럼 우리가 자연을 자연이라고 부를 수 있는 것은, 우리 자신이 자연이 아니라는 것을 안다는 말이고 동시에 자연이 무엇인지도 안다는 말이다. 무엇과 무엇을 구별한다는 말은, 전제되어 있거나 동시에 수반되고 있는 공통점이 반드시 선행되어야 가능하다. 이 공통점이 바로 자연과 인간을 이어주는 것이다. 물론 이것 역시 인간의 기준에 의한 것이긴 하다.

그렇다면 한 지역, 국가의 풍토, 즉 자연적 환경이 어떠하든 간에 일정한 지역에서 일정한 민족이 시간적인 영속성을 지니고 있다면, 그 민족은 – 헤겔의 변증법적 과정에 따라서 – 반드시 변증법적으로 지양·발전하는 역사를 가져야 한다. 그런데도 헤겔은 "하나의 국민은 결코 여러 단계를 거쳐 갈 수 없으며, 또한 그것은 세계사에서 두 번 다시 획기적인 계기를 마련할 수도 없다."(VG, S. 180.; 『이성』, 245쪽.)고 규정함으로써, 시간의 경과에 따라서 현존재(Dasein)로서의 정신 – 의식 – 이 쌓아나가는 경험의 축적이 바로 역사이며, 이것은 인간이 자연적 의식으로부터 출발하여 의식의 모든 경험을 내면화(Er-Innerung)[94]하기 때문에 가능하다고 하는 헤겔 자신의 견해에 정면으로 배치된다. 의식의 모든 경험을 내면화하는 데에는 개인적인 차이는 있을지언정 – 그리고 시간적으로 단절되어 더 이상의 지양을 감행할 수 없는 상태, 즉 개인적이건 집단적이건 죽음

94) Hegel, *Phänomenologie des Geistes*, 위의 책, S. 564. 참조.

을 맞이하였다면 문제는 달라지겠지만 - 민족 단위의 역사에서는, 특정 민족이 시간적으로 지속되는 한, 발전을 멈출 수는 없다.

이에 대한 비판적 견해를 우리는 야스퍼스를 통해 찾아볼 수 있다. 그는 "중국, 인도 그리고 서양으로의 정신발전의 변증법적 단계순위"를 말하는 헤겔에 대해 "서양의 역사에서는 그러한 순차적 단계가 이루어졌을지라도, 고대의 세계에서는 한 단계에로부터 다른 단계로 이행하기 위한 실재적 접촉이 전연 없었다는 사실"[95]을 들어 비판한다. 여기서 고대세계란 세계 4대 문명 - 황하·인도·메소포타미아·이집트문명 -을 말하는 것으로서 실제적 접촉이 없었던 세계들 상호간에 어떻게 자유의식이 서진(西進)할 수 있겠는가를 문제 삼는 것이며, 그래서 야스퍼스는 오히려 고대문명 발생의 "평행설"(Parallelismus)[96]을 주장한다. 평행설은 우선 역사의 독자성·독립성에 근거를 두고 있다. 바꾸어 말하면, 이것은 오늘날과 같은 지구촌 시대가 아닌 고대세계를 말하는 것이긴 하지만, 자연적·지리적 조건은 각 지역으로 하여금 저마다의 특성을 간직하도록 하여 독특한 정신적 문화를 형성해 낸다는 말이다. 비록 헤겔이 이러한 고대세계의 정신적 문화에서 공통된 사실로서 자유의식을 이끌어 내었을지라도, 고립된 지역 간의 변증법적 이행을 주장할 근거는 전혀 없는 것이다.[97] 또한 자유라는 개념조차 상대적인 것으

---

95) 칼 야스퍼스 저, 『역사의 기원과 목표』, 위의 책, 36쪽.

96) 칼 야스퍼스 저, 『역사의 기원과 목표』, 위의 책, 같은 곳, 참조.

97) 헤겔의 말처럼 진보하는 역사의 변증법적 이행에 대한 직접적인 비판은 아니지만, '문명' 개념에 대한 다음과 같은 비판은 역사의 변증법적 진보에 대한 비판만큼이나 설득력이 있다. "문명 또는 문명화는 우월한 행동, 즉 좀 더 세련된 취향과 나은 습관, 덜 조잡하다는 것을 의미한다. 이는 완벽하게 잘된 정의이지만 세계사

로서, 구속 내지 부자유함을 느끼지 못하고 생각할 필요조차 없는 민족－국민－에게는 자유의식이라는 개념도 무의미해진다. 게다가 "역사는 결코 자동적인 결론을 이끌어내는 보편적 관념에 의해 단순히 우열로 나누어질 수가 없다."[98] 헤겔도 분명히 현실적인 역사를 부정할 수 없었기에 자유의식의 진보를 지리적 구분과 결부시킨다. 결국 **구별**이란 야스퍼스의 말처럼 '우열의 차이가 아니며', 신채호의 말처럼 '서로 공통되지 않는 독자적인 특징'을 의미할 뿐이다.

더구나 유럽은 길이가 길지 않은 알프스산맥을 제외하고는 자연적 요소에 의한 지역적 분화가 아시아만큼 크지 않으며, 그 결과 역사를 주도하는 여러 가지 요소 역시 개별적 특수성만을 유지하기보다는 지역적·인종적으로 보편화되기가 쉬웠다. 그리고 유럽의 고대 문명을 주도한 그리스와 로마, 중세 때부터 해외침략정책－식민정책－을 실시한 스페인과 포르투갈은 모두가 지중해라는 상대적으로 좁은 바다를 끼고 있어서 자연에 대한 두려움이 덜했으며, 그리하여 인접한 아프리카 대륙을 따라 항해하는 것도 훨씬 용이하였다. 이와 같은 제국주의적 패권주의를 헤겔은 과학 기술의 발전에까지 결부시켜, 과학과 기술의 발전이 그 유용성·실용성으로 인하여 사실상 인간과 역사를 위협하는 폭력이 되고 있음에도 불구하고, 그것을 자유의식의 진보와 동일시한다.

에서는 정말 쓸모가 없다. 문제는 많은 문명들이 이런 예상처럼 다른 비문명들보다 나은 행동을 보이지 않는다는 점이다. 문명권의 사람들이 다른 유형의 사회들보다 더 잔인하고 더 거친 경우가 많이 있다." 피터 N. 스턴스 지음, 『세계사 공부의 기초』, 위의 책, 173쪽.

98) 칼 야스퍼스 저, 『역사의 기원과 목표』, 위의 책, 51쪽.

"중국인은 유럽인이 아직도 발견하지 못하였을 때에, 벌써 많은 것을 알고 있었다. 그러나 결코 그것을 응용할 수는 없었다. (…) 화약도 그들은 유럽인보다도 앞서 발견하였다고 말하고 있지만 제수이트교도가 그들에게 최초의 대포를 주조해주지 아니하면 안 되었던 것이다."[99]

이는 발전과 진보에만 관심을 기울인 헤겔 사유의 당연한 귀결인지도 모른다. 우리는 지금 자연환경과 사회발전의 관계를 논하는 것이 아니다. 그것보다는 오히려 발전이라는 도식에 집착한 나머지 개별 민족의 역사적 특수성에 영향을 끼치는 지리적 환경을 등한시하는 점을 경계하고자 하는 것이다. 더구나 세계를 역사의 대상으로 삼는 경우, 세계란 곧 전체이기 때문에 모든 것을 총체적으로 다루지 않으면 안 될 것이다. 그러므로 '대포의 주조'가 화약 발명에 따른 발전의 결과로만 고찰되어서는 안 되며, 오히려 대포가 주조되고 난 이후에 발생한 여러 가지 사건들이 자연과 인간에게 어떤 영향을 끼쳤는가를 역사적으로 살펴본다면, 우리는 그것을 반드시 발전으로만 볼 수는 없다고 주장하는 것이다. 여기에 관해 우리는 다음과 같은 견해에 주목할 필요가 있다.

"유럽의 기독교 세계에서는 원래 이교도인 '동'(東)에 대한 대항의식이 강하였고, 더욱이 소위 '지리탐험'시대 이후 비유럽 세계와의 접촉을 통해 이질(異質)적인 사회와 조우하면서 '동'의 범위도 확대

---

99) Hegel, *Vorlesungen über die Philosophie der Geschichte*, Frankfurt a. M. 1970, S. 172.; 김종호 역, 『역사철학강의』 I, 서울(삼성출판사) 1984, 231쪽.

되었고, 동과 서의 숙명적인 차이 내지 대립이라는 관념이 깊게 뿌리를 내렸다. 전체 지구의 세계사라는 관념은 유럽의 이러한 비유럽 세계와의 접촉을 통해 발생하였으며, 이 경우 계몽주의 역사철학에서 헤겔에 이르기까지의 아시아관(觀)에서 현저하게 드러나듯이, '동'의 세계는 '서'의 세계와 본질적인 대조 차이에서 파악되고 있었다."[100]

물론 필자는 세계사라는 전제 하에 이것을 지역적으로 구분하려는 것이 아니며, 따라서 세계사를 발전개념으로 도식화하여 고찰하려는 것도 아니다. 이것보다 우리는 **역사는 과연 발전하는가**를 심사숙고해야 할 것이고, 만일 발전한다면 그것은 **무엇에 근거를 두는가**를 살펴보아야 할 것이며, 그렇지 않다면 **역사는 어떻게 규정되어야 하는가**를 고찰해야 할 것이다. 그러나 결과가 어떻게 나타나든지 간에 **역사의 발전**이라는 개념을 생각한다는 것 자체가 이미 역사의 **지역적 특수성**과 더불어 **민족적 특수성**을 간과해 버릴 위험이 매우 큰 것은 사실이다.

또한 자연까지 역사의 요소로서 인정할 때 역사는 진보 · 발전하는 것이 아니라 오히려 퇴보하고 있다고 할 수 있다. 앞에서 필자는 역사가 인간 행위의 산물인 것을 인정하였지만, 다른 한편으로 역사는 자연에 대한 인간의 도전사 내지는 극복사라는 점도 살펴보았다. 이미 때가 늦었다고 생각하지만, 지금부터라도 인류는 자연을 역사에서 매우 중요한 요소로서 인정해야 한다. 이것은 지역적 풍토가 특수한 민족성이나 국민성을 형성하는데 커다란 기여를 한다는 정도의 생각을 넘어서는 것이다. 자연이 인간의 삶과 생활의

---

100) 齊藤 孝 著, 崔民 譯, 『歷史와 歷史學』, 서울 (形成社) 1983, 91쪽.

터전이라는 견해에 동의하는 사람이라면, 자연에 대해 가해 온 인간의 행위를 역사적으로 고찰하여 낱낱이 고발하여야 한다. 자유로운 인간이 역시 자유로운 인간을 살육하고, 인과 필연성의 지배를 받는 자연을 파괴하여, 종국에는 인간 자신을 멸망의 길로 이끌고 있는 오늘날의 현실이 보여주고 있는 것은 다름 아닌 역사가 퇴보하고 있다는 데 대한 명백한 증거이다. 생물학과 의학의 발달로 인간의 평균수명이 늘어났다고 해서 역사가 발전한다고 할 수는 없다. 이러한 발전의 이면에는 인류 전체가 서서히, 처음에는 느리게 진행되었다가 이제는 빠른 속도로 멸망의 길로 들어서고 있는 것이 눈에 보이고 있다. 지금까지의 인류의 역사에서도 자연의 대재앙이 인간의 역사에서 매우 중요한 역할을 해 온 적이 한 두 번이 아니다. 이제 인간은 역사를 더 이상 인간의 전유물이라고 생각해서는 안 된다. 인류가 의식하지 못하는 사이 자연은 인간의 역사에 적극적으로 개입하여 왔다. 이러한 사실만이라도 제대로 고찰하고 인정한다면 인류의 미래는 지금까지와는 다른 방향으로 나아갈 수 있을 것이다.

　　"의미 있는 활동이란 살아 움직이는 자연과 끊임없이 벌이는 상호작용이다. 따라서 이런 활동은 곧 창의적인 변화과정이다. 즉 사람들이 그들의 신체적 온전성에 대한 외부의 도전에 창의적으로 대응하고 또 살아나가는 과정에서 대자연의 다면성manifoldness으로 귀일하게끔 성숙하는 것이다. (…) 인간의 성숙은 그 누구도 논증할 수 없는 비인간적 권능의 강박에 반응하는 형태로 이루어져야 한다. 존속이 가능한 인간 사회에서는 대자연이 기본원칙을 설정하고 정치,

곧 인간의 규율은 부차적인 구실을 할 뿐이다."[101]

"자연과 사회에 대한 서로 얽힌 연구가 오늘날 우리에게 실제세계에 대한 결론들, 즉 단지 사적인 공상에 의해서가 아니라 지식과 이성을 근거로 하기 때문에 잘 지속될 수 있는 결론들을 내릴 수 있게 한다고 나는 믿는다. 우리가 과거로부터 배우기를 선택하건 하지 않건 간에, 과거는 현실에 대한 우리의 가장 믿을 만한 스승이다. 우리는 더 이상 완벽하게 초연한 과학을 통해 접근 가능한 무한의 완전 상태에 있는 자연을 발견할 수 없으며, 의지할 계시나 권위자를 가지고 있지도 않다. 부단하게 변화하는 과거, 인류와 자연이 항상 하나의 통합된 전체였던 과거에 대한 이해를 통해서만, 우리가 가치를 부여하고 방어하는 모든 것을 불완전한 인간 이성의 도움으로 발견할 수 있다."[102]

2) 역사의 주체로서 인간
- 민중과 영웅

역사라 하면 분명 인간의 역사인데, 필자는 역사의 요소로서 인간에 대해 가장 먼저 논하지 않고 어찌하여 자연을 먼저 논한 다음에 인간을 다루려고 하는 것일까? 그 까닭은 대부분의 사람들뿐만 아니라 역사가나 역사학자들도 인간의 삶에 있어서 자연의 중요성

---

101) 헬레나 노르베리-호지·반다나 시바 외 지음, 홍수원 옮김, 『진보의 미래』, 서울 (두레) 2006, 198-199쪽.
102) 도널드 워스터 지음, 『생태학, 그 열림과 닫힘의 역사』, 위의 책, 536쪽.

을 인식하면서도, 인간의 역사와는 다른 자연의 무역사성으로 인해, 역사를 논하는 데에서 자연을 배제함으로써 역사적 사건과 자연의 관련성을 거의 다루지 않기 때문이다. 그래서 필자는 역사에서도 자연이 얼마나 중요한지를 강조하기 위하여 인간보다 앞서서 다루었을 뿐이다. 하지만 역사는 자연의 역사가 아니라 인간의 역사인 것은 분명하며, 필자도 이를 결코 부정하지 않는다. 더욱이 자연이 역사의 요소이기는 하지만 **역사의 주체**는 어디까지나 **인간**뿐이다. 그렇기는 하지만 모든 사람이 역사의 주체로 기록될 수는 없는 노릇이다. 필자는 여기서 주로 역사의 주체가 **민중**인지 **영웅**인지에 대해서 논하려고 한다.

역사의 요소를 고찰함에 있어서 반드시 짚고 넘어가야 할 사항은 '**역사의 주체란 과연 누구인가?**'하는 것이다. 지금까지 기록된 대부분의 역사에는 다수의 **민중**이 아니라 소수의 **영웅**이 역사의 주체로서 기록되어왔다. 아니 더욱 정확하게 말하면, 역사적 사건에서 처음에는 민중으로서 출발했을지라도 그 사건의 과정과 결과에서는 영웅이 되어, 역사서에는 역사의 주체로 기록되어왔다고 볼 수 있다. 이에 근거를 두고 우리는 다음과 같이 질문을 던질 수가 있을 것이다. 역사의 기록으로 남아 있는 모든 사람은 민중이 아니고 영웅인가? 제아무리 그들이 민중임을 고집했을지라도 역사에 기록되는 순간 영웅으로 탄생한 것인가? 만일 그렇다면, 역사에는 오직 영웅만이 존재하는가?[103]

---

103) 다음과 같은 관점으로 쓴 글도 있다. "역사책에는 왕과 왕비, 영웅, 부자들의 이야기와 그들을 위한 위대한 건축물의 이야기가 즐비합니다. 이야기들에 살을 붙일수록 세계사 책은 한없이 두꺼워져만 가고 개연성 없이 그 이야기들을 외워야 하

여기서 우리는 민중(民衆)이라는 개념을 다시 정립할 필요가 있다. 지금까지 우리의 역사에서는 민중이 이데올로기적 개념으로서, 지배층과 대립적인 관계에 있는 다수의 일반 국민을 가리키는 말로 사용되어 왔다. 이 개념은 영어로도 'the people / the public / the mass of people'로 표기되는 것처럼, 필자는 피지배층을 아우르는 개념으로 사용하기를 거부한다. 역사적 이념과 목표를 공유하는 경우라면 지배층이건 피지배층이건 모두가 민중으로 규정될 수도 있을 것이고, 이념과 목표가 다르다면 민중은 피지배층으로서 좁은 의미로만 사용될 수도 있을 것이다. 하지만 필자는 역사는 민족 단위에서만 가능하다는 점을 밝히는 것이 본 연구의 중요한 목적 가운데 하나이므로, 민족의 역사적 이념과 목표에 동의하는 사람이라면 누구나 민중의 범주에 포함된다고 전제한다.

지금까지 수많은 역사학자 또는 역사철학자들이 역사의 이념으로 삼았던 것은 과연 무엇이었나? 대부분의 개인이 삶에서 인생관을 가지고 있듯이 국가나 민족이 나아가는 길에도 국가관이나 이념이 있다. 그것은 예를 들어, 자유나 평등이 될 수가 있으며 평화

는 학생들의 한숨은 늘어만 갑니다. 하지만 이들을 먹여 살리다 죽어 간 사람들, 그 건축물을 짓다가 죽어 간 사람들, 이들을 위해 전쟁터에서 목숨을 버린 사람들, 결정적으로 이 모든 이들에게 생명을 부여한 여성들의 이야기는 어디에도 없습니다. 그래서 우리는 왕의 묘호를 순서대로 외우고 이순신 장군을 칭송하며 독립투사를 기억하지만 그 왕들을 먹여 살렸던 농민들, 여러 해전에서 목숨을 바친 수군들, 남겨져 온갖 고생을 했던 가족들의 이야기를 모릅니다.

하지만 평범한 보통 사람들이 없다면 역사책에 등장하는 위대한 왕과 왕비, 영웅, 부자들도 있을 수 없습니다. 마치 투명 인간처럼, 존재하지만 자신의 존재를 증명할 길이 없을 뿐입니다. 보이지는 않지만 역사를 만든 사람들, 즉 역사의 주인은 바로 우리 같은 평범한 보통 사람들입니다." 크리스 브래지어 지음, 『세계사, 누구를 위한 기록인가?』, 위의 책, 290-291쪽. (이 글은 「옮긴이의 글」임)

도 이념이 될 수 있다. 그것이 어떤 것이든 간에 구체적인 우리 인간의 **삶**을 도외시하고 성립하거나 가치를 지닐 수 있는 것은 아무 것도 없다. 역사의 이념이 삶을 이끌어 주고 지탱하게 해주는 정신적 또는 형이상학적 토대라고 한다면, 이념이 현실적으로 힘을 얻기 위해서도 인간의 삶과 불가분의 관계를 맺지 않으면 안 된다. 이러한 삶은 경제와 생활로 나타나며, 생산 활동과 관련이 있다. 이때 생산을 담당하는 사람들은 대다수의 일반 국민이므로, 이념은 민중과 연결되지 않을 수 없는 것이다. 여기서 카의 말을 들어보자.

"역사는 상당한 정도로 숫자 문제라는 것이다. 카알라일은 '역사는 위인의 전기'라는 그 불행한 주장에 대해 책임이 있다. 그러나 그의 가장 훌륭한 역사책에 나오는 가장 감명적인 말에 귀를 기울여보기로 하자.

'2천 5백만 명의 가슴을 무겁게 누르던 굶주림, 추위, 악몽과 같은 억압. 철학적 지지자·부유한 소매상·지방 귀족의 상처받은 허영심이나 대립적 철학이 아니라, 이것들이 프랑스혁명의 원동력이었다. 어느 나라에서 일어나든 그런 혁명은 모두 이와 같을 것이다.'[104]

레닌 또한 '정치는 대중이 있는 곳에서 시작된다. 수천 명이 있는 곳이 아니라 수백만 명이 있는 곳에서 진지한 정치가 시작된다.'[105]고 말했다. 카알라일과 레닌의 수백만 명은 수백만 명의 개인이었다. 그들에 있어서 비개인적인 것은 아무것도 없다. 이 문제에 관한 토론에서는 흔히 익명성(匿名性)과 비개인성이 혼동된다. 우리가

---

104) *History of the French Revolution*, Ⅲ, iii, ch. Ⅰ
105) Lenin, *Selected Works*, vii, p.295.

이름을 모른다고 해서 사람들이 사람 이외의 것으로 되거나 개인이 개인 이외의 것으로 되지는 않는다. '…' 이 이름 없는 수백만 명은 다소간에 무의식적으로 함께 행동하며 하나의 사회적 힘을 형성한다. '…' 또한 역사적 운동(일)은 소수의 사람들에 의해 시작된다고 하는 상투어에도 당황할 필요는 없다. 모든 유력한 운동에는 소수의 지도자와 다수의 추종자가 있지만, 그것이 운동의 성공에 있어 다수자의 존재가 필수적이 아니라는 뜻은 아니다. 역사에 있어서 숫자는 중요하다."[106]

이처럼 역사의 이념이 민중의 직접적인 삶 속에서 사회적 힘으로 드러나는 것이 과연 세계 단위에서 가능한 일일까? 아니면 민족 단위에서만 가능할까? 지배자의 삶이건 피지배자의 삶이건 간에 구체적이지 않은 삶이 어디 있겠는가마는, 역사를 움직이는 힘은 민중으로부터 나올 수밖에 없다. 물론 민중과 영웅이 절대적이고 이분법적으로 나누어진다고 볼 수는 없다. 특정한 개인이나 몇몇 소수 또는 작은 집단이 민중의 의식으로 하여금 서서히 또는 급격하게 바뀌도록 유도하거나 계몽하고, 그것이 어느 한 순간 집단적으로 표출될 때 주도적인 역할을 하는 사람이 있다면, 그는 영웅으로 탄생하는 것이다. 그러므로 영웅 없는 민중은 있을 수 있어도 민중 없는 영웅은 존재 할 수가 없다. 이렇게 보면 시대가 영웅을 탄생시키며, 이렇게 탄생한 영웅이 그 시대를 이끌기도 한다.[107]

---

106) E. H. Carr 저, 『역사란 무엇인가』, 위의 책, 62-64쪽. (각주 142, 143번의 글은 카의 글에 포함된 것임)

107) "역사에 있어서 위인의 역할은 무엇인가? 위인도 하나의 개인이지만, 뛰어난

비록 시대를 이끄는 영웅이라고 할지라도 민중이 없이는 불가능하므로, 민중과 영웅이 상호 보완적이 관계에 있기는 하지만, 언제나 역사에서는 민중이 실제적으로 전제되어야 한다. 따라서 실제로는 모든 민중이 역사의 주체이기는 하지만, 모든 민중의 이름을 사료에 올릴 수는 없는 노릇이다. 그래서 민중의 대표인 소수의 이름만을 사료(史料)에 기록하기도 하는데, 그들이 후세에는 바로 영웅으로 간주될 가능성 - 물론 그 반대의 가능성도 당연히 있지만 - 이 크다고 할 수 있다.

그런데 여기에는 커다란 문제가 내포되어 있다. 시대가 탄생시키고, 시대를 이끄는 참된 영웅이 되기 위해서는 민중의 뒷받침이 가장 중요한데, 민중 가운데에서 누군가가 영웅으로서 역사에 기록되는 순간, 그는 이미 민중과는 다른 계층으로 올라서는 것이 되며, 소위 영웅을 둘러싼 사람들도 - 영웅을 기록하는 역사가도 포함하여 - 민중과는 다른 계층이 되기를 원한다는 점이다. 물론 역사에서 처음에는 민중으로 시작하여 영웅이 된 모두가 그렇다는 말은 아니다. 하지만 지난 역사의 기록으로 보나 현실의 (정치) 역사에서 보나, 이와 같은 경우가 매우 많이 있다는 것을 우리는 찾아 볼 수 있다. 한 마디로 말해서, 역사가가 영웅을 탄생시킨다. "사가의 지식은 그 혼자만의 개인적 지식이 아니기"[108] 때문에 그만큼 역사가의 책임은 막중해진다. 한편 촘스키의 다음과 같은 지적과 비판은

개인이기 때문에 매우 중요한 하나의 사회적 현상이다. 기번은 '시대가 비범한 인물에게 맞아야 한다는 것이 명백한 진리고, 크롬웰이나 레츠 같은 천재라도 오늘날이라면 이름도 없을 것이 명백한 진리다.'(Gibbon, *Decline and Fall of the Roman Empire*, ch, 1xx.)고 말했다." E. H. Carr 저, 『역사란 무엇인가』, 위의 책, 67-68쪽.
108) E. H. Carr 저, 『역사란 무엇인가』, 위의 책, 44쪽.

역사가를 비롯하여 오늘날의 지식인들이 반드시 명심해야할 내용이다.

> "실제로 수천 년 전부터 그랬지만, 지식인의 역할은 민중을 소극적이고 순종적이며 무지한 존재, 결국 프로그램된 존재로 만드는 데 있습니다. 19세기 미국의 위대한 수필가이자 철학자였던 랄프 왈도 에머슨(Ralph Waldo Emerson)도 교육 프로그램을 시작하면서 '민중이 우리 멱살을 잡지 않도록 민중을 교육시켜야 한다.'라고 말했습니다. 달리 말하면, 민중을 소극적인 사람으로 만들어 우리에게 저항하지 못하게 만들어야 한다는 뜻입니다. 사실 많은 부분에서 지식인이 이런 역할을 하고 있습니다. 물론 예외가 없지는 않지만 결코 부인할 수 없는 사실입니다. (…) '저명한 지식인'이 곧 진정한 지식이라 말할 수는 없습니다. '저명한 지식인'은 어떤 사람입니까? 그들만의 고유한 권력체계 내에서 '책임 있는 지식인'이란 직함을 부여받은 사람입니다. 게다가 서구 사회에서 그들은 스스로 '책임 있는 지식인'이라 자처합니다. 적어도 내 생각에는 그렇습니다."[109]

필자가 위에서 언급한 '다른 계층'은 급기야 또 다른 지배층을 형성하는 경우가 매우 많다. 그러므로 이때는 역사가의 역할이 무엇보다 중요해진다. 아무리 부정하려해도 부정되지 않고 오히려 역사가 증명해주고 있는 것 가운데 하나는 인간 사회에는 **계급**이 존재하거나, 그것도 아니면 최소한 **계층**이 존재한다는 사실이다.

---

109) 노암 촘스키 지음, 강주헌 옮김, 『촘스키, 누가 무엇으로 세상을 지배하는가』, 서울 (시대의 창) 2004, 22-31쪽.

예를 들어, 일반적으로 계급이라고 하면 마르크스의 계급투쟁이론을 가장 먼저 떠올릴 수가 있는데, 마르크스는 노동자와 농민으로 대변되는 피지배층을 위한 이론을 전개하였지만, 공산주의 혁명과 독재가 행해지는 동안, 그의 이론은 또 다른 지배층의 통치 이데올로기가 되어 민중을 압박하는 현실적 수단이 되었다는 것을 현실의 역사가 증명해 주고 있다. 그렇다면 결과적으로 마르크스는, 민중 가운데 누군가를 영웅으로 만들었고, 그 영웅을 지배자 내지는 독재자로 변질되도록 함으로써, 지배자의 편에 서게 된 셈이라고 할 수 있다.

역사가는 영웅을 역사에 기록해야 하는 것이 아니라, 역사의 참된 주체를 기록으로 남겨야 한다. 역사가도 영웅도 민중도 처음에는 개인에서 출발한다. 개개인이 모여서 민중이 되고, 민중의 생각이 외부로 표출될 때, 사람들은 그 의견 가운데 다수를 차지하는 것이 무엇인지를 묻는다. 따라서 역사가는 사건 자체에만 매몰되어서는 안 되며, 민중의 어떠한 지배적인 생각이 사건을 야기했는가에 초점을 맞추어야 한다. 민중의 의식은 이렇게 형성이 되는데, 민중의 의식이 시대를 이끌기도 하고 시대가 민중의 의식을 탄생시키기도 하며, 민중의 의식이 변화하는 것을 살펴보고 미래를 대비하는 것은 **역사철학자의 임무**이다.

하지만 다수를 이루는 민중과, 민중의 생각 가운데 다수를 형성하는 의식이 역사적 흐름을 지배한다고 해서, 그것이 반드시 역사를 올바른 방향으로 인도한다고 볼 수는 없다. 인간의 행위를 유발하는 모든 것에서 다수의 생각이 언제나 반드시 옳은 것은 아니다. 다수가 찬성하는, 아니 극단적으로 전체가 찬성하고 따르는 어떤 사안이라고 하더라도 그것은 도덕적으로 옳지 못한 것일 수가 있다. 빈부의 격차가 커지고 도덕적 일탈 현상이 심해지는 사회일수록 인간은 더욱 더 이기적으로 변한다. 그래서 인간은 자신들에게 경제적·사회적으로 이익을 가져다주는 것이라면, 어떤 것이 비록 도덕적으로 악(惡)일지라도, 그것에 대해 찬성표를 던지고 따르게 되는 것이다.

예를 들면, 사람들은 다수결의 원리를 민주주의 원리 가운데에서 매우 중요한 것으로 생각한다. 그 까닭은 모든 구성원의 생각을 최대한 잘 반영할 수 있는 방법이 다수결의 원리이기 때문이다. 이 원리는 수치상으로 보면 과반수를 기준으로 하는데, 99% 또는 100%가 찬성하는 사안일지라도 다수결에 따른 것은 분명하지만, 그것이 도덕적으로 반드시 옳은지 그렇지 않은지 와는 별개의 사항이다. 특히 51%와 49%로 의견이 나누어질 때, 51%의 결정이 도덕적으로 옳지 못한데도 이것을 따라야 한다면, 이것은 분명히 49%에 대한 폭력이라고 해야 한다. 결정 사항이 99%와 1%로 나누어질지라도 마찬가지이다. 그러므로 모든 사안을 결정할 때 도덕적인 측면은 반드시 고려되어야 할 필수 조건이다.

이렇게 흘러가는 사회는 발전하는 사회라고 볼 수 없다. 발전이란 과학기술이나 경제적 성장에만 국한되지 않는다. 역사가 발전하기 위해서는 역사의 토대가 되는 모든 것에 **도덕적 기준**이 적용되어야한다. 그러므로 역사에서 진정한 영웅은 민중의 의식을 도덕적으로 이끄는 사람이다. 바꾸어 말해서, 역사에서 승리자와 강자로 간주된다고 해서 반드시 영웅인 것은 아니고, 역사에 기록된다고 해서 반드시 영웅인 것도 아니며, 진정한 영웅은 역사적 사건의 패배자일 수도 있고 약자의 편에 서서 약자와 함께 운명을 같이 한 사람일 수도 있다.[110] 하지만 역사가 진정한 영웅과 역사적 사건의 승리자를 구별할 때 비로소 역사는 올바른 방향으로 나아가게 될 것이다.

역사 자체가 인간의 역사이기 때문에, 역사에 있어서 인간의 문제도 보편적으로 취급되어야한다는 데에는 두 말할 나위가 없다. 그러나 앞에서도 지적한 바와 같이, 우리는 역사의 보편성에 집착한 나머지 특수성을 간과해버리는 잘못을 범해서는 안 되며, 보편성을 탐구하기 위해서도 특수성을 더욱 깊이 있게 고찰하지 않으면 안 된다. 그리고 역사의 특수성은, 무엇보다도 인간이 바로 **역사의 주체**이기 때문에, 보편자로서의 인간이 특정한 시대와 특정한 국가에서 실제로 어떤 역할을 수행해왔고 어떻게 다루어져왔는가를 고찰함으로써 밝혀질 수 있을 것이다. 이제 문제는 전 인류, 국민 또는 민족이다.

신채호는 역사의 특수성에 주목하여 역사를 민족사로 분명하게 설정하고 있다. 그에 따르면 비록 세계사라 할지라도, 그것은 여러 민족 간의 투쟁의 역사, 즉 아(我)를 이루는 특정한 민족과 비아(非

---

110) 카도 역사에서 영웅, 즉 '위인'을 말하고 있는데, 필자의 의견과 달리 도덕적인 측면을 배제한 채 말한다. "위인은 언제나 기존 세력의 대표자이거나 기존 권위에 도전함으로써 그도 그것의 창출에 이바지하는 새로운 힘의 대표자이다. '…' 우리는 또한 자신들의 시대보다 훨씬 앞서 있었기 때문에 다음 세대에 가서야 위대성을 인정받는 위인들도 잊지 않아야 한다. 나에게 중요해 보이는 것은, 위인을 역사적 과정의 산물이고 대행자이면서 동시에 세계의 모양과 사람들의 생각을 바꾸어 놓은 사회적 힘의 대표자와 창조자가 되는 뛰어난 개인으로 인정하는 그것이다. 따라서 역사는 두 가지 의미 – 사가가 행하는 연구라는 뜻 및 사가가 연구하는 과거의 사실들 – 모두에서 개인들이 사회적 존재로서 참여하는 하나의 사회적 과정이다." E. H. Carr 저, 『역사란 무엇인가』, 위의 책, 69쪽.

我)를 이루는 다른 민족과의 투쟁의 역사라는 것이다.

> "… 무릇 主觀的 位置에 선 者를 「我」라 하고, 그 外에는 「非我」라 하나니, 이를테면 朝鮮人은 朝鮮을 我라 하고, 英·美·法·露 … 등을 非我라 하지만, 英·美·法·露 … 등은 각기 제 나라를 我라 하고, 朝鮮은 非我라 하며, … 그리하여 我에 對한 非我의 接觸이 煩劇할수록 非我에 對한 我의 奮鬪가 더욱 猛烈하여, 人類社會의 活動이 休息될 사이가 없으며 歷史의 前途가 完決될 날이 없나니, 그러므로 歷史는 我와 非我의 鬪爭의 記錄이니라."(「朝鮮上古史」 總論, 31쪽.)

  그런데 여기서는 정치조직으로서의 **국가**가 마치 민족의 존재근거인 것처럼 보이기도 한다. 그러나 신채호의 역사사상에서는 국가와 민족이 서로 분리된 채 각각 다른 형태로 역사의 요소로 작용하는 것이 아니라, 오히려 국가와 민족은 둘이 아닌 하나로서 그리고 일정한 지리적 요소까지도 이것들과 결합하여 한 나라·민족의 역사를 이루는 것이다. 이들 가운데 어느 것 하나도 민족사의 범주에서는 제외될 수 없다. 그러므로 신채호가 말하는 '조선·영·미 …' 등의 명칭은 일정한 시대에 역사의 무대에 나타난 국호(國號)에 국한되는 것이 아니라, 이들 각각의 나라에 영속적으로 존재하고 있는 **민족**이나 영토를 의미하기도 한다. 이에 따라서 신채호는 역사적 민족 또는 역사를 가질 수 있는 민족의 필연적인 조건으로서 각 민족의 **시간적 영속성**과 **공간적 보편성**을 강조하는 것이다.
  만일 우리가 역사를 민족사로 규정하지 않는다면, 민족은 역사에서 아무런 의미도 갖지 못할 것이고 아무런 역할도 하지 못할 것이다. 그렇지만 신채호의 역사관이 **민족사관**으로 불리는 까닭은, 그에 있어서 모든 역사는 민족을 단위로 하는 '아와 비아의 투쟁'의 역사이기 때문이다. 더구나 그의 민족개념은 혈족(血族)에 바탕을 두고 있다.[111] 이는 신채호 생존시의 **일제치하**라는 우리 역사의 시대적 배경과 밀접한 관련이 있다고 하겠으나, 우리가 앞에서 고찰한 **지리적 환경**과도 밀접하게 관련되어 있다. 교통수단이 발달하지 않은 시대일수록 지형이 폐쇄적이면, 그만큼 인간 집단 상호간의 접촉이 드물다는 것은 당연한 이치이다. 그렇기 때문에 혈통을 보존하는 데에는 지형도 큰 역할을 한다. 말하자면, 신채호는 이러한 혈족이 민족으로 확대된 것으로 고찰하는 것이다. 그에 따르면, 우리나라의 지형이 비록 그리스나 이탈리아처럼 반도이긴 하지만, 우리의 자연환경과 여러 가지 생활조건이 이들 나라와는 같지 않아서 혈통중심의 민족이 형성될 수 있었다.[112]

여기서 우리가 한 가지 유의해야할 사항은, 신채호에게 있어서 민족은 국가·국민과 구별되지 않는다는 점이다. 즉, 국가는 지리적 조건을 바탕으로 하여 구성원 모두를 하나의 단위로 결합시키는 정치조직이고, 국가 안에서 민족은 비로소 국민으로 등장하긴 하지만, 역사적 정신의 측면으로 고찰하면 국가의 지도이념은 민

---

111) 신채호는 우리 민족의 역사를 인종적 - 이것이 반드시 옳다고는 할 수 없지만 - 으로 "扶餘族 盛衰消長의 歷史"라고 분명히 말하고 있다. 「讀史新論」, 483-475쪽 참조.: 신채호는 "단군을 '동국을 개창하신 시조'이며, 단군 이후로는 부여족을 주족(主族)으로 설정하여 부여-고구려-발해의 역사를 강조하였다. 그러나 이는 부여나 고구려 중심의 정통론은 아니었다. 그것은 우리 민족의 역사는 부여족을 주족으로 하는 역사라는 것을 강조하였을 뿐이었다." 박찬승 지음, 『민족·민족주의』, 위의 책, 151쪽.
112) 「讀史新論」, 477쪽 참조.

족의 정신과 부합해야 하기 때문에, 국민(Volk)은 곧 역사적 정신을 공유하는 민족(Nation)과 다를 수 없다는 것이다.[113] 신채호는 역사와 민족 그리고 국가의 상관관계를 다음과 같이 분명하게 밝히고 있다.

> "國家의 歷史는 民族 消長盛衰의 狀態를 閱叙할 者라. 民族을 捨하면 歷史가 無할지며, 歷史를 捨하면 民族의 其 國家에 對한 觀念이 不大할지니, 嗚呼라, 歷史家의 責任이 其亦 重矣哉인저. (…) 國家가 旣是 民族精神으로 構成된 有機體인즉, 單純한 血族으로 傳來한 國家는 姑捨하고, 混雜한 各族으로 結集된 國家일지라도, 必也 其中에 항상 主動力되는 特別種族이 有하여야, 於是乎 其 國家가 國家될지니, '…'"(「讀史新論」, 471쪽.)

국가가 비록 정치조직이긴 하지만, 신채호는 이것을 정치적 의미로만 보지는 않는다. 하나의 민족이 일정한 지역에서 동일한 정신적 토대를 가지고 국가를 형성한다면, 그리고 국호(國號)가 변할

---

113) "이제 '민족'은 국권 회복과 신국가 건설의 주체로 설정되어 있다. 이는 단재 신채호(申采浩)의 글로 추정되고 있는 「20세기 신국민」이라는 글에서 더 명확하게 나타난다. '지금 한국은 삼천리 산하가 있으니 그 국토가 넓으며, 2천만 민족이 있으니 그 국민이 많은 것이다. 그러한즉 국민 동포가 단지 20세기 신국민의 이상과 기력을 분발하여 일으켜, 국민적 국가의 기초를 굳게 하여, 실력을 기르며, 세계 대세의 풍조에 잘 대응하여 문명을 넓히면 가히 동아시아 한쪽에 우뚝 서서 강국의 기초를 자랑할지며, 가히 세계무대에 뛰어 올라서서 문명의 깃발을 휘날릴지니. 아, 동포여, 어찌 분발하지 않겠는가.' (…) 신채호는 이제 동포=국민=민족(nation)의 개념 위에서 새로운 국민을 창출하여 새로운 근대국가를 세울 것을 제창하였다." 박찬승 지음, 『민족·민족주의』, 위의 책, 80쪽. (박찬승이 인용한 글은 「20世紀 新國民」, 『대한매일신보』 1910. 3. 3."임)

지라도 언제나 동일한 정신을 소유한 민족이 국민이라면, 이것은 역사적인 생명력을 언제나 유지하는 것이 된다. 이때도 구심점을 이루는 것은 언제나 **민족정신**이다. 그러므로 신채호에게 있어서 역사는 민족, 더욱 엄밀하게는 민족정신의 형성과정과 변화과정을 서술한 것이며, 나아가서는 민족의 정신적 이념을 공고히 하면서 확대하는 작업이 바로 역사인 것이다.

그렇다고 해서 이와 같은 역사가 동일한 이념을 바탕으로 하는 보편사로서의 세계사로 확대될 수는 없다. 물론 헤겔이 말하는 것처럼 자유의식을 역사의 이념으로 설정한다면, 문제는 달라질 수도 있을 것이다. 그렇지만 그 자유의식도 세계사로 확대되기 이전에 먼저 민족 안에서 구성원 모두가 자유의식을 지닌 다음에야 세계로 확대될 수 있음은 두 말할 나위가 없다. 더구나 민족 내지 민족정신을 역사의 이념이라고 한다면, 이것은 세계사로 보편화될 수 없거나 보편화되기가 매우 어렵다. 그 까닭은 다음과 같다.

"此 國은 我의 國이니, 此 國을 存할 者도 我요 興할 者도 我라. (…) 此 國民은 我의 國民이니, 此 國民을 導할 者도 我요 培할 者도 我라. (…) 此 種族(如 黃種·白種 等)은 我의 種族이니, 此 種族을 保할 者도 我요 强케 할 者도 我라. (…) 此 世界는 我의 世界니, 此 世界를 安할 者도 我며 救할 者도 我라. (…) 泰山이 身을 壓하여도 我는 我요, 火焰이 身을 燒하여도 我는 我요, 天이 崩하고 地가 裂하여도 我는 我요, 風이 漂하고 雨가 洗하여도 我는 我라 하여, 我가 我라는 一念이 大丈夫 心頭에 不離하는 故로 悲惱困苦를 惟我가 自救하며 吉善福樂을 惟我가 自救함이어늘, 今也에 海中漏船에 坐하여 風浪의

穩平을 待하며 薪上猛火에 立하여 霖雨의 暴注를 望하여 我의 一身이 恒常 時勢에 依賴하여 事를 濟코자 하다가 如此한 時勢가 不來하면 將 奈何오. 故로 我가 前途로 進하다가 時勢를 遇하여 此를 利用함은 可하거니와 我가 時勢의 渦中에 投하여 蹶躇張望함은 不可하니라."[114]

'아와 비아의 투쟁'을 역사의 원리로 규정하는 신채호에게 역사의 주체가 각각의 민족인 것은 두 말할 나위가 없으며, 더구나 그는 투쟁의 원인을 "인류의 이해문제"(利害問題)[115]에서 찾음으로써 인류가 공통으로 가질 수 있는 보편적 정신을 인정하지 않는다. 한 걸음 더 나아가서, 세계사를 보편사로서 정립할 수 있다고 하더라도 각각의 민족사를 배제해서는 안 된다. 세계의 역사를 돌이켜 보건대, 많은 경우에 있어서 (특히) 인접 국가들 간의 역사가 서로 상반되는 관점에서 기술되고 있음을 알 수 있다. 한편에서는 침략으로 기술되는 전쟁이 다른 한편에서는 해방전쟁으로 불리고, 자유와 평화를 수호한다는 이름으로 전쟁이 수행되는가 하면, 평화공존을 위하여 핵무기를 개발·보유하고 있는 것이 오늘날의 현실이다. 미국의 사회학자이자 역사학자인 제임스 로웬은 미국을 대표하는 역사교과서 12권을 분석 연구하여 다음과 같은 결론을 내린다. 그에 따르면, 모든 역사교과서는 왜곡을 기본으로 한다. 여기서 '왜곡'이란 사실에 대한 왜곡뿐만 아니라 말해야 할 사실을 교과서에서 생

---

114) 「我란 觀念을 擴張할지어다」, 『丹齋申采浩全集』(別集), 丹齋申采浩先生 紀念事業會, 형설출판사 1998, 157-158쪽.
115) 「浪客의 新年漫筆」, 『丹齋申采浩全集』(下卷), 丹齋申采浩先生 紀念事業會, 형설출판사 1995 (개정 5쇄), 25쪽.

략하고 있는 것도 왜곡이라는 것이다. 더구나 역사를 가르치는 선생님이라면, 교과서에 기록되지 않은 역사적 사실도 학생들이 질문을 하고 의문을 제기할 때면, 최대한 연구하고 조사하여 진실을 대답해 주어야 한다는 것이다. 그래서 그는 역사교과서가 생략하고 있는 내용도 분명한 왜곡이라고 말한다.[116] 말하자면 자유의식이 현실세계에서는 이념과 이상으로만 존재할 뿐이지, 인간의 의식·정신이 아무리 그것을 역사에 있어서 최고의 목표로 설정하더라도 완성될 가능성은 희박하다는 말이다.

비록 많은 사람들이 이념을 목표로 살아간다고 할지라도 삶은 구체적이고 현실적인 것이다. 현실에 바탕을 두지 않는 이념은 깨고 나면 사라지는 꿈에 불과하다. 그래서 헤겔도 야스퍼스도 참된 역사는 **기억**(Erinnerung)에 남는다고 말한다. 역사로서의 기억이란 단순한 저장이 아니라 의식의 내면화이며, 이때 기억되는 내용은 개인적인 것이 아니라 이미 전체로서의 과거를 현재에 내면화하는 것이고, 이를 바탕으로 하여 미래 세대에로 연결된다. 그래서 내면화된 과거의 현실은 오늘에 있어서 전통으로 남으며, 이것은 특정한 지역과 민족의 범위 안에서 고유한 정신으로 작용하는 것이다. 헤겔은 "특정한 민족정신은 자신의 내부에 **역사**를 가지고 있다. 특정한 민족정신은 제한된 정신이므로, 그 자립성은 종속된 것이다. 따라서 특정한 민족정신은 **보편적 세계사**로 이행한다."[117]고 말하는데, 보편적 세계사가 가능하다고 지나치게 강조하다보면 개별성과

---

116) 제임스 W. 로웬 지음, 『선생님이 가르쳐 준 거짓말』, 위의 책, 참조.

117) Hegel, *Enzyklopädie der philosophischen Wissenschaften* Ⅲ, Frankfurt a. M. 1970, §548.; 프리드리히 헤겔 지음, 박병기·박구용 옮김, 『정신철학』, 서울 (UUP) 2000, 438쪽. (강조는 헤겔의 것)

특수성이 말살될 수 있으며, 세계의 통일에 기여할 수도 있지만 세계를 혼란에 빠뜨릴 수도 있다. 공통점과 통일성이란 특수성과 개별성을 인정하는 가운데 드러나게 된다. 그렇기 때문에 설령 우리가 보편적 세계사를 목표로 할지라도, 그전에 민족사를 정립해야 한다는 점은 필수적이다.

헤겔 역시 역사의 주체로서 민족 - 국민 - 내지 민족정신 - 국민정신 - 을 부정하지 않는다. 아니 오히려 적극적으로 수용하기도 한다. 헤겔의 철학이 제아무리 관념적일지라도, 역사란 구체적 현실을 떠나서는 아무런 의미가 없기 때문에, 그는 다음과 같이 말하고 있다.

> "모든 개인은 그 국민의 특정한 발전단계 위에 있는, 바로 그 국민의 아들이다. 어느 누구도 자기가 딛고 선 이 대지를 뛰어넘을 수 없듯이, 또한 그는 자기 국민의 정신을 뛰어넘을 수도 없다." (VG, S. 95.; 『이성』, 140쪽.)[118]

---

118) 우리는 여기서 독일어 Volk와 Nation에 대한 번역상의 어려움에 봉착한다. 어원상으로 또는 단어의 의미 변천상으로 보면 - 물론 문맥에 따라 차이는 있겠지만 - Volk를 국민으로, Nation을 민족으로 번역해야 할 것이다. 그러나 헤겔 저서의 번역물에서, 심지어는 원전에서 조차 - 그리고 헤겔의 원텍스트와 랏손(G. Lasson)의 필기 내용에서도 - 두 단어가 혼용되고 있거나 구별 없이 사용되는 경우도 있다. 많은 역사학자는 근대와 현대의 민족주의 개념과 결부시켜서 민족을 '역사적 발전의 산물'로 간주하고, 신채호에게서처럼 종족·인종학적 개념으로 인정하지 않고 있다. (이에 대해서는 『民族主義란 무엇인가』, 白樂晴 엮음, 서울 (創作과 批評社) 1991(3판)을 참조하기 바람.) 헤겔 원전 번역에 크게 공헌한 임석진은, 예를 들면 Volksgeist를 국민정신으로, Geist des Volkes를 민족의 정신으로 번역한다. 그러나 우리가 헤겔의 원전을 좀 더 세밀하게 읽어보면, 헤겔이 Volk를 주로 정치적·조직적인 의미로 사용하고 Nation을 자연적인 규정을 받는 것으로 사용하고 있음을 알 수가 있다. 역사학자 강만길은 다음과 같이 정의한다.: "국민은 정치적, 경제적 통

187

"Jedes Individuum ist der Sohn seines Volkes auf einer bestimmten Stufe der Entwicklung dieses Volkes. Niemand kann den Geist seines Volkes überspringen, sowenig er die Erde überspringen kann."

이와 꼭 같은 내용을 그의 『철학사 강의』에서도 찾아볼 수 있다.

"개인은 자기가 속해 있는 민족의 아들이며 또한 세계의 일원이다. 개인이 제 아무리 애를 태운다 하더라도 그는 이 세계를 넘어설수 없다. 왜냐하면 개인은 곧 스스로의 실체이며 본질이기도 한 보편적 정신에 속해 있기 때문이다. 그가 어떻게 여기서 벗어날 수 있겠는가? 바로 이 보편적 정신이야말로 철학적 사유에 의해서 포착되어야 할 대상이다."[119]

우리는 무엇보다도 위의 인용문들이 **역사의 철학**과 **철학의 역사,**

일체와 그것에 대한 공속감(共屬感)을 기초로 하여 이루어진 것으로서 민족과 다름은 더 말할 여지가 없다. 정치적, 경제적 통일성을 기할 수 있으면 하나의 민족이 둘 이상의 국민을 이룰 수 있고 반대로 둘 이상의 민족이 모여 하나의 국민을 이룰 수도 있다. (…) 민족은 정치적·경제적 통일체에 그치지 않고 그 밑바닥에 인종이나 국토 등 자연풍토적 조건과 언어 및 문화적 전통 등 사회풍토적 조건을 깔고 형성된 공동체이다. 그것은 국민보다 자연적이고 제1차적인 집단이다."(姜萬吉, 『分斷時代의 歷史認識』, 서울 (創作과 批評社) 1995 (10쇄), 35-36쪽.) 이렇게 보면 우리의 혼란은 더욱 가중될 수 있겠지만, 헤겔의 저서를 읽을 때에는 이와 같은 점을 충분히 감안해야 할 것이다. 이러한 혼란을 피하기 위해 필자는 필요에 따라 원어 Volk와 Nation을 괄호 속에 부가하겠다.

119) Hegel, *Vorlesungen über die Geschichte der Philosophie* I, Frankfurt a. M. 1971, S. 64f.; 임석진 역, 『철학사』 I, 앞의 책, 75쪽.

즉 철학과 역사에 관련된 것이라는 점에 주목해야 할 것이다. 철학뿐만 아니라 역사 역시 인간의 육체적 활동이 아니라 정신적 행위에 관한 것임은 분명하다. 그리고 역사를 철학적으로 탐구할 것을 목표로 하는 사람은, 자신이 아무리 천재적인 소질을 지니고 있을지라도, 역사를 환상에 의해서 구성하고 전개할 수는 없는 노릇이다. 과거의 역사적 사건이 단순히 사건으로만 머물러버리는 것이 아니라 **현재의 사건으로서**도 계속해서 살아있는 까닭은 현재의 인간들이 그것을 **정신**으로 바라보기 때문이다. 그렇기 때문에 역사철학자는 역사적 사건 가운데에서 역사적 정신을 찾아내고자 한다. 다시 말해서, 역사철학자의 임무는 현재에도 남아있는 과거의 정신이 무엇인가를 밝히는 일이고, 그것이 인간과 자연에 어떤 영향을 끼치는가를 탐구하는 일이며, 그래서 과거와 현재의 정신이 미래를 위해서는 어떻게 해야 하는가를 제시하는 일이다.

헤겔은 그와 같은 정신이 전개되는 보편적 장(場)을 **국민**(Volk)으로 보고 있다. 헤겔에게 있어서 개별자와 보편자의 관계는 보편자가 개별자를 포괄한다는 이유로 인하여 개별자를 단순히 해소시켜버리는 것이 아니라, 오히려 보편자는 개별자로 하여금 구체적인 활동을 전개하도록 하는 **마당**이다. 그렇기 때문에 보편자로서 하나의 국민은 각 개인들을 외연적(外延的)으로 포괄하면서도 **국민의 정신**(Geist des Volkes)을 유일한 내포적(內包的) 특징으로 삼는 것이다. 이에 따라서 헤겔에 있어서 하나의 국민임을 나타내는 **유일한 특징**을 내세운다면 그것은 바로 국민의 정신이다.[120]

---

120) "헤겔은 '민족정신'을 '종교, 학문, 기예, 운명, 사건' 속에서 전개되는 하나의
　　'구체적 전체'로 해석하고 있는 것이지만, 이 해석은, 사회를 전체로서, 이 전체에

그렇다면, 필자가 앞에서 신채호의 역사관에 있어서는 역사의 주체를 민족(Nation)으로 고찰하였음에도 불구하고, 어찌하여 헤겔의 역사철학에서는 그것을 국민(Volk)으로 보고 있을까? 신채호가 민중사상가[121]라면 헤겔은 국가철학자라고 할 수 있을 것이다. 신채호가 말하는 민족 개념은 그의 사상 전개상 후기로 갈수록 더욱 구체화되어 **민중** 개념으로 나타난다.[122] 한 민족의 역사에서 영웅

관계하는 그것의 모든 영역에 걸쳐서 고찰하려 하는 그 의도에는 특징적이다." (만프레드 회퍼, 「헤겔의 역사철학」, 에르하르트 랑게 엮음, 『헤겔과 현대』, 위의 책, 124쪽.) 이 글에서 '민족정신'은 '국민정신'을 잘못 번역한 것이다.

121) "그(신채호)는 그동안 세계사의 흐름과 국내외의 독립운동 등을 통하여, 우리 민족과 세계 인류의 평등과 자유를 짓밟는 근본 요소가 단순히 어느 특정 나라의 침략주의·강권주의에 있는 것이 아니라, 이들 침략주의·강권주의의 배경이라 할 제국주의의 본질 속에 있음을 간파하고, 제국주의의 희생물이 피식민 국가의 소위 식민지·半식민지의 민중이요, 무산 민중임을 깊이 인식하게 되었다. 그리하여 당시의 민족적 및 세계적인 제일 과제로서 피식민 국가의 민중을 포함한 모든 민중의 평등과 자유가 거론되지 않을 수 없었고, 이를 해결하기 위해서는 혁명으로써만이 가능한데 그 혁명의 주체 세력으로서, 단재는 침략주의와 제국주의의 이중적 핍박을 받고 있는 '식민지의 무산 민중'을 떠올리게 되었던 것이다. 따라서 1920년대에 이르러, 단재는 '민중'을 민족사 및 세계사의 혁명적 주역으로서 제시하게 되었던 것이다." 李萬烈 著, 『丹齊 申采浩의 歷史學 硏究』, 서울 (문학과지성사) 1995, 201쪽.

122) 이만열은 신채호의 역사학을 연구하여 "1911년(망명)에서 1923년 「朝鮮革命宣言」 발표 이전까지의 시기에 그의 역사 주체 인식이 어떠했는가"를 살펴보고 "「檀奇古史」 서문(1912)과 「꿈하늘」, 『조선상고문화사』 정도일 것으로 지적되는 데, 이러한 저술에서는 그의 역사 인식 주체를 탐지하기 어렵다"고 한다. "그러는 중에 러시아의 10월 혁명(1917)과 1919년의 3·1 운동, 5·4 운동을 경험한다. 여기서 그는 세계 민중의 역사 주체화의 과정을 감지했을 것이다. 1923년 「조선혁명선언」에서 민중 직접 혁명을 부르짖은 것은 이러한 세계사적 변혁의 경험에서 그가 민중에 대한 역사 주체로서의 확신이 뒷받침되었기 때문일 것"이라고 한다. "국망 전에 구체적인 의미가 없이 쓰여진 바 있는 이 '민중'이란 말이 본격적으로 쓰여지기 시작한 것은 1920년대이다. 여기에는 우리 민족사와 세계적으로 보아 그만한 계기가 있었으리라고 생각된다. 그만한 계기란 러시아 혁명, 3·1 운동, 5·4 운

의 출현은 필연적이며 국가라는 정치조직도 필수적이지만, 영웅과 국가가 없다고 해서 그 민족의 역사마저 - 비록 굴욕의 역사라고 할지라도 - 단절되는 것은 아니다. 그 까닭은 신채호가 민족의 대다수를 차지하고 있는 민중을 역사의 주체로 삼고 있기 때문이다.

> "민중이란 무엇인가. 민중이기 때문에 관리 기타 특권계급일 수는 없다. 즉 민중의 첫째 특징은 관리가 아닌 것이다. 다음에 민중이기 때문에 소수계급일 수는 없을 것이다. 그러므로 소수인 재산계급은 민중이 아니요, 소수인 지식계급은 민중이 아니요, 소수인 자유업자는 민중이 아니다. (…) 그것은 다수라야 할 것이니 그런 의미로 보아 조선의 민중은 농민·어민·노동자를 합한 것이라 할 것이다. 그 중에 가장 다수를 점령한 것이 전 인구의 10분의 8강(强)이나 되는 농민인즉 조선민중의 중심은 농민에 있을 것이다."[123]

신채호가 여기서 말하는 민중은 이데올로기적 개념이 아니다. 그는 실제로 특정 계급을 염두에 두고 역사의 주체로서 이데올로기적 의미의 민중을 강조한 것이 아니라, 아와 비아의 투쟁 과정에서 비아에 대항하여 아의 단위를 이룰 수 있는, 민족의 구성원 모두를 말한 것이다. 다만 민족의 대다수를 점하고 있는 농민을 민중의 중심에 세웠을 뿐이다. 그렇기 때문에 설령 역사의 지도자·주도자

동과 3·1 운동 이후에 국내에서 급격히 성장한 농민·노동자들의 소작쟁의·노동쟁의를 비롯한 일련의 민중 운동들이었다"고 한다. 李萬烈 著, 『丹齋 申采浩의 歷史學 硏究』, 위의 책, 190쪽.

123) "東亞日報 1924. 2. 6."; 安秉直, 「丹齋 申采浩의 民族主義」, 『韓國의 歷史認識 下』, 李佑成·姜萬吉 編, 서울(創作과 批評社) 1993 (22쇄), 466쪽에서 재인용.

로 평가되는 사람이 있을지라도, 그가 대다수 민중의 의지-즉 민족정신-에 반(反)하여 행위 했을 때에는 진정한 지도자일 수가 없다. 투쟁의 의지는 궁극적으로 민중의 의지이며, 투쟁의 정신은 역사적으로 형성된 민족의 정신이다.

"민중혁명론이 그의 사회 사상으로 무르익으면서 그는 여태껏 우리 역사에서 소외시켰던 '민중'을 역사의 주인공으로 내세운다. 그리하여 단재는 우리 역사를 보다 폭넓은 민족 사학에로 전진시키게 되었던 것이다. 이 점은 그가 사료 수집에 있어서도 유교 사학자들의 사서만 이용하지 않고 재야 무명사가들의 자료도 폭넓게 수집·이용하는 자세에서도 보이는 바라고 생각된다.

또 하나 그의 사학 사상에서 중요시되어야 할 점은, 민중을 역사의 주체로 인식하고 민중 혁명론을 부르짖으면서 유교적 중세 사학이 가졌던 천명론·의리론·정통론 등의 이데올로기성을 극복하고 탈이데올로기화 해서 역사를 보다 객관화하려고 노력하게 되었다는 점이다. 이러한 점들은, 단재 사학이 우리나라의 사학을 종래의 유교적 중세 사학에서 근대 사학으로 발전시키는 과정에서, 영웅→국민→민중으로의 역사 주체 인식의 발전적 변화가 그 결정적 계기가 되었음을 암시해주는 것이라 생각된다."[124]

그러므로 신채호가 말하는 "민중혁명"[125]은 계급투쟁에 의한 프롤레타리아 혁명이 결코 아니며, 민족 전체의 보존과 이익을 위하

---

124) 李萬烈 著, 『丹齋 申采浩의 歷史學 硏究』, 위의 책, 202쪽.
125) 이에 대해서는 특히 「朝鮮革命宣言」을 참조할 것.

여 타 민족·국가와 투쟁할 것을 강조하는 역사의 법칙이자 원리이다. 여기에는 역사의 변증법적 지양(Aufhebung)이나 발전 또는 진보라는 의미가 없다. 투쟁의 결과는 예측이 불가능하다. 현실적 역사는 관념의 세계만을 헤매지는 않는다. 그러기에 민족·민중은 국가라는 조직체를 필요로 하며, 이 조직체가 역사의 전면에 나선다.

신채호가 발해사(渤海史)를 우리의 역사에 포함하는 까닭도 그 조직체의 구성원이 바로 우리 민족이기 때문이다. 그가 단군(檀君)[126]에 기초한 단군 자손설을 주장하여 우리의 역사가 부여족(扶餘族)으로 이어지고, 고구려로 전승된다고 하는 것 역시 민족을 중심으로 역사를 서술해야 한다는 그의 역사사상을 단적으로 보여주는 것이다.[127] 신채호의 이와 같은 민족·민중사학은 철저한 현실 인식을

---

126) 이 시점에서 우리는 '삼국유사(三國遺事) 고조선 조(條)의 내용이 신화에 불과할 뿐인가?'를 엄밀하게 검토해 보아야 한다. 비록 그 내용을 장르상으로 구분 했을 때 신화에 해당된다고 하더라도, 단군(檀君)의 역사적 의미를 반드시 살펴보아야 한다. 또한 원로 문헌 사학자이자 우리나라의 대표적인 실증주의 사학자였던 이병도(李丙燾, 1896-1989)는 1986년 10월 9일 조선일보에 '단군은 신화가 아니라 우리의 국조(國祖)'라고 기고하고 있다. 이전까지만 해도 이병도는 단군을 신화라고만 주장하였는데, 그는 중요한 사실을 밝히고 있다. 그는 삼국유사 고조선 조(條)에 언급되고 있는 고기(古記)가 삼국사기(三國史記)에서 김부식이 인용하고 있는 고기와 동일한 자료라고 밝혔다.

127) 申一澈,「申采浩의 民族史觀」,『韓國의 近代思想』, 서울(三省出版社) 1984(8판), 성'에 대해서解題, 335-336쪽 참조.; 그리고 신채호 자신이 말하는 '민족사의 연속는 「讀史新論」第1編 上世"를 참조할 것.; "단재의 단군론은 몇 가지 특성과 의의를 갖고 있다. 그의 단군 인식은 첫째『삼국유사』류의 전통적 사료들의 단군 이해를 거부하고 있다. (…)『삼국유사』소재 古記類의 인식의 한계성을 극복하려는 단재의 단군관은 보다 합리적인 역사 연구 방법론을 적용하여 역사 인식의 폭을 확대하려는 노력의 결과로 주어진 것이었다. 둘째로 단재의 단군 인식이 종교 신앙과 문화 일반과 관련되고 있다는 점이다. (…) 단재가 단군 인식에서 문화적 측면을 강조한 것은 당시까지 현존하고 있던 문화 사대와 문화 식민주의를 타파하고자 함이었다. (…) 셋째로, 단군조의 주활동 무대로서의 만주와 단군의 대외 정복

바탕으로 정립된 것이며, 이러한 점은 헤겔의 관점과 다르지 않다고 할 수 있다. 신채호는 자신이 속한 현실에서 한국 민족의 정신이 황폐화되어 있음을 통탄하고 다음과 같이 말하고 있다.

> "우리 朝鮮 사람은 매양 利害 以外에서 眞理를 찾으려 하므로, 釋迦가 들어오면 朝鮮의 釋迦가 되지 않고 釋迦의 朝鮮이 되며, 孔子가 들어오면 朝鮮의 孔子가 되지 않고 孔子의 朝鮮이 되며, 무슨 主義가 들어와도 朝鮮의 主義가 되지 않고 主義의 朝鮮이 되려 한다. 그리하여 道德과 主義를 爲하는 朝鮮은 있고, 朝鮮을 爲하는 道德과 主義는 없다. 아! 이것이 朝鮮의 特色이냐, 特色이라면 特色이나 奴隷의 特色이다. 나는 朝鮮의 道德과 朝鮮의 主義를 爲하여 哭하려 한다."[128]

나아가서 신채호는 우리 자신들의 현실적 역사의식에 대해서 다음과 같이 더욱 철저하게 비판하고 있다.

> "大抵 太古時代는 斯人의 見識이 嬰兒와 如하여 一家가 其鄕土 되며, 中古時代는 成年男子와 如하여 一地方이 其鄕土 되며, 近世는 東西旅行을 任意하는 壯年人과 如하여 一國家가 其鄕土 되는데, 萬一 此比例와 相反되어 中古人이 太古時代의 思想을 保持하며 近世

활동을 바각시켰으며 단군조의 중국에서의 식민 활동을 강하였다는 점이다. (…) 또 대외 식민 운동을 강조하는 단재의 단군관은 한말의 자강 독립운동과 일제하의 국권회복운동의 민족사적 기반을 단군에서 찾아, 중국의 문화 식민주의는 물론 일제의 침략·강점·수탈을 거부하는 반식민 운동의 史的 이념 표상으로서의 단군을 설정하려는 데 있었다." 李萬烈 著, 『丹齊 申采浩의 歷史學 硏究』, 위의 책, 268-270쪽.
128) 「浪客의 新年漫筆」, 위의 책, 26쪽.

人이 中古時代의 思想을 保持하다가는 自亡을 難免할지니, 此는 歷史의 公例가 昭昭한 바로다. 然而, 今日 韓國人은 四千年 歷史를 有한 國으로 至今까지 尙且 嬰兒의 狀態를 脫脚하지 못하여 家族的 觀念은 有하되 民族的 觀念은 無하며, 地方的 觀念은 有하되 國家的 觀念은 無하니, 是가 何故이뇨. 噫라. 是는 數百年間 閉關의 結果인저."[129]

  자신이 뛰어넘을 수 없었던 민족의 현실, 바로 그것을 철저히 긍정하고 수용하면서도 극복하려고 노력한 역사가의 의지가 여기에 명백하게 드러나고 있다. 또한, 신채호의 역사사상에 있어서 '아와 비아의 투쟁'이 역사의 원리이자 법칙이라고 해서, 그 결과가 반드시 발전을 의미하지는 않는다는 사실도 위의 인용문에서 분명히 알 수 있다. 물론 투쟁이 역사적 현실에서의 여러 모순을 해소하는 방법이라는 것만은 분명하지만, 그 결과 모순은 긍정적 방향으로도 부정적 방향으로도 해소될 수 있기 때문이다. 그러나 투쟁은 하나의 민족과 다른 민족 간의 투쟁인가 하면, 하나의 민족 내부에서도 투쟁의 요소, 즉 모순은 언제나 생겨나기 때문에, 새로이 발생한 모순은 이전의 현실보다도 이후의 현실을 더욱 후퇴시킬 수도 있는 것이다. 그러므로 이때 투쟁의 결과로 모순이 해소된다고 해서 이후의 현실이 그 이전의 현실보다 반드시 발전된 현실이라고 할 수는 없다.
  이에 반해 우리가 헤겔의 관점을 최대한 긍정적으로 수용한다

---

129) 「思想變遷의 階級」, 『丹齋申采浩全集』(別集), 丹齋申采浩先生 紀念事業會, 형설출판사 1998, 163쪽.

면, 헤겔은 자기 국민의 정신이 변증법적 발전과정을 거쳐서 세계정신으로 드러나는 가운데 완성된 것으로 고찰하였기 때문에, 자기 국민의 정신을 바탕으로 하여 **세계사의 철학**을 서술했다고 할 수 있다. 이때 우리는 헤겔에 있어서는 분명히 민족이라는 개념보다 국민이라는 개념을 사용해야 한다. 물론 헤겔도 민족(Nation)이라는 개념을 사용하고 있다. 그렇지만 그는 민족을 국민보다도 훨씬 넓은 범위에 적용하며, 특히 그가 비록 관념론 철학자였지만 역사에서는 현실을 바탕으로 할 수밖에 없었기에 역사적 조직체의 가장 큰 단위를 국가로 규정한다. 그리고 그는 프랑스나 영국 등 유럽의 다른 국가들과 독일을 비교하면서 언제나 교묘하게 독일을 더 위대한 국가로 설명하고 있다.[130] 또한, 헤겔은 역사의 무대에 등장할 수 있는 것은 민족이 아니라 국민이라고 말한다.

> "어떤 국민이건 간에 도대체 세계사적일 수 있기 위해서는 그의 근본요소, 또는 그의 근본목적 속에 하나의 보편적 원리가 담겨 있어야만 한다. 오직 이런 한에서만 그의 정신이 이루어낸 작업결과는 인륜적이며 정치적인 제도·기구가 된다."(VG. S. 176.: 『이성』, 239쪽.)

---

130) 헤겔은 역사서술을 "근원적 역사(die ursprüngliche Geschichte), 반성적 역사(die reflektierte Geschichte), 철학적 역사(die philosophische Geschichte)"라는 세 가지 양식으로 구분하는데, '근원적 역사'에서는 서양 고대의 역사가와 역사서술을 중심으로 다루고 있으며, '반성적 역사'에서는 근대 유럽의 영국과 프랑스 그리고 독일인들의 역사서술을 집중적으로 다룬다. 마지막으로 '철학적 세계사'는 헤겔 자신의 역사철학을 위치시켜 놓았는데, 이는 헤겔의 모든 철학 체계에서와 마찬가지로 자신의 입장에서는 지극히 당연하다는 듯이 보인다. 이 가운데 '반성적 역사' 부분에서 헤겔은 독일을 영국과 프랑스에 비해서 상대적으로 우위에 위치시키는 교묘함을 보이고 있다. (VG. S. 9ff., 20ff.: 『이성』, 25-27, 37-38쪽 참조.)

여기서 '인륜적이며 정치적인 제도·기구'는 바로 **국가**인데, 국가는 개인의 주관적인 의지에 현실성을 보증해주는 인륜적 전체라는 게 헤겔의 생각이다. 헤겔은 여기에 기독교 정신을 결부시키는데, 헤겔의 이러한 사상에 대해 신채호의 관점에 따라서 다음과 같은 질문을 던질 수 있다. 즉, 헤겔이 말하는 게르만 민족의 정신이란 과연 기독교 정신 하나 뿐인가?, 만일 그렇다면 게르만을 위한 기독교인가? 기독교를 위한 게르만인가?

헤겔이 게르만 민족을 비롯한 전 유럽인의 정신을 오로지 기독교에서 찾고자 한 반면에, 신채호는 외래사조가 수용된 이후에 민족 고유의 것으로 변형된 것에서 민족의 정신을 찾으려고 하였다. 신채호는 외래사조에 대한 무비판적이고 맹목적인 수용 태도를 용납하지 않았다. 더 나아가서 그는 외래사조가 어떤 민족에게 있어서는 고유한 정신을 말살하는 것으로 보았다. 그렇다고 그가 무턱대고 석가나 공자를 –또는 기독교를– 부정한 것이 아니었다. 오히려 그는 석가나 공자가 추구한 사상의 보편성을 적극적으로 인정하기에, "中國의 釋迦가 印度와 다르며, 日本의 孔子가 中國과 다르며, 마르크스도 카우츠키의 마르크스와 레닌의 마르크스와 中國이나 日本의 마르크스가 다 다름이다."[131]고 하여 특수성과 개별성까지도 모두 포괄하는 보편성을 강조하고 있다. 그러므로 역사철학도 마찬가지로 구체적 **현실**로서의 개별적인 민족사를 인정하는 가운데에만 **이념**으로서의 보편적 세계사를 추구할 수가 있을 것이다.

더구나 헤겔이 말하고 있듯이, 게르만 민족의 정신이 세계사적

---

131) 「浪客의 新年漫筆」, 위의 책, 25-26쪽.

의미를 지닌다고 할지라도 그것이 유럽이라는 특정 지역으로 국한되는 한, 그리고 헤겔이 세계사의 발전 단계에서 배제하고 있는 아프리카와 아메리카, 슬라브 민족을 고려해보면, 그가 말하는 세계사란 사실상 **게르만의 민족사**라고 해야 옳다. 이는 헤겔의 역사철학에서 볼 수 있는 치명적인 결점이라고 할 수 있는데, 그 내용은 헤겔의 글에서 뚜렷하게 나타나고 있다.

"자연의 힘이 너무 강렬한 곳에서는 인간의 해방은 힘겨워진다. (…) 극과 극은 원래 정신적 발전에 이롭지 못하다. (…) 열대나 한 대는 그 어느 쪽도 인간으로 하여금 자유로운 활동을 전개하거나 또는 더 높은 차원의 정신적 관심에 따라서 활동할 수 있게 하는 풍부한 수단을 마련해 주지 않는다. (…) 결국 전체적인 면에서 세계사가 연출될 수 있는 무대를 제공하는 곳은 온대지방이다. 그 가운데서도 능히 이 역할을 해낼 수 있는 곳은 북쪽에 위치한 온대지방이다. '…' 그러한 지대에 자리 잡은 대륙은 이른바 넓은 가슴 같은 모양을 하고 여러 주를 연결시킨다. 그런데 이런 형상과 관련하여 지구가 북쪽으로는 광야를 이루고, 남쪽을 향해서는 아메리카·아프리카·아시아 등과 같은 극히 잡다한 첨단지대로 분기되면서 사상의 구별이 지어진다는 시사점을 간과해서는 안 되겠다. (…) 아프리카는 일반적으로 고지의 원리가 우세한 개발 불능의 토지인 반면에, 아시아는 웅대한 대립상을 지니고 서로가 알력(軋轢)을 빚으면서도 역시 그 특징은 두 번째의 분지의 원리이다. 그런데 이것은 자체 속에서 부화하여, 다만 그 부화상태에만 머물러버리는 문화를 수반한다. 결국 총체성은 이상 세 원리의 융합으로써 가능하거니와 이 경우가 바로 자체 속에서 통일을 이룬 정신의 주(洲)라고도 할 유럽에 해당된다. 다시 말해서 유럽이야말로 무한의 경지로까지 문화를 창달하고, 그 연관성을 추구하는 데 온 힘을 기울이는 한편, 자체적으로 확고한 실체성을 견지하고 있는 곳이다(미국에는 다만 미완성과 미완성이라는 원리 일반만이 남을 뿐이지만). (…) 독일·프랑스·덴마크·스칸디나비아는 유럽의 심장부로서, 이는 줄리어스 시저가 발굴해 낸 세계이기도 하다."(VG, S. 190 f., 212, 240.; 『이성』, 257-258, 283, 316쪽.)

물론 헤겔이 세계정신을 말하고 자유의식을 근거로 삼기는 한다. 그러나 그것들은 역사 안에서 이념으로서 존재하는 보편적인 것이 아니라, 엄밀한 의미에서 **정치적 자유의 정신**에 국한되는 것이다. 우리는 이것을 다음과 같은 헤겔의 말에서 간파할 수 있다.

"정신의 자기 침전된 상태에서의 직접적 단계라고 할 첫 번째 단계는 자연성에 귀속될 뿐더러 이 속에서 정신은 다만 부자유한 개별성 속에 있을 뿐이라는 것이다(한 개인만의 자유). 그러나 두 번째 단계에서는 정신이 자연성을 탈피하여 스스로의 자유를 의식하는 상태로 들어선다. 그러나 이 최초의 탈피는 간접적인 자연성에서 발단되며, 따라서 이 자연성과 관계하면서 그것은 여전히 하나의 계기로서의 자연성에 얽매여 있는 까닭에 불완전한 부분적 탈피에 지나지 않는다(몇몇 사람만의 자유). 다음 세 번째 단계에서는 아직도 특수한 자유로부터 순수한 보편성을 갖춘 자유로의 고양(인간은 바로 인간으로서 자유롭다) − 즉 정신성의 본질에 관한 자기 의식과 자기 감정으로의 고양이 이루어진다."(VG, S. 155 f.; 『이성』, 216-217쪽.)

야스퍼스는 헤겔의 이와 같은 자유의 이념을 명백한 정치적 자유로 규정한다. 그는 철학적 자유를 정치적 자유와 구별하면서 다음과 같이 말하고 있다.

"정치적 자유는 서양적 현상이다. 만일 우리들이 '인도' 및 '중국'의 현상들과 비교한다면 이 양자의 문화권에서는 자유가 원칙도 없고 한 민족의 연속성도 없는 우연적이고 사적(私的)인 것이었다. 그러므로 우리들이 물을 수 있는 것은 정치적인 자유라는 것이 고도의 인간 존재에 대한 필수적인 조건인가 하는 것이다. 역사를 직시하여 볼 때 그러한 물음은 부정되어야 한다. 고도의 정신적 생동성, 창조력, 심오한 영적 생활, 이러한 것은 정치적 부자유 속에서도 가능하였다."[132]

더욱이 세계사적 개인으로서의 영웅을 – 예를 들면, 알렉산더나 시저 그리고 나폴레옹 등 – 말하는 헤겔로서는 야스퍼스의 비판을 모면할 길이 없으며, 이것 또한 헤겔 자신이 말하는 "어떤 특수한 주관적인 이성이 아닌 신적이며 절대적인 이성"인 바의 역사의 철학적 의미에도 부합하지 않는 것이다. 물론 헤겔은 세계사적 개인이 이미 자유의 보편적 정신을 바탕으로 과업을 수행하기 때문에 주관적인 이성이 아니라고 말한다. 그렇다고 하더라도 이들이 수행한 역사적 과업이 분명히 군사적·정치적인 행위였음은 부정할 수 없는 사실이다. 이러한 비판을 미리 예견이라도 하듯, 헤겔은 위의 인용문에서처럼 정신의 자연적인 상태에서부터 최고의 순수 자

---

132) 칼 야스퍼스 저, 『역사의 기원과 목표』, 위의 책, 277-278쪽.

유의 상태로의 발전을 근거로서 제시하고 있다. 그렇지만 그것이 반드시 정치적·군사적 사건과 관련되어야 할 이유는 없다.

더구나 헤겔은 국민 전체를 역사의 주체로 내세우지도 않고, 오히려 **계급적 의식**[133]을 가지고 있다. 그에 따르면, 비록 정치적 자유라고 할지라도 일반 국민은 - 신채호의 의미에서는 민중 - 자유의식을 지니고 있지도 못할 뿐만 아니라, 영웅에 의하지 않고는 현실적 자유를 획득하지 못한다. 물론 헤겔도 개인의 인격적 자유 또는 의지의 활동성을 인정하기는 한다. 그렇지만 자유의지를 역사적 사건을 통해서 발현할 수 있는 사람은 전체로서의 인간이 아니라, 오로지 영웅[134]뿐이라는 것이다. "왜냐하면 그 밖의 일반인들이란 시대가 요구하는 것이 무엇이며, 심지어 자기 자신이 원하는 것이 무엇인지에 대해서도 알지 못하기 때문이다."(VG, S. 99.; 『이성』, 145쪽.) 이렇듯 헤겔은 프랑스 혁명 이후라는 당시의 시대적 상황 속에서도 전체로서의 인간을 염두에 두지는 않았으며, 그가 **국가철학자**라는 명칭을 얻은 까닭은 바로 이 때문일 것이다. 또한, 이와 같은 그의 영웅사관은 모든 철학에서 형이상학적 이념을 목표로 하는 자신의 철학적 방법론 때문이기도 하다.

---

133) 이에 대해서는 다음과 같은 말에 주목할 필요가 있다. "사람이란 사회의 상층부에 자리 잡고 있을 때라야만 사물을 올바르게 개관할 수 있는 것이지, 만약 어떤 도덕적 오의(娛義)나, 혹은 어떤 지혜의 힘을 빌려서, 이를테면 밑바닥으로부터 위를 올려다보는 식으로는 사물의 진위를 올바르게 파악할 수가 없다." (VG, S. 10.; 『이성』, 26쪽.) "결국 개인의 가치는 그들이 과연 국민정신에 적용하고 있는가, 즉 그들이 국민정신의 대표자일 수가 있고, 또 전체를 위한 과업을 떠맡은 어떤 계층에 배속되어 있는가 하는 데 달려있다." (VG, S. 94.; 『이성』, 138쪽.)
134) "고차적인 보편자를 포착하여 이를 스스로의 목적으로 삼고 정신의 좀 더 고차적인 개념에 합치되는 목적을 실현하는 자는 곧 위대한 세계사적 개인이다. 이런 한에서 그들은 영웅이라고 불린다." (VG, S. 97.; 『이성』, 142쪽.)

자연적인 대상이건 정신적인 활동이건, 즉 그 어떤 것이든 간에, 헤겔의 변증법적 발전에 따르면, 상대적으로 나중의 단계에 위치하는 것은, 이전 단계가 지니고 있었던 여러 요소 가운데 긍정적인 요소만을 보존하게 된다. 그렇기 때문에, 상대적으로 나중 단계의 것은 앞선 단계의 것에 비해 필연적으로 전체의 진리로서 등장하게 된다. 그렇다면 폭력이나 전쟁마저도, 그 다음 단계에서 상대적으로 정의(正義)가 더 실현되고 평화로운 상태가 지속된다면, 결국 진리를 향한 필연적인 과정으로 승인되어야한다. 헤겔은 분명히 궁극에 가서는 폭력과 전쟁은 변증법적 과정 속에서 부정적인 요소로서 제거될 것(beseitigen)이며, 정의와 평화만이 긍정적인 요소로서 보존될 것(bewahren)이라고 주장할 것이다. 이것은 논리적으로는 얼마든지 추론이 가능하지만 역사적 현실에서는 긍정적 요소는 찾아볼 수가 없고 오로지 부정적 요소만 지속될 가능성도 충분히 있을 수 있는 일이다.[135] 바로 여기에 헤겔과 신채호 사상의 차이가 있다. 헤겔이 민족정신 형성의 논리적 측면을 고찰한데 반해서, 신채호는 그것의 현실적 측면을 강조하고 있다.

우리는 이에 대한 근거로서 헤겔이 한편으로는 자유의식의 진보가 한 민족 안에서 완성되는 것이 아니라 다른 민족에게로 이행하는 가운데 꽃을 피운다고 하면서도, 다른 한편으로는 "한 민족

---

135) 그래서 하워드 진은 "전쟁을 시작한 대의가 (대중의 마음속에서나 정치인들의 입에서나) 아무리 도덕적이라고 해도, 그 도덕성이 부식되고 더 나아가 '눈에는 눈, 이에는 이'가 규칙이 되며, 또 얼마 지나지 않아 이런 등가성의 원칙마저도 사라지고 무차별적인 복수가 되어버리는 것이 전쟁의 본성인 듯하다."고 말한다. 즉, 전쟁은 오로지 부정적 요소만을 계속 보존하는 셈이다. 하워드 진 지음, 유강은 옮김, 『전쟁에 반대한다』, 서울 (이후) 2003, 265쪽.

의 정신이 자체 내에서 유년기와 청년기를 거쳐서 장년기에 접어들면서 절정기에 도달했다가는 사멸해간다."고 말하고 있는 점을 들 수 있다.(VG, S. 67 f.; 『이성』, 102-104쪽 참조.) 하지만 헤겔은 자유의식은 민족에서 민족으로, 지역에서 지역으로 - 즉 동양에서 서양으로 - 이행하는 가운데 완성된다고 시종일관 주장하고 있다. 이에 반해 신채호는 절대적 가치로서의 진리란 오직 하나뿐이라고 하면서도 - 따라서 헤겔식으로 말하면 '정신의 본질은 자유'라는 것이 신채호에게 있어서도 역시 절대의 진리로서 타당한 것이다. - 그것의 실제적인 적용, 즉 진리를 목표로 하는 현상은 각각 다르게 나타날 수밖에 없다는 것을 **도덕**을 예로 삼아 강조하고 있다.

> "道德은 하나뿐이로되 그 條件은 境遇를 따라 變遷되는 故로, 專制時代 忠君의 倫理가 共和時代에 不適하며, 昇平時代 安民의 主義가 破壞時代에 不合하나니 우리는 누구이뇨. 곧 支離에 빠진 朝鮮 舊疆에 나며, 歷史가 그친 大韓 末日에 온 亡國民이라, 亡國民의 道德은 하릴없이 有國民의 道德과 달라야만 되겠도다."[136]

우리는 여기서 신채호가 '도덕은 하나뿐'이라고 말하는 걸 볼 수 있는데, 그것은 도덕의 절대적 진리성을 의미하는 것이다. 그렇기 때문에 우리는 반드시 도덕이라는 의미에 집착하기보다는, 신채호가 도덕이라는 절대의 진리를 현실에 적용하는 경우에는 상대적인 의미로 해석하고 있음에 주목할 필요가 있다. 그에게 있어

---

136) 「道德」, 『丹齋申采浩全集』 (下卷), 丹齋申采浩先生 紀念事業會, 형설출판사 1995 (개정 5쇄), 140쪽.

서는 **역사도** 이와 마찬가지의 경우이다. 그래서 그는 이념을 추구하기보다는 구체적인 현실 속에서 역사의 과정을 추적하면서, **시간적인 연속성과 공간적인 보편성**을 바탕으로 하는 역사는 **투쟁**을 본질로 한다고 분명하게 말하는 것이다.

만일 역사학이나 역사철학의 역할이 역사의 기록을 단순히 재검토하기만 하는 일이라면, 그러한 학문들은 있을 필요가 없다. 물론 역사 기록을 끊임없이 재검토해야 하는 일은 역사학자와 역사철학자에게는 당연한 일이다. 그러나 그러는 가운데 역사의 본질과 역사의 법칙을 발견해 내는 일 또한 그들의 임무라면, 역사학자로서 신채호는 역사의 법칙을 투쟁으로 보았던 것이다. 헤겔에게서처럼 정신이 행하는 변증법적 과정도 역시 모순을 해소하는 정신의 투쟁과정이며, 이 과정 속에서도 모순은 끊임없이 발생하며, 그때마다 정신은 더 높은 단계로 스스로를 고양하기 위하여 정신적 투쟁을 수행하지 않으면 안 된다. 그러므로 헤겔이 "정신은 본질적으로 행동한다."(Der Geist handelt wesentlich, '…'.)(VG, S. 67.; 『이성』, 101쪽.)라고 하는 것은 자체 안에 발생한 여러 모순을 해소하기 위하여 끊임없는 '부정의 부정'(Negation der Negation) 과정, 즉 투쟁과정을 통하여 긍정적인 것을 찾아내기 위한 정신의 행위를 말한다. 이것이 세계 전체로서의 구체적인 현실이며 그 흔적이 바로 역사인데, 신채호는 바로 이런 역사를 고찰하고 있는 것이다. 그래서 신채호는 추상적 원리에 바탕을 두는 보편사로서의 세계사를 부정하며, 이것을 우리는 다음의 글에서 간파할 수가 있다.

"이 境遇에 앉은 우리로는 사랑은 二千萬 以內에 떨어지며, 생각은 大韓國 以外에 나지 말아, 世界는 關係上으로는 硏究할지언정 主位를 삼아 討論할 바 아니며, 家族主義가 進步되어 國家主義로 나아갈지언정 國家主義를 넘어 世界主義에 미치지 말며, 크로포트 낀의 互相扶助論보다 다윈의 生存競爭設을 더 輸入하며, 플라톤의 博愛設 보다 베이콘의 利己設을 더 主張하여 道德의 制限을 定할지 니라."[137]

"보편자야말로 추상적이 아니라 가장 구체적이다."[138]라고 하는 헤겔의 사상을 필자가 수용할 수 있는 근거는, 그의 철학이 보여주는 논리성 때문이다. 논리적 측면에서 보면, 보편자가 지니고 있는 (유일한) 특징 – 내포 – 은 모든 개별자에도 당연히 포함되어 있다. 이를 헤겔의 역사철학에 적용해보면, **세계사**라는 최고 유개념(類槪念)이 지니고 있는 내포는 **자유**라는 유적(類的) 특징이 유일한 것이다. 그렇지만 헤겔은 각 민족의 역사는 서로 다르다는 것, 즉 종차(種差)

---

137) 「道德」, 위의 책, 141쪽.
138) 헤겔 자신은 순전히 논리적인 측면에서 '보편자'에 대해 다음과 같이 설명하고 있다. "더 자세히 말해서 특수성과 개별성에 대해서 논하지 않고서는 결코 보편자에 대해서 논의될 수는 없는 것이다. 왜냐하면 보편자는 바로 이 두 가지 규정성을 이미 그의 절대적 부정성 속에 즉자 대자적으로 내포하고 있기 때문이다. 따라서 보편자와 관련하여 그의 규정성이 논의될 때 그 규정성은 결코 외부로부터 취해진 것을 의미하는 것일 수는 없다. 즉, 부정성 일반이라는 점에서, 혹은 **일차적인 직접적** 부정을 행하는 가운데 이미 보편자는 규정성 일반을 자기의 **특수성**으로 하여 자체 내에 포함하고 있는가 하면, 또한 부정의 부정을 뜻하는 **이차적인** 부정의 경우에는 이 보편이 **절대적 규정성**, 즉 **개별성**이나 **구체화**를 의미하는 것이 된다. – 결국 이럼으로써 보편자는 개념의 총체성이며 또한 구체적인 것이기도 한 까닭에, 이것은 결코 공허한 것이 아니라 오히려 그 스스로의 개념을 바탕으로 하여 **내용**을 마련하는 셈이다." Hegel, *Wissenschaft der Logik* Ⅱ, Hamburg 1978, S. 35.; 임석진 역, 『대논리학 Ⅲ』, 서울 (지학사) 1988, 60쪽.

에는 주목하지 않고 세계사만을 문제 삼는다. 이 반면에 신채호는 각 민족의 역사에서 서로 공통되는 것을 다루지 않고, 오히려 각 민족에게 고유한 것을 그 민족 역사의 본질로서 고찰하고 있다. 그렇기 때문에 서로 다른 역사의 본질은 공통되는 요소를 지니지 못하는 상태에서는 화합할 여지가 없어지는 것이며, **세계사**의 관점에서는 '**아와 비아의 투쟁**'이 역사의 법칙일 수밖에 없는 것이다.

3) 역사이념의 담지자(擔持者)로서 언어와 문화

지금까지 앞에서 고찰해본 것처럼 인간은 역사의 주체이며, 그렇기 때문에 동시에 역사는 오로지 인간만의 것이다. 자연이 비록 인간의 역사에 때때로 커다란 영향을 끼치지만 그리고 자연에는 인간을 제외한 다른 동물들도 존재하지만, 인간을 제외한 다른 동물들이 역사를 가지는 것은 아니다. 말하자면 역사는 오직 인간만의 특징인 셈이다. 이와 마찬가지로 다른 동물들과 비교하여 인간만 가지고 있는 특징이 있는데, 그것은 바로 **언어와 문자**이다.

언어는 단순한 소리가 아니라 사람들이 자신의 생각이나 느낌을 나타내고 다른 사람들에게 전달하기 위해 발성기관을 사용하여 그것을 소리 내어 표현하는 것이다. 이렇게 자신의 생각이나 느낌을 외부로 나타내는 데에는 언어뿐만 아니라 몸짓을 사용하기도 하며, 나아가서 문자로 기록하기도 한다. 발성기관의 경우 인간과 같은 구조의 발성기관을 갖고 있는 동물들도 있지만, 우리는 그런 동물들의 발성을 언어라고 하지는 않는다. 즉, 발성기관을 통해 소리를 낸다고 해서 언어가 되는 게 아니라는 말이다. 언어와 문자는 인간만이 가지고 있는 특징이다.

이렇게 인간만 가지고 있는 특징 가운데에는 언어 외에도 직립보행이라든가 도구와 불의 사용 그리고 이성적 존재 등이라는 특징도 포함된다. 그런데 필자는 어찌하여 여기서 다른 특징이 아닌 **언어**를 다루고 있는 것일까? 그 까닭은 생물학자 린네(Carl von Linne, 1707-1778)가 『자연의 체계』에서 말한 homo sapiens의 의미인 **사유하는 존재**인 인간이 사유의 내용을 타인에게 전달하고 서로 의사소통하면서 사회적 존재가 되며, 인간의 삶의 흔적을 기록으로 남겨 역사를 형성하는데 있어서 필수 요소가 바로 언어이기 때문이다.

"언어의 활동은 자기의 감정이나 사상을 다른 사람에게 전달하고 이해시키는 데 있고, 이것을 이해시키는 기반은 사회적으로 공통적 인식 위에 서 있기 때문에, 언어는 사회적 공약물이어야 한다. 또한 언어란 사람들이 의식하지 못하는 깊은 곳에서 사람들의 마음에 작용하여 그것이 행동의 뒷받침을 하는 힘이 되고 있다는 데에 그 중요성이 있다. 곧, 말에 의한 생각의 교환은 생각의 개인적 차이를 조절하고, 한 국민으로서의 통일감을 북돋우게 된다. 이와 더불어, 언어는 문화를 창조하고 전달하는 기능을 가졌기 때문에 그 민족의 문화와 언어와의 관계는 밀접한 것이며 독특한 역사적 배경을 가지고 있는 것이다. 결국, 언어가 사회를 이루고 있는 인간과 공존하고 있다는 사실은, 동시에 언어는 사고의 방편이며, 역사의 결과이고, 문화적 사실이라는 것을 의미하는 것이다. 그러므로 인간의 창조적인 존엄성과 가치성을 올바르게 찾아내기 위해서는, 언어와 사회와의 관계, 언어의 역사성, 그리고 언어와 사고의 관계에 대한 파악이 우선해야 할 것이다."[139]

일찍이 서양 고대철학에서 고르기아스(Gorgias, BC 483?-BC 376)는 "첫째로 아무것도 존재하지 않으며, 둘째로는 비록 존재하는 것이 있다 하더라도 우리는 그것을 인식할 수가 없을 뿐만 아니라, 더 나아가서 만약 그 존재하는 것이 인식된다고 하더라도, 그와 같은 인식내용은 결코 전달될 수는 없다."[140]고 말했다. 그런데 굳이 고르기아스의 말을 빌리지 않더라도, 우리 인간은 각자가 생각하고 있는 바를 타인에게 온전하게 그대로 전달할 수가 없다는 사실을 일상의 경험을 통해 잘 알고 있을 것이다. 예를 들어, 누군가가 눈앞에 있는 구체적인 사물을 가리키며 '이것은 나무이다.'라고 하더라도, 말하는 사람과 듣는 사람은 이미 눈으로 동시에 같이 보고 있는 나무에 대해서도 각자의 관점에 따라서 서로 다른 생각을 할 수밖에 없다.

"의사소통은 동일한 객관적 사태에 기인할 뿐만 아니라, 무엇보다도 동일한 견해에 기인하고 있다. 우리가 이야기하는 것은 외부세계에서의 사건이 아니고, 또한 순수한 인상도 아니며, 소화된 인상인 것이다. 그 때문에 우리는 예를 들어서, 환자들과 색채의 체험들에 관해 서로 의사소통을 할 수 없다. 그것은 동일한 외적 사태에 직면해서 동종의 해석이 결여되어 있기 때문이다."[141]

---

139) 김혜숙 엮음, 『언어와 삶』, 서울 (태학사) 1992, 머리말.
140) H. J. 슈퇴릭히 著, 임석진 譯, 『世界哲學史 上』, 서울 (분도출판사) 1983, 185쪽.
141) 레오 바이스게르버 지음, 허발 옮김, 『모국어와 정신형성』, 서울 (문예출판사) 1993, 77쪽.

전달되는 것은 현상, 즉 언어를 통해서 표현되는 형식에 불과한 것일 뿐 내용이 아니다. 그 까닭은, 언어란 보통 음성과 문자를 사용하여 인간이 자신의 감정이나 생각 등을 타인에게 전달하는 기호체계라고 정의되지만, 그 어떤 경우에도 인간이 생각하고 느끼는 내면적인 모든 것이 언어를 통해서 완전하게 전달되는 경우는 없기 때문이다. 이런 까닭에 촘스키가 "언어는 인간 정신(mind)을 반영하는 거울"[142]이라고 하는 것은 인간의 언어능력을 말하는 것만으로 이해되어서는 안 되며, 오히려 언어가 가지는 사회 관습적 기능 너머에, 언어를 사용하는 각 개인의 고유한 정신이 진정 무엇인가 하는 데에 초점이 맞추어져야 한다.[143]

"그렇기 때문에 우리는 문화재인 언어를 언어적인 것의 가장 현실적인 현상형식이라고 부르지 않을 수 없다. 이 문화재를 공유하고 있기 때문에, 하나의 언어공동체의 구성원들에게는 동일한 종류의 형식에 의한 동일한 종류의 인식이 생기며, 이와 동시에 사유의 일치가 생겨난다. 이 일치는 상호간의 이해가 가능하다는 점에서 가장 분명하게 드러나는 것이다."[144]

---

142) Chomsky, Noam, *The Logical Structure of Linguistics Theory*, University of Chicago Press 1975.

143) 이러한 언어의 기능을 이을환은 "언어의 전달적 기능, 사고적 기능, 지시적 기능, 문화적 기능, 예술적 기능, meta적 기능"으로 나누어 고찰하고 있다. 이을환, 「언어의 기능과 전달이론」, 『언어와 삶』, 김혜숙 엮음, 서울 (태학사) 1992, 참조.

144) 레오 바이스게르버 지음, 허발 옮김, 『모국어와 정신형성』, 위의 책, 119쪽.: "역사비교언어학이라고도 하는 비교언어학(comparative linguistics)은 해당 언어의 변천 및 여러 언어 간의 상관관계를 통시적(diachronic)인 시각으로 연구하는 분야로 한 언어의 초기 형태와 후기 형태를 비교하기도 하고, 같은 계통에 속하는 상이한 언어들을 비교하여 특정 언어 간의 상호관련성 등을 연구하기도 한다. (…) 이와는

여기서 인식과 사유의 일치라고 해서 말하는 사람의 생각을 듣는 사람이 100% 완벽하게 이해한다는 뜻은 결코 아니다. 인식과 사유의 일치는 오히려 언어를 통해 외적으로 표현되는 것 외에 다른 무엇인가가 있기 때문에 가능한 문화적 현상일 것이다. 여기에는 문법이나 어법 등과 같은 언어의 형식적인 측면이 중요하게 작용하지는 않는다는 게 분명하다. 그 까닭은 예를 들면, 이제 막 언어를 배우기 시작한 어린 아이의 경우 문법이나 어법 체계 등에 대해서 전혀 아는 바가 없지만, 모국어를 배우면서 시간이 지남에 따라 부모님을 비롯한 주변 사람들과 자연스럽게 의사소통을 하는 것을 볼 수 있기 때문이다. 이렇게 보면 언어는 인간에게 있어서 무언가 특별한 것이라는 생각이 든다.

문법이나 어법 등은 언어의 형식적인 측면이다. 언어의 형식은 언어를 통해 표현하고 전달하고자 하는 내용을 최대한 완벽하게 나타내기 위해 반드시 필요한 것이다. 하지만 그러한 형식은 외국어를 배우고 가르치기 위해서는 필요한 것일지라도 이제 막 말을 배우기 시작한 어린 아이에게는 전혀 필요 없는 것이나 마찬가지다. 그런 어린 아이의 부모는 아이가 구사하는 언어가 문법과 어법에 전혀 맞지 않더라도 그 내용을 충분히 이해할 수 있기 때문이다. 그러나 그런 언어에는 사회성이 전혀 없기 때문에, 아이의 부모가 아닌 다른 사람들은 아이가 하는 말을 알아듣지 못하는 경우가 대부분이다. 아이가 하는 말의 내용을 다른 사람도 이해하기 위해서

달리 대조언어학(contrastive linguistics)은 공시적(synchronic)인 시각으로 대상이 되는 언어의 특징을 파악하고 다른 언어들과의 차이점을 파악하고자 하는 언어학이다." 허용·김선정 지음, 『대조언어학』, 서울 (소통) 2018 (2판 3쇄), 2쪽.

는 언어의 형식이 갖추어져야만 한다는 말이다.

그렇기 때문에 이런 점을 사회에 확대해보면, 우리는 언어의 내용과 형식을 분리한 채로는 언어에 담겨진 정신을 도저히 제대로 이해하고 파악하기가 어려울 수밖에 없다고 할 수 있다. 언어는 비도구적 성격을 가지며 기호(sign)가 아니라는, 가다머(Gadamer)의 견해는 언어를 역사의 요소로서 고찰하는 데에도 무척 중요하다.

> "언어의 경우에 있어 핵심적이고 결정적인 사실은 그 형식이 아니라 말하는 힘(saying power)이다. 형식은 내용과 분리될 수 없다. 하지만 언어를 도구적 관점에서 보게 되면 우리는 자동적으로 형식과 내용을 분리하게 된다. 가다머에 의하면 언어는 형식이 아니라 언어가 **역사적**으로 우리에게 **전승**해 주고자 하는 바로 그것에 의해 특징 지어져야 한다. 언어는 사고(혹은 思想)와 분리될 수 없다."[145]

역사의 기록은 문자로 전해지고 언어를 통해 동시대 사람들에게 생동적으로 전달되며 과거에서 현재를 거쳐 미래로 전승된다는 말이다. 그것은 역사가 개인의 소유물이 아닌 것처럼 언어와 문자도 개인의 소유물이 아니기 때문에 가능한 일이다. 그래서 특정 언어와 문자는 필연적으로 그 언어와 문자를 사용하는 사람들 **집단의 역사성**을 내포할 수밖에 없으며, 문자를 통한 기록이 선사시대와 역사시대를 구분하는 기준이 되는 것은 당연하다고 해야 한다.

---

145) 리차드 E. 팔머 지음, 李翰雨 譯, 『해석학이란 무엇인가』, 서울 (문예출판사) 1988, 297쪽. (강조는 필자의 것)

"사람들은 일정한 집단에 〈귀속되어 있다〉고 말할 수 있듯이 사람들은 역사 속의 일정한 시간과 공간 그리고 일정한 나라에 귀속된다. 우리는 집단이 개인에게 귀속되어 있다든가, 역사는 개인의 주관성의 소유물이라든가, 아니면 개인은 자신의 삶을 규제하듯이 자기 나라를 규제할 수 있다는 식의 주장을 하지 않는다. 개인이 그것들에 귀속되는 것이지 그것들이 개인에게 귀속되지 않는다. 왜냐하면 개인은 그것들 〈속에〉 참여하고 있기 때문이다. 이와 똑같은 방식으로 우리는 언어와 역사에 귀속되어 있다. 왜냐하면 우리는 언어와 역사 속에 참여하고 있기 때문이다."[146)

특정 지역에서 특정 사람들과 특정 언어로 소통한다는 것은 특정 역사 속에 함께 있다는 사실을 의미한다. 이것은 특정 지역·사람들에게 **전통**으로 남는다. 그런데 엄밀하게 고찰하면 언어도 문자도 형식과 내용으로 나누어 볼 수 있다. 예를 들어, 어떤 사람의 **이름**이 형식이라면 내용은 그 이름에 담겨진 모든 것, 즉 이름의 주인이 가지고 있는 모든 것이라고 해야 할 것이고, "명칭은 대상 그 자체를 바로 말하는 것이 아니라, 대상에 대해서의 우리의 개념적 해석을 알리는 것"[147)이다. 우리가 말을 통해 듣고 문자를 통해 보는

---

146) 리차드 E. 팔머 지음, 『해석학이란 무엇인가』, 위의 책, 302쪽.
147) 레오 바이스게르버 지음, 『모국어와 정신형성』, 위의 책, 90쪽.: 이 말을 이해하기 위해서는 버클리(G. Berkeley, 1685-1753)의 다음과 같은 말이 도움 될 것이다. "우리가 어찌하여 짐승들이 추상적 보편 관념을 가지고 있다고 생각할 근거를 갖지 못하는가 하는데 대해 여기서 들고 있는 이유는, 우리가 짐승들에게서 어떠한 낱말의 사용이나 어떤 다른 일반적인 기호의 사용도 관찰하지 못하기 때문이다. 이것은 낱말의 사용이란 보편 관념의 소유와 결부되어 있다고 하는 가정에 근거를 두고 있다. 이의 결과로써 따르는 것은, 언어를 사용하는 인간은 추상의 [능력

것은 명칭이지만, 그렇게 듣고 본 명칭을 심사숙고해봄으로써 명칭이 전달하고자 하는 내용이 무엇인지 알아낸다.

'신채호'라는 이름을 예로 들어보면 우선 그 명칭은 형식에 해당한다. 그리고 일일이 다 열거하기 어려운 내용을 들어보면 다음과 같다.: '그는 사람이다, 그는 남자이다, 그는 (누구의) 아들이다, 그는 (누구의) 남편이다, 그는 민족주의 역사학자이다, 그는 독립투사이다, 등.' 이와 같은 구체적인 것들 이외에도 우리가 알지 못하고 있는 많은 사실이 내용으로서 열거될 수 있다. 하지만 내용이 아무리 많이 첨가되고 열거된다고 하더라도, 그것들이 신채호라는 인물의 **본질**은 아니다. 어쩌면 그의 본질은 그 자신도 모르고 우리도 알 수 없을 것이다. 따라서 형식과 내용이 모두 밝혀진다고 하더라도, 우리가 본질을 알 수 없는 상태에서는, 언어와 문자를 통해서 전달하려는 정신이 모두 온전하게 이해되지 않는다는 것은 당연한 일이다.

그 뿐만이 아니다. 흔히 우리가 자기반성을 할 때, 나는 반성하는 나와 반성되는 나로 분리되고 반성한 나도 등장해야 하는데, 이때 어떤 '나'를 본질로 보아야 할 것인가의 문제는 간단하지가 않다. 즉, **본질**은 그 어떤 형식이나 내용을 표현하는 언어나 문자로도 밝혀지지 않는다는 말이다. 이와 마찬가지로, '대한민국'이라는 명칭이 형식이라면 내용은 거기에 담겨있는 모든 것이어야 한다. 그렇다고 하더라도 이때의 내용 모두가 하나하나 열거 될 수는 없다.[148]

이] 있다거나 관념을 보편화 할 수 있다고 하는 점이다." 여기서 버클리는 '낱말'을 사용해서 '추상적 보편 관념'을 형성하는, 인간의 정신적 능력을 말하고 있다. 조지 버클리 지음, 문성화 옮김, 『인간 지식의 원리론』, 대구 (계명대학교 출판부) 2010, Introduction §11.

언어라는 형식을 빌려서 표현되는 모든 내용은 그때그때마다 특정한 용어나 개념으로 나타나며, 따라서 이러한 용어나 개념에는 **특정한 시대의 정신**이나 **이념**이 반영되어 있을 수밖에 없다.

　　"'…' 언어에는 사유와 표현의 모든 수단(음성 형식, 개념, 통어적 범주 및 그 표현 형식)이 갈무리되어 있으며, 이러한 언어의 공유로 인해 그 언어공동체의 소속원들에게는 사유의 기초와 표시 형식의 광범위한 동질성이 생겨나며, 이것에 의해서 서로 다른 사람들끼리의 의사소통도 가능해진다는 것이었다."[149]

　　필자가 여기서 언어의 기원 또는 인간 언어활동의 기원에 대해서 고찰할 수는 없다. 그렇지만 인간이 언어를 사용한다는 사실은

---

148) 이에 대해 이희승은 "언어의 내면에는 사상이 포함되어 있다."고 하면서, 동시에 "언어의 사회성, 언어의 역사성, 언어의 객관성"을 강조하고 있다. 이희승, 「국어와 언어」, 『언어와 삶』, 김혜숙 엮음, 서울 (태학사) 1992, 참조.; 논리적으로 보면 명칭은 때로는 범주로서 때로는 개별자로서 받아들여질 수 있다. 왜냐하면 "가장 보편적인 개념, 소위 범주(Kategorie)는 논리적 고찰의 대상이 아니"기 때문이며, "그것은 논리적으로 반드시 유(Gattung)로서만 다루어져야 하며, 이에 대해서는 그보다 더 상위(上位)의 유가 받아들여질 수 없다. 그러나 최고의 유(범주)로서 받아들여지는 것은 내용적 분과의 대상일 것이다. 최하위의 개념, 소위 명칭(Name)도 논리적 고찰의 대상이 아니다. 그것은 무한히 많은 각각의 성질을 갖는 개별자에 관계한다. (…) 그래서 그것은 논리적으로 취급될 수가 없다. (…) 하나의 명칭이 '…' 오직 소위 개별자 또는 단일성에만 관계가 있는지, 또는 명칭들이 보편적인 것과 집합체 그리고 전체성과 관계가 있는지 어떤지는 논리적으로 중요하지 않다. 우리가 일상적으로 (개별적 소여성에 대한) 명칭을 부르는 것에 대해서도 범주와 마찬가지로 타당하다. 왜냐하면 고유의 명칭으로 표시된 것은 한편으로는 개별자로서 그리고 다른 한편으로는 철저하게 보편자로서 고찰될 수 있기 때문이다." Lutz Geldsetzer 지음, 『논리학』, 위의 책, 103-106쪽.

149) 레오 바이스게르버 지음, 『모국어와 정신형성』, 위의 책, 100쪽.

동시에 정신적 활동을 한다는 사실을 이미 전제하거나 적어도 동시에 수반한다는 것을 누구나 알고 있다. 즉, 언어가 자연발생적으로 형성되었다고 하더라도 인간이 언어를 사용하는 첫 번째 이유는 의사소통 때문일 것이다. 의사소통이 개인 간에 행해지는 것을 넘어서 집단과 사회 속에서 이루어질 때는 시간이 지남에 따라 어떤 **이념**이나 **정신**을 담게 되는 게 자연스러운 현상이다. 그러한 언어의 수가 현재로는 전 세계적으로 7000개 정도라고 하는 게 학계의 통설이다. 이 가운데 앞으로 지구상에서 사라질 언어도 있겠지만, 모든 언어는 아무런 이념이나 정신이 없이 그냥 지속하지는 않는다.

나라와 민족마다 언어가 반드시 같을 수는 없고 한 나라·민족 안에서도 지역에 따라 사용하는 언어가 다른 경우도 많다. 언어가 다르다는 것은 언어가 담고 있는 **의미**가 다르다는 말이며, 언어의 의미가 다르면 그 언어를 통해 형성되는 **이념의 의미**도 다를 수밖에 없다는 것은 주지의 사실이다. 또한 동일한 문자로 표기되는 것일지라도 그 뜻이 공간과 시간에 따라서 달라지는 것이 있듯이[150] 역사의식을 형성하는 데에도 언어는 매우 큰 역할을 수행할 수밖에 없다. 그렇기 때문에 언어는 역사에서 반드시 고려되어야 할 요소이다.

---

150) 예를 들면, 삼국유사 고조선 조(條)에 나오는 서자(庶子)는 일연국존(一然國尊) 당시에는 중자(衆子), 즉 장자(長子)가 아닌 아들의 의미로 쓰였으나, 조선시대 이후로는 첩의 자식이라는 의미로 사용되고 있다. 그렇기 때문에 여기서는 서자를 첩의 자식으로 해석할 경우, 내용에 대한 엄청난 곡해가 생겨날 수밖에 없다. 또한 '일 없다'라는 표현이 남한에서는 '필요 없다'라는 뜻을 가지고 있지만, 북한에서는 '괜찮다'라는 의미로 쓰이고 있다.

"한 사람 한 사람의 생각의 공통 의식이 총합하면 민족의식을 형성한다. 이 민족 의식의 표현은 그 나라의 공통적인 생각의 표현수단인 말이라는 수단을 거친다. 따라서 각 민족이 쓰는 말에는 그 민족 나름대로의 세계상이 들어 있다. 그러므로 각 민족이 쓰는 말의 차이는 단순히 소리나 기호의 차이가 아니라, 민족의식 그 자체의 차이요, 민족의 세계상의 차이며, 민족의 세계관의 차이인 것이다. (⋯) 이와 같은 사실은 언어학자 소쉬르도 밝힌 바 있다. '말의 공통성이 혈족성을 결론짓지는 못하지만, 말은 공통적인 민족성을 알리는 것이므로, 민족통일을 성립시키는 데 무엇보다도 우선하는 것은 말의 공통성이다.'라고 했다. 저 유명한 알퐁스도데의 '마지막 수업'이란 글에서, 불란서 동부지방인 알사스 지방이 독일에 점령당했을 때, 마지막으로 불란서 말을 가르치던 선생이, '사람들이 노예로 떨어진다 하더라도, 그의 말을 붙들고 있는 한, 감방의 열쇠는 그가 쥐고 있음과 같다.'라고 한 비장한 말을 찾아 볼 수 있는데, 이는 말과 민족 흥망과의 함수관계를 잘 나타내 준 것이라 할 수 있다."[151]

그런데 언어와 문자가 역사의 요소이기 이전에 이미 선사시대와 역사시대를 구별하는 가장 중요한 요소라는 데에는 모든 역사학자들이 동의하고 있다. 선사(先史)란 단적으로 말해서 역사가 아니다. 예를 들어, 어떤 특정 지역에 아무리 많은 고고학적 유물이 있을지라도 그 유물들을 해독(解讀)할 수 있게 해주는 문자 기록과의 상관관계를 입증할 수 없으면, 그 유물들은 역사 기록으로 취급되기가

---

151) 김석득, 「국어순화에 대한 반성과 문제점」, 『언어와 삶』, 김혜숙 엮음, 서울 (태학사) 1992, 100-101쪽.

어렵다. 그래서 역사는 단순히 과거의 사건이 아니라 문자로 기록된 과거의 사건이라고 하는 것이다. 그렇다면 만일 특정한 민족이나 국가가 고유의 문자와 언어를 지니지 못한 채, 다른 언어와 문자를 차용해서 사용하고만 있다면, 언어와 문자를 제외한 다른 분야-문화·사회·정치 등-는 자신들만의 고유성을 지니고 있음에도 불구하고, 그들만의 역사를 가질 수 없을 것인가 하는 문제가 발생할 것이다. 긴 시간을 두고 보았을 때, 역사에서는 분명 글을 남긴 쪽이 승자가 되었으며, 유목민보다는 농경민이 승자가 되었다. 그리고 승자는 패자의 입장을 결코 두둔하지 않는 법이다. 유목민이 이렇게 될 수밖에 없는 까닭은 그들이 거주할 곳이 없는 떠돌이기 때문이며, 따라서 그들은 자신들의 역사이념을 지속하고 유지할 수가 없었기 때문이다.

신채호는, 비록 국문학자는 아니지만, 우리 역사에서 국문(國文), 즉 한국어의 중요성을 여러 짧은 글을 통해 강조하고 있다. 그는 "俄人(러시아인)이 波蘭(폴란드)을 滅하고 波蘭語를 禁하고 外語를 用하여 漸漸 其 故國思想을 漸減하였다더니 '…'"[152]라고 하면서 어느 민족이나 국민에게 있어서 자신들의 언어와 그 언어를 통해 형성되는 사상의 중요성을 강조한다. 그렇기에 외국어인 한문(漢文)보다 모국어인 국문이 더 중요하다고 말하는데, 이는 그 누구도 이의를 제기할 수 없는 분명한 사실이다. 특히 그것은 현실과 역사에서 절대적으로 작용하는데, 아와 비아의 투쟁으로 흘러가는 역사의 무대에서 속국(屬國) 상태를 벗어나기 위해서는 자국언어를 통해 역사의 정기(精氣)를 바로 세워야 한다는 게 신채호의

---

152)「國漢文의 輕重」,『丹齋申采浩全集』(別集), 위의 책, 73쪽.

사상이다.

그것을 신채호는 "三國以前에는 漢文이 未盛行하여 全國人心이 自國만 尊하며 自國만 愛하고 '…' 三國以後로는 幾乎 家家에 漢文을 儲하여 人人이 漢文을 讀하여 '…'"[153]라고 함으로써 결국 일제의 침탈을 받게 됨을 통탄하고 있다. 그렇게 된 데에는 자국의 언어를 경시한 것도 하나의 원인이 될 수 있음을 다음과 같이 말하고 있다. "自國의 言語로 自國의 文字를 編成하고 自國의 文字로 自國의 歷史地誌를 纂輯하여 全國 人民이 捧讀傳誦하야 其 固有한 國精을 保持하며 純美한 愛國心을 皷發할지어늘 '…'"[154]. 이 말의 의미를 해석해보면, 언어에 대한 신채호의 견해는 특정 국가의 국민이라면 자국 언어의 소중함과 자국 언어에 담긴 역사성을 되새길 줄 알아야만 그 나라의 진정한 국민일 수 있다는 뜻이다.

그런데 인간은 언어가 없이도 살아 갈 수 있으며, 생각도 할 수가 있다. 이에 대한 반대 의견도 매우 많다. 인간이 무엇을 생각할 때는 반드시 언어를 수단으로 삼아야만 가능하다는 견해가 그것이다. 특히 언어를 배우면서부터는 그리고 언어를 알면서부터는 무언가를 생각하려면 언어가 없이는 불가능한 것처럼 여겨진다. 그렇기에 이 말이 한편으로는 타당하지만, 우리가 자신의 생각을 언어를 통해서 온전하게 타인에게 전달할 수 있는지를 자문해보면 답은 쉽게 나온다. 그것은 절대로 불가능하다. 그래서 많은 사람들은 자신의 생각을 온전하게 전달할 수 없는 답답함으로 인해서 자신의 '가슴을 치는 행동'을 취하기도 하는 것이다. 이러한 행동은

---

153) 「國漢文의 輕重」, 『丹齋申采浩全集』(別集), 위의 책, 75쪽.
154) 「國漢文의 輕重」, 『丹齋申采浩全集』(別集), 위의 책, 75-76쪽.

반대로 인간은 언어가 없이도 생각할 수 있다는 것을 증명해주는 셈이다.

하지만 인간은 언어가 없이 의사소통을 하기가 무척 어렵다. 의사소통에는 우선 말하는 사람의 생각이 담기는데, 듣는 사람도 무의식중에 자신의 생각을 덧붙여서 듣게 되는 게 당연하다. 그런 생각은 개인의 성향에 따라서도 다르겠지만, 개인이 속한 시대적·공간적 상황과 여건에 따라서도 얼마든지 달라질 가능성이 있다. 각 나라나 민족마다 **문화의 차이**가 그것을 증명해주는 좋은 예가 된다.[155]

> "인간에 관한 사실들이란 본질적으로 무척 미묘한 현상이어서 그 가운데 많은 것은 수학적으로 헤아릴 수가 없다. 이러한 사실들을 적절하게 표현하고 그에 따라 이 현상을 깊이 통찰하려면 '…' 매우 섬세한 언어 표현과 정확한 어조가 필요하다. 계산할 수 없는 경우에는 암시하는 수밖에 없다."[156]

그럼에도 불구하고 의사소통이 가능한 것은 대화 당사자들이 공통의 문화를 배경으로 하는 까닭이다.

---

155) "공유된 문화는 몇몇 공유하는 제도적 경험(특히 중국의 사례에서 잘 볼 수 있다.)이나 특이한 사회 구조들(특히 놀라운 것은 인도의 사례이다.)을 만들어낸다. 사회가 움직여 나가는 여러 측면에 영향을 미치는 공유된 특징들은 고전시대 이래 계속된 공통의 역사적 경험을 반영하면서 또 장려한다. 이 특징들은 어느 정도 지리적으로 식별할 수 있는 근접 지역 안에서 영향을 준다." 피터 N. 스턴스 지음, 『세계사 공부의 기초』, 위의 책, 179-180쪽.
156) 마르크 블로크 지음, 『역사를 위한 변명』, 위의 책, 51쪽.

"공통의 언어를 근거로 해서 한 언어공동체의 구성원들은 동종의
내용과 형식에 의해서 사유할 수 있으며, 그 때문에 그들은 서로 간
에 의사소통 등을 할 수 있는 것이다."[157]

진정한 의사소통은 대화 당사자들 간에 정치·사회·경제·문화
·역사 등을 공유하지 않으면 사실상 불가능하다고 해도 틀린 말
이 아니다. 특정 언어의 단어나 문자의 뜻 – 독일어로는 Bedeutung
에 해당된다. – 을 안다고 해서 그것이 의미 – 독일어로는 Sinn에 해
당된다. – 하는 바를 모두 이해한다고 보기는 어렵다. 일정 정도의
의사전달은 가능하겠지만, 행간에 담긴 의미까지 읽어내기란 여간
어려운 게 아니다. 이렇게 보면 언어를 단순히 의사소통의 도구인
것만으로 치부해서는 안 될 일이다. 한 마디로 말해서, 언어는 문화
를 대변한다고 해도 과언이 아니다.

"'…' 문화는 자연이 아닌 인위적, 인공적인 것, 가치화한 것이기
때문에 거기에는 하나의 형(型)이 있고, 전통전승(傳統傳承)이 있다.
언어는 말하자면 그러한 형의 일종인 동시에, 본래 문화적인 것이다.
문화가 향상 발전되면 될 수록 이러한 형이 더욱 고정된다."[158]

"더욱 나아가면, 갈색의 색조에 대해 500~800의 색채어를 보유하
는 흑인종에 이르기까지 개개의 색조를 표시하는 데에 부분적으로
대단히 많은 수의 명칭이 발견된다. 그 흑인종이 살고 있는 부근의

---

157) 레오 바이스게르버 지음, 『모국어와 정신형성』, 위의 책, 99쪽.
158) 김성배, 「민족과 언어 문화」, 『언어와 삶』, 김혜숙 엮음, 서울 (태학사) 1992, 146쪽

갈색의 황야에서는 모든 미세한 색의 뉘앙스가 확보되어 있으며, 다른 것들과 개념상으로 구별되어 있기 때문에, 우리에게는 단조롭게 갈색으로 보이는 주변세계도 이 언어에 속하는 사람들에게는 대단히 다양하게 생각되는 것임에 틀림없다."[159]

그렇기 때문에 같은 언어를 사용하는 국민이나, 특히 같은 민족은 자신들만의 문화전통과 통일성을 지니고 있게 마련이며, 또한 이 때문에 그 통일성에는 세계사적 보편성이 결여되는 것도 어찌 보면 당연하다고 해야 할 것이다. 그렇다고 하더라도 같은 민족이 언제나 하나의 언어만을 사용한다거나 사용해야한다는 말은 아니다. 우리가 **유태인**의 예를 통해서 잘 알고 있듯이, 같은 민족이라고 할지라도 수많은 언어를 사용하는 경우가 지구상에는 허다하며, 미국의 예를 통해서 보듯이 한 국가의 국민일지라도 다민족으로 구성되어 있지만 언어는 한 종류를 사용하는 경우도 있다.[160]

159) 레오 바이스게르버 지음, 『모국어와 정신형성』, 위의 책, 114쪽.; 사전(事典)을 편찬하더라도 문화를 담아야 한다는 글이 있다. "꼭 토박이말이 아니라 한자어라도 일본산 한자어에 밀려 괄시당한 전통어를 찾아서 실어주었으면 좋겠습니다. 가령 music의 풀이어로는 '음악'만이 아니라 '풍악'도 들어가면 좋겠습니다. 또 majesty의 풀이어로는 당연히 '전하'가 들어가야겠지만 아울러 '상감'도 들어가야겠지요. 아울러 '종'과 '노비'도 slave의 풀이어로 오를 자격이 있습니다. memorial도 '진정서, 청원서'만 올릴 것이 아니라 '상소, 장계'도 함께 풀이어로 올려야 합니다." 이런 말은 문화와 전통이 언어에 담겨있다는 뜻이다. 이희재 지음, 『번역의 탄생』, 서울 (교양인) 2009, 352쪽.

160) 여기서 같은 민족이라는 표현도 인종학 상으로 엄밀하게 분류된 단일 민족이라는 의미는 아니다. 실제로 단일 민족이라는 것은 개념상·명목상으로만 존재한다고 해야 할 것이다. 명목상으로만 존재하는 모든 것은 이미 추상적인 것이다. 그렇다면 이것은 실체 없는 개념에 불과하다고 해야 한다. 필자도 민족, 특히 단일민족이라는 개념을 인종학 상으로 지구상에 유일무이한 민족이 존재한다는 의미로 사용하지는 않는다.

즉, 민족이나 국민과 언어가 본질적으로 불가분의 관계에 있는 것은 아니라는 말이다. 이렇게 본다면, 동일한 역사의식을 형성하기 위해서는 언어보다는 **민족과 문화전통**이 역사에서 훨씬 더 중요한 의미를 가지게 된다.

　지구상에는 같은 민족이지만 다른 언어를 사용하거나 다른 민족이지만 같은 언어를 사용하는 경우가 이미 오래 전부터 있어 왔다. 하지만 최선의 경우는, 같은 민족이 동일한 언어를 사용할 때 동일한 역사를 축적하고 동일한 역사의식을 형성하기가 가장 용이해 질 것은 분명하다. 일상적으로도 알 수 있듯이, 예를 들어 같은 민족으로 느끼면서 상이한 언어를 사용하는 경우와 같은 언어를 사용하지만 다른 민족이라고 느끼는 경우에, 사람들은 분명 후자보다는 전자에 더욱 깊은 동질감을 느끼게 된다. 그렇다면 민족이나 동일한 문화에 대하여 언어가 그다지 지배력을 갖지는 못하는 결과를 낳게 될 것이다. 그러나 여기에 덧붙여서, 같은 민족이면서 같은 언어를 사용하더라도 살아온 지역이 다를 경우에는 또 다른 이질감을 느끼는 경우도 많다는 점을 고려해야 한다. 이러한 것은 결국 역사와 문화적 전통을 함께 하지 못한 결과라고 해도 무방하다.

　인간은 사유하는 능력으로 인하여 한 순간의 존재를 무한으로까지 확대할 수 있는 능력을 지니게 되었다. 이때의 무한이란 인간에게 기억으로 남아 있는 과거를 말하며, 과거의 기억은 말과 글에 의해서 유지되고, 이렇게 지속되는 과거가 바로 역사이다. 따라서 역사의 축적은 언어가 없이는 불가능하다. 즉, 역사를 통해서 인간은 무한으로 확대되는데, 역사 속에서 언어와 민족, 문화는 하나로 용해되기도 하고, 민족 속으로 역사와 언어 그리고 문화가 용해되기도 하며, 이처럼 서로 다른 각각의 요소에는 동시에 여타의 요소들이 용해되어 있다. 그렇지만 다시 한 번 강조하지만, 우리가 언어의 가장 중요한 기능을 의사소통(Kommunikation)으로 보고 있는 이유는, 언어와 사유가 불가분의 관계에 있기 때문이고, 역사인식과 역사의식은 바로 이를 바탕으로 형성되기 때문이며, 여기서 언어는 **시대를 지배하는 힘**[161]으로 등장하기 때문이다. 이러한 힘은 동일한 언어를 사용하는 같은 민족일 때에는 더 말할 나위가 없는 위력을 발휘한다.[162]

"언어와 더불어 그리고 언어 속에 세계와 그 현상들을 보는 일정한

---

161) 이에 대한 대표적인 언어로 '유엔 공용어'를 둘 수 있다. "유엔의 공식 언어는 영어, 프랑스어, 러시아어, 중국어, 스페인어, 아랍어이다. 영어는 영국 영어를 사용하고 중국어는 표준 중국어와 간체자를, 아랍어는 현대 표준 아랍어를 사용한다.
이들 언어는 유엔 총회, 유엔 안전 보장 이사회, 유엔 경제 사회 이사회를 비롯한 주요 기구에서 사용된다. 한 나라의 각 대표는 6개 언어 가운데 하나를 사용하여 말하거나 다른 언어로 말하고 6개 공식 언어 가운데 하나에 대한 해석을 제공할 수 있다. 유엔은 유엔 통역 서비스를 통해 5개의 다른 공식 언어로 동시 통역을 제공한다. 6개의 공식 언어는 유엔에 공식 문서에서 사용되며 각 6개 언어의 문자는 동등한 권리를 갖는다. 유엔 사무국에서는 영어, 프랑스어를 사용한다.
1946년에 열린 제1차 유엔 총회에서는 국제법원 이외의 모든 유엔 기구들에서 사용될 언어에 관한 규정을 제정하여 영어, 프랑스어, 러시아어, 중국어, 스페인어 5개 언어를 공식 언어로, 영어, 프랑스어 2개 언어를 작업 언어로 각각 지정했다. 1948년에 열린 유엔 총회에서는 스페인어가 작업 언어로 지정되었고 1968년에열린 유엔 총회에서는 러시아어가 작업 언어로 지정되었다. 1973년에 열린 유엔 총회에서는 중국어가 작업 언어로 지정되었으며 아랍어가 공식 언어, 작업 언어로 추가 지정되었다." https://www.wikiwand.com/ko/유엔#/언어 (2021년 4월 20일 검색)
162) 시대를 지배하는 특정한 구호나 개념들이 이에 대한 좋은 예라고 할 수 있다. 예를 들면, 민주화, 군부독재, 세계화, 신자유주의, 포스트모더니즘, 담론, 2002년 월드컵 대회 당시의 '대-한민국' 등과 같은 구호들은 일부의 사람들이나 특정 집단 또는 거의 모든 사람들에게 위력을 발휘하고 있다.

양식이 갈무리되어 있으며, 그렇기 때문에 한 언어는 그 내적 형식 안에 일정한 세계관을 숨기고 있다고 말할 수 있다. 한 언어 속으로 들어가 성장하는 모든 사람들은 반드시 현상과 정신의 세계를 파악하는 그 언어의 양식을 습득해야 한다. 따라서 한 언어공동체에 속해 있는 모든 사람들은 그들의 체험을 그들의 모국어의 내적 형식에 따라 소화하게 되며, 그에 상응하여 사유하고 행동하게 되는 것이다."[163]

언어와 관련한 이러한 여러 측면을 고려하지 않은 채, 특히 역사의 요소들과 관련하여 언어의 중요성 ─ 더욱 정확하게는 모국어의 중요성이라고 해야 할 것이다. ─ 을 도외시한 채 보편적 세계사를 논해서는 안 된다.[164]

---

163) 레오 바이스게르버 지음, 『모국어와 정신형성』, 위의 책, 117쪽.
164) 예를 들어, 심심찮게 벌어지고 있는 **영어 공용화 논쟁**을 살펴보면, "한쪽 끝에는 실리와 경제원리에 따라 영어 공용화를 인정하고 받아들이자는 입장이, 다른 한쪽 끝에는 세계화의 비합리성을 지적하고 한국 문화와 언어의 가치를 보존하려는 영어 공용 반대의 입장이 팽팽하게 맞서고 있다." 이에 대해서는 "시정곤 외 4명 지음, 『한국어가 사라진다면』, 서울 (한겨레신문사) 2003"을 반드시 참조해 보기 바람.; 영어 공용화를 찬성하는 사람들은 세계가 진실로 무엇에 의해서 움직이고, 움직임을 주도하는 자들이 궁극의 목적으로 하는 바가 무엇인지를 전혀 모른다고 해야 할 것이다. **세계화**(Globalization)를 주장하는 사람들이나 국가가 진정으로 인류의 보편성 또는 역사의 세계사적 보편성을 위하여 기여하거나 노력하고 있는 점은 구체적 현실 어디에서도 찾아볼 수 없다. 그들 모두는 각자의 이익이나 자기 조국의 경제적 목적을 위해서 모든 것을 이용하고 있다는 사실을, 영어 공용화에 찬성하는 사람들은 모르고 있는지 아니면 알면서도 모른 채하는 것인지 심히 염려스러운 일이다. 만일 그렇지 않다면, 그들은 지독하게도 편협하거나 무지한 사람들임에 틀림없다.
세계화란 무역 및 자본의 국제적 자유화를 지향하며, 이를 위해 필요한 자본이나 노동, 서비스, 재화 그리고 지적 아이디어 등을 국가 간에 자유롭게 이동되어서 각국의 경제가 통합되는 현상을 가리킨다. 물론 필자는 많은 학자들이 세계화라는 용어의 정의를 모르고 있다고 주장하려는 것은 아니다. 그것 보다는, 모든 것이 최

"언어에 있어서는 어떤 인간도 '…' 언제나 한 언어공동체에 속한다. (…) 그러므로 언어는 가장 일반적인 문화재이다. 어떤 인간도 그 자신의 개인적인 힘으로 말미암아 그의 언어재를 소유하는 것은 아니다. 차라리 언어의 소유는 언어공동체에 대한 소속성으로부터 인간에게서 생겨나며, 인간은 그의 모국어를 습득하며, 즉 인간은 이 언어공동체 속으로 들어가서 자라나는 것이다. (…) 즉, 문화재인 언어는 (물적인) 실재성으로서 언어공동체 외부 어느 곳인가에 존재하는 것이 아니고, 한 현실성으로서 전체 속에 그리고 그와 동시에 개인을 초월해서 존재하는 것이다."[165]

이와 같은 고찰을 바탕으로 한 마디로 말하면, **보편적 세계사**라는 용어도 **세계화**라는 용어도 그 목적이 오직 자국의 이익, 특히 경제적 이익에만 초점을 맞추고 있다고 하는 것이 옳다. 물론 인간의 삶에서 경제, 즉 먹고 사는 문제는 가장 중요한 요소라고 할 수 있다. 그런데 지금까지의 서구 역사에서 경제와 언어사용의 관계를 보면, 서구의 제국주의 열강들이 식민지를 건설하면서 피지배자들로

소한 단점과 장점이라는 양면을 가지고 있듯이, 많은 학자들을 위시해서 소위 사회의 지도층이라고 하는 사람들이 세계화의 장점에 대해 맹목적으로 찬사를 보내는 반면에, 그것의 단점을 너무나 쉽게 간과해 버리거나 무시하고 있다는 점은 비판과 비난을 받아 마땅하다는 것이다. 그 까닭은 영어 공용화의 문제가 단순히 국가의 언어 정책만의 문제로 끝나는 것이 아니라, 역사인식과 역사의식의 문제와 밀접한 관련이 있기 때문이다. "정시호(2000), 김영명(2001)은 이러한 영어의 세계화는 초강대국인 미국이 주도하는 언어 제국주의의 일환으로 이루어지는 것이며, 이를 통해 언어 생태계가 파괴될 것을 경고하였고, 진정한 세계화란 자국의 언어문화를 세계 속으로 발달시키는 진정한 노력을 통해 이루어진다는 것을 역설하였다." 시정곤 외 4명 지음, 『한국어가 사라진다면』, 위의 책, 19쪽.
165) 레오 바이스게르버 지음, 『모국어와 정신형성』, 위의 책, 69-70쪽.

하여금 지배자인 자신들의 언어 - 영어·불어·독어 등 - 를 사용하면 차별을 없애주는 것처럼 착각하도록 만든 것이 그들의 정책이었다.[166] 우리 역사에서 일제강점기 때의 창씨개명(創氏改名) 정책도 마찬가지이다. 미우라 노부타카는 다음과 같이 고백하고 있다.

> "'…' 일본인의 동일성의 근원이 되는 '국어'가, 제국(帝國)의 '국가어'로서가 아니라, 이론적·정책적인 준비도 없이, 갑자기 식민지의 이민족들에게 강요되었다. 나중의 '황국신민화 정책'이나 '창씨개명'에서 보이는, 진정한 통합이 없이 이루어진 언어 동화의 폭력성이야말로, 일본 언어 제국주의의 특징이다."[167]

제국주의 식민지배자들이 피지배자들로 하여금 자발적으로 선택하도록 언어정책을 맡겨둔 것도 아니라 오히려 강제정책이었다는 것은 이미 잘 알려진 사실이다. 그 결과 우리 민족을 비롯하

---

166) 서구 제국주의의 식민지배 결과 아프리카의 많은 국가들과 남미의 전체 국가가 서구의 언어를 국어로 사용하고 있다. 하지만 우리는 그러한 언어들도 시간이 흐름에 따라 얼마든지 상황이 변할 수 있다는 점을 알고 있어야 한다. "지금은 영어가 전 세계를 호령하면서 영어 아닌 언어를 모국어로 쓰는 사람을 주눅 들게 만들지만 지금부터 400~500년 전만 하더라도 상황은 그렇지 않았습니다. 영국에서 작가가 모름지기 본받아야 할 글은 먼 옛날 그리스와 로마의 작가가 남긴, 그리스어와 라틴어로 된 고전 작품이었습니다. 영국이라는 섬나라는 유럽에서도 변방이었습니다. 실제로 영국인도 그렇게 생각했습니다. 영국 지식인이 흠모한 글은 그리스어, 라틴어였고 다음으로는 이탈리아어와 프랑스어로 씌어진 글이었습니다. 영어는 심지어 스페인의 카스티야어보다도 촌스럽다고 생각했습니다. 도대체 영어에서는 고상한 표현이라고는 눈을 씻고 봐도 찾을 수가 없다고 영국 작가들은 생각했습니다." 이희재 지음, 『번역의 탄생』, 위의 책, 279-280쪽.
167) 미우라 노부타카, 「식민지 시대와 포스트식민지 시대의 언어 지배」, 『언어 제국주의란 무엇인가』, 미우라 노부타카·가스야 게이스케 엮음, 이연숙·고영진·조태린 옮김, 서울 (돌베개) 2005, 16쪽

여 피지배자들이 얻은 것은 과연 무엇이었는가? 지배자들의 언어 - 즉, 식민주의자들의 언어 - 를 사용한 결과가 가져다 준 것은 지배자들의 문화와 정치, 사회 등 여러 분야에 봉사하도록 만드는 계기가 된 것 이외에 다른 어떤 것도 없다. 또한 살펴보아야 할 것은 서구인들이 진정으로 인종적·민족적으로 다른 인종들과 섞이고, 다른 인종들을 차별하지 않는가 하는 점이다. 이에 대한 대답이 부정적이라면, 우리는 오늘날 그들이 진정으로 세계화 정책을 펴고 있는지를 반드시 짚어보아야 한다. 물론 오늘날에는 서구가 세계화 정책을 주도한다고 해서 자국의 언어까지 강요하고 있는 것은 아니다.

> "그람시는, '정치적 강제가 없는데, 왜 특정한 언어의 사용이 확대되는가'라는 물음에서 출발하여, 화자의 자발적 동의에 의한 소언어에서 대언어에로의 이동 뒤편에 익명의 권력 작용이 매개한다는 것을 간파하고, 헤게모니를 '시민의 자발적 동의를 조직하는 권력'이라고 정의한 다음, 이것을 '독재'와 구별했다. 언어 제국주의가 정치적 강제를 유력한 수단으로 하여 정책적으로 실행했다고 한다면, 포스트식민지 시대의 '언어 헤게모니'는, 그 주체도 특정하지 못한 채, 눈에 보이지 않는 권력 쪽으로 사람들을 유인한다."[168]

이에 대하여 이민홍이라는 언어 민족주의자는 다음과 같이 신랄하게 비판하고 있다. 그에 따르면, 현대화·세계화·글로벌화라는

---

168) 미우라 노부타카, 「식민지 시대와 포스트식민지 시대의 언어 지배」, 『언어 제국주의란 무엇인가』, 미우라 노부타카·가스야 게이스케 엮음, 위의 책, 17-18쪽.

미명 하에 외래문화를 무차별 수용하여 정신적 무장해제를 시키고 있는 것은 소위 지도층 인사들의 위선과 교활의 극치이다. 국내 유수의 기업과, 심지어는 국영기업도 고유 명칭을 버리고 영어자모를 사용하여 회사이름을 비정상적인 영어로 바꾸고 있다. 중소기업과 구멍가게, 공동주택도 이를 따라가는 실정이다. 정복자들은 자신들의 언어는 고급 언어이고, 피정복자의 언어는 미개하고 야만적인 언어라고 선전함으로써 피정복자들로 하여금 모국어를 폐기하거나 변질시키도록 유도하였다. 고유한 역사적 정신을 상실한다면 민족의 미래도 동시에 보장될 수 없음은 자명하다. "제국주의자들은 하나 같이 무력으로 정복한 영토에 그들 나라의 문화를 이식코자 했다." "비자"(Visa)는 진정한 세계화에 반대되는 좋은 예이다. 그래서 이민홍은 "세계화" 정책에 대(對)한 "민족화" 정책의 필요성을 역설하면서, 이것은 "국수화(國粹化)와는 엄연히 다르다."고 주장하고, "민족어를 표기할 민족문자의 필요성"을 강조한다. 아울러 그는 미국 유학파에 의한 미국식 어문정책을 비판하고, 외국문자와 전혀 다른 체계를 가진 한글의 우수성을 컴퓨터의 보급과 더불어 확대 사용할 것 - 예를 들면, 한글도메인의 사용 - 을 주창한다. 그리고 그는 냉정하게, "한자(漢字)는 이미 중국의 한자가 아니라, 우리의 한자(韓字)로 변용되었다는 엄연한 사실"이며 "이미 사용해온 우리말로 정착된 한자어"인데도, "서구어를 한자어 대신 넣으려는 수단으로 한글전용정책을 쓰지는 않았는가?"라고 반문하고, 진정한 언어 민족주의를 설파하고 있다.[169]

---

169) 이 단락 안의 인용문들은 "이민홍 지음, 『언어민족주의와 언어사대주의의 갈등』, 서울 (성균관대학교 출판부) 2002"를 참고할 것.: 이와 아주 상반되는 견해도

이와는 조금 다르지만, 헤겔은 루터(M. Luther, 1483-1546)의 종교개혁을 언급하는 곳에서 "자기 자신의 소유권을 가지고, 자신의 언어로 말하고, 생각하는 것이 바로 해방의 형식에 달려있다."고 말한다. 이 말은 라틴어로만 예배와 설교를 하면서 결국에는 타락해간 중세 기독교를 개혁하는데 앞장 선 루터의 가장 큰 공헌이 바로 라틴어로 된 성경을 독일어로 번역한 데 있다는 뜻이다. 그래서 헤겔은 "루터는 성경을 독일어로 번역하지 않고는 개혁을 끝내지 못했을 것이고, 자기 언어로 생각하는 형식이 없이는 주관적인 자유가 존재할 수 없었을 것"이라고 말하기에 이른다. 이 말의 의미는

있다. 어떤 사람은 "우리말 없어지면 민족정신 없어지는가?"라는 질문을 던지고, "민족정신은 공허한 개념"이라 규정하고 "나는 우리가 말하는 민족정신이 실체가 있는 어떤 정신이라고 생각하지 않는다. 즉 내용이 없다는 것"이라 주장하면서, "다시 말해, 우리가 같은 민족이라는 형식적 구호일 뿐이다. 이렇게 내용이 없는 것이 민족정신이기 때문에 그 형식인 언어를 붙잡고 늘어지다 보니 결국 관계가 역전된다."고까지 하는데, 결국 극단적으로 말하면, 그는 우리말이 없어져도 민족정신에는 큰 영향이 없으며 민족정신도 민족주의도 실은 헛된 구호에 불과할 뿐이라는 극언까지 하고 있다. 그에 대한 예로써 그는 싱가포르와 필리핀, 유태인과 흑인을 들면서 "왜 유독 우리나라 사람들은 한국어가 사라지면 민족의식도 사라진다고 주장하는가? 그 이유는 국가를 건설하려면 민족주의가 필요하기는 한데 민족주의는 내용이 없는 텅 빈 구호에 불과하므로 민족주의를 이루는 요소의 하나로 여기는 언어에 대해 지나치게 집착해서라고 생각된다. 다시 말해, 우리말을 지키기만 하면 민족정신이 지켜진다고 믿게 된 것"이라는 주장을 펼친다. 이런 주장은 언어에 쓰며 들어있는 문화와 전통, 역사의식에 대한 철저한 무지의 소치이다. 위에서 말한 싱가포르나 필리핀, 유태인이나 흑인 등의 경우 이미 오랜 세월에 걸쳐 영어가 모국어처럼 되어버렸고, 그렇게 모국어의 자리를 다른 언어가 차지하게 되면 그런 시점에서부터는 그들에게는 새로운 문화가 전통이 될 것이고 역사의식도 이전의 의식과는 다르게 형성될 것임에 틀림없기 때문에, 이런 점을 간과한 채 언어와 민족정신을 텅 빈 구호라고 치부해버리는 사람은 역사의식은 말할 것도 없고 개인의 인생관이나 주관성까지도 사상누각(沙上樓閣)에 불과하다고 해야 할 것이다. 탁석산 지음, 『한국의 민족주의를 말한다』, 서울 (웅진닷컴) 2004, 76-82쪽, 참조.

성스러운 종교에서조차도 자기 민족 고유의 언어에 의하지 않고는 올바른 신앙생활을 할 수 없다는 뜻이다. 실제로 그러한지 어떤지는 제외하고, 그렇지 않다면 아무리 참된 신앙생활을 한다고 생각할지라도 다른 언어를 통해서는 성경의 의미를 제대로 전달할 수도 없고, 따라서 성경을 온전하게 이해할 수도 없다는 말이다. 그렇기 때문에 루터는 자기(민족)들의 언어로 성서를 번역해서 알려야만 민중이 성경의 뜻을 제대로 알 수 있다고 생각했다는 것이 헤겔의 생각이었다.[170] 이처럼 헤겔은 종교에서도 고유 언어의 중요성을 강조하고 있다.

뿐만 아니라 헤겔은 "학문은 한 국민이 자신들의 언어로 그것을 가질 때만 오로지 그 국민에 속한다. 그리고 이것은 철학에서 가장 중요하다. 왜냐하면 사상은 자기의식에 속하거나 가장 자기 고유의 것인 바에 대한 계기를 가지고 있기 때문이다."[171]라고도 말하는데, 이것은 자신들의 고유한 사상을 가지기 위해서는 자신들만의 언어로 표현할 수 있어야만 가능하다는 의미이다. 그렇다면 인간이 어떤 생활을 하건 간에 자신들만의 언어가 있을 때는, 자신들만의 사상을 정립할 수 있고 자신들만의 신앙생활을 할 수 있다는 말인데, 따라서 자신들만의 역사의식 또한 형성할 수 있다는 사실은 자명해진다.

그렇기 때문에 언어문제는 앞서 말한 경제 이외에도 정치·종교·역사문제 등과 당연히 연결된다. 이에 대하여 어떤 사람은 언어

---

170) 이 단락에 인용한 헤겔의 말은 "Hegel, *Vorlesungen über die Geschichte der Philosophie* Ⅲ, 위의 책, S. 53."에 의한 것임.
171) Hegel, *Vorlesungen über die Geschichte der Philosophie* Ⅲ, 위의 책, S. 259.

민족주의를 고집하는 것은 외래문화를 무조건 거부하는 것과 같다고 주장할지도 모른다. 만일 그렇게 주장하는 사람이 있다면, 필자의 생각을 굉장히 왜곡하고 오해하는 것이라고 말할 수 있다. 왜냐하면, 예를 들어 A와 B가 있는데 A가 싫다고 말하면 B를 좋아하는 것인가? 그럴 수도 있고 그렇지 않을 수도 있기 때문이다. 바꾸어 말하면, 중요한 점은 A가 싫다는 것이지 B에 대해서는 아무런 언급이 없다는 사실이다. 그렇기 때문에 언어민족주의를 고집하는 것이 외래문화나 외국어를 배척하는 것과 직접 연결되지는 않는다.

우리 역사를 살펴보면, 우리 민족은 우리 고유문화를 잘 간직하면서도 외래문화를 배척하지 않고 오히려 우리의 고유문화 속에 스며들도록 잘 수용하였다. 일례로 불교는 인도에서 발생하였지만, 중국을 거쳐서 우리나라로 들어오면서 우리의 토착문화와 결합하여 우리 민족만의 불교문화를 형성하기도 했다.[172] 이런 것은 외래문화에 대한 열린 자세가 아니고는 쉽지 않은 일이다. 이에 반해 기독교는 선교사를 앞세워서 토착문화와 결합하기보다는 오히려 토착문화를 거부하고 서구문화의 우월성을 강조하는 측면이 강했으며, 이런 태도는 결과적으로 (설령 의도하지 않았다고 하더라도) 선교사들로 하여금 식민지 개척의 선구자 역할을 하게 만든 것이라고 할 수가 있다.[173]

이에 대한 비판적 견해를 밝히자면, 필자가 쓰고 있는 이 글에

---

172) 예나 지금이나 사찰에서 볼 수 있는 칠성각(七星閣), 삼성각(三聖閣)이 좋은 예이다.

173) 지금도 우리나라에서 활동하고 있는 많은 미국 선교사들은 – 이들 가운데 많은 사람들이 비록 우리말을 잘 구사하기는 하지만 – 선교의 수단으로써 영어를 무료로 가르쳐 준다는 것을 구실로 삼고 있다.

서도 당장 언어 문제가 나타나고 있다. 아니, 필자뿐만 아니라 우리나라의 모든 사람은 공감할 것이다. 예를 들어, 우리가 일상적으로 말하고 있는 '우리'라는 표현을 영어로 번역하면 어떻게 될까? 그건 당연히 'we'라고 번역해야 한다. 그렇다면 '우리나라, 우리 집, 우리 아버지, 우리 학교, 우리 애인' 등, 그야말로 우리가 사용하고 있는 수많은 표현을 어떻게 바꾸어야 하는가? 이러한 것들을 외국인에게 설명하기란 쉬운 일이 아니다. 한국인이 외국어를 제대로 사용하기 위해서는 그 나라와 민족의 문화를 이해하는 것을 전제해야 하듯이, 위와 같은 표현을 외국인이 제대로 이해하기 위해서도, 외국인들은 우리의 문화와 역사를 먼저 이해하지 않으면 안 된다. 그렇지 않고서는 어떻게 그들이 '우리 애인'을 이해할 것이고, '우리 아버지'를 이해할 것이며, '우리 딸'이라는 말을 받아들일 것인가!

이 뿐만이 아니다. '할아버지, 할머니'라는 호칭은 우리가 일상에서 별 거부감 없이 사용하고 있다. 우리나라 사람들은 이 호칭을, 친(親) 할아버지와 할머니가 아닌데도, 길에서 만나게 되는 노인들에게 매우 자연스럽게 사용하면서도 전혀 어색함을 느끼지 않는다. 이에 반해서 중년의 남녀에게 '아버지, 어머니'라고 부르지는 않는다. 그 까닭을 알려면 외국인들이 우리의 역사와 문화 속으로 들어 와보지 않으면 안 된다. 할아버지와 할머니라는 호칭에서 '할'은 '먼, 아득한, 큰'이라는 뜻을 가지고 있다. 이것의 뿌리는 적어도 우리의 역사서인 『삼국유사』(三國遺事)「고조선 조」(條)에 등장하는 환인(桓因)과 환웅(桓雄)에까지 거슬러 올라가야 한다. 이때의 '환'은 한(漢)의 다른 표기인데,『삼국유사』의 저자인 일연

국존(一然國尊)이 당시의 시대적 상황으로 인하여 중국의 한나라를 나타내는 것과 동일한 한자(漢字)를 사용하지 못하고 '환(桓)'을 차용한 것이다. 표기가 한이건 환이건 간에 그 뜻은 '크다'를 나타낸다.[174] 바로 이것이 시간이 흐르면서 '아버지, 어머니'와 결합하여 '할아버지, 할머니'가 된 것이다. 이런 까닭에 우리 민족은 할아버지, 할머니라는 호칭을 친조부모(親祖父母)에게만 사용하지 않고 나이 많은 어른들께도 자연스럽게 사용하고 있다. 즉, 우리가 길에서 만나는 할아버지, 할머니는 우리 모두의 부모와 같은 존재라는 의미를 내포하고 있다. 이러한 것은 우리 민족의 문화이자 역사이며, 따라서 정신이다.

　　"이렇게 모국어 속으로 들어가서 성장하는 것과 제휴해 나가는 것은 습득된 언어수단이 사람의 사유와 행동에 끼치는 영향이다."[175] "개개인은 그의 언어의 어휘의 구성성분 속에 '파악된 것'으로서 포함되어 있는 것의 속박에 사로잡혀 있다. '그의' 언어는 그가 그 속에서 성장한 일정한 공통어이다. 그 공통어로부터 개인은 '사물'을 이해한다. 그의 경험은 그가 '알고 있는' 것의 지도를 받고 있다. 경험은 개인 자신이 소화하는 인상에서 우연히 일어나는 것은 아니다."[176]

---

174) 크다는 의미의 '한(환)'은 우리의 일상어 속에 여전히 보존되어 사용되고 있다. '한밭(大田)'이라는 도시명칭이 그러하고, 끝없다는 의미의 '한없다'도 그러하며, 옛날이야기를 하면서 '옛날 옛날 한 옛날에'라고 표현하는 것도 그 증거이다.
175) 레오 바이스게르버 지음, 『모국어와 정신형성』, 위의 책, 158쪽.
176) H. Lipps 71, 24쪽. (레오 바이스게르버 지음, 『모국어와 정신형성』, 위의 책, 163쪽, 재인용.)

그렇다면 지금까지의 역사가 증명해 주듯이, 문화적 침탈로까지 이어진 언어정책을 경제적 측면으로 밀접하게 결부시키고 있는 요즈음, 어찌 언어가 역사와 무관하다고 할 수 있겠는가! 더구나 모국어에는 남아 있지만, 외국어에서는 찾아 볼 수 없는 역사적 정신을 어떻게 이해 할 것인가? 훔볼트(Wilhelm v. Humboldt, 1767-1835)는 "언어의 다름이란 것은 소리나 기호의 다름이 아니라, 세계관 그 자체의 다름"이라고 하였다.[177] 이때의 정신이란 무엇이고 세계관

---

177) 허웅, 「말과 정신」, 『언어와 삶』, 김혜숙 엮음, 서울 (태학사) 1992, 222쪽, 재인용.: 필자는 여기서 일명 김삿갓이라고 불린, 조선 후기의 방랑시인 김병연(金炳淵, 1807-1863)의 시를 인용하려 한다. "二十樹下三十客 四十家中伍十食 人間豈有 七十事 不如歸家三十食〈스무 그루 나무 아래 서러운 나그네, 망할[마흔] 집의 쉰 밥이여. 인간으로서 어찌 이런[일흔] 일이 있겠는가. 집에 돌아가 설익은 밥을 먹는 것만도 못하겠다.〉이 시는 정확히 어느 고장을 지니다가 읊었는지는 모른다. 그러나 사람 사는 곳이라면 그곳이 어디이든 인심이 좋은 곳도 있었을 것이고 시인으로서 뭐라 말할 수 없는 모욕을 느낀 일들도 있었으리라. 그것이 또한 인생이기 때문이다. 그러나 시의 구성은 참으로 묘미가 있다. 숫자를 교묘히 이용하여 하나의 파격시를 이루고 있는 것이다." 과연 이런 시를 그 뜻을 흩트리지 않고 외국어로 온전하게 번역할 수 있을까? 번역의 차원을 떠나서, 순우리말이 지니고 있는 의미와 문화를 알지 못하고는 이 시를 온전하게 이해할 수도 없을뿐더러, 한자(漢子)의 뜻을 분명하게 알고 있을지라도 위의 번역처럼 하기도 결코 쉽지 않을 것이다. 權伍壽 著, 『放浪詩人 金삿갓』, 서울 (홍신문화사) 1989, 188-189쪽.: 외국어로 번역하면 그 의미가 절대로 온전하게 전달될 수 없을, 김삿갓의 시 하나를 더 소개하려 한다. "書堂乃早知 房中皆尊物 生徒諸未十 先生來不謁 시를 직역한다면 〈서당이 있음을 내 일찍 알았지만, 방안에는 모두 잘난체하는 물건들만 있더라. 학동은 다해야 열도 못되는데 선생이 와도 아뢰지조차 않더라.〉인데 사실은 지독한 욕설의 나열이었다. 즉, 밑줄 친 글자를 음독한다면 입에 담을 수 없는 욕이 되는 것이다." 이 시는 김삿갓이 어느 마을의 서당 훈장과 운자(韻字)를 띄우며 내기를 했는데, 내기에서 진 훈장에게서 푸대접을 받고 지은 시라고 한다. 시를 지은 배경과 상관없이, 과연 이런 시를 외국어로는 어떻게 번역해야 그 뜻이 온전하게 전해질까? 이런 시는 우리말의 욕설과 더불어 그 욕설의 뜻까지도 정확하게 알아야만 제대로 이해할 수 있다. 그렇지만 그런 뜻까지 담아서 외국어로 번역한다면 시의 본래 형식은 모두 사라져버리고, 결국 그냥 외국어로 된 시 하나가 만들어지고 마는

은 과연 무엇을 의미하는가? 이것은 그저 한 개인이 자신의 생각을 언어로 표현한다는 뜻이 아니다. 오히려 특정한 언어 속에는 특정 민족의 문화와 역사적 정신이 깃들어 있으므로, 특정 민족이 고유한 언어를 가지고 있다는 것은 동시에 주체의식을 지니고 있다는 말이며, 고유한 문화를 창조하고 전승하는 것도, 외래문화를 수입하여 흡수하고 소화하는 것도 모국어를 모체로 한다는 말이다. 따라서 역사에서 언어문제는 역사의 연속성과 연결되며 동시에 민족성과도 뗄 수 없는 관계에 있을 수밖에 없다.

4) 역사적 사건과 정치권력

인간이 이 세상에 태어나기 위해서는 적어도 두 사람을 필요로 한다. 그들은 어머니와 아버지이며, 그렇게 태어난 개인이 자신의 독립 가정을 이루기 위해서는 타인이 있어야 한다. 그 타인 또한 어머니와 아버지가 있어야만 태어날 수 있다. 남녀가 결혼을 하면 가정이 이루어지고 자식이 태어나면 가족이 된다. 가족은 개인이 소속하는 집단으로써 최소 단위이다.

혈족을 중심으로 여러 가족이 모이거나 혼인을 통해 다른 가족과 연결되면 대가족이 되며, 그 구성원의 수가 많아지면서 **사회**가 형성된다. 사회에는 다양한 집단이 자연스럽게 또는 인위적으로 만들어질 수밖에 없으며, 거기에는 공동의 규율과 질서가 필요해진다. 사회의 규모가 커지고 힘이 생기면서 국가가 형성되기에 이르고 국가들의 집합이 바로 **세계**이다. 이를테면, 개인을 출발점으

것이다. 權伍旿 著,『放浪詩人 金삿갓』, 위의 책, 230-231쪽.

로 보면 개인과 개인이 혼인을 통해 가족을 형성하고, 여러 가족이 모여서 사회를 이루게 되며, 다양한 사회 집단이 모여서 국가가 만들어진다는 말이다.[178]

인간은 아무도 없이 이 세상에 태어날 수 없으며 혼자서만 살아갈 수도 없다. 이미 태어나는 순간부터 모든 인간은 타인 – 부모님도 엄밀한 의미에서 타인이기 때문에 – 과 관계를 맺으면서 살아갈 수밖에 없다. 인간은 성장하면서 점점 사회 속에 편입해 들어가며 관습에 따르고 규율에 적응하면서 사회적 존재가 되어간다. 그렇게 타인의 삶을 보면서, 또한 자신의 삶을 뒤돌아보면서, 인간은 누구나 현재 자신의 모습보다는 더 나은 삶을 살아갈 수 있기를 희망한다. 하지만 미래의 일은 아무도 알지 못하며, 기껏해야 어느 정도 예측만 할 수 있을 뿐이다. 간혹 그러한 예측이 들어맞을 때도 있지만, 전혀 예상하지 못할 일들이 벌어지기도 한다. 그렇기에 미래는 희망적이기만 한 게 아니라 많은 위험성도 항상 내포하고 있다. 바로 이러한 까닭에 사람들은 지나간 일을 되돌아보고 역사를 연구한다.

이것이 바로 역사를 공부해야 하는 이유이다. 모든 인간은 현재를 살아가지만 세상을 알기 시작하면서 현재가 과거에 바탕을 두고 있다는 사실을 배우게 되며, 아직 오지 않은 미래도 삶의 일부라는 것을 의식하게 된다. 하지만 과거는 이미 지나간 사실이기 때문에 기

---

178) "모든 사회는 권력관계를 조직해야 할 필요가 있으며, 문명들에서 이는 최소한 부분적으로라도 공식적 정부 구조를 통해 나타난다. 정부의 성격과 기능을 알아내는 것, 즉 '정치사'는 분명히 논제의 표준이다. 모든 사회는 인간 생활의 물질적 성격과 목적을 설명하려고 한다. 그래서 중심적 신념들, 전제들, 그리고 예술적 재현이 나오는 것이다." 피터 N. 스턴스 지음, 『세계사 공부의 기초』, 위의 책, 235쪽.

억에서도 사라지기 마련이며, 미래 역시 아직 알 수 없는 것이기에 확신할 수가 없다. 그렇기 때문에 사람들은 현재와 미래에 대한 희망을 확신하기 위하여 역사를 연구하고 배우는 것이다. 그런데 이것이 학문의 영역에서 행해진다면, 인간 사회의 구체적 현실을 이끌고 있는 것은 무엇일까? 그것은 예나 지금이나 **정치영역**이다.

　『논어』(論語)에서 **정치**(政治)는 정(正)이라고 했다. 무엇을 바로잡는다는 뜻이다. 정치는 과거의 역사를 거울삼아 장밋빛 미래를 설계하기를 원하며, 과거의 잘못을 되풀이 하지 않기를 다짐한다. 따라서 과거의 것은 이미 지나가버렸기 때문에 바로잡으려고 해도 불가능하지만, 현재 진행 중인 일은 잘못이 있으면 바로잡으면서 행해나갈 수 있다. 그렇지만 현재의 많은 일들 가운데 잘못이 있을 때 그 바로잡는 방법을 과거 역사를 돌이켜봄으로써 시행하는 경우가 많다. 이것이 바로 역사에서 **교훈**을 얻는 것이다. 이렇게 보면 현재를 살아가고 있는 인간에게 과거도 미래만큼이나 중요한 것이 된다. 그런데 사람들이 내리는 과거에 대한 평가가 각양각색인 것처럼, 미래에 대한 전망과 설계도 매우 다양하게 나타난다.

　각 개인 또는 집단이 목표로 하는 미래가 모두 같을 수는 없기 때문에 의견 대립은 필연적이며, 대립이 심화하면 분쟁을 민주적으로는 해결하지 못하고 같은 나라 안에서도 내란이 일어나거나 전쟁이 일어나기도 한다. 내란이나 전쟁은 인간 사회에서 벌어지는 가장 무질서한 상황인데, 그 누구도 무질서의 상태가 지속되기를 바라지는 않는다. 사람들은 대개는 사회의 무질서 상태가 전통에 따른 관습이나 도덕에 의해서 자율적으로 통제되기를 바라지, 법에 의한 해결은 그 다음 단계로 생각하는 경향이 있다. 그러나 자율적 통제가 불가능할 경우에는 외부로부터 강제력이 동원되는데, 그 강제력 자체도 불법적인 경우도 있지만 합법적인 강제력일 때에는 그 중심에 자리하고 있는 것이 바로 **정치권력**이다. 즉, 법과 정치는 강제력을 수단으로 삼기 때문에 자율성을 목표로 하는 게 아니며, 정치권력은 국가라는 전체와 동등한 위치에서 구성원 개개인의 개별성을 전적으로 무시하고 **국가**라는 보편성을 지향한다.

그러나 엄밀하게 보면 국가와 정치권력은 절대로 같지 않다. 지금까지의 역사에서 보면, 정치권력은 국가권력의 획득을 목표로 하며, 국가의 권력을 획득한 정치집단은 획득한 권력을 유지하고 행사하기 위하여 다른 정치 집단과의 투쟁이나 조정을 하지만, 때로는 민중이나 다른 정치집단과 분쟁이나 대립을 일으키기도 한다. 따라서 국가와 권력은 정치의 본질을 이해하는데 빼놓을 수 없는 요소라고 할 수 있다. 이러한 과정에서 크든 작든 여러 가지 정치적 사건이 발생하며, 이러한 사건들이 모여서 역사를 형성한다. 한 국가나 민족 또는 특정한 정치집단이 외부 또는 내부로부터 어떤 자극을 받았을 때 거기에 반응하여 적응하거나, 아니면 자극을 무시하거나 그에 대해 적대적인 자세를 취했을 때의 결과가 일반적으로 역사에서 중요한 사건으로 기록되어 왔다.

그런 정치집단이 민중이라는 다수의 입장에서 봤을 때는 소수에 불과하지만, 다수 민중의 지지를 받고 국가권력을 획득하면 국가와 동등한 지위에 오르게 된다. 하지만 그런 집단이 민중의 지지를 받지 못하면, 비록 법률적으로는 권력을 유지할지라도 실제로는 국가와 동등한 지위를 지닌다고 인정받기 어려워진다. 따라서 쿠데타와 같은 비합법적 수단으로 국가권력을 찬탈한 경우가 아니라면, 정치권력은 국가권력을 획득하기 위하여 국민들이 받아들일 수 있는 **정치이념**이나 **경제정책**을 제시해왔다.

일단 권력을 획득한 정치집단은 권력을 계속 유지하기 위해 사회가 안정되고 평화로운 상태가 지속되기를 희망한다. 그렇기에 다수 민중이 공감하고 따를 수 있는 이념을 제시하고 실행해 나가는 일이 무척 중요한데, 현실에서 실행되는 여러 정책은 바로 그러한 정치이념에 바탕을 둔 것이다. 그러나 모두가 따르기를 바라면서 제시하는 이념이 보편성이라고 한다면, 그 모두의 구성원은 각 개인인데, 개개인은 자신만의 생각과 개성을 지니고 있는 개별자인 동시에 특수자이다. 그렇기 때문에 이념이 제아무리 보편적인 목표를 제시하더라도 모두가 아무런 반대의식이나 저항 없이 오직 **하나의 이념만**을 그대로 따르기란 결코 쉽지 않은 일이다. 이러한 이유로 인해서 정치권력은 대립의 항쟁관계 속에서 강제력을 동원해서라도 상대방을 복종시키고, 스스로의 활동을 관철하고자 하는 것을 본질로 삼는다. 이 또한 역사가 증명해주고 있는데, 결국 자기편에게는 가장 우호적인 단결과 협력을 제공하고, 상대편에게는 적대적인 태도를 취하는 것이 정치권력의 속성이다.

전 세계적이든 국내적이든 간에 지금까지 기록된 역사적 사건을 보면 이러한 정치권력들 상호간의 충돌과정에서 발생한 게 가장 많다는 사실을 부인할 수 없다. 어쩌면 다른 사건들도 많았는데 유독 정치적 사건을 더 많이 기록으로 남겼다고 볼 수도 있을 것이다. 그렇지만 각 나라의 역사를 보더라도 이런 점이 결코 부정되지는 않는다. 이렇게 본다면 역사적 사건은 정치적 문제가 특정 국가의 사회 전체에 이슈화 될 때 그리고 특정 국가를 넘어서 다른 나라와 이해관계가 충돌할 때 발생한다고도 할 수 있을 것이다. 그렇다고 해서 모든 역사적 사건의 원인이 정치에만 있다는 뜻은 물론 아니다. 그러나 다른 원인이 있을지라도 대부분은 정치와 직·간접적으로 결부해 있으며, 그러한 사건의 진행과정이나 해결을 도모할 때도 정치가 개입하지 않는 경우는 거의 없다는 사실이 중요하다.

이를 한 마디로 표현하면, 인간의 삶에서 역사적 사건으로 간주되는 모든 것은 사실상 정치적 문제로 인해서 발생한 사건이라고 해도 틀린 말이 아니다. 물론 이런 경우에는 국가권력을 가진 소수집단이 사건의 주체라면 그 국가에 속한 모든 구성원은 주체가 결정하는 대로 수동적으로 따르기만 할 때가 대부분이다. 이런 까닭에 정치권력에서 실질적인 주체라고 할 수 없는 대다수의 민중은 긍정적인 의미이건 부정적인 의미이건 간에 역사의 주체가 될 수 없다는 견해가 지배적이다.

지금까지의 역사에서 보면 정치권력이 민중의 생각을 반영하지 않고 민중과 함께 행동하지 않음으로써 독재정치를 행한 자들은 언제나 악(惡)으로 기록되어 왔는데, 설령 선(善)으로 기록되었더라도 그것은 특정한 사건에서 승리한 자들이 자신들의 편에서 기록한 역사일 뿐이다. 한 마디로 말해서, 다수를 이루는 민중과 함께 하지 않는 정치권력은 소수에 불과한 자신들의 이익만을 보호하기 위해서 움직이는 이익집단에 불과하다. 그리고 이런 집단은 자신들의 이익에 반하는 다른 모든 집단을 정치권력을 동원하여 지배하고 탄압해 온 것도 사실이다. 만일 정치가 이와 같을 뿐이라면, 역사는 자유가 억압당한 채 피지배계급에 속하는 모든 대중이 정치적 자유를 얻기 위해 투쟁하는 과정이라고 해야 할 것이다.[179] 실제로 지금까지의 역사를 살펴보더라도 그 기록은 대부분이 철저히 지배층의 관점에서 쓴 것이 사실이다. 다시 말해서, 지금까지의 역사는 다수 중심의 민중사관으로써 보다는 소수 중심의 영웅사관에 입각해서 기록했다는 말이다.

흔히 정치를 '생물'이라고 말한다. 즉, 정치는 죽은 것이 아니라 살아 움직이는 것이라는 말이다. 살아 움직이는 것은 현재의 것이지 과거에 사라져버린 게 아니다. 그렇기 때문에 정치는 과거에 지나간 것보다는 구체적 현실에 관심을 더 기울인다. 이것은 현실 정치를 보더라도 여실히 증명된다. 그렇다고 해서 만일 정치가 과거에 대해 전혀 관심을 갖지 않는다면, 그것은 역사에 무관심하다는 뜻이고, 역사에 무관심하다면 정치는 역사로부터 교훈을 얻고자 하는 게 없다는 말이 된다. 물론 모든 정치가 또는 모든 정치집단이 그렇다는 의미는 결코 아니다. 그것보다는, 현실에서 올바른 정치를 펼치기 위해서는 현재 당면한 사소한 문제들에까지 관심을 기울여야 하는데, 이런 일이 정치에서는 마땅히 행해져야할 일이기는 하지만, 현실에 관심을 쏟는 만큼 그 반대로 과거를 소홀하게 취급해버릴 가능성이 매우 커지게 되고, 현실의 자신들의 이익만을 추구할 가능성도 농후하다는 말이다. 바로 이러한 까닭에 정치는 역사에 있어서 매우 중요한 요소가 된다. 정치는 현실의 구체적인 상황과 살아 있는 구체적인 인간을 대상으로 하며, 당면한 구체적

---

179) 그렇기 때문에 마르크스(K. Marx, 1818-1883)와 엥겔스(F. Engels, 1820-1895)가 『공산당 선언』에서 "만국의 프롤레타리아여 단결하라!"(Proletarier aller Länder vereinigt euch!)고 한 구호는 결코 헛된 구호가 아니었기에 한 세기가 넘게 인류의 절반이 따랐던 것이다. K. Marx - F. Engels, *Manifest der kommunistischen Partei*, Erstausgabe 1848, mit einem Nachwort v. I. Fetscher, Stuttgart 1969 (Reclam), S. 60.

인 문제를 다루어야 한다. 그렇기에 역설적이게도, 정치가 직면하는 여러 상황과 문제·대상을 선(善)의 방향으로 이끌기 위해서 우리는 역사를 연구해야 하는 것이다.

현실에서는 거의 모든 정치인은 현재 상황의 문제점을 해결하고 더 나은 미래를 위해 당연히 역사를 연구하고 정치를 하는 것이라고 강변할 것이다. 하지만 현실을 들여다보면 그들은 대부분 생각의 일치를 이끌어 내지 못하며, 다수 민중의 열망과 동떨어진 정책을 펼치기 일쑤다. 각 정당들은 서로 다른 정책으로 인해 나누어짐에도 불구하고, 그들은 모두가 국가와 국민을 위하여 정치를 한다고 말한다. 국가와 국민을 위한다는 정책이 정당에 따라서 정반대의 내용을 담고 있는 것들도 허다하다. 만일 그와 같은 정책이 진정으로 국가와 국민을 위한 것이 되기 위해서라면, 서로 합의를 통하여 **반드시 최선의 결론**을 이끌어내야만 할 것이다.

그렇지만 현실 정치가 나아가는 방향을 보면, 각 정당은 상대편의 생각과 정책에 동의하지 않거나 반대를 하며, 심지어는 오로지 반대를 위한 반대만을 일삼기도 하는데, 결국 자신들과 자신들을 지지하는 사람들만을 위한 정치를 행하고 있다. 이를 신채호의 말을 빌려 표현하면, 한 국가의 현실 정치에서 여당(與黨)이 아(我)라면 야당(野黨)은 비아(非我) - 반대의 경우도 마찬가지이다. - 가 될 것이지만, **국민 전체는 아도 비아도 아닌 절대 자아**여야 한다. 이때 절대 자아는 국가와 동일한 의미이다. 즉, 국민의 입장에서 보면 국가의 이념은 여야를 초월하는 것이 되어야 한다는 말이다. 따라서 **국가의 이념**은 역사에서 얻은 교훈을 바탕으로 현재와 미래 역사의 변화를 이끌고 가는 이념이어야 하지, 역사의 변화를 추적한 다음에 역사를 정리하는 데에 만족하여 머물고 마는 것이어서는 안 된다.

각 정파와 각 정당이 펼치는 서로 반대 또는 대립하는 정책들은 그 정도가 심해지면 국내적으로는 내부적인 갈등을 불러일으키며, 국외적으로는 전쟁을 일으키는 원인이 되기도 한다. 지금까지의 역사에 기록되어 있는 굵직굵직한 사건들은 이와 같은 과정의 연속이라고 해도 과언이 아니다. 그러한 사건들 가운데 비슷한 양상을 띤 역사가 되풀이 되는 경우도 있는데, 그 가운데 도덕적으로 악이라고 평가받는 사건이 되풀이 된다면, 그것은 역사가 정치에 대해서 침묵한 결과이며, 정치는 역사에서 교훈을 얻지 못한 결과이다. 역사가 정치에 대해서 이야기하고 있는 것은 **동일한 과오를 되풀이하지 말라**는 분명한 메시지인데도, 역사가 정치에 대해서 침묵한다면, 그것은 역사를 연구하는 역사가들도 책무를 다하지 못한 면이 있다고 해야 한다.

이렇게 보면, 역사가는 현실 정치에 대해 결코 침묵해서는 안 된다. 지나간 역사만 전문적으로 연구한다고 해서 역사가의 역할을 다하는 것은 결코 아니다. 연구의 결과를 반드시 현실에 적용해야만 역사가의 역할을 제대로 수행하는 것이다. 따라서 우리는 역사와 관련한 지식을 습득하는 것만으로는 충분하지가 않으며, 그것을 바탕으로 현실 정치와 다가올 역사를 올바르게 이끌지 않으면 안 된다.

예나 지금이나 사람이 사는 곳이면 어디에나 주도권을 행사는 사람이나 집단 또는 국가가 반드시 있다. 주도권 행사를 국가 간으로 넓혀서 보면, 오늘날 수많은 국제기구가 있고 국가들 간에 조약을 맺거나 동맹체를 형성하고 있는데, 그러한 관계에서도 주도권을 쥔 국가와 그 국가를 따라가는 국가들로 나누어지는 게 현실이다.[180) 또 다른 현실인 인간의 일상에서도 보면, 아무리 절친한 친구 사이일지라도—그 친구 사이가 단 두 명 사이일지라도—반드시 주도하는 사람이 있게 마련이다. 그런 사이에서는 서로가 어느 한쪽의 주도권을 애써 인정하지 않으려 하지만, 실제로 무언가를 함께 해나가다 보면 반드시 주도하는 쪽이 있다는 사실을 어렵지 않게 알 수 있다. 어쩌면 그런 관계가 습관처럼 되어서 의식을 못할 수도 있지만, 엄밀하게 따져보면 그 관계에는 상대편에 대한 배려심이 근저에 깔려 있다. 이러한 관계가 더 많은 사람들, 더 큰 집단, 국가들 상호간에서는 주도권을 행사하는 쪽과 그렇지 못한 쪽으로 확연하게 구분된다. 절친한 친구 사이에서도 현실적인 불이익이 개입된다면, 이전과는 다른 상황이 전개될 가능성이 얼마든지 생길 수 있다는 사실을 부정하는 사람은 거의 없을 것이다.

더구나 국제관계에서는 주도권을 한 번 쟁취한 나라가 아무런 이유 없이 주도권을 다른 나라에 넘겨주는 경우는 없으며, 지금까지의 역사도 이것을 증명하고 있다. 국가 간에는 주도권 다툼이 극에 달하면 전쟁으로 이어지고, 그 결과는 지배와 피지배의 관계로

---

180) "어떤 국가들은 확실히 다른 나라들보다 더 호전적이었다. 그리고 군사 조직과 전쟁 성격 모두에서 중요한 변화들이 정치사의 주요한 측면을 형성하고 있다. 다양한 정부 구조들이 군대 규모의 변화를 일으키는데 한몫하고 있다. 기술 변화는 전쟁과 군대를 바꾸는 중요한 요소이다. 가장 분명한 것은 총의 등장과 진화에 따른 변화이지만, 그 이전에도 기술은 중요한 요소였다. 근대의 군사적 변화는 정부 기능에서 나타나는 몇 가지 변동과 연결되어 있기도 하다. 과세나 경제에 대한 통제, 선전에서 나타나는 변동이 그런 예이다." 피터 N. 스턴스 지음, 『세계사 공부의 기초』, 위의 책, 237쪽.

나타나는 경우가 허다하다. 즉, 지배받기를 거부하고 정의롭지 못한 모든 행위에 대항하는 국가와 국민 – 또는 민족 – 그리고 그들을 부당하게 지배하려는 세력 간의 갈등이 인류의 역사라고 해도 과언이 아니다.[181] 그러므로 이러한 역사의 잘못을 인정하고 앞으로는 동일한 잘못을 저지르지 않아야 함에도 불구하고 현실에서는 여전히 반복되고 있다.

이렇게 보면 '역사에서 교훈을 얻는다.'는 말은 그저 교과서에만 있거나 학문적 구호에 불과하다고 봐야 할 것이다. 설령 역사에서 교훈을 얻는다고 할지라도, 그것은 주도권을 가진 국가는 어떻게 하면 그 주도권을 뺏기지 않고 계속 유지할 것인지를 배우는 것일 테고, 지배를 당한 국가는 다시는 다른 나라의 지배를 받지 않기 위해 힘을 키우는 방법을 배우는 것에 대한 교훈이 될 터이다. 그렇기 때문에 개인 간에도 국가 간에도 갈등을 극복하기 위해서는 현실에서 서로에 대한 차이 또는 다름을 인정해주는 것이 필요하며, 이것이 이루어질 때 비로소 **참된 공존**이 가능해진다. 하지만 인류는 과연 이와 같은 역사의 교훈을 현실에서 기대할 수 있을 것인가? 이에 대한 대답이 부정적이라면, 그 까닭은 정치가 역사의 교훈을 부정적으로 적용하기 때문이다. 촘스키는 이것을 흄(David Hume, 1711-1776)의 말을 빌려 "힘은 언제나 피지배자인 민중에게 있지만 민중은 지배자에게 종속된다."고 표현한다.[182]

정치가 역사를 이끌고 가는 시스템이자 추동력인 것은 분명하지

---

181) 노암 촘스키 지음, 강주헌 옮김, 『촘스키, 세상의 권력을 말하다』, 서울 (시대의 창) 2004, 129쪽, 참조.
182) 노암 촘스키 지음, 『촘스키, 세상의 권력을 말하다』, 위의 책, 129쪽, 참조.

만, 정치가 역사를 항상 발전하게 만들고 역사를 위하여 긍정적으로 작용하지는 않는다는 결론이 도출된다. 과거보다 더 많은 사람이 자유를 획득하고 평등이 더 많이 실현됐다고 하더라도, 그것은 정치가 자발적으로 행한 결과가 아니라 수많은 민중의 투쟁과 희생을 바탕으로 이루어낸 것들이다.[183] "사회에는 다양한 제도가 있고, 억압과 지배 시스템이 있게 마련이다. 지배력을 지닌 사람들, 다른 사람들을 딛고 일어선 사람들은 자신들의 입장을 합리화시켜야 한다."[184] 바로 이러한 이유 때문에 정치는 **이데올로기**(Ideologie)와 불가분의 관계를 갖는다. 자신들 또는 자기 집단만을 위한 신념과 사상이라는 의미인 이데올로기를 실현하고 지키기 위해, 그런 집단들은 자신들의 유·불리에 따라서 정치를 행하고 역사를 왜곡하며 민중을 이용하고 우롱한다.

세계 각국의 정치를 보더라도 결코 이와 다르지 않다. 특히 정파나 정당은 자신들에게 유리하도록 역사를 왜곡하고 이를 바탕으로 이데올로기를 만들어내기도 하며, 왜곡한 역사와 이데올로기를 통해 정치행위를 함으로써 결국에는 그 나라의 구성원 모두를 불행

---

183) 일례로 다음과 같은 글을 볼 수 있다. "여성의 역사는 수천 년 이상을 이어 온 전쟁과 정치의 흐름 아래 잠겨 있었기 때문에 학교에서 내가 배운 여성의 역사라곤 고작 몇 명의 여왕에 대한 이야기뿐이었다. 최근에야 여성의 역사는 수면 위로 떠오르기 시작했다. 그리고 각 시대를 살아간 평범한 사람들의 일상적인 경험에 대해서도 배우지 못했다. 이들이 바로 피라미드 건설에 동원돼 죽어 간 사람들이고 성 아래 밭을 경작한 사람들이다." 크리스 브래지어 지음, 『세계사, 누구를 위한 기록인가?』, 위의 책, 21-22쪽.

184) 노암 촘스키 지음, 『촘스키, 세상의 권력을 말하다』, 위의 책, 117쪽.; 위와 같은 이유 때문에, 정치권력에 의해서 인위적으로 행해지는 '역사 바로 세우기' 또는 '역사 청산 작업' 등은 결코 성공할 수가 없으며, 역사왜곡으로 흐를 수밖에 없는 것이다.

에 빠뜨리기도 한다. 그것도 아니면 다른 나라를 침략하여 그곳에 사는 민중의 삶을 짓밟기도 한다. 또한 정치는 곧 권력을 의미하기 때문에, 정치는 다른 정파나 민중들과 동등한 관계에서 공존을 원하기 보다는 그들 위에 군림하려들고, 이를 위해서는 자기편과 반대편을 뚜렷하게 분리하는 갈등과 분열정책을 통해서 오로지 자신들만 권력을 독점하려고 한다.[185]

"귀족 집단은 민중을 두려워하고 불신하기 때문에 민중에게서 모든 권력을 빼앗아 엘리트 계급에 넘겨주려고 합니다. 실제로 오늘날 많은 사회에서 존경받는 지식인들이 이런 관점을 지지하고 있습니다. (…) 예를 들면, 헨리 키신저(Henry Kissinger)가 귀족 집단에 속하는 전형적인 인물입니다."[186]

우리는 보편성이라는 이상(Idea)을 추구하느라고 현실 정치와 역사의 구체적인 측면을 도외시해서는 안 된다. 가족과 같은 아주

---

185) 그래서 정치사를 세부적으로 고찰할 때는 다음과 같은 견해가 기본적으로 필요하다. "정부 형태와 기능에 대해서는 국가와 일반 국민 사이의 관계가 어떠했는지를 정의하려는 노력을 통해서도 중점적으로 다룰 수 있다. 즉, 국민이 (목소리가 있었다면) 어떤 목소리를 냈는가, 국민은 자신들의 삶에서 어떤 면에 정부가 개입하기를 기대했는가, 국가가 해주기를 기대했던 것은 무엇인가 하는 문제들이다. 국가와 국민의 관계는 사회와 시대에 따라 다양했다." 피터 N. 스턴스 지음,『세계사 공부의 기초』, 위의 책, 237쪽.
186) 노암 촘스키 지음,『촘스키, 세상의 권력을 말하다』, 위의 책, 154쪽.; 이 시점에서 우리는『논어』(論語)의 가르침에 주목할 필요가 있다: "己所不欲 勿施於人(자기가 바라지 않는 것은 남에게도 베풀지 않는다. 顔淵, 2), 夫仁者 己欲立而立人 己欲達而達人(인이란 자기가 서고자 하면 남을 세워주고 자기가 도달하고자 하면 남을 도달하게 하는 것이다. 雍也, 28)"

작은 집단에서는 보편성이 실현될지 모르지만, 국가나 민족 단위처럼 거대 집단에서는 제아무리 보편성을 내세우고 강조할지라도 현실에서는 결코 실현될 수 없다. 특히 그와 같은 경향은 정치인들과 학자들에게 만연해 있는 경향이다. 정치인들은 모든 국민 또는 전 인류를 위한다는 이념으로 민주주의나 사회주의 등을 말하지만, 그 어디에도 완전한 민주주의나 사회주의가 실현된 곳도 없고 실현될 수도 없다. 학자들은 자신들이 제시하는 이론이나 학설이 보편적이어야만 진리로 인정받을 수 있기 때문에 더욱 보편성을 강조하지만, 그런 이론이나 학설에도 실제로는 언제나 예외가 존재하거나 허점이 있기 때문에 늘 새로운 이론이나 학설로 대체되어 왔던 것이다. 그러다보니 **보편성**은 항상 알맹이 없는 껍데기이고 **명목상**으로만 가능했으며, 결국에는 헛된 꿈에 불과한 게 되어버렸다.

세계사와 세계 정치에서도 보편적 이념은 결코 존재하지 않는다. 물론 명목상으로는 얼마든지 존재할 수 있다. 하지만 현실에서 권력 독점을 속성으로 하고 있는 정치가 보편성에 입각해서 권력을 모두에게 골고루 나누어주는 일은 실질적으로 불가능하다. 20세기 말엽에 공산주의가 종말을 맞았다고 해서, 그 이후로 전 세계에 민주주의가 뿌리를 내린 것도 아니다. 공산주의가 전면에 내세운 '무계급의 평등사회'라는 완전한 공산주의는 이전 단계인 '프롤레타리아 독재'를 통해 또 다른 계급을 만들어냈을 뿐, 결국 공산주의 독재 때문에 몰락하고 만 것이다.

민주주의도 사정은 이와 별반 다르지 않다. 국민이 주인이라고 하는데, 도대체 국민은 언제 제대로 된 주인 행세를 할 수 있는가?

국가나 정부가 안전을 위해 국민을 통제한다고 하지만, 실제로는 대부분의 경우 정부의 안전을 위해 국민을 통제하고 있다. 한 나라에서는 국민의 안전을 위해 경찰력을 증강하는 일이 벌어지고, 국가 간에는 국가의 평화를 수호하기 위해 핵무기를 만들고 전쟁 무기를 새롭게 개발하고 생산하는 것과 같은 모순이 벌어지는 게 바로 민주주의의 모순이다. 이런 모순들 때문에 내란이 일어나고 전쟁이 발생하며, 역사는 또 그것을 역사적 사건이라고 기록으로 남긴다. 이러한 까닭에 수많은 역사적 사건의 배후에는 정치가 자리 잡고 있다고 보아도 무방하다. 따라서 정치가 역사로부터 교훈을 제대로 배운다면, 적어도 정치 때문에 일어나는 비극적이고 커다란 사건은 없어져야 할 터이다.

5) 역사적 사건과 경제권력

"세계사 학자들은 인류의 접촉이면 무엇이든 흥미를 갖고 있다. 세계사 학자들은 이주, 교환, 제국주의 팽창, 장거리 무역, 선교 활동, 식량과 기술의 전파에 이르기까지 상호작용에 대한 사례 연구를 발전시켜왔다. 만남이 이루어지는 시스템의 변화, 예를 들어 교통과 통신 기술의 기반 등 접촉 시스템의 변화를 전체 인류 이야기를 조직하는 원리의 하나로 삼는다. (…) 결국, 세계사에서 접촉을 탐구하는 진짜 지점은 사회들이 어떻게 서로 영향을 주었는가, 다양한 형태의 접촉이 갖는 비중의 수준은 어느 정도인가. 그리고 시간에 따라 접촉의 시스템이 어떻게 변화했는가 하는 점이다."[187]

---

187) 피터 N. 스턴스 지음,『세계사 공부의 기초』, 위의 책, 202-203쪽.

위의 인용문에서 말하고 있는 '접촉'을 야기하는 원인에는 여러 가지가 있다. 그 가운데 제일 크고 중요한 원인은 무엇일까? 접촉은 곧 교역을 말하는데, 교역을 하는 이유가 바로 필요한 무엇인가 ─ 그것이 정신적인 것이든 물질적인 것이든 간에 ─ 를 조달하기 위함이라는 점은 분명하다.[188] 인간의 삶에서 정신적인 것은 먼저 물질적인 것들이 어느 정도 충족되지 않으면 교역의 원인으로 작용하기가 쉽지 않다. 그렇기에 교역의 우선순위는 생존에 필요한 물품을 조달하기 위한 것이라고 할 수 있다. 물물교환 경제가 바로 대표적인 예라고 할 수 있다. 그런데 생존에 필요한 물품은 있지만, 그 물품을 구입하기 위해 교환할 물품이나 자본이 없는 경우에는 어떻게 할 것인가? 화폐경제가 정착하기 이전의 역사를 살펴보면 쉽게 이해할 수 있다. 그건 바로 침략과 전쟁을 통해 필요한 물품을 탈취하는 방법이었다.

물론 전쟁의 직접적인 원인이 경제 때문이라고만 할 수 있는 것은 아니지만, 현대에서도 석유 때문에 전쟁을 일으키면서도 명분은 자유나 평화를 내세우는 경우가 허다하다는 사실을 사람들은 부인하지 못할 것이다. 이처럼 경제는 인간의 생존과 직결되고, 그와 관련하여 발생하는 수많은 사건이 역사로 기록된다. 따라서 역사에서 정치와 함께 뗄 수 없는 관계에 있는 것이 바로 **경제**이다. 한 국가 안에서도 경제정책은 정치와 가장 밀접해 있으며, 국가와 국가 간에도 경제정책은 해당 국가의 미래를 결정할 만큼 중요한 정책이기 때문에, 정치인들이 제일 많이 관심을 쏟는 분야이기도

---

188) 필자는 여기서 '접촉'과 '교역'이라는 용어를 경제적인 측면에 국한해서 사용하고자 한다.

하다. 인간 사회의 모든 분야가 삶과 직결되어 있지만, 생존이 달린 경제 분야보다 더 직결된 것은 없다. 그렇기 때문에 경제 분야에서는 수없이 많은 사건이 필연적으로 일어날 수밖에 없으며, 결국 그러한 사건들이 또한 역사의 흐름을 좌우할 수도 있게 된다.

지난 세기 말부터 지구상에는 '**세계화**', '**자유주의**', 'FTA' 등과 같은 용어가 마치 구호처럼 도처에서 난무하고 있으며 지금도 그 기세는 여전하다. 이러한 용어들을 의미상으로만 보면 인류의 삶을 매우 윤택하고 편리하게 바꾸어줄 것만 같다. 인간이 살아가고 있는 다양한 분야에서 발전을 거듭하고 있는 게 사실이고, 특히 교통과 통신의 발달이 급속도로 이루어지고 있는 현대에서는 인간의 삶을 조금이라도 윤택하게 하기 위해 국가 간의 교류를 최대한 증진시키고 있다. 이러한 물결이 '세계화'라는 용어로 등장하였다. 하지만 인간 사회의 발전이라는 것도 엄밀하고 정확하게 보면, 환경과 생태계의 파괴는 완전히 제외한 채 오로지 인간들만의 입장만 고려한 것일 뿐이다. 그렇기 때문에 세계화가 진행되면 될수록 자연계 전체의 파괴는 급속도로 진행될 수밖에 없다.

'신자유주의'와 'FTA'도 국가 간의 무역에서 국가권력의 개입을 비판하고 무역 장벽을 최대한 완화하고 없애서 궁극적으로 인류의 삶의 질을 향상하는 데 목적이 있다고 한다. 그렇지만 엄밀하게 따지고 보면, 무역 장벽을 없애는 데에 다시 국가 권력이 개입하고 각 나라의 정부가 나서서 협정을 체결한다는 자체가 이미 모순을 내포하고 있다. 그건 자유가 아니고 국가의 간섭 또는 통제이기 때문이다. 전 세계 모든 국가 간의 무역에 장벽을 제거하는 게 목표라면, 그리고 순전히 용어상으로만 보면, 시작 단계에서만 모든 국가의 정부가 무역에 걸림돌이 되는 규제를 철폐하면 될 일이다. 그 이후에는 무역에 관련한 모든 사항을 각 기업에 전적으로 일임해야만 한다. 그런데도 각 국가의 정부는 끊임없이 협정을 손질하고 다시 체결하는 일을 계속하는데, 이런 일은 신자유주의에도 FTA에도 자유는 실제로 존재하지도 않고 존재할 수도 없다는 사실을 증명해주는 것일 뿐이다.

그런데 어찌하여 지구상의 모든 국가가 그토록 무역에 관심을 기울일까? 그 까닭은 무역은 국가 간의 교역이고 교역은 물자의 교류를 말하는데, 물자는 인간의 삶에 필요한 물품들이고 그 물품들을 매매하는 과정에서 이익을 창출할 수 있기 때문이다. 한 마디로 말해서, 그 모든 것의 궁극적인 목표가 경제−즉, 돈−라는 사실이다. 이렇게 보면, 현재 세계를 움직이고 있는 실질적인 힘은 국가가 아니라 기업, 그중에서도 다국적 기업이라고 해도 결코 틀린 말이 아닐 것이다. 그렇지만 그 힘은 전면에 나서지 않고 정치권력이 그것을 대신한다. 기업은 배후에서 정치권력을 마음대로 주무른다. 기업은 정치권력에 막대한 자금을 후원해주고, 정치권력은 권력을 이용하여 기업의 이익창출에 앞장선다.

이렇게 보면 정치권력과 기업의 관계가 마치 중세 때 교황과 황제의 관계처럼 서로 공생관계에 있다고 해도 틀린 말이 결코 아니다. 서로 상대편의 이익을 위해 동원할 수 있는 모든 역량을 집결하여 크고 작은 사건을 일으킨다. 그러한 사건들 가운데 대표적인 것이 바로 **전쟁**이다. 전쟁의 발생 원인에는 여러 가지가 있지만, 국가 간의 교역과 교류가 활발해질수록, 국가 간의 관계가 더 밀접해질수록 경제적 측면이 그 원인으로 작용하는 경우가 빈번해지고 있다. 겉으로는 평화와 자유를 명분으로 내세우고 있지만, 실상은 경제적 이익과 세계 경제의 주도권을 움켜쥐려는 거대 기업과 그 기업의 이익을 대변하는 정치권력이 전쟁을 주도하는 게 대부분이다. 그래서 마이클 샌델(Michael J. Sandel, 1953-) 같은 유명한 교수도 다음과 같이 말한다.

"시장의 영향력이 강해지면서 보다 근본적인 도덕적 논쟁과 토론이 이뤄지지 않고 있다. 경제가 화두인 시대, 경제적 풍요가 최고의 선이 돼버린 상황에서 여타의 가치들은 쉽게 무시되곤 한다. 그래서 사람들은 자연스레 가장 기초적인 가치, 도덕의 목마름을 호소한다. 경제중심의 사회가 낳은 폐해는 심각하다. 도덕적 해이와 거짓말, 각종 로비와 공직자의 부패, 경제인의 각종 특혜와 비윤리적인 이권개입, 일반 시민의 도덕 불감증 등 경제 논리에 가려 어느 정도의 비도덕은 묵인할 수 있다는, 근거가 빈약한 관용이 사회 저변에 광범위하게 퍼져 있다."[189]

샌델의 진단은 현대 사회에만 국한되지 않는다. 현대 세계가 비록 과거보다 더 민주화되었고 더 풍요로워졌으며 문맹률이 낮아지고 평균 수명이 늘어나기는 했지만, 도덕의식이 두드러지게 향상되었다거나 인간이 과거보다 훨씬 더 윤리적인 삶을 살아가는 것은 결코 아니다. 오히려 경제적 이익과 관련해서는 전혀 변함이 없거나, 아니면 과거보다 더욱 잔인해졌다고 하는 편이 정확한 말이다. 그렇기 때문에 자기 자신 혹은 자신들에게 이익이 되는 일이라

---

189) 마이클 샌델 지음, 안진환 옮김, 『왜 도덕인가?』, 서울 (한국경제신문) 2011, 25쪽.

면 타인의 생명은 안중에도 없고, 극단적으로는 전쟁을 통한 살상
은 살인이 아니라 오히려 **성전**(聖戰)이라 칭하면서 전쟁을 더욱 부
추기고 있는 게 오늘날의 현실임을 부정할 수 있는 사람은 아무도
없는 것이다. 이렇게 보면 전쟁을 결정하는 표면적인 집단은 정치
권력이지만, 그 배후에는 경제권력이 있으며, 군인들은 영문도 모
른 채 정치권력과 경제권력의 이익을 위해 대리전쟁을 치르는 셈
이 된다. 결국 정치와 경제는 그 어떤 분야보다도 밀접한 관계를 맺
고 있으며, 그렇기 때문에 경제가 역사에 끼치는 영향 또한 클 수밖
에 없다는 사실은 당연한 듯 보인다.[190]

　지금까지의 역사에서 경제적 이념이 세계를 지배한 대표적인 것
이 바로 공산주의와 자본주의다. 공산주의와 자본주의는 각각 사
회주의와 민주주의라는 정치적 이념과 결합하여 20세기 세계를 양

---

190) 샌델은 교육현장까지 상업주의에 물들고 있는 오늘날의 현상에 대해서도 신랄
　　하게 비판한다. "한창 자라나는 학생(소비자)들을 이용해 돈을 벌려는 기업들은 우
　　호적인 기업 이미지를 심어주고 아이들의 마음속에 브랜드를 좋은 인상으로 각인
　　시키기 위해 무료 비디오, 포스터, 학습자료들을 앞 다투어 제공한다. (…) 학교를
　　무대로 한 상업주의의 침략은 분명히 문제가 된다. 먼저, 기업이 후원하는 대부분
　　의 학습자료들은 선입견과 왜곡된 시각, 피상적인 내용으로 가득하다. (…) 광고는
　　물건에 대한 소유욕을 부추긴다. 하지만 그 욕구를 되돌아보고 자제하게 이끄는
　　것이 교육의 목적이다. 광고의 목적은 소비자를 최대한 끌어당기는 것이며 공교육
　　의 목적은 제대로 된 시민을 길러내는 것이다. 어린 시절의 상당 부분이 상업주의
　　에 노출되어 있다면 세상과 사물에 대해 비판적으로 사고할 수 있는 올바른 시민
　　으로 가르치기는 쉽지 않다." (마이클 샌델 지음, 『왜 도덕인가?』, 위의 책, 64-69쪽.)
　　이처럼 어릴 때부터 상업주의에 물든다는 말은 그것이 인간 삶의 근본에 자리 잡
　　고 있어서 문제점이 무엇인지 전혀 의식하지 못한다는 뜻과 같다. 그렇게 되면 경
　　제가 역사의 중요한 요소로서 작용하고 있음에도 불구하고 전혀 의식하지 못하고
　　간과해버린다는 의미와 내용적으로 정확하게 같다고 볼 수 있을 것이다. 다르게
　　표현하면, 경제가 비도덕적으로 움직인다면 역사도 도덕과는 전혀 상관없이 진행
　　된다고 말 할 수 있다.

분하였고, 20세기 말에 공산주의는 몰락의 길을 걸었지만 지금도 여전히 그 흔적과 영향은 세계 도처에 남아 있다. 여기서 필자가 이에 대해서 상세하게 다룰 수는 없지만, 역사에서 경제가 차지하는 비중을 설명함에 있어서 이보다 더 분명하고 좋은 예를 찾아보기도 어려운 게 사실이다. 시간을 거슬러 올라가면, 중세 봉건제도나 고대 노예제도 등도 경제적 측면을 제외하고는 설명하기도 이해하기도 어려워지는 것 또한 부정할 수 없다.

또한 굳이 마르크스나 아담 스미스(Adam Smith, 1723-1790) 같은 유명한 경제학자들이나 경제이론 등을 거론할 필요도 없다. 만일 인간의 본능적이고 원초적인 생존만을 생각한다면, 인간 삶의 여러 요소들 중에 경제보다 더 중요한 것은 아무것도 없다. 먹고 사는 문제를 먼저 해결하지 않고는 그 어떤 다른 분야도 인간의 관심을 받을 수 없을 것이기 때문이다. 바로 이 때문에 (특히 오늘날의) 정치권력은 권력을 잡기 위해서도 권력을 유지하기 위해서도 경제적 측면을 첫 번째 목표로 설정하고 있다.

여기서 잠시 역사적 사건들을 살펴보면, '자유·평등·박애'를 혁명의 이념으로 하는 프랑스 혁명이나 '프롤레타리아 혁명'이라고도 하는 러시아 혁명이 '백성의 기본적인 의식주가 아무런 문제없이 해결되고 있었다면 과연 일어났을까?' 하는 의문을 품어 볼 수 있다. 물론 역사에서는 **가정**(假定)이 허용되지 않으며, 또한 보는 관점에 따라서 사건 발생의 원인을 다양한 분야에서 찾을 수는 있다. 그러나 이런 큰 사건의 발생 원인을 고찰하고 분석함에 있어서 경제적 측면을 제외한다면, 그것은 인간의 삶과 역사에서 생존문제를 제외해 버리는 것과 마찬가지가 되어버린다. 말하자면 인간의 삶과 역사에서 경제적 측면은 반드시 고찰해야 할 요소라는 뜻이다.

정치 이념으로서 민주주의나 사회주의, 경제 이념으로서 자본주의나 공산주의 등은 지금까지의 역사에서 단 한 번도 완벽하게 그 이념을 실현한 적이 없었으며, 앞으로도 완전한 실현은 불가능할 것이다. 여기서 이념을 나타내는 **주의**(ism)라는 접미사가 붙은 단어나 개념들은 결국 그 이념들이 **유토피아**일 뿐이라는 사실을 분명하게 해주는 역할을 한다고 보아도 무방하다. 그런데도 사람들은 민주주의와 자본주의를 그리고 사회주의와 공산주의를 자연스럽게 또는 당연하다는 듯이 결부시켜서 생각하고, 그것이 현실에서 이미 실현되었다거나 현재 실현되고 있는 과정이라고 생각하는 경향이 있는데, 이런 경향은 무엇 때문일까? 그것은 정치·경제적으로 이념의 실현과 완성에 대한 기대감 때문일 것이다. 정치인들은 사람들의 바로 이러한 기대감을 이용하여 국가권력을 잡으려 애쓴다. 정치인들은 인간 생존의 필수 요소인 경제를 정치가 보증할 수 있다고 선전함으로써 자신들의 개인적인 욕망을 감춘다. 그렇게 해서 권력을 잡은 다음에는 자신들의 개인적 욕망에 뒤따르는 책임을 국가에 전가한다. 즉, 정치 권력자들은 자신들의 경제적 욕망을 위하여 국가라는 정치체제를 이용하고 있다는 말이다.

이것이 오늘날 각 국가의 일반적인 정치·경제의 모습이다. 정치와 경제의 밀접한 관계가 지구상의 모든 국가에서 각각 서로 전혀 다른 형태를 띠고 있는 것이 아니라, 어떤 한 국가가 다른 국가에서의 정치·경제 관계를 모델로 삼는 경우도 있고 또는 반대의 경우도 있을 만큼 그 모습은 매우 유사하다고 할 수 있다. 현실에서는 각 나라 간에 공존－만일 공존이 아니라면 곧 바로 갈등의 관계로 나타나는 경우가 허다하다. -을 모색하기 위해서 서로가 유사해지기를 원하거나 특정 정책을 강요하기도 한다. 이에 대비해서 각 나라는 군사력의 중요성을 강조하거나 외교 관계 또는 동맹을 통해서 공존을 모색하고 있다.

특히 패권을 추구하는 강대국들은 적과 동지를 분명하게 구별하고 있다. 이때 적과 동지란 군사적인 측면에만 적용되는 게 아니라 정치와 경제 분야에도 분명하게 적용된다. 아니 더욱 정확하게 말하면, 강대국이 군사력을 움직이는 것도 자기 나라의 경제적인 측면에 이익이 될지 손해가 될지를 따진 다음에야 비로소 실행에 옮기고 있는 게 엄연한 사실이다. 특히 그럴 때는 다른 나라의 정치적 상황쯤은 전혀 고려하지 않는 경우도 많다. 그렇기 때문에 현실에서는 영원한 적도 동지도 없다고 말하는 것이다. **공존**이란 자신들의 이익과 타자의 이익이 부합할 때만 실제로 가능한 일이다.

예를 들어 UN의 창설을 보면, 미국이 2차 세계대전의 전승국으로서 세계질서를 주도할 단체를 만들었는데, 그것이 바로 UN이다. 그런데 미국이 원하는 대로 UN이 움직여주지 않다 보니, 미국은 UN분담금마저 내지 않겠다고 협박을 일삼고 있는 실정이다. 이것이 지금 현재의 구체적 현실이다. 그렇기 때문에 우리는 보편성이라는 허울을 벗어버릴 때에야 세상의 진정한 내면을 들여다 볼 수 있을 것이다. 즉, 이념은 보편성을 지향할지라도 구체적 현실은 전혀 보편적이지 않고 오히려 특수하고 개별적인 방향으로 나아가고 있다는 말이다.

세계의 현실적 상황이 이렇다 보니 헌팅턴은 "세계사는 국가 간의 대립과 이데올로기 간의 대립을 마치고 이제 '문명' 간 대립 단계에 들어섰다. 문명은 미래의 - 근본적으로는 오늘날에도 그렇다 - 갈등 단위이다.”라고 말하면서 **문명의 충돌**을 주장하기에 이른다.[191] 구체적 현실이 갈등으로 점철되어 있다면, 그리고 갈등이 종국에는 전쟁으로까지 이어지고 있음이 엄연한 사실이라면, 여기에는 분명히 가해자와 피해자가 있게 마련이다. 필자 역시 이 견해에 동의한다. 하지만 문제는 헌팅턴이 보스니아 분쟁을 예로 들면서, “가해자와 피해자의 관계를 극단적으로 전도시키고 있으며, ‘피비린내 나는 이슬람’이라는 편견 때문에 보스니아 전쟁의 역사적 진실을 왜곡하고 말았다.”고 하는 데에 있다.[192] 사정이 이러하다면 결론은 분명해진다. 양심적이지 않은 **지적 엘리트**들은 정치인들과 마찬가지로 권력을 손아귀에 움켜쥐고자 한다. 그들은 새로운 용어와 새로운 개념을 사용하여 사람들을 현혹하면서 스스로가 권력 집단에 편입되고자 한다. 그러기 위해서 그들은 역사왜곡도 주저하지 않는다. 그들은 정치를 **바로잡음**(正)으로 생각하지 않는다. 그들은 자신들에게 이익이 되는 것만을 올바른 것(正)으로 간주한다.

자신에 대한 절대적인 지지자들을 필요로 하는 정치인들 못지않게 권력의 주변을 기웃거리는 지적 엘리트들도 많다. 그들이 아직 권력을 잡기 전까지는 국민들에게 온갖 장밋빛 환상을 심어주지만, 권력을 잡은 다음에 시행하는 경제 정책들을 보면 이상과 현실 사이의 괴리가 얼마나 큰지 여실히 드러나고 있다. 다르게 말하면, 오늘날은 경제가 거의 모든 것을 좌우하고 있는 실정이긴 하지만,

---

191) 이것은 하랄트 뮐러(Harald Müller)가 헌팅턴의 견해를 반박하면서 헌팅턴의 주장을 압축하여 표현하고 있는 것이다. 하랄트 뮐러 지음,『문명의 공존』, 위의 책, 16쪽, 참조.
192) 하랄트 뮐러 지음,『문명의 공존』, 위의 책, 22-23쪽, 참조.

경제는 구체적 현실로서 국민들이 매우 민감하게 반응하는 분야이다. 그래서 경제 분야는 현실의 모든 정책을 빨아들이는 블랙홀처럼 보이기도 하는 것이다.

현실이 이러하기 때문에 권력을 지향하는 사람들은 당장의 성과를 가시적으로 나타내 보여야하기 때문에 부담이 되는 분야보다는, 인간 실존의 나약한 분야를 파고들어서 비가시적인 것을 이용하여 지지자를 끌어 모으는 경우도 매우 많다. 여기에 절대적인 역할을 하는 것이 바로 **종교**이다. 종교가 지향하는 대상은 비가시적인 것이다. 인간의 죽음 이후의 세계—이러한 세계가 있건 없건 간에 그것은 지금 필자의 고찰 대상이 아니다.—를 말하면서 인간에게 가장 나약한 면을 파고드는 종교는 사람들에게 나름대로의 이념과 이상을 제공하고, 불확실하고 불안정한 내세(來世)에 대한 맹목적인 믿음을 불러 일으켜서 사람들을 결속시키는 힘을 가지고 있다.

역사 분야로 그 범위를 좁혀 본다면, 여기에 민족주의가 더해진다면 특정 집단의 지도층에게는 더할 나위 없이 좋은 무기가 된다. 그러한 지도층은 어떤 주의나 이념 또는 종교라 할지라도 자신들의 이익을 위해서라면 무조건 이용한다. 그리하여 그들에게 이용된 주의나 이념 종교 등은 결국 이데올로기로 변해버리는 것이다. 그러나 어떤 사회이건 간에 특정 이념이나 종교에는 절대적인 지지자만 있는 것이 아니라, 극단적인 반대자도 생겨나기 마련이다. 하지만 특정 이념이나 종교가 극단적인 반대자들까지도 포용하는 경우는 지금까지의 역사에서 한 번도 없었다. 그 이유는 어떤 분야에서건 지도층은 분열정책을 통해서 자신들의 확고한 지지층을 확보하는 것을 더 우선시하기 때문이며, 이들은 오히려 대립을 더욱 부채질함으로써 반대자를 억압하고 지배하려 들기 때문이다. 그들이 포용하는 경우는 반대자들이 자신들의 편으로 전향할 때뿐이기 때문에, 실제로는 포용하는 게 아니라는 말이다. 그래서 촘스키는 다음과 같이 말하고 있다.

> "분할통치는 당연한 정책입니다. 어떤 정복자나 내부집단의 갈등을 이용합니다. 예를 들어, 영국이 인도를 통치하면서 이용한 군인의 90퍼센트가 인도인이었습니다. (…) 언제 어디에서나 정복자의 편에 서는 사람들이 있는 법입니다. (…) 만약 러시아가 미국을 정복한다면 로널드 레이건, 조지 부시, 엘리엇 에이브람스 등이 가장 먼저 침략자들의 편에 설 것입니다. 죄 없는 미국인들을 강제수용소로 보낼 것입니다. (…) 분할통치정책은 역사적인 전통입니다. 침략자들은 내부 협력자들을 이용해서 피침략국을 지배합니다. 집단 간의 경쟁의식과 적대 관계를 교묘히 이용하는 것입니다. 침략자의 입장에서는 당연한 정책입니다."[193]

촘스키의 이 말이 종교를 직접 겨냥한 것은 물론 아니지만, 필자는 이 말에 전적으로 공감한다. 그는 역사의 과정과 정책의 결정을 집중적으로 연구한 끝에 위와 같은 견해를 밝혔다. 촘스키의 견해에 필자가 덧붙여서 주장하려는 것은, 어떤 집단이든지 집단의 단위가 대규모일 때, 각각의 집단을 내부적으로 결속시키는 데에는 그 어떤 다른 것보다도 종교가 중요한 역할을 한다는 점이다. 역사가 정치를 이용하는 것이 아니라 언제나 정치가 역사를 이용하는

---

193) 노암 촘스키 지음, 『촘스키, 세상의 권력을 말하다』, 위의 책, 92-94쪽.

것처럼, 정치는 종교마저도 자신들의 이익을 위하여 이용하기 때문이다.[194] 그렇기 때문에 위의 인용문에서 정복자나 침략자를 지배층으로, 피침략국을 피지배층으로 바꾸어서 독해(讀解)한다면, 필자의 말을 쉽게 이해할 수 있을 것이다.

헌팅턴이 문명의 충돌을 궁극적으로 서구 대(對) 비서구 또는 기독교 문명권 대 이슬람 문명권 또는 기독교 문명권 대 비기독교 문명권 간의 충돌로 간주하고 있는 것은 그 근저에 **종교**를 깔고 있기 때문이다.[195] 한 국가에서 또는 세계에서 나름대로 인정받고 있는 지적 엘리트들은 바로 그 때문에 나름대로 국민과 인류가 나아가야 할 미래를 위해 보편적 이념을 제시하려고 애쓴다. 하지만 그들은 그렇게 노력하는 가운데에도 결코 자신이 속한 민족이나 국가를 전면에 내세우지는 않는다. 그렇게 해서는 보편성을 획득할 수 없기 때문이다. 오히려 그들은 도덕적으로 가장 선하면서도 미래지향적인 이념을 주장하며, 이를 위해서 자신들이 속한 세계에서

---

194) 우리나라의 현실 정치에서도 보면 정치인들은 자신의 신앙과는 상관없이 다른 종교의 기념일에 거의 빠짐없이 참여하는 모습을 보이고 있다. 특히 선거를 앞두고 있을 때는 더욱 그런 모습을 보이는데, 그러한 행위가 바로 종교를 이용하는 정치의 모습이라고 단정해서 말 할 수 있다.

195) 그래서 하랄트 뮐러는 헌팅턴을 다음과 같이 비판한다. "헌팅턴은 오늘과 내일의 세계가 '내적으로 어떻게 구성되어 있는지', 그리하여 그것이 어떻게 거대한 인간 집단의 행동과 심지어는 생각까지도 결정하는지 설명하려 한다. 헌팅턴에 따르면, 그것은 지구상에 존재하는 거대한 인간 집단의 발전과 경계 설정이다. 다시 말해서 역사적 근접성, 공동의 가치 체계, 생활 방식, 세계상 그리고 그에 상응하는 사회, 정치적 사고 방식을 통해 규정된 문명이 그것이다. 그는 특이하게도 **세계의 문명을 종교를 구심점으로 나눈다.** 세계 도처에서 이루어지고 있는 세속화 경향을 생각해볼 때 이는 의아스러운 시도이다. 하지만 헌팅턴은 현대 사회의 '탈신화화(脫神話化) 경향'을 무시하고 종교 근본주의를 더 중요하고 결정적인 경향으로 파악한다. 문제가 많은 결정이 아닐 수 없다." 하랄트 뮐러 지음, 『문명의 공존』, 위의 책, 16-17쪽. (강조는 필자의 것)

이미 사람들에게서 절대적인 지지를 받고 있는 가치 – 즉, 종교 – 가 있다면 그것을 이용한다. 즉, 지적 엘리트들이 이용하기 가장 좋은 것이 바로 **종교**라는 말이다. 그들은 종교라는 가면을 뒤집어쓰고 자신들의 욕망을 분출한다. 그 욕망은 바로 그들의 정치적 욕망이다. 다시 말해서, 그들은 자신들의 정치적 영향력을 행사하기 위해서 종교를 이용한다는 말이다.

사람들은 역사가 증명하고 있고 현실에서도 여전히 세계 도처에서 벌어지고 있는 수많은 전쟁을 바라보면서, 종교가 없었다면 또는 종교가 없어진다면 그 많은 전쟁이 일어나지 않았을 것이고 앞으로도 많은 전쟁이 없으리라고 생각할 것이다. 그런데 문제는 그 어떤 경우에도 종교는 지구상에서 없어지지 않는다는 데에 있다. 필자가 비록 역사의 요소로서 정치와 종교를 결부시켜서 고찰하고 있지만, 필자는 정치와 종교가 역사를 긍정적인 방향으로 이끌고 있다고 보지 않는다. 오히려 분열과 갈등을 부추기는 정치와 종교가 사라진다면 역사는 발전할 것이라고 생각한다.

6) 역사적 사건과 종교권력

마르크스는 "종교는 민중의 아편이다.(Die Religion ist das Opium des Volks.)"라고 말했는데, 그 의미를 제대로 이해하기 위하여 앞뒤 문맥을 살펴보자.

> "**종교적** 불행은 한편으로는 현실적인 불행의 **표현**이며 또 한편으로는 현실적인 불행에 대한 **항의**이다. 종교는 궁핍한 피조물의 한숨

이고 무정한 세계의 감정인데, 종교는 정신을 상실해버린 상황의 정신과 같다. 종교는 민중의 **아편**이다.

　민중의 **환상적인** 행복으로서의 종교를 지양하는 일은 민중의 현실적 행복에 대한 요구이다. 민중의 상황에 대한 환상을 없애라는 요구는 **이 환상을 필요로 하는 상황을 없애라는 요구**이다. 그러므로 종교에 대한 비판은 종교가 자신의 **후광**이라고 하는 **속세**에 대한 비판이 **맹아** 속에 자리 잡고 있다."[196]

　필자는 지금 역사의 요소로서 종교에 대해서 논하고 있는데, 위의 마르크스의 말을 보면 역사에 대한 언급은 전혀 없다. 그런데도 어찌하여 필자가 여기서 마르크스의 말을 인용하고 있는 것일까? 마르크스는 역사를 **계급투쟁의 역사**라고 규정하였다. 이때 계급은 지배계급과 피지배계급을 말하며, 계급투쟁은 이들 사이의 투쟁이다. 지배와 피지배의 관계는 작은 집단에서도 큰 집단에서도, 집단과 집단 사이에서도, 국가와 국가 사이에서도 존재해왔다. 그런데 민중은 어느 집단이나 국가에 속하더라도 언제나 피지배계급으로

---

196) Karl Marx, *Einleitung zu Zur Kritik der Hegelschen Rechtsphilosophie*, in: *Deutsch-Französische Jahrbücher* 1844, S. 71f.; 위 인용문의 원문은 다음과 같다. "Das religiöse Elend ist in einem der Ausdruck des wirklichen Elendes und in einem die Protestation gegen das wirkliche Elend. Die Religion ist der Seufzer der bedrängten Kreatur, das Gemüth einer herzlosen Welt, wie sie der Geist geistloser Zustände ist. Sie ist das Opium des Volks.
Die Aufhebung der Religion als des *illusorischen* Glücks des Volkes ist die Forderung seines *wirklichen* Glücks. Die Forderung, die Illusionen über seinen Zustand aufzugeben, ist die *Forderung, einen Zustand aufzugeben, der der Illusionen bedarf.* Die Kritik der Religion ist also im **Keim** die Kritik des Jammerthales, *dessen Heiligenschein* die Religion ist."

머물러왔다는 게 마르크스의 생각이었다. 그렇기에 피지배계급으로서의 민중의 삶은 결코 행복할 수 없었는데, 종교가 민중에게 내세(來世)라는 환상을 심어줌으로써 민중으로 하여금 계급투쟁의 의지를 꺾어버리는 역할을 해온 것이다. 현실에서의 행복 대신에 내세의 행복을 더 중요한 것으로 설파하는 종교는, 바로 그렇기 때문에, 마르크스에 의해서 **아편**이라고 비판받는 것이다.

아편은 의약용과 마약용으로 분류되는데, 마르크스가 여기서 말하는 아편은 마약을 말한다. 사람이 마약으로서 아편을 흡입하면 몸과 정신이 점차 피폐해져서 결국 폐인이 되고 만다는 사실은 잘 알려져 있다. 마르크스는 이런 아편에 비유해서 종교를 규정하고 있는 것이다. 적어도 마르크스의 말에 따라서 보면, 종교는 인간의 정신을 마비시켜서 올바른 판단과 결정 능력을 상실하게 하고, 그에 따라 수많은 악행과 역사적 과오로 기록되는 사건들을 일으키는 원인이 된다고 말할 수 있다. 즉, 어떤 사건이나 전쟁을 일으킬지라도, 그것이 종교의 명령이고 종교의 가르침에 따른 것이라고 하면 이미 마비된 몸과 정신 상태를 바탕으로, 죄의식을 전혀 갖지 않은 채 악행을 저지르게 된다는 말이다. 중세의 **마녀사냥**이나 **십자군 전쟁** 등은 그것에 대한 아주 좋은 사례이다.

그런데 마르크스는 어찌하여 종교를 아편이라고 간주할 만큼 신랄하게 비판하는 것일까? 그것은 로마제국의 황제 콘스탄티누스 1세(Constantinus 1, 재위 306-337)가 313년에 밀라노 칙령으로 기독교를 공인한 이후로 지금까지 기독교가 서양 역사에서 서양인들의 삶과 정신세계를 지배해오고 있기 때문이다.[197] 물론 어떤 종교가

197) 그렇기 때문에 서양에서 자본주의가 나아갈 윤리적 방향을 기독교 윤리에 맞

사람들의 삶과 정신세계를 지배하는 것이 잘못된 것이라고 할 수는 없지만, 특정 종교로 인해서 발생하는 폐해와 악행이 그 반대의 경우보다 훨씬 크다면, 그런 종교는 누구에게서나 비판받는 게 당연하다고 하겠다. 이렇게 마르크스는 종교가 끼치는 영향 가운데에서 좋은 면보다는 나쁜 면에 더욱 주목하여 비판한 것이라고 할 수 있다. 실제로 기독교뿐만 아니라 많은 종교가 여러 나라의 역사에서 또는 나라와 나라 간의 역사에서 끼친 해악은 헤아릴 수 없이 많으며, 오늘날에도 여전히 종교전쟁이라고 부를 수 있는 최악의 역사적 사건을 끊임없이 일으키고 있는 현실이다. 바로 이러한 까닭으로 필자는 '만일 종교가 없다면 역사는 어떻게 달라졌을 것이며, 미래의 인류사회는 또 어떻게 전개될 것인가?'를 상상해보는 것이다.

하지만 종교에 대해 마르크스와 같은 관점을 가진 사람만 있는 게 아니다. 20세기 독일 철학자 야스퍼스는 "역사란 신앙의 교화를 통하여 인간이 자유하는 과정이다. 신앙에서부터 폭력을 굴복시키는 법률이 창안되고, 어떠한 것에도 신뢰를 포기하지 않을 때 정당성(Legitimität)이 구성되며, 무제약적 요구에 복종함으로써 인간은 인간 자신으로 되는 것이다."[198]라고 함으로써 종교가 인간을 자유롭게 하고 그 과정을 기록한 것이 역사라는 견해를 피력하였다. 야스

추어서 제시한 베버(Max Weber, 1864-1920)와 같은 학자가 등장한 것도 이상할 게 전혀 없다. "베버에 따르면, 진정한 자본주의 정신은 종교개혁 이후 프로테스탄티즘의 윤리가 자본주의와 결부됨으로써 비로소 가능했다. 즉, 금전 획득이나 소유 충족이 윤리적 정당성을 가질 때, 비로소 자본주의가 참된 발전을 이룩한다는 말이다." 막스 베버 저, 문성화 역, 『프로테스탄티즘의 윤리와 자본주의 정신』, 대구(계명대학교 출판부) 2019, 181쪽.

198) 칼 야스퍼스 저, 『역사의 기원과 목표』, 위의 책, 359쪽.

퍼스의 말은 서구가 근원적이고 역사적으로 기독교로부터 자유롭지 못하다는 사실을 역설적으로 대변해주고 있다. 그래서 서구는 한 마디로 **기독교 문화권**이라고 할 수 있는 것이다.[199]

무신론자이건 유신론자이건 간에 서구인들은 기독교를 언급하지 않은 채 철학과 역사를 말하지 않는다. 니체(F. Nietzsche, 1844-1900)가 말한 "신은 죽었다."(Gott ist tot.)의 의미는 당시의 부패한 기독교인들이 자신들의 현실적 이익을 위해 신을 이용하기만 하고 내팽개침으로써 결과적으로 기독교와 신의 본래적 의미를 죽여 버렸다는 뜻이다.[200] 이렇게 보면 니체가 사실은 결코 무신론자가 아니라 오히려 예수의 기독교 정신에 가장 철저하고자 한 철학자라고 할 수가 있다. 그리하여 예수의 기독교 정신에 부합하지 않는 모

---

199) 그래서 스스로를 세계사 학자라고 칭하는 스턴스는 다음과 같이 말하고 있다. "세계사는, 통상적으로 사용하는 기독교에서 유래한 BC(Before Christ, 예수 이전)와 AD(Anno Domini, 예수 기원)보다는, 일반적으로 BCE(Before the Common Era, 기원전)와 CE(Common Era, 서력기원)를 쓴다. 표현은 다르지만 연도는 같다(전통적으로 중국이나 유대인, 아라비아의 달력과는 대조된다.) 이렇듯 달리 표시하는 것은 특정 민족이나 **특정 문화 중심적인 것**에서 어느 정도 벗어나 보려는 의도에서이다. 세계사는 전체 세계를 다루는 것이므로, 그것이 부정할 수 없을 정도로 중요하다고 해도 **특정한 종교적 경험**에 기초할 수는 없기 때문이다. 이는 별다른 악의가 없고 심지어 사소하다고 볼 수도 있다. 하지만 어떤 이들은 이런 명명 방식의 변화에 몹시 분개한다는 점은 짚고 넘어갈 필요가 있다. 이는 **예수 탄생의 중심성이 갖는 함의**에 관한 문제이기 때문이다." 피터 N. 스턴스 지음, 『세계사 공부의 기초』, 위의 책, 38쪽. (강조는 필자의 것)

200) 이는 다음과 같은 니체의 말을 보면 분명하게 알 수 있다. "신은 죽었다. 신은 죽어 있다. 그리고 우리가 그를 죽였다. 모든 살인자 중의 살인자인 우리는 어떻게 안식을 얻을 것인가?"(Gott ist todt! Gott bleibt todt! Und wir haben ihn getödtet! Wie trösten wir uns, die Mörder aller Mörder?) F. W. Nietzsche, *Die fröhliche Wissenschaft*, Drittes Buch, Aphorismus 125, hrsg. Peter Pütz, München, Goldmann Verlag, 1987.; 니체의 이와 같은 고백을 보면 그 누구도 니체가 반기독교인(Antichrist)이라든가 무신론자라고는 결코 말할 수 없을 것이다.

든 것은 니체에 의해 비판을 받는다.

　무엇보다도 서구의 역사에 십자군전쟁과 마녀사냥, 종교개혁 등을 비롯하여 수많은 종교적 사건이 기록되어 있다는 사실은 적어도 서구인들의 삶이 종교와 밀접한 관계를 맺고 있다는 증거가 된다. 그렇다고 하더라도 "역사란 신앙의 교화를 통하여 인간이 자유하는 과정"이라고 말하는 야스퍼스의 견해에는 쉽게 동의하기 어렵다. 이 견해는 역사가 "자유의식의 진보"라고 하는 헤겔의 견해와도 전적으로 일치한다고 볼 수 있는데, 비록 인간의 자유 또는 자유의식이 매우 중요한 일이긴 하지만, 그것이 반드시 신앙 또는 (기독교적 의미에서의) 종교에 의해서 가능해져야 할 까닭은 없다. '인간이 자유하는 과정' 또는 인간의 '자유의식의 진보'가 기독교라는 종교에 의하지 않고는 불가능하다고 주장하는 게 야스퍼스와 헤겔의 입장인데, 신앙은 믿음이고 믿음은 신념이기 때문에, 자칫 잘못하면 맹목적인 방향으로 흐를 가능성이 무척 크다. 그러므로 인간이 자유하기 위해서는 신앙에 의존하기보다는 역사에 대한 인간 의식의 계몽이 훨씬 더 중요하다고 할 수 있다.

　필자가 여기서 구태여 종교의 기원에 대해서 언급할 필요는 없지만, 분명한 것은 종교가 인간의 한계상황, 그중에서도 특히 **죽음**[201]이라는 극한의 한계상황으로 인해서 그리고 알 수 없는 초자연적 현상에 대한 인간의 두려움 때문에, 인간이 만들어낸 창조물

---

201) 이 죽음을 하이데거(M. Heidegger, 1889-1976)의 방식으로 말하면 다음과 같다. "죽음은 현존재의 종말이다. 현존재의 종말로서의 죽음은 세 가지 특징을 가진다. 첫째, 죽음은 현존재에게 언제나 미제(未濟)를 의미한다. 둘째, 죽음은 현존재가 더 이상 '거기'(Da) 존재하지 않음을 의미한다. 셋째, 죽음은 어느 누구도 대리할 수 없다." 이유택 지음, 『인간과 실존』, 대구 (계명대학교 출판부) 2021, 165쪽.

이라는 사실이다. 인간은 일생동안 죽음을 제외한 다른 모든 것을 직접 체험할 수 있지만, 죽음만큼은 직접 체험이 불가능하며 기껏해야 타인의 죽음을 통해 간접 경험만 할 수 있을 뿐이다. 만일 인간이 죽지 않고 영원히 산다면, 그리고 알지 못하는 무엇인가에 대해 막연한 불안감을 느끼지 않는다면, 그렇다면 종교는 애초에 출현하지 않았을 것이다.[202]

그러나 현실은 이와 다르며 지구상에는 수많은 종교가 있다. 물론 필자는 종교가 인간의 삶에 있어서 최고(宗)의 가르침(敎)들 가운데 하나라는 것을 부정할 생각은 없다. 필자가 여기서 종교를 최고의 가르침이라 하지 않고 '최고의 가르침들 가운데 하나'라고 말하는 까닭은 인간의 삶에 절대적인 가르침을 주는 것들이 종교를 제외하고도 무척이나 많기 때문이다. 예를 들어, 자연도 그 자체로 인간의 삶에 모범이 되는 절대자인데도 불구하고 인간의 오만함이 자연을 파괴함으로써, 결국 인간 스스로가 인류를 파멸로 이끌고 있는 현실이 오늘날 눈앞에 펼쳐지고 있다고 할 수 있다.

또한 종교가 초월자나 절대자를 전제하는 한, 그리고 인간의 삶이 그에 의해서 움직여진다고 생각하는 한, 역사 또한 초월자나 절대자의 의지에 따라 나아갈 것이기 때문에, 우리 인간들은 역사를

---

202) "죄와 두려움에 대한 들뢰모(Jean Delumeau)의 연구(『죄와 두려움』, Sin and Fear, 1983)는 두려움이 실질적으로 종교에 복종하는 유일한 원동력이었음을 보여주었다. 힘든 세상에서 희망과 은총과 위안을 얻는 방법에 대한 설명은 찾아볼 수 없다. (…) 사실 오늘날 가톨릭교회에서도 두려움이란 강력한 요소가 미사 참여를 유도하는 노력에서 여러 가지 형태로 나타나고 있다. 더욱이 지난 300년 동안 두려움은 사람들이 교회에 종교적·도덕적으로 순응하도록 만드는 데 성공했다." 데이비드 캐너다인 엮음, 문화사학회 옮김, 『굿바이 E. H. 카』, 서울 (푸른역사) 2005, 125-128쪽.

별도로 연구할 필요가 없고 그저 그 과정을 기록하기만 하면 될 것이다.[203] 그러나 종교를 규정하는 데에는 절대자만 전제되는 것은 아니다.[204] 특정한 가르침을 중심으로 교단이 형성되어 있거나 경전이 갖추어져 있으면 종교로 인정받는 것이 많이 있다. 기독교와는 달리 동양의 종교인 불교·유교·도교의 경우 절대자가 전제되지도 않고 절대자가 없는데도 종교로서 인정받고 있다. 이들 종교와 함께 절대자를 전제하는 기독교·이슬람교·힌두교 등의 종교는 현재 기득권을 가진 종교-이들 종교뿐만 아니라 다른 수많은 종교도 당연히 기득권을 가진 종교이다.-라고 할 수 있다. 그런데 이들 종교는 처음부터 종교였던 것이 아니라 시간이 흐르면서 체계가 갖추어졌고 사람들에게서 인정을 받았기 때문에, 오늘날과 같은 종교가 된 것이다. 그렇다면 절대자나 초월자가 종교를 만든 게 아니라 인간이 종교를 만들었다는 사실이 더 확실해졌다.[205]

이처럼 인간의 삶이 절대자의 의지 안에서만 전개된다면, 역사라는 것 자체가 아무런 의미가 없어진다. 그렇게 된다면 역사는 비

---

203) 개개인의 노력이나 행동에 의해서가 아니라 신의 뜻에 따라 인간의 구원이 결정되어 있다고 하는 예정설(Predestination)이 대표적인 예라고 할 수 있다.

204) 종교의 의미를 이렇게 인간이 규정한다는 자체가 이미 종교는 절대자나 초월자가 만든 것이 아니라 인간의 창조물이라는 사실을 역설적으로 보여주는 것이다. 그렇다고 해서 필자가 절대자나 초월자가 존재한다고 주장하는 것은 결코 아니다. 그 보다는 절대자나 초월자라는 개념은 분명하지만, 그 개념이 존재 자체를 증명하는 것은 아니기 때문에, 필자는 절대자나 초월자라는 존재를 인식할 수는 없다고 분명히 밝히는 바이다.

205) 그렇다면 어떤 종교가 사이비 종교(似而非 宗敎, false religion)인가? 기존의 기득권을 가진 종교의 체계와 맞지 않고, 특히 그런 종교와 대립을 거듭하는 경우에는 사이비 종교라고 낙인받기 쉽다. 여기서 필자는 사이비 종교를 정의하려는 게 아니라, 기존의 종교이건 사이비 종교이건 간에 그것을 정의하는 것은 신이 아니라 모두 인간이라는 점을 분명히 하려는 데 목적이 있다.

가시적인 절대자의 의지가 인간의 행위를 통해 가시적으로 발현되는 것 그 이상도 이하도 아니기 때문이다. 다시 말해서, 역사를 종교에 종속시키는 한, 즉 역사를 신앙에 따른 인간의 행위로 간주하는 한, 역사는 결코 인간의 기억과 흔적이 될 수 없고, 오히려 절대자의 의지와 명령에 따른 인간의 수동적인 행위의 결과로만 남을 뿐이다. 또한 만일 신에 의한 창조와 더불어 인간의 역사가 시작되고—이 경우는 실제로는 신의 역사가 시작되는 것이지만—신의 심판과 함께 역사도 동시에 종말을 맞이한다면, 인간은 역사의 과정이나 결과가 제아무리 악(惡)일지라도 아무런 책임을 질 필요가 없을 것이다. 그러나 종교·신앙·신·초월자·절대자·섭리·역사 등의 모든 용어나 개념은 인간이 만든 것이기 때문에, 이러한 용어나 개념들을 수용하거나 거부하는 것도 인간의 주관적인 선택사항이 될 수 있다. 바로 그런 선택에 의해서 종교는 인간의 삶에 뿌리를 내렸다. 또한 인간의 삶에서 종교가 원인이 되어 발생하는 사건들이 너무나 많다는 사실을 넘어서, 그러한 사건들이 부정적이든 긍정적이든 전환점으로 작용한 것도 사실이고, 앞으로도 끊임없이 그러할 것이기 때문에, 필자는 종교를 역사의 요소로서 고찰하는 것이다.

철학적 관점에서 보면 인간의 사유와 인식의 대상은 매우 다르다. 우리는 가시적인 대상은 감각기관을 통해서 지각하지만, 칸트(I. Kant, 1724-1804)가 말하고 있듯이, 인간의 사유는 가시적인 것을 지각하는 동안에 이미 그리고 동시에 가시적인 것의 너머에 또는 배후에 있을지도 모르는 그 어떤 비가시적인 것에 대해서도 생각할 수가 있다. 만일 그와 같은 비가시적인 대상이 있다면, 그것은 형상

(形像)을 갖고 있는 게 아니기 때문에, 감각적 지각의 대상이 아니라 형이상학적 사유의 대상이다. 또한 이러한 대상들은 구체적 형상을 띠고 있지 않기 때문에 추상적이다. 그래서 칸트는 이러한 대상들을 인간이 사유할 수는 있어도 감각의 대상처럼 인식할 수는 없다고 한 것이다.

바꾸어 말하면, 인간은 추상적 대상을 상정하고 사유할 수 있는 능력을 가지고 있지만 인식할 수는 없다는 말이다. 이와 같은 대상들로는 예를 들어, 영혼이나 자유·도(道)·신(神) 등을 들 수 있는데, 우리는 이것들을 정의하고 규정할 때 보편적인 개념들을 동원한다. 신을 개념적으로 정의할 때 절대자라는 술어를 사용하는 까닭도 가시적으로 존재하는 모든 것에 보편적으로 통용되어야 하기 때문이다. 종교 또는 신이 역사에 등장하더라도 사정은 마찬가지이다. 역사에서 종교나 신이 절대적인 지위를 갖지 못한다면, 이미 그것은 보편적이지 않기 때문에 절대자라고 할 수가 없다. 그러므로 절대자가 전제되는 종교에서는 역사를 비롯하여 모든 것이 **신의 섭리**라고 하는 것은 당연하다.[206] 이것이 바로 기독교적 역사관이며, 이 역사관에서는 종교를 역사의 요소로 보지 않고 반대로 역사를 종교의 요소 가운데 하나로 간주한다.

이와 반대로 필자는 역사의 여러 요소 가운데 하나로서 종교를 수용하고자 한다. 역사이건 종교이건 아니면 그 무엇이건 간에, 인간의 삶에 긍정적인 영향을 끼치지 못하는 것이라면, 인간의 삶에

---

206) 이렇게 되면 문제는 "그리스도가 과연 십자가에서 처형당하고 다시 부활했는가를 아는 일이 아니다. 이제 이해해야 할 문제는 왜 오늘날 수많은 사람들이 십자가의 처형과 부활을 믿는가 하는 점이다." 마르크 블로크 지음 『역사를 위한 변명』, 위의 책, 59쪽.

서 배제하는 것은 당연하다. 그런데 종교가 인류의 탄생 이후로 지금까지 생명을 유지하고 있는 까닭은 인간의 삶에 부정적인 것 보다는 긍정적인 영향을 더 많이 주고 있기 때문이라고 해야 한다. 종교가 인간의 삶과 의식에 커다란 영향을 끼쳤기 때문에, 긍정적이든 부정적이든 간에 역사를 변화시켜온 것도 사실이다. 이때의 영향이란 외적인 것이라기보다는 인류에게 내면적으로 끼친 영향으로 인하여 그 결과가 역사적 행위로 드러나게 한다. 하지만 역사에서 종교의 역할이라고 했을 때 무조건 기독교만 생각해서도 안 될 일이다. 종교에 대한 규정을 절대자를 중심으로 할 때는, 그 종교를 신앙하는 사람들은 자신들의 모든 역사적 책임을 절대자에게로 돌려버린다. 이와 대조적으로 경전과 교단 중심의 종교를 신앙하는 사람들은 자신들의 종교적 가르침을 다양하게 해석하여 삶을 적극적으로 변혁시키고자 노력할 가능성이 매우 높다. 그러나 이 또한 한낱 가능성으로만 남을 수 있다.

왜냐하면 동양이건 서양이건 아직 과학이 발달하기 이전 시대에는 역사와 종교·정치는 서로 깊은 관계를 가지고 있었으며, 어떤 시대에는 정치적 목적으로 종교를 이용하기도 하고, 반대로 종교적 목적으로 정치를 이용하기도 했기 때문이다.[207] 특히 그러한 시대에는 종교와 정치가 인간의 생활을 깊은 곳에서부터 간섭하였

---

207) "13세기부터 18세기까지 기독교의 올바른 이해를 주제로 한 논쟁들이 ‒ 종종 유혈 사태로까지 발전하며 ‒ 정치적 대결의 중심축을 이루었다. 물론 정치적 이해 관계를 둘러싼 경쟁은 늘 있어왔지만 영토 통치권을 쟁취하려는 경쟁에서 ‒ 정당화를 위해 ‒ 종교적 논쟁과 관련지어 권리를 주장했던 일이 자주 일어났다. (…) 가톨릭과 개신교 사이의 논쟁은 결국 16세기 초엽부터 17세기 말까지 유럽 정치사에 절대적인 영향을 미쳤다." 하랄트 뮐러 지음, 『문명의 공존』, 위의 책, 130쪽.

다. 종교가 역사에 가장 깊이 관여한 시기는 아마도 유럽의 중세였을 것이다. 우선 유럽 중세의 우주관인 천동설(天動說)은 이 세상 모든 것의 중심이 지구라는 말이며, 지구의 중심에는 교황(敎皇)이 자리하고 있었다. 당시 교황은 신의 대리인이었으며, 이러한 교황이 황제에게 대관식을 했다는 사실은 황제의 자리가 신에 의해서 보증되는 것과 같은 의미를 가졌다. 교황은 인간의 정신적·영적 지도자였기 때문에 보이지 않는 세계에 대한 모든 권력이 그에게 집중되어 있었지만, 그 반면에 황제는 정치·군사·경제 등 현실적인 분야에서 권력을 행사함으로써, 결국 교황과 황제는 **공생관계**를 유지했다고 보아야 할 것이다.[208)

그러던 교황의 권위가 지동설(地動說)의 등장과 함께 무너지기 시작했다. 이와 때를 같이 하여 인도로부터는 주로 사치품이 서구로 유입 되었지만, 중국으로부터는 나침반·화약·인쇄술 등 실용적인 것들이 수입되었다. 이러한 우주관의 변화는 종교개혁(Reformation)과 르네상스(Renaissance) 그리고 인문주의(Humanism) 운동 등과 같은 일련의 역사적 사건들을 발생시켰다. 필자는 종교가 인류의 삶에 불필요하게 개입하여 역사에 거대한 사건을 남긴 십자군전쟁을

---

208) 독일의 신학자 몰트만(Jürgen Moltmann)의 다음과 같은 말도 귀담아 들어 볼 필요가 있다: "유럽의 그리스도교 역사는 콘스탄틴의 제국 이념과 더불어 시작된다. 그리스도교는 박해받던 소수에서 콘스탄틴 황제에 의해 공인된 종교가 되었고, 테오도시우스 시대에 와서는 유일한 정당한 제국종교가 되었다. 교회는 자신에 대한 황제의 주권을 인정했으며, 황제는 문화와 도덕에서의 교회의 주권을 보장했다. 또한 황제는 교회의 종파상의 일치를 배려했고, 교회는 제국의 종교적-도덕의 일치를 꾀하였다. 이렇게 하여 그리스도교적 단일국가가 형성된 것이다. 한 하나님-한 황제-한 신앙-한 제국." J. 몰트만 지음, 조성로 옮김, 『정치신학·정치윤리』, 서울 (대한기독교서회) 1992, 110쪽.

'신의 이미지와 왕과 교황의 이미지를 동일시한 정책의 결과'라고 규정한다.[209] 유일신은 정치적 측면에서 국가 권력의 강화 및 통일화라는 현상과도 밀접하게 관련된다. 그렇기 때문에, 십자군을 칭하던 'crusade'가 원래 순수하게 종교적 의미만을 지녔음에도 불구하고, 교황이 자신의 정치적 욕망을 위해 허가한 소위 성전(聖戰)에 'crusade'라는 명칭을 붙인 것이라고 할 수 있다. 하지만 그것은 전쟁이라는 결과를 필연적으로 낳았고, 따라서 십자군이라는 명칭은 이율배반적이라고 할 수밖에 없다.[210] 종교가 본래의 관심사를 벗어나서 정치에 관심을 가질 때는 세속화될 수밖에 없는데, 세속의 최고 지위는 왕(王) 또는 황제가 차지하고 있다. 그러므로 중세 서

209) "당시(11세기 - 필자 삽입)의 교황 우르바누스 2세Urban II는 묘안을 짜냈다. 유럽 사회는 소규모 군벌과 그들이 징발한 농민 군사들 사이에 소소한 분쟁이 들불처럼 번지고 있었다. 곤란에 처한 황제의 전갈이 도착했을 때 우르바누스 2세는 그 모든 에너지를 한데 흡수해 콘스탄티노플에 대한 자신의 패권을 재구축할 방법을 찾았다. 우르바누스 2세는 크리스트교도들 사이에서 모든 전쟁을 중단할 것을 요청했고 1095년 '십자가의 전쟁' 혹은 십자군을 선언했다. 전쟁의 목적은 성 가신 투르크의 수중에 떨어진 예루살렘을 되찾는 것이었다. 전쟁의 열기를 불러일으키기 위해 선전전이 동원됐다. 이것이 역사상 최초의 선전전일 것이다." 크리스 브래지어 지음, 『세계사, 누구를 위한 기록인가?』, 위의 책, 110쪽.
210) "진정한 의미의 '제1차 십자군'은 노르만인들이 이끄는 훨씬 전문적인 집단으로 구성되었다. 2년간의 전투 끝에 끔찍한 살육의 현장 한복판에서 예루살렘을 탈환했다. 제1차 십자군은 탈환한 예루살렘을 한 세기 정도 지켰고 이후 무슬림이 예루살렘을 되찾아 갔다. 그 뒤로도 몇 차례에 걸쳐 추가로 십자군이 조직되었는데 그중에는 지금의 수단 지역에 있던 크리스트교 왕국인 누비아에서 온 십자군도 있었다. 이들은 너무도 철저하게 패배한 나머지 누비아 문명 자체의 몰락을 가져왔다. 누비아의 위대한 도시들은 무너져 폐허가 되었으며 누비아 인들은 오두막 생활로 되돌아갔다. 그러나 교황이 자신을 위한 정치적 도구로 십자군을 이용하기 위해 조작했다는 사실이 너무나도 명백했기 때문에 십자군이라는 사고는 초기에 보여 주었던 위력을 다시는 회복하지 못했다." 크리스 브래지어 지음, 『세계사, 누구를 위한 기록인가?』, 위의 책, 111-112쪽.

양은 종교와 정치가 하나로 결탁하여 인간의 삶을 피폐하게 만들어버린 시기라고 해야 할 것이다.

결국 도탄에 빠진 민중은 저항하기 시작했고, 민중의 저항은 **종교개혁**이라는 역사적 사건이 일어나게 했다. 종교개혁은 절대자의 이미지를 전면에 내세운 종교가 민중에게 삶의 희망과 이념을 제공하기는커녕, 오히려 민중의 생존을 위협했기 때문에 발생한 사건이다. 결국 종교개혁이라는 사건은 종교가 인간의 창조물이라는 사실을 반증해 준 셈이다. 즉, 제아무리 절대자를 전제하는 종교라고 할지라도 인간의 구체적인 삶을 평화롭고 바르게 인도하지 못한다면, 그것은 인간으로부터 외면 받을 수밖에 없다는 말이다. 정치와 마찬가지로 종교 또한 인간에게 진실로 보편적 가치를 제공해 주지 못할 때는 현실적으로도 이념적으로도 전혀 강제성을 띠지 못한다. 다르게 표현하면, 강제성을 띠기는 하지만, 그 강제성은 결국 인간에 의해 해체된다고 하는 게 더 정확하다.

사람들은 그러한 저항을 통해서 또 다른 가치를 발견하게 되는데, 종교개혁의 경우에는 그와 더불어 민중이 서구 역사의 전면에 등장하는 계기가 되었다. 하지만 이것은 본래적인 의미에서 종교의 역할과 의미와는 전혀 거리가 멀다고 할 수 있다. 필자는 종교개혁 운동이 잘못된 역사적 사건이었다고 말하고 있는 것이 아니라, 그런 사건이 발생하지 않도록 종교가 본래성을 회복할 때 역사 속에서 진정으로 할 수 있는 역할이 더욱 커질 것이라는 점을 주장하는 것이다.

종교의 본래성에 대해 말하려고 할 때, 어느 누군가가 '종교는 무엇 무엇이다.'라고 정의하고 있는 것을 언급하는 것은 그다지 중요하지 않다. 앞서 언급했듯이, 무엇을 중심으로 해서 종교를 정의하는 것은 각자의 몫일뿐이다. 절대자를, 교단을, 또는 경전을 중심으로 하더라도, 이 모든 것보다도 더욱 중요한 것은 바로 **인간 자신**이다. 비록 현실보다는 초월성에 더욱 강조점을 두는 종교라 할지라도, 초월성을 위해서라도 현실은 초월성만큼이나 중요할 수밖에 없다. 현실이 없다면 초월성도 의미가 없을 것이고, 인간이 없다면 그 어떤 종교도 존립할 수 없을 것이기 때문이다. 그러기에 칸트 같은 경우에도 『순수 이성의 한계 내에서의 종교』(*Die Religion innerhalb der Grenzen der bloßen Vernunft*)를 주장하기에 이른 것이다. 말하자면 칸트는 종교를 인간의 도덕적 측면과 결부시키고, 도덕적인 절대 명제를 절대자의 초월성으로 담보하고 있는 셈이다.

이에 반해서 헤겔은 "'우리가 하느님이라고 부르는 것' 그리고 '그것만이 현실적'인, 정신적인 것(das Geistige)은 성질상 오직 이성(理性)만이 접근할 수 있고, 구체적 삶을 살고 있는 전체로서의 인간은 접근할 수 없는 것"이라고 주장한다. 헤겔에게는 구체적이고 현실적인 개별 인간은 중요하지가 않다. "헤겔에 의하면 절대자, 세계 이성(die Weltvernunft), 이념(die Idee), 곧 '하느님'은 인간과 관계되는 모든 것을 포함하여 자연과 역사 안에서 생성하고 발전하는 모든 것을 곧 하느님의 자기실현(Selbstverwirklichung)과 완전한 자아의식의 도구로서 사용한다."[211] 이에 따라서 보면, 헤겔은 역사의 과정도 절대자의 자기실현 과정으로 볼 뿐이지, 그가 말하는 역사는 사실상 인간의 역사라고 할 수가 없다.

그렇다면 종교가 본래성을 회복하는 동시에 역사에서 어떤 역할

---

211) 마르틴 부버 著, 이병섭 譯, 『神의 日蝕』, 서울 (이화여자대학교 출판부) 1984, 24쪽.

을 해야 하는가? 신학을 인간학의 차원으로 끌어 내렸다고 하는 포이어바흐(L. Feuerbach, 1804-1872)를 예로 들지 않더라도, 필자는 종교가 인간의 구체적인 삶과 역사에 참된 이념과 희망을 제공해줄 때에야 비로소 본래성을 회복할 수 있을 것이라고 주장한다. 만일 그렇지 않다면, 우리는 현재 지구상에서 여러 종교의 경전이 가르치고 있는 것과 종교적 현실이 보여주고 있는 모순을 설명할 길이 없다. 예를 들면, 기독교와 유대교 그리고 이슬람교가 모두 성지(聖地)로서 신성시하고 있는 **예루살렘**이 분쟁과 피의 냄새 그리고 살육이 끊이지 않는 분노의 땅이라는 모순된 사실을 어떻게 설명할 수 있을 것인가?[212] 그 까닭은 이들 종교가 모두 국가 또는 사회의 권력과 결부되어 있기 때문이다. 마치 중세 서양에서 교황과 황제가 공생관계를 이루고 있었던 것과 다를 바 없는 것이다.

모든 종교가 초월성이나 절대자를 바탕으로 한다고 해서, 종교가 현실과 전혀 무관하다고 생각하는 것은 잘못이다. 비록 절대자는 학문의 대상이 아니라 오직 신앙의 대상일 뿐이라고 하더라도,

---

212) 그래서 하랄트 뮐러는 헌팅턴의 '문명의 충돌'을 비판하는 『문명의 공존』(Die Zusammenleben der Kulturen)에서 지극히 현실적으로 다음과 같이 결론을 맺는다. "21세기는 어느 방향으로 나아갈 것인가? 문명의 차이가 분열을 가져올까? 협력을 가져올까? 이는 서구의 대응에 달려 있다. 초강대국 미국도 커다란 책임을 지고 있다. 미국이 이 책임을 감당할 수 있기를 바란다. 현재 보이는 징후들 모두가 이 희망에 부합하지는 않는다. 하지만 서구의 장점을 인식하고 또 이제까지의 성취를 지키며 – 개발도상국들과의 대화 속에서 – 계속 적절히 발전해가야 한다. 이 필요성의 통찰이 출발점이 되어야 한다. 다음 세기가 20세기처럼 피비린내를 풍길 것인가, 아니면 폭력 분쟁은 주변적인 현상이 되고 세계가 협력의 질서를 이룩할 것인가. 이는 '중국의 도전'이나 '일본주식회사', 이슬람 근본주의에 달린 문제라기보다는 서구 사회에 달린 문제이다." 하랄트 뮐러 지음, 『문명의 공존』, 위의 책, 309-310쪽.

신앙하는 주체는 절대자가 아니라 **인간**이다. 다시 말해서, 인간이 절대자를 신앙하는 것이지 절대자가 절대자 자신을 신앙하는 것은 아니라는 말이다. 모든 종교의 경전도 이와 다르지 않다. 경전은 절대자가 만든 것이 아니라 인간이 만든 것이다. 성경·불경 등, 어떤 경전이든지 인간에 의하지 않은 것이 없다. 인간은 이성적 존재일 뿐만 아니라 다른 여러 가지의 특징도 함께 가지고 있다. 한번 만들어진 종교는 인간의 여러 가지 특징을 이용해서 세력을 넓히려고 애쓴다. 이 과정에서 종교가 국가권력과 결탁하는 것은 필연적이라고 볼 수가 있으며, 지금까지의 역사가 이를 증명해 주고 있다. 그리고 어떤 종류의 권력이든지 간에 모든 권력은 배타적인 속성을 가지고 있으며, 종교라는 권력도 자신들의 세력을 넓히기 위해서는 마찬가지로 배타적이 되어 갈 수밖에 없다. 이렇게 본다면 종교가 '최고의 가르침'이라고 하는 본래성을 회복하기란 영원히 불가능한 것처럼 보인다. 가장 바람직한 일은 종교가 권력을 버리는 일이지만, 개개인들이 모여서 집단을 형성하는 과정에는 위계질서가 자연스럽게 생겨나며, 따라서 종교가 국가·정치권력과 인위적으로 손을 잡지 않더라도, 그 특정 종교 안에서는 자연스럽게 권력이 생겨나게 된다. 그렇기 때문에 서로 다른 종교 간에 극대화된 권력은 분쟁을 일으킬 수밖에 없으며, 그것이 국가 또는 민족적 단위에서는 종교전쟁으로 이어지기도 하는 것이다.

구체적 현실이 이러하고 종교가 권력화 되어가는 현상이 불가피하다면, 종교는 오히려 그러한 절대 권력을 이용하여 인간에게 참된 이념을 제시하고 희망을 주기 위해 노력해야 한다. 단순히 개인적인 행복을 희망하는 차원이 아니라 인류 전체의 진정한 행복을 위하여, 배타적인 모든 요소를 해당 종교에서 제거해 나가야 한다. 그래야만 종교는 본래성을 회복할 수 있으며, 역사를 인도하더라도 긍정적인 방향으로 이끌 수가 있다. 마치 '내가 나를 진정으로 나(我)라고 부를 수 있기 위해서는 나 아닌 너를 다른 나(非我) - 즉, 타인도 자기 자신을 나라고 부른다. - 로서 인정하지 않으면 안 되는 것'과 같은 이치이다. 또한 이 세상에는 인간만 존재하는 것이 아니다. 인간이 인간으로서 살아가기 위해서는 필연적으로 인간이 아닌 여타의 사물들과도 관계를 맺으며 살아갈 수밖에 없는데, 따라서 우리 인간은 인간을 제외한 다른 존재에 대해서도 인간과 동일한 존재 의미를 부여해야만 한다.[213] 이러한 모든 관점을 도외시하고서 종교가 인간의 삶과 역사에 이념을 제공해 준다거나 제공해 줄 수 있다는 말은, 한 마디로 말해서, 어불성설(語不成說)이다. 그러므로 현재의 모든 종교는 신성, 역사 또는 삶을 말하기 이전에 철저한 자기반성을 먼저 해야 할 때이다.

---

213) "우리는 인류가 앞으로만 그리고 위로만 전진한다고 더 이상 믿지 않는다. 그리고 역사적 불가피성이라는 개념도 폐기해야만 한다. 모든 것은 우리가 하기 나름이다. 새롭고 더 평등하며 보살피는 사회는 보기 흉한 낡은 수문에서 흘러나오는 것이 아니다. 반대로 사람들이 그러한 사회를 다듬어 가야 한다. 그리고 만일 사람들의 선택이 잘못되었다면 우리가 기술적으로 한 걸음 진보할 때마다 반드시 두 걸음 후퇴하는 결과를 가져올 것이다.
이 세계를 변화시키는 것은 우리의 몫이다. 그리고 우리가 세계를 변화시키지 않거나 무분별한 산업 철도의 선로를 멈춰 세워 새로운 방향으로 돌려놓지 않는다면 우리의 후손들은 역사상 가장 거대했던 사건들마저 초라하게 보이도록 만들 회오리바람 속에 휩쓸리게 될 것이다." 크리스 브래지어 지음,『세계사, 누구를 위한 기록인가?』, 위의 책, 238-239쪽.

제3장
역사철학과
역사의식

1. 역사와 인식론
- 역사해석과 역사이해

지금까지 필자는 역사의 통시적 의미를 시간성으로, 공시적 의미를 공간성으로 고찰한 것을 비롯하여, 어떤 요소들이 역사와 직·간접적으로 관계있으며, 그런 요소들이 역사에서 어떤 역할을 하는지 깊이 있게 다루어 보았다. 이제 앞에서 다룬 요소를 중심으로 하여 역사인식과 역사의식의 문제를 살펴보려고 한다. 역사인식과 역사의식은 얼핏 서로 다를 바 없어 보이지만, 엄밀하게 보면 매우 상이하다.

"5·16은 일부 군부 세력이 헌법 절차를 거쳐 수립된 정부를 불법적으로 전복한 쿠데타였다. 그러나 정치기능 면에서 5·16쿠데타는 근대화라는 국민적 과제를 수행할 능력이 결여된 구정치 세력과 그에 도전한 급진이념의 정치 세력 모두를 대체할 새로운 세력이 국가 권력의 중심부를 장악한 일대 변혁이었다. 30~40대의 인물들로 구성된 새로운 통치 집단은 기득권 집단의 이해관계로부터 자유로웠다. 그들은 당시 객관적인 현실에서 경제발전이야말로 가장 시급한 국민적 과제임을 잘 인식하고 있었다. 그리고 6·25 전쟁에 참전한 군인 출신으로서 그들은 성급한 통일운동의 위험성과 비현실성을 확신하였다.

그들은 합법적인 정부를 무력으로 전복했다는 점에서 이후 민주화 세력의 지속적인 도전과 비판의 대상이 되었다. 그러한 도덕적인 멍에를 안은 채, 그들은 군인 특유의 추진력과 실용주의적 방식으로 경제발전을 추진하였다. 그에 따라 한국 경제는 1961년 이후 35년간 연평균 7~8%의 고도성장을 거듭하였다. 그 결과 1961년에 82달러에 불과하던 1인당 국민소득이 1987년에 3,218달러로 급성장하였고, 1995년에는 1만 달러를 초과하였다. 이는 세계 자본주의의 역사에서 전례가 드문 기적적인 성장이었다. 급격한 경제성장은 한국인의 물질생활과 정신생활에 혁명적인 변화를 초래하였다. 그 점에서 5·16쿠데타는 근대화혁명의 출발점이기도 하였다."[1]

"혁명 후 1년이 지난 1961년 5월 16일, 다시 한 번 총소리가 서울의 새벽을 뒤흔들었다. 박정희 소장이 지휘하는 군인들이 정변을 일으킨 것이다. 혁명의 씨앗이 싹터 뿌리를 내리기에는 너무나 짧은 기간이었다.

---

1) 교과서포럼 지음, 『대안 교과서 한국 근·현대사』, 서울 (도서출판 기파랑) 2008, 180-181쪽.

서울을 장악한 군인들은 군사 혁명 위원회를 설치하고, 이른바 '혁명공약'을 내걸어 정변을 일으킨 명분을 밝혔다.

정변의 주동 세력은 박정희 소장을 중심으로 한 200여 명의 장교와 그들의 지휘 아래 있었던 3000여 명 정도의 군인에 불과했지만, 정변이 성공한 것은 그들이 내세운 반공, 친미, 경제 재건이 군부의 뜻을 잘 반영하였기 때문이었다. 또한 민주당의 잘못된 정치 운영과 경제 정책의 실패에 따른 민중들의 실망도 한몫하였다.

(…) 박정희는 '민주주의라는 빛 좋은 개살구는 기아와 절망에 시달린 국민 대중에게는 너무나도 무의미한 것이다.'라며, 경제 개발을 위해서는 모든 것을 희생할 각오로 나서야 한다고 주장하였다. 그리고 '조국 근대화를 통해 민족 중흥을 이룩하겠다.'고 하였다.

박정희는 '국가와 기업이 손을 잡고 수출을 통해 경제를 성장시키자.'며 기업의 성장을 우선적으로 강조하였다.

이제 경제 개발을 위해서는 개인의 자유와 인권도 희생할 수 있어야 하며, 심지어는 독재 정치마저도 인정되어야 한다는 주장도 일어났다. '선(先) 건설, 후(後) 통일'이라는 주장 아래 통일을 이야기하는 것조차 어려워졌다."[2]

---

2) 전국역사교사모임 지음, 『살아있는 한국사 교과서 2』, 서울 (휴머니스트) 2002, 212-214쪽.; 『한국민족문화대백과사전』에서는 다음과 같이 의의와 평가를 싣고 있다. "5·16군사쿠데타는 향후 30년 이상 지속된 군사정권의 시작을 알리는 사건이라는 점에 그 중요성이 있었다. 박정희·전두환·노태우로 이어지는 군사정권 30여 년은 민주주의의 암흑기였다. 쿠데타는 헌정질서를 유린하는 행위이기에 절차적 민주주의를 심각하게 훼손한 것이었다. 정부 수립 후 불과 13년 만에 이루어진 군사 쿠데타는 헌법 질서가 제대로 자리를 잡기도 전에 그것을 붕괴시킨 사건이었으며 한국 민주주의의 가장 큰 시련이었다. 다음으로 군사 쿠데타는 전 사회의 군사화 내지 병영화에 결정적 영향을 미쳤다. 군사 엘리트들이 국가 권력을 장악함으로써 모든 가치의 중심에 군사적인 것이 놓이게 되었다. 전 사회를 군대식

필자는 역사적 사건에 대한 인식과 의식의 차이를 설명하기 위해, 현재 우리나라에 출판되어 있는 '국사교과서' 두 종류에서 1961년 5월 16일에 일부 군인들이 일으킨 정치적 사건을 인용하였다. 위의 두 교과서는 동일한 사건에 대해서 각각 다르게 인식하고 있음을 보여주고 있다. 위의 사건은 긍정적이든 부정적이든 간에 역사적 사건이 되었고, 국사교과서에도 빠지지 않고 수록되는데, 어찌하여 동일한 사건에 대해서 교과서마다 표현을 달리 하는 것일까? 그것은 결국 그 사건을 바라보는 관점과 생각의 차이 때문에 발생하는 것이다. 말하자면 인식은 객관성이 중요하지만, 관점과 생각은 주관적으로 흐를 수밖에 없다는 뜻이다. 그렇기 때문에 어떤 역사적 사건이 후세에 지속적으로 영향을 끼치는 데에는 인식도 중요하지만 의식은 더 중요한 역할을 하게 된다.

일반적으로 인식(認識, Cognition, Erkenntnis)이란 우리가 객관적 사물을 있는 그대로 아는 것을 말한다.[3] 즉, 객관적 대상에 대해서 아

관리와 통제 하에 두고자 하였으며 국가 정책 또한 군사작전을 방불케 하는 방식으로 추진되었다. 쿠데타 이후 박정희 정권이 내건 근대화는 바로 이러한 군사적 견지에서 추진된 것이었다. 이는 한국 사회에 깊은 영향을 미치게 되었고 사회를 오직 효율성과 목적 달성이라는 군사주의적 시각이 지배적인 입장이 되도록 만들었다. 한편 5·16군사쿠데타는 본격적인 경제개발 추진과 밀접히 관련되었다. 경제개발계획은 이미 장면 정권에 의해 준비된 것이기도 했지만 실제 추진은 군사정부에 의해 이루어졌다. 군사정부와 그 뒤를 이은 제3공화국은 경제개발에 모든 사회적, 인적 자원을 집중 투입하였다. 노동자·농민 등의 삶을 희생시켜서라도 급속한 경제발전을 도모하고자 했던 군사정권은 비민주적이고 반동적인 근대화 정책을 집행한 것이었다."

3) 국립국어원의 『표준국어대사전』에 따르면, '인식'(認識)은 명사로서 "사물을 분별하고 판단하여 앎"이라 하고, 심리학 용어로는 "자극을 받아들이고, 저장하고, 인출하는 일련의 정신 과정. 지각, 기억, 상상, 개념, 판단, 추리를 포함하여 무엇을 안다는 것을 나타내는 포괄적인 용어로 쓴다."고 정의하며, 철학 용어로는 "일반

283

무런 인위적·의식적 작용을 가함이 없이, 그것이 본래 존재하는바 있는 그대로 파악하는 것을 일컫는다. 철학사전에서 정의하고 있는 것을 살펴보면 다음과 같다.

> "인식이라는 말은 지식과 같은 뜻이지만, 지식은 아는 작용보다도 이미 알고 있는 성과를 가리키는 데 반해, 인식은 성과와 함께 아는 작용도 포함한 의미를 갖는다. 인간은 인식 과정을 통하여 역사적으로 객관 세계(자연·사회)에 대한 인식(지식)을 획득하고, 이 성과에 기초하여 객관 세계에 작용을 가해 이것을 변화시키고 개조한다. 인식의 의의는 단순히 객관 세계에 대해 알고 있다는 지적 만족에 머무는 것이 아니라, 인간의 실천에 그 실제 생활에 기여하는 것에 있다.
>
> 이 지적 성과와 실천 생활의 상호 관련이 있어야만 인식은 발전한다. 그러나 인식과 실천의 관련을 중시하는 것은 빠뜨릴 수 없지만, 인식 과정은 단순하지 않기 때문에, 예를 들면 감각으로부터 사고에 의한 정련(精鍊)을 거쳐 성립하는 것을 보아도, 사고 그 자체가 거치는 각 단계의 연구를 소홀히 할 수는 없다. 인식에 대하여 고찰하는 철학의 분야를 인식론이라 부른다."[4]

이에 따라서 보면, 인식이란 단순한 앎에 그치지 않고 앎에 이르는 과정도 포함된다는 것을 알 수 있다. 그렇기 때문에 '**역사를 인식한다**' 함은 역사적 사건에 대해 한 치의 주관적 의식도 개입시키지

적으로 사람이 사물에 대하여 가지는, 그것이 진(眞)이라고 하는 것을 요구할 수 있는 개념. 또는 그것을 얻는 과정"이라고 정의내리고 있다. (2021년 7월 28일, 인터넷 검색)

4) 임석진 외 지음, 『철학사전』, 중원문화 2009. (2021년 7월 28일, NAVER 검색)

않고 사건 자체를 있는 그대로 전달하고 기록하는 것을 말하는데, 여기서 말하는 전달과 기록이 바로 인식의 과정이라는 말이다. 이렇게 기록된 사건이 모든 사람들에 의해서 객관성을 인정받을 때 참된 역사인식이 성립하는 것이다.

역사에서 객관적 인식을 논할 때는 우선 특정한 사건이 과연 역사적 사건으로 간주될 수 있는가 없는가 하는 문제부터 발생하게 된다. 일상적으로 발생하는 사건일지라도 보는 사람의 관점에 따라서 그에 대한 평가는 극명하게 엇갈릴 수 있다. 사정이 이러하다면 이미 역사적 사건이라고 기록된 것은 더 말할 나위가 없다. 즉, 사건과 사건에 대한 기록을 수용하는 것은 지극히 주관적 기준에 따를 수밖에 없다는 말이다. 한 마디로 말하면, 모두가 동의하는 진정한 **보편적 역사인식**은 절대로 가능하지가 않다. 그래서 우리는 보편적 역사인식에 최대한 접근하기 위하여 **역사이해** 문제를 다루지 않으면 안 된다.

인간이라면 누구나 인생관을 형성할 수 있듯이, 개인의 관점으로 역사를 바라보고 역사적 사건의 의미를 찾을 수 있다. 이러한 것을 개인의 역사관이라고 할 수 있는데, 비록 개인의 관점일지라도 역사관을 형성하기 위해서는 여러 가지 철학적 토대가 뒷받침되어야 하고 논리적으로 체계화되어야 한다. 만일 그렇지 않다면 그것은 역사관이 아니라 한낱 주관적인 생각으로만 머물 뿐이다. 여기서 관점이라는 것은 결국 **생각**인데, 역사를 바라보고 생각하는 가운데 특정한 관점을 형성한다면, 그것은 **역사의식**이 된다. 즉, 다수의 사람들이 특정한 역사관을 인정할 때 그 역사관은 **보편적 역사의식**이 된다는 말이다.

우리는 가시적인 대상에 대해서는 (옳든 그르든 간에) 쉽게 판단을 내릴 수가 있지만, 그래서 그러한 판단을 참 또는 거짓이라고 구분할 수 있지만, 역사적 사건이라는 가시적인 대상에 대해서 작용하는 비가시적인 역사의식 활동에 관해서는 평가를 내리기가 쉽지 않다. 그렇기 때문에 비가시적인 것을 다룰 때에는 어떤 의미에서 모호한 표현을 쓸 수밖에 없는지가 명확하게 제시되어야 한다. 따라서 우리가 역사적 사건에 대한 기록이 객관성을 지니는지 어떤지를 역사인식에서 다루어야 한다면, 과거에 관련된 역사적 지식이 현재에는 어떠한 의식을 통해서 이해하고 있는가를 반드시 살펴보아야 할 것이다.

모든 학문에서 인식이 중요한 까닭은 참-거짓의 문제와 관련되기 때문이다. 참-거짓은 진리의 문제, 사물 또는 대상의 본질, 실체, 근거 등을 탐구하고 분석해야만 비로소 내릴 수 있는 결론이다. 인식의 대상은 눈에 보이는 가시적인 사물이나 사람에게만 국한되지는 않는다. 역사학의 대상이라고 할 수 있는, 현재 일어나고 있는 사건의 원인과 과정·결과는 물론이고, 그것을 기록한 내용의 객관성에 대해서도 참-거짓을 분명히 하기 위해서는 인식의 문제가 무엇보다 중요하다.

역사학에서 인식의 문제는 '역사란 과거의 사건, 사건의 기록'이라는 정의와 직결된다. 당장 문제가 될 수 있는 것은 과거의 사건을 기록한 내용이 과연 참인가 거짓인가 하는 점과 기록의 객관성에는 아무런 문제가 없는가 하는 것이다. 비록 사건 자체는 진실로 발생했다고 하더라도 그 사건을 침소봉대하여 기록할 수도 있고 축소·왜곡하여 기록할 수도 있다. 뿐만 아니라 기록한 내용에는 주관성이 **절대적으로** 개입될 수밖에 없다.[5] 바꾸어 말하면, 어떤 기록이든지 100% 객관성을 보장할 수 있는 것은 없는데, 그렇다면 기록에 주관성이 개입되지 않을 수 없고, 따라서 사건 자체의 진실성도 문제가 되지 않을 수 없다는 의미이다.

예를 들어 모든 백과사전에 따르면, '콜럼버스는 1492년 신대륙을 발견한 최초의 유럽인'이다. 과연 이 기록은 참인가 거짓인가? 우선 이 기록은 사실과 일치하지 않는다. 콜럼버스가 1492년에 지금의 아메리카 대륙을 향해 항해를 하였고, 그 결과 서인도 제도에 상륙한 것도 사실이지만 — 물론 이것 또한 기록에 의존할 수밖에 없다. — 기록에 의하면 그는 생전에 아메리카 대륙 땅을 밟아본 적이 없다. 또한 아메리카라는 명칭은 아메리고 베스푸치(Amerigo Verspucci, 1454-1512)의 이름에 근거한 것이다. 뿐만 아니라 그 대륙은 유럽인들에게는 신대륙으로 간주될 수도 있었겠지만, 거기에는 이미 그 땅을 터전으로 사람들이 살고 있었다. 따라서 위의 기록은 그 내용상 모두가 거짓임이 분명하다.[6] 정합설[7]에 근거해서 볼 때도 위의 기록은 거짓이다. 위의 기록에서 '신대륙'이라는 말의 의미를 그 이전이나 이후와는 다른 의미로 사용하여, 유독 콜럼버스의 경우에만 신대륙이라는 낱말의 의미를 그의 항해 이후에 사용하고

---

5) 이에 대해서는 필자가 지금까지 앞에서 수시로 언급한 바 있다.

6) 위의 기록처럼 판단과 사실이 대응, 즉 일치하는지 어떤지의 문제를 검토하는 진리설을 '대응설'(對應說, correspondence theory)이라고 한다. 예를 들어, '지금은 낮이다'라는 판단이 실제로 사실과 일치하면 참이고 그렇지 않으면 거짓이라는 입장이다.

7) 새로운 지식 — 여기서는 새로운 기록이라고 해도 무방하다. — 이 기존의 지식체계에 모순되지 않고 정확하게 들어맞는지 어떤지를 검토하는 진리설을 '정합설'(整合說, coherence theory)이라고 한다.

있기 때문에, 위의 기록은 참이 아니다. 말하자면, 원래부터 선주민이 살고 있던 구대륙인데 콜럼버스가 항해한 이후에는 그들의 입장에서 신대륙으로 바뀐 것이다.

하지만 지식이 실생활에 유용하게 쓰이고 만족스러운 결과를 가져오는지 어떤지를 검토하는 '실용적 진리설'[8]에 바탕을 두고 보면, 문제는 달라진다. 위의 기록이 적어도 유럽인들에게는 지금까지 매우 유용하고 유익한 결과를 가져다 준 게 사실이다. (역사적 사실의 참-거짓 문제를 제외하고 보면) 아메리카 대륙의 선주민을 제외하고 최초로 그 대륙을 발견한 사람이 콜럼버스, 즉 유럽인이라는 사실은 유럽인들과 미국인들에게 무한한 자부심과 우월감을 심어주어 세계지배의 욕구를 불러일으켰다.[9] 그리고 그들은 그 대륙의 주인임을 자처하고 나서서 원주민을 학살하고 몰아내어 모든 것을 그

---

8) 예를 들면, '배우는 모두 잘생겼다'라는 판단의 진위는 실제로 배우들이 그러한가를 살펴본 이후에 진위를 가릴 수가 있다.

9) 물론 이러한 점은 비유럽인에게는 분명히 부정적으로 작용한 것이다. 또한 제임스 W. 로웬에 따르면, 비유럽인 - 북아프리카인 - 이 유럽인들보다도 먼저 아메리카 대륙을 발견했다고 한다. 제임스 W. 로웬은 다음과 같이 말한다. "1492년에, 크리스토퍼 컬럼버스는 대양으로부터 항해해왔다. 미국 역사책은 컬럼버스를 미국 최초의 위대한 영웅으로 그린다. 이렇게 미국 역사책은 컬럼버스를 영광되게 묘사함으로써 우리의 국민적 문화를 반영한다. (⋯) 역사가들은, 1492년 이전의 아메리카를 '컬럼버스 시대 이전'으로 부르면서, 그리스도처럼 컬럼버스를 기준으로 시대를 나눈다. (⋯) 불행하게도, 전통적인 설명의 거의 모든 부분은 잘못되거나 증명할 수 없다. 역사교과서 저자는 우리로 하여금, 역사적 사실로부터 벗어나 신화의 영역으로 들어가도록 나름대로의 덫을 놓는다. (⋯) 교과서의 첫 번째 잘못은 이전의 탐험에 대해서는 수준 이하로 평가한 사실이다. 1492년 이전, 컬럼버스가 아메리카로 항해하지 않았을지라도 다른 대륙의 사람들은 여러 번 아메리카 대륙에 도착하였다. 실제로 유럽인들은 이미 1480년대에 신천지를 탐색하려 다녔고, 따라서 컬럼버스의 항해는 처음이 아니라 '마지막' 발견인 것이다." 제임스 W. 로웬 지음, 『선생님이 가르쳐 준 거짓말』, 위의 책, 51-52쪽.

들의 것으로 만들었다. 이 모든 사실이 그들의 입장에서는 매우 만족스러운 결과임을 증명해주는 것이었지만, 사실은 객관적 사실을 왜곡한 결과였고, 그 결과는 오늘날에도 고쳐지지 않고 있는 **역사왜곡**의 대표적인 사례라고 할 수 있다.

역사인식의 관점에서 문제가 되는 것은, 당연한 말이지만, 역사적 사건 자체가 아니라 사건에 대한 기록의 객관성이다. 기록이 객관적으로 진실하지 않으면, 그것으로부터 비롯되는 모든 것도 참일 수가 없다. 그렇기 때문에 기록 내용이 참인지 거짓인지가 먼저 밝혀져야만 그 다음에 그 사건을 어떻게 이해하고 받아들일 것인지 등의 문제가 해결될 수 있다. 이것을 '체험-표현-이해'의 순환 관계로써 해석학의 방법론을 제시하는 딜타이(W. Dilthey, 1833-1911)에 따라서 보면, 역사적 사건은 **체험**에, 사건의 기록은 언어적 **표현**에, 그리고 그 기록을 현재의 우리가 어떻게 수용할 것인가는 **이해**에 해당된다고 할 수 있다.[10] 즉, **과거**에 대한 객관적 역사인식을 바탕으로 해서, 그것을 **현재**의 우리가 제대로 이해해야만 **미래**를 준비하는 올바른 역사의식을 형성할 수 있는 것이다.

우리는 자신의 얼굴을 눈으로 직접 지각하지 못하고 단지 거울에 비쳐진 자신의 얼굴을 간접적으로 볼 수 있을 뿐이다. 그리고 거울에서 눈을 떼는 순간 그 지각은 사라지지만 자신의 얼굴 생김새를 잊어버리지는 않는다. 그 까닭은 얼굴 모습이 기억 속에 내재화되기 때문이며, 이때 작용하는 것이 바로 **의식**이다.[11] 이 비유에 따

---

10) 딜타이의 해석학 방법론에 대해서는 본서 '각주 67번'을 참조할 것.
11) "감각기관과 의식은 인식의 주관에 속하며 인식활동에서는 서로 떨어질 수 없게 결합되어 있다. 그러므로 인식의 객관과 주관은 인식활동에서 하나로 통일된다. 객관으로서의 사물들은 현실적인 사물이기는 하지만, 그러나 감각기관에 의해

르면, 역사인식은 과거와 현재의 가시적인 것을 대상으로 하고, 역사의식은 비가시적인 것, 즉 미래를 준비하는 것이다. 다시 말해서, 의식은 이미 인식한 것을 재인식하게 하는 작용인데, 사건 당시의 기록은 누군가가 **인식한 것**이라면, 그것을 재해석하고 다시 이해하는 것은 결국 **재인식**이라고 할 수 있다.

칸트의 인식론은 우리가 역사인식과 역사의식의 개념을 이해하는 데 많은 도움을 준다. 인식은 주관과 객관의 관계에서 성립하는데, 칸트에 의하면, 인간에게는 감성(Sinnlichkeit)과 오성(Verstand)이라는 두 가지 인식원천이 있다. 감성은 대상의 표상을 단순히 수용하기만 하는데, 여기서 역사적 사건과 그 기록은 감성의 대상에 해당한다. 즉, 역사적 사건이 발생하고 그 사건을 기록하는 행위는 인간의 감각기관을 통해서 지각되는 대상을 단순히 있는 그대로 수용하기만 하면 된다는 뜻이다. 그리고 그러한 사건이 종결된 다음에 오성이 그 사건에 대한 판단작용을 통해서 개념화하여 무엇이라고 명명하면 비로소 역사적 사건으로 기록이 완료되는 것이다. 이것이 바로 역사인식의 과정과 결과이다.

그렇게 인식하여 명명한 과거의 역사적 사건을 현재의 우리는 당시의 사건에 대한 표상내용을 지각하는 것처럼 단순히 수용하기만 하는 것이 아니고, 그 기록의 참-거짓과 객관성 여부를 능동적으로 사유하면서 검토한다. 따라서 기록이 참이고 객관적이라는

지각된 관념들로서 그 사물들은 정신 외부에 독립적으로 존재하는 게 아니라 오로지 사물을 지각하거나 인식하는 정신 안에만 존재할 수 있을 뿐이다. 따라서 버클리에 따르면, 'esse'(사물들의 존재)는 'percipi'(지각되는 것), 즉 'esse est percipi'이다.” 문성화 지음, 『버클리의 관념론과 헤겔의 경험론』, 대구 (계명대학교 출판부) 2019, 57-58쪽.

전제하에 보면, 역사적 사건의 의미와 기록에 대한 재해석의 문제는 그 사건이 미래에 있을 인간의 삶과 관련되기 때문에 중요한 것이며, 따라서 역사인식이 문제되는 게 아니라 그 사건이 지니고 있는 비가시적인 의미나 이념이 문제되는 것이다. 칸트도 가시적인 표상내용에 능동적으로 작용하는 사유를 오성이라고 명명한 반면에, 비가시적인 것을 대상으로 사유하는 능력을 이성(Vernunft)이라고 명명하였다. 이에 따라서 필자는 역사인식은 역사에서 가시적인 대상, 즉 사건 자체와 사건에 대한 기록과 관계가 있고, 역사의식은 비가시적인 것, 즉 사건에 내재해 있는 의미나 이념과 관계가 있다고 말하는 것이다.

우리는 여기서 역사인식이건 역사의식이건 간에 인간의 삶과 전혀 무관한 것은 없다는 점을 분명히 해두어야 한다. 딜타이에 따르면, 역사에 대한 이해는 개인의 체험과 무관하게 이루어지는 것이 아니라, 그 자신이 바로 역사적인 존재라는 자각에서 비롯된다. 역사에 대한 이해는 인간이나 민족이라는 공통된 삶에 참여하고 있다는 개인적 체험에 의해 가능해진다.[12] 이처럼 삶에 대한 일정한 이해가 주어질 경우에만 **역사**라는 삶의 표현이 제대로 이해될 수 있다. 하지만 딜타이에게 있어서 삶의 표현들은 사실상 '삶의 대상화의 산물', 즉 삶을 객관적으로 대상화시킨 것이기 때문에, 딜타이는 그것들에 대한 객관적 인식 – 역사인식 – 을 할 수 있다고 느끼게 되는 것이다.[13]

---

12) 신채호의 사상을 예로 들면, 그는 "역사서술에 있어서는 그 주체를 밝혀야 하며, 역사는 걸출한 왕이나 장군이라는 특정인물의 의사에 의해 결정되는 것이 아니며, 개별인물은 사회생활의 객관적 조건에 의해 제약되는 사회적 소산이라고 평가하였다." 이범직·김기덕 엮음,『한국인의 역사의식』, 서울 (청년사) 2004, 273쪽.

가다머(H. G. Gadamer, 1900-2002)는 "역사적 사실이나 전승된 텍스트는 우리의 현재 상황과의 관계 속에서 이해되어야 한다. 이것이 이해의 역사성이다. 이 이해의 역사성에 근거하자면, 시간은 과거와 현재를 갈라놓는, 극복되어야 할 심연이 아니라, 역사적 사건의 담지자이다."[14]라고 함으로써 우리는 현재와 전혀 무관하게, 있는 그대로의 역사를 보거나 이해 할 수 없다고 말한다. 즉, 우리는 현재 우리가 가지고 있는 의식을 통해서만 역사를 보게 되고 또한 이해하게 된다는 말이다. 과거란 모든 이해 작용의 흐름이다. **언어는 전통의 보존자**이며 매개이다. 전통은 언어 속에 은폐되어 있으며, 언어·역사·존재는 모두 인간에게서 관련되어 있고 상호 침투되어 있다. 따라서 가다머에 따르면, 인간은 역사의 상대성을 넘어서서 객관적으로 타당한 인식을 획득할 수 없다. 이러한 견해는 결국 보편적 세계사의 존재 가능성을 부정하는 견해와 연결된다. 그래서 가다머는 '영향사(影向史)적 의식'(wirkungsgeschichtliches Bewuβ tsein)[15]

---

13) "자기성찰과 미래지표 설정에서 나타난 역사서는 역사전개에 따른 필연의 결과물이다. 즉 역사서는 지성사의 상징물로 인식되는 것이다. 모든 시대물의 함축적 내용을 담고 있는 것이 역사서인 셈이다. 한 시대의 고뇌를 역사서는 담고 있고, 다음 시대의 과제를 극복할 수 있는 지혜 역시 담겨져 있는 것이다. 또한 역사서에는 '역사인식'이라는 영역이 투영된다. 역사학의 발달과 함께 사서의 기록이 갖는 객관성의 문제가 주목되는 것이다." 이범직·김기덕 엮음, 『한국인의 역사의식』, 위의 책, 12-13쪽.

14) H. G. Gadamer, *Wahrheit und Methode, Grundzüge einer philosophischen Hermeneutik*, Tübingen (1. Aufl. 1960)

15) 가다머의 영향사적 의식에 대해서는 본서 '각주 67번'을 참조할 것; "가다머는 '진정한 경험은 자기 자신의 역사성에 대한 경험이다.'라고 주장한다. 인간의 능력과 계획은 경험의 과정에서 한계에 봉착한다. 역사 속에서 행위하고 있는 인간은 경험을 통해서 미래에 대한 통찰을 얻는다. 이런 경우에 인간은 미래 속에서 항상 기대와 계획을 갖게 된다. 인간으로 하여금 미래와 과거에 대해 참된 개방적 태도를

이라는 용어를 사용하는데, 영향사란 우리가 그때그때마다 우리 자신일 뿐만 아니라 우리가 서로 상호 이해한다는 사실의 근거가 된다. 이때 이해는 하나의 공통적 관계지평을 전제로 하며, 그러한 관계지평은 언어 속에서도 나타나게 된다. 그렇기 때문에 이해는 역사와 더불어 인간을 규정하는 힘을 낳는다. 간단하게 말하면, 영향사는 과거를 현재에 적용하는 토대이며, 역사란 과거라고 불리는 이미 실현된 전통과의 대화이다.

> "현재는 오직 과거로부터 전승된 의식이나 지각방식 혹은 선이해를 통해서만 보여지고 이해된다. 가다머의 해석학과 역사의식에 대한 그의 비판이 함축하는 바는 과거란 의식의 대상이 될 수 있는 사실들의 집적과 같은 것이 아니라, 우리가 그 속에서 활동하고 참여하는 모든 이해작용의 흐름이라는 사실이다. 따라서 전통이란 우리와 독립되어 대립해 있는 것이 아니라 우리가 바로 그 속에 속해 있으면서 동시에 그것을 통해 존재하는 바로 그런 것이다. 대체적으로 전통은 너무나 투명한 매개체이기 때문에 우리는 그것을 제대로 볼 수 없다. 이것은 물고기가 물을 볼 수 없는 것과 마찬가지의 이치이다."[16]

그러므로 역사를 인식한다는 것은 이미 우리가 전통 속에서 역사적 상황과 함께 존재하면서 우리 자신의 주관적 의식이 전통과

취하게끔 해주는 경험의 성숙은 바로 가다머가 말하는 영향사적 의식의 본질이다." 리차드 E. 팔머 지음, 『해석학이란 무엇인가』, 위의 책, 287쪽. (여기서 가다머의 말은 "H. G. Gadamer, *Wahrheit und Methode*, 위의 책, S. 340."의 내용이며 재인용임)
16) 리차드 E. 팔머 지음, 『해석학이란 무엇인가』, 위의 책, 258-259쪽.

끊임없이 대화를 나누는 것으로 규정할 수 있다. 이 주관적 의식을 가다머는 '선판단'(Vorurteil)이라고 부른다.[17] 일반적으로 독일어 'Vorurteil'은 '선입견'으로 번역되지만, 선입견이 부정적 의미를 갖는 반면에 가다머는 이 개념을 긍정적 의미로 사용하기 때문에, '선판단'으로 번역하는 것이 바람직하다. 그도 그럴 것이 역사에서 **무전제적**인 이해와 해석이란 결코 있을 수 없다는 것이 가다머의 생각이기 때문이다. 이는 역사인식의 주관적 측면을 나타내는 것인데, 우리가 역사를 제대로 이해하기 위해서는 우리가 이미 그 안에 있는 전통, 즉 역사로부터 전제를 구해야 하며, 만일 그렇게 하지 않는다면 우리는 역사를 올바르게 이해할 수가 없게 – 물론 이 경우 또한 주관적이 될 수밖에 없기는 하지만 – 된다.

> "우리의 이해는 선견(Vormeinung)으로부터 출발한다. 선견은 해석을 할 때 참으로서 확증되지 않으면 안 되지만, 그러나 원칙적으로 결코 극복될 수는 없다. 이와 대조적으로 선판단(편견)은 수정되며 새로운 선판단에 의해서 대치된다."[18]

그러므로 이해의 전제로서 선판단은 앞에서 말한 영향사와 전통과 필연적인 관계를 지닌 상태에서 역사인식의 바탕이 되는 것

---

17) "이해와 해석은 '선견, 선판단'(Vormeinung und Vorurteil)과 더불어 시작된다. 선견과 선판단을 배제하고자 하는 일은 잘못일 뿐만 아니라 이해와 해석을 불가능하게 할 것이다. 왜냐하면 이해와 해석은 바로 선견으로부터의 기투(Entwurf)이기 때문이다. 이해와 해석이 가지고 있는 선판단의 성질은 현존재 자체의 존재방식으로서 이해의 역사성의 귀결이다." 한스 인아이헨 지음, 『철학적 해석학』, 위의 책, 197쪽.

18) 한스 인아이헨 지음, 『철학적 해석학』, 위의 책, 228쪽.

이다. 이 모든 것의 관계구조를 가다머는 '지평'(地平, Horizont)이라고 부른다. 우리는 전통과의 대화를 통해서 이끌어낸 선판단에 근거해서 역사적 지식을 이해하고 해석한다. 그리고 역사적 자료라는 지평과 우리 자신의 지평이 융합될 때 과거와의 의사소통(Kommunikation)이 일어난다.

그렇기에 우리는 **역사인식**이 과거의 사건과 그 사건에 대한 기록을 이해하고 **해석**하는 문제와 결코 무관하지 않다는 것을 알 수 있으며, 만일 이해 또는 해석과 무관한 역사인식이 가능하다고 한다면, 그러한 역사는 현재에 대해서 아무런 영향을 주지 못하는 옛 이야기로만 머물러버린다. 다시 한 번 강조하지만, 역사에 대한 완전한 객관적 인식 또는 객관적 이해란 있을 수가 없다. 특히 과거에 누군가가 인식한 것을 현재에서 이해하는 일은, 비록 무의식적일지라도, 언제나 현재에 대해 적용하는 것을 포함할 수밖에 없다. 역사적 사건을 기록한 문서(document)가 있다면, 그것을 기록한 사람은 사관(史官)일 수도 있을 것이고 일반인일 수도 있겠지만, 후세 사람들은 그 문서를 통해서 역사적 사건을 다시 인식하고 이해하는 게 된다.

> "이론상으로 역사가는 자기가 연구하는 사실을 실제로 절대 확인할 수 없다. (…) 그러므로 우리보다 앞선 시대에 관한 한 우리는 그때 살았던 목격자들의 기록에 근거해 이야기 할 수 있을 뿐이다. (…) 간단히 말해서 현재에 관한 인식과는 대조적으로 과거에 관한 인식은 필연적으로 '간접적'일 수밖에 없다."[19]

---

19) 마르크 블로크 지음, 『역사를 위한 변명』, 위의 책, 79-80쪽.

따라서 역사인식의 진정한 과제는 과거의 사건을 단순히 재생시키는 것이 아니라 현재의 삶과 통합하는 데에 있다. 하버마스(J. Habermas, 1929-)는 인식에 대해서 다음과 같이 말하고 있다.

"비로소 19세기가 인식론(Erkenntnistheorie)이라는 말을 새겨 놓았으니 '…' 합리론적 및 경험론적 사고의 고유한 긴장은 실로 객관 영역의 형이상학적인 경계 설정으로 그리고 형식화된 언어와 실험에 의해 특기된 자연 과학의 논리·심리적인 정당한 타당성으로 진행하여 왔다. 물론 엄밀한 수학적 형식과 충분히 조절된 경험을 상당히 효과적으로 통일시킨 현대 물리학이 항상 명석하고도 판명한 지식(klares und distinktes Wissen)을 위한 모범이었지만, 근대 학문은 인식 일반과 거의 일치하지 않는다. 그 시대의 철학이 학문에 대하여 가지는 위치는 바로, 그릇되지 않은 철학적 인식이 학문에 비로소 하나의 적절한 위치를 마련해준다는 사실에 의하여 특징지어졌다. 인식 이론은 경험 과학적 인식의 설명에 제한되지 않으며 과학이론(Wissenschaftstheorie)을 탐구하지 않는다."[20]

이 말의 의미는 근대에 이르러 인식론이 객관적 진리를 탐구하는 학문으로 자리를 잡았지만, 인식의 완전한 객관성은 경험 과학적 인식에 국한되는 것이지, 그 밖의 다른 영역에서는 다른 인식 방법론이 필요하다는 말이다. 즉, 인식은 객관적 대상에만 국한되는 것이 아니라 인식하는 주체와 대상 사이에서 발생하는 것이기 때문에, 인식 주체가 스스로의 태도와 방법에 대해 반성하고 비판하

20) J. 하버마스 지음, 강영계 옮김, 『인식과 관심』, 서울 (고려원) 1983, 11쪽.

는 자세가 필요하다는 뜻이다.

이와 같은 관점은 역사인식의 문제에서는 전통적 인식론이 대상을 인식하는 방법과 전혀 다른 방법으로 접근해야 한다는 점을 강조하는 것이다. 이것은 자연스럽게 **역사이해**의 문제와 연결된다. 물론 역사를 올바르게 인식하고 이해하기 위해서는 객관적 인식을 당연히 전제해야 한다. 그렇지만 역사에서 객관적 인식을 논할 때, 사건 자체가 분명히 객관적이듯이, 그 사건을 인식하는 것과 기록하는 일도 객관적이어야 함에도 불구하고 인식과 기록의 객관성을 보증해줄 수 있는 장치는 그 어디에도 없다. 특히 사건을 기록하는 일은 기록하는 사람에 따라서 그 내용이 엄청나게 달라질 수도 있다. 어떤 사건이 발생한다면 그 사건에 대한 인식이 동시에 실행될 수 있지만, 그 사건에 대한 의미를 해석하고 이해하는 일도 동시에 행해질 수 있다. 어떤 인식이 참이건 거짓이건 간에 오랜 세월이 흘러버리면 다른 증거 사료가 나타나지 않는 한, 그것은 계속해서 '참'으로 간주될 수밖에 없다. 하지만 그러한 인식 내용에 대한 해석과 이해의 문제는 얼마의 시간이 경과했는지 와는 상관없이 언제 어디서나 행해질 수 있다. 이러한 까닭으로 역사인식의 문제는 역사이해의 문제와 불가분의 관계를 갖게 된다.[21]

그러므로 우리가 역사를 올바르고 정확하게 해석하고 이해하기 위해서는, 먼저 역사가 기술된 텍스트에 대한 보편적 이해 - 문법적 이해와 심리적 이해[22] - 를 전제해야 한다. "슐라이어마허는 해석의

---

21) 그런데 '이해'란 철학적 해석학이 대상과 만나게 되는 '해석학적 경험의 방식'이며, 근원성을 문제 삼지 않는 해석학으로서는 이해의 대상을 주로 텍스트와 인간의 창작물 그리고 인간 행위로서 설정하고 있다. 한스 인아이헨 지음, 『철학적 해석학』, 위의 책, 21-41쪽. 참고.

전제로서, 해석자는 언어지식과 역사지식을 습득함으로써 저자와 대등하게 될 것을 요구한다. 그렇기 때문에 해석자는 해석에 상응하는 언어지식을 습득하지 않으면 안 되며, 가능한 한 저자의 사유방식과 같은 삶의 상황에 정통하지 않으면 안 된다."[23] 즉, 해석자는 역사를 기록하고 기술한 당시의 보편적 언어 지식을 습득하고 있어야 하며, 그것을 기록한 역사가의 개인적인 사상과 환경까지도 정확하게 알아야만 보편적 해석과 이해를 할 수 있다는 말이다.

다음으로는, 특정 역사를 형상으로 표현하고 있는 (예술)작품 또는 문화유산이 있다면, 그것에 대한 지식을 바탕으로 이해를 해야 한다. 마지막으로는 인간 행위에 대한 이해인데, 어떤 집단과 개인에게 오늘날에도 이어지고 있는 특정한 관습이나 습관 같은 행위가 특정 역사의 내용과 어떤 관련이 있는지를 유추하고 해석하여 이해해야 한다.

지금까지 필자는 역사를, 더 정확하게는 역사적 사건과 사건에 대한 기록을 올바르게 이해하기 위하여 필요한 전제들을 살펴보았는데, 이제는 이해와의 연관성에서 해석학적 조건을 탐구하려고 한다. 많은 해석학자들의 이론이 나름대로의 타당성을 가지고 있지만, 필자는 "인간 정신에 의한 산물, 즉 인식된 것을 인식하는 것"[24]을 자신의 해석학적·문헌학적 과제로 설정한 뵈크(Boeckh,

---

22) F. D. E. Schleiermacher, *Hermeneutik und Kritik*, hrsg. von M. Frank, Frankfurt a.M. 1977.

23) 한스 인아이헨 지음, 『철학적 해석학』, 위의 책, 128쪽.

24) A. Boeckh, *Enzyklopädie und Methodenlehre der philosophischen Wissenschaften*, hrsg. von E. Bratuscheck, Darmstadt 1966, S. 11.: 한스 인아이헨 지음, 『철학적 해석학』, 위의 책, 136쪽에서 재인용.

1785-1867)의 이론을 방법론으로 적용하고자 한다.

뵈크는 해석의 형식을 네 가지[25]로 구별하는데, 이들 각각을 역사와 관련하여 설명하면 다음과 같다. 첫째는 "문법적 해석(die grammatische Interpretation)"으로서 "언어적 표현의 의미를 확정할 과제"를 갖는다. 이에 따라서 보면, 우리는 과거의 사건을 기록한 특정한 역사서에 사용된 단어의 의미 또는 언어 요소들의 의미를 어원학적으로 살펴봄으로써 역사를 좀 더 깊이 있게 이해할 수 있을 것이다. 예를 들면, 민족·민중·민주라는 용어들이 역사에 처음 등장할 때부터 지금까지 항상 동일한 의미로만 사용되는 것은 아니다. 또한 이 용어들은, 같은 언어를 사용하기는 하지만, 각각 다른 의미를 부여하고 있는 남한과 북한에서는 다르게 사용하고 있다는 것도 고려해야 한다. 둘째는 "역사적(historisch) 해석"으로서 "해석자의 사실인식(Sachkenntnis)이 중요"하며, "텍스트를 해석하는 사람은 저자가 어떤 역사적인 상황 속에서 텍스트를 저술했는가를 알아야만 된다." 예를 들면, 헤겔과 신채호는 각각 어떤 역사적 상황 속에서 자신들의 역사관련 저술을 썼을까?[26] 세 번째 해석은 "개인

---

25) 이하에서 인용하는 네 가지 해석의 형식에 관련해서는 "한스 인아이헨 지음, 『철학적 해석학』, 위의 책, 138-141쪽."을 참고 할 것.

26) 또한 우리 민족의 정신사적 측면에서 역사를 논하고 있는 많은 연구서가 『삼국유사』의 '역사적 해석'-여기에 대해서는 다음과 같은 연구서를 들 수 있다: "『檀君-그 이해와 자료』, 서울대학교 종교문제연구소 편, 서울 (서울대학교출판부) 1997 (초판 제 3쇄); 『檀君神話論集』, 李基白 編, 서울 (새문社) 1990 (재판); 『단군신화연구』, 이은봉 엮음, 서울 (온누리) 1994"-에 주목하고 있는 까닭은, 이것이 역사의 의미를 이해하는데 매우 중요하기 때문이다. 1283년 78세의 나이로 보각국존(普覺國尊)으로 추대된 일연(一然)은 젊은 시절을 최씨(崔氏) 무인정권 하에서, 게다가 몽고군의 침략으로 피폐해진 민중들의 모습과 민족의 자존심이 유린당한 모습을 보면서 지냈다. 그리고 승려로서 일연은 이러한 전란의 소용돌이 속에서

적(individuell) 해석"으로서, "다른 사람과는 특별히 구별되는 저자의 특수성을 고려"해야 한다.[27] 뵈크는 마지막으로 "종속적(generisch) 해석"을 말하면서, 이것은 "저자의 의도가 개인적 해석에서 주체로 되는 것이 아니라 '…' 저자의 의도는 자신이 언어작품을 가지고 계속 추구하는 특수한 방식의 목적들을 형성"하기 때문에, 언어작품을 결국 특정한 장르와 관련해서 이해해야 한다고 주장한다.[28]

이상에서 고찰해본 해석학적 관점에 따라서 역사를 인식하고 이해하는 일은, 하버마스의 견해처럼 경험 과학적 진술의 의미를 반성 없이 결정하여 버리는 경험적-분석적 학문과 그 방법에 의해서는 불가능하다. 예를 들어, 식탁은 언제나 식탁으로만 머물지 않는다. 식탁에서 공부를 하면 책상이 될 것이고, 일을 하면 작업대가 될 것이다. 이와 마찬가지로 객관적 인식이라고 주장되는 역사적 기록도 보는 사람의 관점에 따라서는 완전히 상반된 의미로 해석되고 이해할 수 있다. 유럽인들의 입장에서 '콜럼버스의 신대륙 발견'이라고 기술되는 것이 원주민의 입장에서는 분명히 '유럽인에

또 다른 무엇인가를 깨우치지 않았을까?

27) 여기서도 『삼국유사』의 저자 일연을 예로 들 수 있겠다. 일연은 평범한 승려가 아니라 국사(國師)의 자리를 극구 사양한 국존(國尊)이었다는 점을 염두에 두고 우리는 『삼국유사』를 읽어야 한다.

28) 이에 따라서 보면, 단군에 관련된 내용이 수록되어 있는 『삼국유사』의 「고조선」 조(條)를 '역사적 사실서로 인정할 수 있는가, 아니면 역사로 간주해야 하는가?'라는 문제가 발생한다. "역사가는 기원이 불분명하다고 해서 '사실' 자체에 눈을 감아서도 안 되며, 또 이러한 작업이 문서를 통해서만 이루어져서도 안 된다는 뜻이다. (…) 사회학자들이 현재에 도달하기 위해서 과거로 우회하듯이, 역사가들도 과거를 이해하기 위해 현재, 즉 덜 불분명한 사실로부터 거꾸로 시간을 거슬러 올라갈 필요가 있다는 것이다." 김응종, 『아날 학파』, 민음사, 1991, p. 68. (마르크 블로크 지음, 『역사를 위한 변명』, 위의 책, 75-76쪽, 각주에서 재인용.)

의한 침략의 시작'이다. 그렇다면 우리는 역사를 어떻게 이해해야 할 것인가?

역사는 우리가 일상생활에서 대상을 인식하는 방법과는 다른 차원의 인식을 필요로 한다. 그것은 역사적 사건의 의미를 이해해야 한다는 점을 말한다. 이를 위해 위에서 살펴본 뵈크의 해석학 이론을 바탕으로 해서 우리가 역사의 의미를 이해하고자 한다면, 한편으로 우리는 역사서에 기술된 사건의 정신적 사실내용에 접근할 수 있을 것이며, 다른 한편으로는 그 사건을 기술한 사람의 사상까지도 인식할 수 있게 될 것이다. 그런데 역사를 인식하는 인간은 이미 역사적 존재이다. 인간은 현재에 있으면서, 동시에 과거 역사의 영향 안에서 지배 또는 통제를 받고 있으며, 현재 행하는 자신의 행위를 미래와 연결시킨다.

2. 역사와 인간학
– 역사적 존재이자 역사의 주체로서 인간이해

"인류가 나타난 이래 역사학의 개입을 요청하는 것처럼 보이는 요소는 늘 존재해왔다. 그 이유는 역사학에 인간적인 요소가 개재되어 있기 때문일 것이다. (⋯) 즉 역사학의 대상은 본래 인간이다. 좀 더 정확히 말하자면 인간들이라고 하는 것이 좋겠다. (⋯) 눈으로 금방 느낄 수 있는 풍경이나 연장·기계 너머로, 겉으로 보기에는 차디차게 보이는 문서 그리고 그것을 만든 자들과는 아무런 관련이 없어 보이는 제도 너머로, 역사학이 파악하고자 하는 것은 바로 인간들이다. 거기에 이르지 못한다면 역사가는 기껏해야 잡다한 지식을 다루는 엉터리 학자에 머무르고 말 것이다. 훌륭한 역사가는 전설에 나오는 식인귀와 흡사하다. 역사가는 인간의 살냄새를 맡게 되는 바로 그곳에 자신의 사냥감이 있음을 안다."[29]

역사가 또는 역사철학자들이건 그리고 지극히 평범한 일상을 살아가는 일반인들이건 간에, 사람들이 역사에 관심을 기울이는 까닭은 무엇일까? 한 마디로 말하면, 그것은 인간이 바로 **역사적 존재**이기 때문이다. 역사를 의식하며 살아가든지 아니면 역사에 대해 전혀 무관심한 채로 살아가든지 간에 인간은 역사적 존재이다. 물론 인간은 또한 자연적 존재이기도 하다. 그렇지만 인간은 자연을 가지고 있는 것은 아니며 오히려 자연 안에 존재한다. 이와 마찬가지로 인간은 역사 안에 존재하지만, 자연을 가질 수 없는 것과는 달리 시간적인 의미에서 보면 인간은 역사를 가지고 있다.[30]

역사학자들이 역사를 연구하는 일이나 일반인이 역사에 관심을 갖는 까닭은 무엇일까? 이에 대한 답은 무수히 많이 주어질 수 있겠지만, 그 중에서 의미 있는 답을 해보자면, 그것은 인간이 어떤 존재인지를 역사를 통해 규명하고 싶어서일 것이다. 넓게 보면, 역사학이 탐구하는 것은 과거의 사건만이 아니라 인간의 삶과 연관된 과거의 모든 흔적을 탐구의 대상으로 한다. 그렇다고 해서 여러 학문 가운데 역사학만 과거를 탐구하는 것도 아니다.

---

29) 마르크 블로크 지음, 『역사를 위한 변명』, 위의 책, 49-50 쪽.
30) 오르테가 Y 가세트(José Ortega y Gasset, 1883-1955)는 "인간은 자연을 가지고 있는 것이 아니라, 오로지 역사를 가지고 있을 뿐"이라고 했다. 오르테가 지음, 설영환 옮김, 『이야기 철학』, 서울 (우석) 1986, 참조.

군이 역사를 생각하지 않더라도 개개인은 일상을 살아가면서 과거의 추억이나 향수에 젖기도 한다. 개인적인 측면에 국한되는 추억이나 향수도 엄밀하게 보면 개인의 역사적인 측면에 해당한다. 역사적 사건의 중심에는 영웅이건 민중이건 개인들이 함께 있다. 개개인이라는 특수한 개별자들이 모여서 보편개념인 인간이 되고, 이러한 인간 행위의 기록이 바로 역사이다. 그래서 『역사를 위한 변명』에서 블로크는 "사실 우리는 의식적이건 무의식적이건 과거를 재구성하는 데 쓰이는 요소를 최종적으로 분석하고, 필요한 경우 새로운 조명을 드리우기 위해 언제나 일상의 경험의 도움을 받고 있다. 우리가 고대의 정신 상태나 소멸한 사회형태의 특징을 규정하기 위해 사용하는 명칭 자체도, 만약 우리가 현재 살고 있는 인간을 고려하지 않는다면, 그것이 우리에게 무슨 의미를 가질 수 있겠는가?"[31]라는 말로써 역사학이란 다름 아닌 **인간학의 역사**임을 강조하기도 하였다.

여기서 역사학이 인간학의 역사라는 말은 인간학이건 역사학이건 간에 그 학문의 중심에는 인간이 자리하고 있다는 의미이지, 두 학문이 동일하다는 것은 아니다. 그 어떤 학문이건 인간 또는 인간의 삶과 무관하다면 학문으로서의 존재가치가 없어진다. 모든 학문은 궁극적으로 인간을 핵심 개념으로 인간과 직·간접적으로 관련된 것을 탐구하거나, 아니면 어떻게 하면 어제보다 더 나은 오늘의 인간의 삶이 될 수 있는지를 목표로 한다. 따라서 인간학이라는 독립된 학문의 분과가 있다고 해서 역사와 무관한 것도 아니며, 역사학도 마찬가지로 인간존재와 무관하지 않다는 말

---

31) 마르크 블로크 지음, 『역사를 위한 변명』, 위의 책, 74-75쪽.

이다. 과거에 일어난 사건 또는 그 사건에 대한 기록이라는 게 시간의 흐름 속에서 인간의 행위들에 대한 기록을 말하는 것이기에, 역사는 단순히 과거의 기록으로만 머무는 것이 아니라, 과거에서부터 현재까지 단절 없이 이어지고 있는 인간의 구체적인 행적이라고 할 수도 있다.

현재를 살아가는 인간들은 의식하건 그렇지 않건 간에 과거의 역사를 통해 인간의 삶을 배우고 교훈을 얻는다. 그 과정에서 개인은 자신의 삶의 목표를 정립하기도 하고 수정하기도 한다. 즉, 과거를 거울삼아 현재와 미래의 삶의 목표를 세우는 것인데, 특히 미래의 목표는 당장은 이루지 못한 이데아(Idea)이긴 하지만, 언젠가는 반드시 이루고 싶어 하는 이념이자 인생관이 될 수 있다. 이러한 이념을 탐구하는 학문이 철학에서는 형이상학(Metaphysik)이다.[32] 비가시적인 이념이 가시적인 삶을 움직이게 하는 힘이라면, 그 이념은 탐구해볼만한 가치가 있는 것이다.

역사에서도 마찬가지로 눈에 보이지 않는 어떤 힘이 작용하여 역사를 움직여나간다면, 그런 힘은 **이념**이라고 할 수 있다. 도덕적으로 옳고 그름의 문제를 떠나서 보면, 지금까지는 종교가 그것을 제

---

32) "형이상학을 비롯하여 철학의 모든 분과는 인간의 근원, 인간의 본질 등을 규명하는 데에 초점이 맞추어져 있다고 해도 과언이 아니다. 아니 그 보다도 과거나 지금이나 그리고 미래에도 우리 인간이 연구하고 행하는 모든 것은 결국 인간에게 귀결되지 않은 것이 없었으며, 또한 인간에게 귀결될 수밖에 없다. 그 까닭은 그러한 모든 문제의 중심에 바로 인간이 자리하고 있기 때문이다. 한 마디로 말하면, 인간은 철학뿐만 아니라 과학과 종교 등 인간이 관련된 모든 것의 근본적인 대상이자 동시에 모든 것의 주체이기도 하다. 따라서 그 어떤 것보다도 인간 그 자체의 본질이 우선적으로 규명되어야 할 것이다." 문성화, 「Feuerbach의 Hegel 인간학 비판」, 『철학논총』, 제79집, 새한철학회 2015. 1, 124-125쪽.

공하기도 했고 무슨 '주의'(ism)를 내세운 이데올로기가 이념을 제공하기도 했으며, 때로는 당시에는 분명한 명칭이 없었던 이념들도 시간이 지남에 따라 정식 명칭을 얻어서 역사에 기록된 것들도 있다. 그러한 이념은 바로 '이념'이기 때문에 보편성을 지향하지만, 현실에서는 결코 보편적이 될 수 없으며, 또한 그러한 이념에 반대하고 비판하면서 등장하는 수많은 다른 이념도 등장하게 된다.

역사에서는 어떤 이념이든지 모든 시대와 전 인류에게 공통적으로 통용될 것을 목표로 한다. 이는 지극히 당연한 말인데, 그 까닭은 이념이 현실은 아니라는 점 때문에 처음부터 실현 가능성을 염두에 두지 않은 채 비가시적인 특징에만 매몰된다면, 그것은 설득력이 없을 뿐만 아니라 형이상학의 대상도 아니며, 오히려 그저 허황된 몽상에 불과할 뿐이기 때문이다. 따라서 비록 현재로는 아직 이념으로 머물고 있을지라도 그것이 진정한 이념이라면, 다시 말해서 인간의 삶에 긍정적인 영향을 끼치면서 언젠가는 실현되리라는 희망을 주는 이념이라면, 그러한 이념의 실현 공간은 다름 아닌 **현실 공간**이다. 이 공간은 역사의 공간이면서 동시에 역사의 주체인 '내'가 타인 및 자연과 더불어 생활하는 삶의 공간이기도 하다. 이렇게 인간은 역사 안에서 타자와 관계를 맺으며 살아가고 있다.

이 세상 모든 것에 대하여 상대적으로 주체인 **나**는 역사 안에서 역사의 주인으로서 살아간다. 즉, 개개인으로서의 **내**가 세상과 역사의 **중심**이라는 말인데, 역설적으로 세상과 역사는 그러한 **나**를 역사의 주인으로서가 아니라 **주변인으로**만 간주할 뿐이다. 그런데 실제로 역사의 주인임에도 불구하고 **나**를 역사 안에서 이렇게 규정하는 사람은 내가 아니라 바로 역사가들이다. 물론 역사가는 개개인의 사적인 행위를 살피는 것이 아니라 다수와 지역 그리고 일정한 시기에 공통되는 보편적인 것을 역사의 요소 삼기 때문에, 개별자인 개인이 아니라 보편자인 **인간**을 다루는 것은 지극히 당연한 일이다. 그렇기는 하지만 (필자가 앞에서 이미 인용한바 있는) 카의 말을 여기서 다시 한 번 더 되새길 필요가 있다.

"그런데 사가도 하나의 개인이다. 다른 개인들과 마찬가지로 그역시 하나의 사회적 현상이며, 그가 속해 있는 사회의 산물이며, 의식적이든 무의식적이든 그 사회의 대변인이다. 사가는 이런 자격으로 역사적 과거인 사실에 접근한다. 우리들은 때때로 역사 과정을 '움직이는 행렬'이라고 말한다. 이 비유는 아주 적절하다 − 사가로 하여금 자신을 우뚝 솟은 암벽 위에서 사방을 굽어보는 독수리나 사열대 위의 요인(要人)으로 여기도록 유혹하지 않는 한 말이다. 독수리나 요인이라니 천만의 말씀이다. 사가도 행렬의 한 구석에 끼어 터덜터덜 걸어가는 보잘것없는 또 하나의 존재일 뿐이다. 거기다 행렬이 굽이쳐서 혹은 우로 돌고 혹은 좌로 돌고 때로는 거꾸로 돌아가는데 따라 행렬의 각 부분의 상대적 위치도 지속적으로 변하므로, 지금의 우리들이 한 세기 전의 증조부들보다 중세에 더 가깝다 거나 케사르 시대가 단테시대보다 우리에게 더 가깝다고 말하는 것이 완전히 사리에 맞을지도 모른다. 행렬의 움직임 − 사가도 같이 움직인다 − 을 따라 새로운 전망과 새로운 시각이 끊임없이 나타난다. 사가는 역사의 한 부분이다. 그 행렬에서의 그의 위치가 과거에 대한 그의 시각을 결정한다."[33]

33) E. H. Carr 저, 진원숙 역주, 『역사란 무엇인가』, 위의 책, 44-45- 쪽. (이 인용문은

카의 말은 역사가도 다른 개인과 마찬가지로 역사의 한 가운데에서 역사와 함께 움직이는 것이지, 역사의 흐름과는 별개로 존재하면서 역사를 객관적으로 바라보면서 관찰하는 존재가 아니라는 뜻이다. 그럼에도 불구하고 역사가는 지난 역사를 평가하고 현재의 역사를 기록하는 존재이기 때문에, 그 책임감은 말로 표현하기 어려울 정도이다. 역사가는 이처럼 막중한 역할을 수행하는 자이기 때문에, 그가 남긴 기록은 낱말은 물론이고 낱말과 함께 쓴 조사(助詞, 토씨) 하나까지도 후세 사람들에게 엄청난 영향을 끼친다는 사실을 반드시 알아야 한다. 지금까지의 모든 역사 기록을 누가 남겼던지 간에 그것을 기록한 주체는 분명 인간이고, 그가 남긴 기록도 인간의 역사이며, 그 기록에 의해서 영향을 받는 것도 후세의 인간들 이외에 다른 존재는 없다. 그렇기 때문에 역사는 단순히 과거 사건에 대한 기록으로만 머물지 않으며, 역사의 주체인 동시에 객체로서의 인간이란 도대체 어떤 존재인지가 바로 역사 안에서 밝혀지는 것이다.

역사학은 단순히 과거의 사건과 그 기록만을 다루는 게 아니며, 시간 속의 인간들이 펼친 행위와 그 결과들에 관한 학문이다. 여기서 **시간 속의 인간**은 추상적인, 즉 모든 개인에게 공통된 유적 특징만을 지닌 보편개념으로서의 인간이 아닌 각각의 개인이 자신만의 특징을 지니고 살아가는 구체적인 인간, 즉 사회 안에서 살아 움직이는 개개인을 말한다. 이런 사회 안에서 주체로서의 나는 객체로서의 타인 및 자연과 더불어 살아간다. 이렇게 해서 주체는 객체와 인식의 관계를 맺는다. 이때 발생하는 참 또는 거짓이라는 진리가

'각주 37'에서 이미 인용한바 있다.)

치를 문제 삼는 철학의 분과가 인식론(Erkenntnistheorie)이다.

그렇지만 인간은 객체를 알려고 하기 이전에 자신이 어떤 존재인지에 대해서 먼저 알아야 한다. 자신이 누구인지를 모르거나 알려고 하지도 않은 채 과연 무엇을 추구하고 인식할 수 있겠으며, 역사를 만들어 갈 수 있겠는가! 인간은 최소한 물질적인 요소와 비물질적인 특징이라는 이원성을 갖추고 있는 존재이다. 즉, 육체와 정신은 현실에서 살아가는 인간의 구체적인 국면이다. 구체적인 인간은 언제나 살아 움직이며, 살아있는 인간의 육체와 정신은 한 순간도 정지해있지 않다. 스스로 책임을 지고 자신의 길을 선택하여 나아가면서 의식적으로나 무의식적으로나 역사를 만들어가는 인간은 생동적인 존재이다. 인간에 대한 이와 같은 내용을 탐구하는 영역이 (철학적) **인간학**(Anthropologie)이다.

우리가 인간의 '**행위**'라고 말할 때, 일반적으로는 육체의 행위만 떠올리는 경우가 많은데, 그 까닭은 육체의 행위는 직접 가시적으로 나타나지만 정신의 행위는 비가시적이기 때문이다. 하지만 인간의 사유도 매우 구체적이고 활동적이며, 육체의 행위는 의식적이건 무의식적이건 사유활동을 동시에 수반하거나 사유활동의 결과로 나타난다. 이런 의미에서 사유는 결코 추상적이지 않다. 우리는 무엇인가가 비가시적이라는 이유로 인해 무비판적으로 **추상적**이라고 말해서는 안 된다. 또한 행동이 가시적이라고 해서 사유와 전혀 상관없이 단절된 채로 이루어지는 것은 아니다. 인간이 하는 모든 정신적, 육체적 행위는 사유의 결과물이다. **역사**는 바로 이러한 결과물이다. 그러므로 인간은 역사에 의존하지만 역사의 주체로서 역사를 만들어 나가는 원천인 동시에 힘이며, 또한 인간은 언제나 역사에 의해 규정되면서도 역사를 규정해가는 존재이다. 이런 의미에서 인간은 **역사적 존재**가 된다.[34]

인간이 역사적 존재라는 말은 인간학과 역사학이 제아무리 많은 대상을 다룰지라도 결국 궁극적으로는 '인간이란 무엇인가?'라는 물음에 답을 내리기 위한 것이라는 의미이다. 그렇다면 우리는 '역사란 무엇인가?'라는 물음에 답할 때 단순히 '과거의 사건 또는 그 사건에 대한 기록'이라고만 해서는 안 될 것이다. 과거의 역사적 사건은 고정불변한 게 틀림없지만, 그러한 사건으로 인해 현재를 살아가고 있는 인간의 삶이 영향을 받아서 언제나 변화를 거듭하는 것도 틀림없는 사실이라면, 역사는 인간의 삶과 마찬가지로 언제나 유동적인 동시에 살아 움직이는 생물과 같다고 볼 수 있다.

그렇기 때문에 역사의 변화·가변성은 인간 삶의 근본적인 불확실성과 연결된다. 인간을 역사적 존재라고 규정하건, 아니면 그 어떤 다른 방식으로 규정하건 간에 인간 삶의 근원적인 불확실성이 해결되지는 않는다. 또한, 시간이 지나간다고 해서, 역사가 변하고 다양하게 전개된다고 해서 인간이 예전보다 더 인간적으로 되어간다고 그리고 더 발전한다고 말하지는 못한다. 엄밀하게 말하면, 역사와 인간은 발전할 수도 없고 발전하지도 않는다. 아니, 어떤 분

---

34) "인간은 역사가 경과함에 따라 항상 또 다른 형식을 주며 (…) 또 인간은 자기에게 변화하는 형식들의 끝없는 복잡성들을 준다는 것이다. 개인이 자기에게 주고 있는 자기주조는 필연적으로 늘 어떤 개인적인 얼굴을 받아들이는 것처럼, 민족과 시대의 문화적인 자기주조(自己鑄造)도 어떤 개성적인 면을 지니고 있다. 그러므로 인간의 문화성은 인간의 역사성을 내포하고 있다. (…) 인간은 문화적 존재인 것처럼 역사적 존재이다. (…) 즉, 인간은 역사를 만드는 힘이 있는 동시에 역사에 의존하며, 역사를 규정하면서 역사에 의하여 규정된다." Michael Landman 지음, 진교훈 역, 『철학적 인간학』, 서울 (경문사) 1998, 250쪽.

야에서는 발전하는 게 있기도 하다. 하지만 다른 분야에서는 퇴보가 분명하게 나타나기도 한다. 예를 들면, 헤겔의 말처럼 인간의 자유의식이 진보하고 과학이 급속도로 발전하여 많은 사람이 자유를 누리며 생활하고 평균수명이 늘어난 게 사실이다. 그러나 발전한 첨단과학을 이용하여 만들어낸 최첨단 무기는 자유와 평화를 지키기 위함이라는 명분을 앞세워서, 자유를 누리는 수많은 사람을 예전보다 훨씬 더 쉽고 빠르게 살상하는데 기여하고 있으며, 예전보다 늘어난 평균수명은 요양원이나 요양병원 등에서 오랜 세월을 그저 실낱같은 목숨을 연장하고 있는, 사람들의 허울에 불과한 것도 사실이다. 이렇게 종합적으로 보면, 역사와 인간에게 있어서 발전과 퇴보는 항상 동시에 진행되는 현상이라는 것을 알 수가 있으며, 역사와 인간의 삶은 결국 영원한 발전도 영원한 퇴보도 없는 **제로섬게임**(zero-sum game)과도 같다.

그 어떤 역사가와 역사학자 그리고 인간학자도, 아니 꼭 학자들이 아니라 일반인들도 인간의 존엄성과 삶이 중요하지 않다고 말하지는 않겠지만, 그렇다고 해서 역사가 인간의 본질을 명쾌하게 밝혀준 적은 없다. 그것은 역사가 가변적이듯이 개개인의 삶뿐만 아니라 개인의 생각도 가변적이기 때문이다. 또한, 인간을 역사적 존재라고 규정한다고 해서 인간의 본질이 역사에 의해서만 규정된다는 의미는 결코 아니다. 과거의 역사가 고정불변이라고 해서 현재와 미래의 역사가 과거의 역사를 똑같이 되풀이 하는 것도 아니며, 현재의 인간의 삶이 지난날을 바탕으로 형성되었다고 해서 미래의 삶도 지난날의 삶의 과정을 그대로 답습하지는 않는다. 바로 이러한 까닭 때문에 확고부동한 인간의 본질도 없다고 해야 하며 그 어떤 경우에도 인간의 본질은 명쾌하게 밝혀지지 않는다고 말하는 게 옳다. 다만 분명한 것은 역사도 인간의 삶도 지나간 전체를 파악할 수 있을 뿐이라는 사실이다. 그러므로 결국 역사든 인간이든 과거를 통해서만 스스로를 규정할 수 있을 뿐이지, 미래에 대해서는 언제나 불확실할 수밖에 없다.

역사의 요소로서의 인간이 역사에서는 과연 어떻게 규정되어 왔는지를 묻는 것은 역사인식의 문제이다. 이런 물음에 대해 역사는 당연히 인간을 역사의 주체라고 답할 것이다. 그렇지만 역사에서 모든 사람이 역사의 주체로서 규정된 적은 단 한 번도 없었으며, 모든 사람이 미래의 역사를 주도할 수도 없다. 이렇게 보면, 사람들은 자신이 역사의 주체가 되기 위해서는 역사를 주도하고자 하는 역사의식을 가져야 한다. 즉, **역사는 인간의 근원성**이라는 말이다.

인간을 종교적 존재라고 하건 이성적 존재라고 하건, 아니면 생물학적으로 또는 문화적으로 고찰하건 간에, 인간학의 핵심 주제는 당연히 인간이다.[35] 하지만 시계의 부속들을 한 곳에 모아둔다고 해서 시계라고 할 수 있는 게 아닌 것처럼, 인간의 특징과 속성을 모두 나열한다고 해서 인간의 본질이 밝혀지는 것도 아니다. 또는 달리 고찰해서, 인간은 **정신**, 즉 **이성**을 가졌다는 이유로 해서 자기 자신을 다른 어떤 생물보다도 우월한 지위에 위치시키고, 이 정신이 스스로를 현시(顯示)하게 되는 행동의 중심점에 인격(Person)이 있다고 하는데, 그렇다고 해서 과연 인간이 우주에서 특별한 지위를 가질 수 있을까?[36] 이에 대한 대답은 결코 긍정적으로 주어지지

---

35) Michael Landman 지음, 『철학적 인간학』, 위의 책, 참조.
36) Max Scheler, *Die Stellung des Menschen im Kosmos*, Darmstadt 1928, Bern/

않는다. 왜냐하면 모든 개인이 역사 안에서 참으로 **역사의 주체**로서 역할을 수행했는지 어떤지를 전혀 고려하지 않고, 그저 인간과 여타의 생물을 구별하는 특징만을 살펴본다고 해서 인간이 무엇인지가 해명되는 것도 아니고 인간이 우주에서 특수한 지위를 갖는 것도 아니기 때문이다.

인간 자체가 역사적인 동시에 역사의 본질임에도 불구하고 영웅으로 대접받는 몇몇 소수의 개인을 제외한 다른 모든 개인은 역사 속에서 잊혀졌다. 대부분의 개인은 역사의 흐름을 주도하는 소수의 개인에게 그저 이용당하기만 하는 도구로써 또는 수단으로써만 존재해왔다. 그렇기에 개인이 스스로 역사적 존재임을 자각하기 위해서는 자신이 역사 속에 살고 있고 역사와 함께 미래를 향해 나아가고 있다는 **미래의식**을 가져야만 한다. 이러한 의식이 바로 **역사의식**이며, 역사의식을 바탕으로 살아갈 때 개인은 역사적 현실을 만들어나가는 존재이자 근원임을 잊지 않을 것이고 **역사의 주체**로서 살아갈 수 있다.

그렇다면 미래에는 모든 개인이 진정으로 역사의 주체가 될 수 있을까? 우리가 역사를 가르치고 배우는 이유 중에 하나가 '역사로부터 교훈을 얻기 위해서'라고 하는데, 이런 관점에서 현재의 역사 진행과정을 보면 긍정적으로 답할 수 없다는 게 분명해질 것이다.

München 1962 (6. Aufl.), 참조.; 여기서 '인격'이란, 막스 셸러가 '인간'이라는 용어에 있어서 서로 융합될 수 없는 이념으로서 세 가지를 고찰하는데 첫째, 신학적 인간학의 입장에서 인간은 신의 피조물이며 둘째, 철학적 입장에서 인간은 이성적 존재이며 셋째, 진화론에 근거하는 자연과학적 인간상이 있지만, 셸러는 하나의 통일된 인간이념을 성취하는 것을 목표로 삼는다. 그래서 그에 따르면 인간은 우주에서 형이상학적 특수 지위를 갖는데, 그 근거가 바로 인격이라고 주장하는 것이다.

역사학을 비롯한 여러 학문과 구체적 현실이 외적·형식적·이론적으로는 모든 개인의 가치와 개인의 주체성을 전면에 내세우면서 강조하고 있지만－즉, 모든 인간을 위하여 역사가 진행하도록 한다고 말하지만 실제로는 전혀 그렇지가 않기 때문이다.－내적·내용적·실제적으로는 분명 몇몇 사람들을 위해서만 또는 극소수의 권력자들만을 위해 역사가 진행하고 있음을 부정할 수 없다.

인간이 제아무리 **역사적 존재**라고 할지라도 모든 개인은 자신이 특정한 역사·문화·사회적 등의 관계 속에서 살아가고 있다는 사실을 뛰어 넘을 수가 없기 때문에, 역사가 인간의 보편적 모습을 보여주는 것이 아니라 실제로는 각 개인의 특수한 모습을 보여주고 있을 뿐이라는 사실에 대해 부정할 수 없을 것이다. "인간은 자기 스스로 행하여야 할 뿐만 아니라, 자기가 행하여야 하는 것 가운데서 가장 어려운 것은 자기가 무엇이 될 것인가를 정하는 일이다. 인간이야말로 제2의 능력을 소유하고 있는 존재원인(causa sui)인 것이다."[37]

모든 개인은 세상의 중심이다. 이 세상에서 나 자신이 없어지는 것과 나를 제외한 세상 전체가 없어지는 것은 동일한 의미이다. 이런 개인이 모여서 인류가 되며, 각 개인에게 공통적인 특징만을 들어서 인간의 특징으로 규정한다. 그렇기에 보편적 학문으로서의 역사학도 개별자나 특수자가 아닌 보편자로서의 인간에게 관심을 기울인다고 주장한다. 그렇지만 그러한 학문적 관심도 자세히 들여다보면 피상적일 뿐이다. 지금까지의 역사 기록을 보면, 개별자

---

37) José Ortega y. Gasset, *Geschichte als System*, übers. v. F. Schalk, Stuttgart 1943, S. 51. (O. F. Bollnow 지음, 『삶의 哲學』, 위의 책, 71쪽 재인용.)

로서의 개인도 보편자로서의 인간도 역사적 존재라고 칭하기는 하지만, 그런 명칭은 말 그대로 **명목상의 기록**에 불과할 뿐이다.

이렇게 보면 결국 역사는 대다수 개인의 삶을 위해 기여하는 것이 아니며, 설령 개인이라고 하더라도 영웅으로 간주되는 소수의 개인을 위한 기록이 대부분을 차지하고 있다. 그렇기 때문에 역사가 개인을 위해 존재해온 것이 아니라, 오히려 대다수의 개인이 역사를 위해서 봉사한다는 결론이 도출된다. 물론 역사가 개인의 삶을 위하여 어떤 이념을 제공할 수는 있지만, 그렇더라도 그런 이념을 수용하거나 거부하는 것은 오직 개인의 몫이다. 이념의 실행은 실천의 문제이다. 그렇기에 개인 또는 개별 국가나 민족은 인간과 세계 또는 세계사라는 보편 개념의 추상성에 매몰되지 말고 구체적이고 살아 움직이는 현실 역사에 관심을 기울여야 한다.

> "역사고찰이 방향을 전환하는 곳은, '역사의 운동과 삶이 곧 생성과 성장인 바의 윤리적 이념이 이 사건에서는, 이 민족에게서는, 그리고 이 시대에서는 어떤 실현단계에 있는가' (…) 역사는 윤리적 힘(Kraft)의 상승으로서 이해된다. ; 그러면 이것은 무엇인가? 그리고 이러한 힘과 이념 일반은 규정되고 인식될 수 있는가?"[38]

---

38) Droysen, Historik. *Vorlesungen über Enzyklopädie und Methodologie der Geschichte*, hrsg. v. R. Hübner, 3. Aufl. Darmstadt 1958, S. 184. (한스 인아이헨 지음, 『철학적 해석학』, 위의 책, 151쪽에서 재인용.)

3. 역사와 실천철학
– 역사의 이념을 실천할 토대로서 실천철학

"지금까지 철학자들은 세계를 단순히 '해석'만 했을 뿐이다. 이제 문제는 세계를 '변혁'하는 것이다." (Die Philosophen haben die Welt nur verschieden 'interpretiert'; es kommt aber darauf an, sie zu 'verändern'.)[39]

이 말은 마르크스가 인류 역사에서 지배 계급과 피지배 계급이 대립해 온 사회·경제구조의 변혁을 갈망하면서 철학자들을 향해서 외쳤던 한 마디이지만, 철학자들뿐만 아니라 역사의 실천적인 측면에 관심을 가지고 있는 모든 사람에게도 유효한 선언이다. 필자는 이것을 칸트의 말과 관련지어 좀 더 구체적으로 살펴보려한다.

칸트는 "나는 무엇을 알 수 있는가? (Was kann ich wissen?) ; 나는 무엇을 행해야 하는가? (Was soll ich tun?) ; 나는 무엇을 희망해도 좋은가? (Was darf ich hoffen?)"[40]라는 세 가지 물음이 인간의 삶에서 근본적인 관심이라고 하였다. 이 물음들은 칸트 자신의 철학적 명제이기도 한데, 첫 번째 물음은 객체에 대한 인식의 문제이고, 두 번째 물음은 주체 자신의 도덕적 행위의 정당성을 다루는 것이며, 마지막 물음은 주체인 인간의 삶을 인도하는 형이상학적 이념을 논하는 물음이다. 다시 말해서, 칸트의 철학적 명제는 일상적인 인간의 주된 관심분야인 **앎**을 이론적 측면에서, **도덕적 행위**는 실천적

---

39) 마르크스의 포이어바흐에 관한 테제 11번: K. Marx, *Thesen über Feuerbach, 1845. (Marx-Engels- Gesamtausgabe Abteilung IV*. Bd. 3, Akademie Verlag, Berlin 1998, S. 19‒21)

40) I. Kant, *Kritik der reinen Vernunft*, B 833., Hamburg 1956.

측면에서 그리고 초월적 측면에서 **신앙**의 문제를 논하고 있다. 칸트는 우리가 이 물음들에 대답할 수 있다면 결국 "인간이란 무엇인가? (Was ist der Mensch?)"라는 문제가 밝혀질 것이라고 하였다. 즉, 인간이란 무엇인가를 밝히기 위해서는 인간에게 있어서의 이론적이고 초월적 측면뿐만 아니라, 인간의 실천적 측면도 반드시 밝혀야만 한다는 말이다. 여기서 실천적 측면은 역사와도 필연적으로 연결된다.

인간이 어제보다 오늘을, 오늘보다는 내일이 더 발전한 가운데 살아가기 위해서는 어제의 삶을 되돌아보면서 교훈을 얻고 지난날의 영광에 매몰되지 않으면서 잘못된 점을 개선하려는 노력을 해야 한다. 그래야만 내일은 오늘보다 발전하는 미래가 될 수 있다. 인간의 삶은 이와 같은 긍정적인 가능성을 내포해야만 발전이라고할 수 있는데, 바로 이것이 발전하는 역사의 의미이다. 과거의 사건이 기록과 기억으로서만 남아 있다면, 그래서 현재와 미래와는 아무런 관련이 없는 사실로 머물고 만다면, 그러한 것은 잊어도 된다.

하지만 잘한 일이건 잘못한 일이건 간에, 인간이 행한 과거의 사건은 실천적 행위였으며, 현재와 미래 역시 시·공간적으로 인간의 적극적 행위를 요구하는 실천의 장(場)임에 틀림없다. 인간은 누구나 오늘보다 더 나은 내일을 꿈꾸면서 살아가지만, 그 꿈을 실현하려면 사유만으로는 절대로 불가능하다. 꿈이 아무리 장대할지라도 현실화되지 않으면 한낱 망상으로 그치고 만다. 꿈과 계획을 실현하기 위해서는 반드시 실천이 뒤따라야 한다. 그 까닭은 현재와 미래는 특정한 사람에게만이 아니라 모두에게 열려있는 시·공간이며, **실천은 역사를 바꿀 수 있는 근원적인 힘**이기 때문이다.

"실천(praxis)이란 인간이 행동을 통하여 환경을 의식적으로 변화시키는 것을 말한다. 이것은 물질적 생산활동이 그 기본적인 형태이며, 그 생산은 일정한 역사적인 사회관계, 즉 생산관계를 통해서 행해지기 때문에 모든 실천은 사회에 있어서 역사적인 사회적 조건 하에서 실행되는 사회적 실천이라 할 수 있겠다."[41]

---

41) R. 번스타인 지음, 김대웅 옮김, 『실천론 : 헤겔과 마르크스의 실천개념』, 서울 (한마당) 1985, 134쪽 (옮긴이의 말).; "이러한 실천의 개념은 고대 노예제 사회인 그리스 시대에 들어와, 특히 아리스토텔레스에 의해 근본적 관념으로서 정립되었다. 그는 인간의 행위를 이분(二分)하여 주인의 생활에 봉사하는 노예의 저급한 물건 제작행위를 가리키는 포이에시스(poiesis)와 폴리스(polis) 내의 귀족 및 자유인이 누리는 윤리적·정치적 삶의 특정 행위를 다루는 학문이나 예술을 의미하는 프락시스(praxis)로 구별하였다. 또 이러한 맥락에서 테오리아(theoria)와 프락시스(praxis)를 대비시킴으로써, 전자는 지식 그 자체와 관계되는 학문이나 행위를 뜻하게 되었고, 후자는 대체로 관조(contemplation)라는 의미와 거의 같이 쓰임으로써 실천으로부터 유리되어 진리를 바라보는 고상한 의미로 받아들여졌던 것이다. (…) 이렇듯 아리스토텔레스를 정점으로 하는 이원적 사회 구조의 철학적 이원론은 중세 봉건사회의 노동관의 대표자인 토마스 아퀴나스를 거쳐 부르주와 사회에 들어와서는 아담 스미스에 의해 포이에시스와 프락시스의 가치관이 최종적으로 전도되면서 고전경제학적 실천(노동)개념이 성립되었다. 이것은 다시 독일 관념론의 완성자인 헤겔에 의해 그 사변적 핵심이 수용되어 인간해방의 계기로서 포착되기에 이른다.

헤겔은 프락시스를 노예적 노동의 개념적 연속성 속에서 파악함으로써 프락시스와 포이에시스의 구별을 해소하는 통일적 노동개념을 정립하였다. 따라서 헤겔의 노동개념은 포이에시스와 프락시스의 원리적 통일성을 전제로 노예의 포이에시스에서 출발하는 노동이 주인의 프락시스로 현상하는 현상학적 과정으로 전개되고 있다. (…) 이처럼 노동개념의 해방성에 대한 헤겔의 관념론적 파악을 부정한 마르크스는 자본주의 사회에 있어서 노동을 예속과 빈곤의 필연화로 간주하면서, 새로운 주체·객체 관계를 정립시키려고 했다. 자본주의적 생산양식에 있어서는 자본과 임노동의 모순에 의해 소외된 노동(entfremdete Arbeit)의 형태가 등장하기 때문에 대상세계는 노동주체로부터 동떨어져 있는 것으로 나타나고 자신의 욕구와 무관한 (적대적인) 상품세계로 변형되는 것이다. (…) 이처럼 일상적 실천인 노동을 통한 궁극적인 인간의 해방이 왜곡되었기 때문에 거꾸로 선 세계를 자기 회복시키지 않으면 안 되는 절대적 명제가 등장하게 된다. 주체와 객체의 분열(지배-예속관계)을 지양한 동일성으로서의 지향이 주체의 실천을 통해서 인간과 사회,

이를 위해 실천철학은 인간으로 하여금 미래를 어떻게 대비해야 하는지 방향을 제시하거나, 앞으로 한 페이지를 장식할 역사의 주체로서 어떤 역할을 해야 하는지에 대해 다른 학문들보다 더 깊이 있게 알려준다.

인간이 생각만 할뿐 그 생각을 실천하지 않는다면, 그 생각은 삶에 있어서도 아무런 의미를 주지 못하고 스스로를 몽상가로 만들어줄 뿐이다. 역사에 관심을 갖거나 역사를 연구하는 사람들의 자세도 이와 별반 다르지 않다. 만일 역사를 단순히 과거 사건에 대한 기록으로만 간직할 뿐이고 현재와 미래를 위한 어떤 긍정적인 실천의 힘을 역사로부터 교훈으로 배우지 않는다면, 그런 역사의 기록이 무슨 의미가 있을까? 역사에서 진정한 교훈을 얻었다면 그건 실천으로 나타나야 한다. 과거 소크라테스(Sokrates)와 공자(孔子)가 지행합일(知行合一)을 강조한 게 막연한 가르침이 아니라는 말이다. 인간의 삶에서 무언가를 제대로 배우고 알게 되었다면, 그런 앎과 배움의 결과는 반드시 **실천으로 나타나야**만 비로소 완성된다.

역사의 진정한 주체로 살아가려면 역사에 대한 지식이나 이론만으로는 부족하다. 일상인이라면 몸은 비록 현재에 살고 있지만 사유는 미래를 향하고 있을 게 분명하다. 자신의 미래를, 더 나아가서 미래의 역사에서 주체로 살아가고자 하는 사람이라면 분명한 실천적 의식으로 무장하여 세상의 변혁을 주도하려는 마음을 품을 것

인간과 자연의 통일을 이루어나가야 할 것이다. (…) 결국 이 실천적 주체가 자신의 인간적 욕구를 실현시킬 수 있는 주객 통일의 사회관계를 창출함으로써 인간의 보편적 해방을 가능하게 해줄 것이다. 역사의 의미는 현재이고 현재의 의미는 변혁이다." R. 번스타인 지음, 『실천론 : 헤겔과 마르크스의 실천개념』, 위의 책, 134-139쪽 (옮긴이의 말).

이다. 또한 인간은 더 이상 역사를, 즉 과거를 해석만 할 것이 아니라 세상을 변혁하여야 하는데, 그러기 위해서는 먼저 자신의 의식과 몸을 변혁해야 할 것이다. 이것이 위에서 강조한 마르크스 말의 의미이다. 소수의 영웅이 아니라 다수의 개인이 변혁의 진정한 주체로서 등장할 때 세상의 진정한 변혁도 가능할 것이며, 변혁한 세상에서 인류는 과거와는 다른 역사를 만들어 갈 수 있는 것이다. 따라서 필자가 지금까지 탐구한 역사인식의 문제는 역사의식에서, 그 중에서도 **실천철학**에서 총괄되어야 한다.

실천은 개인이 주체적으로 행하는 것을 말한다. 따라서 실천은 개인이 선택하는 것이다. 개인으로서 주체는 무엇인가를 자신의 의지대로 선택하고 행위한다. 인간의 진정한 본질은 자신의 생각을 실천에 옮길 줄 안다는 데에 있다. 다른 동물은 본능에 따라서 움직인다. 인간도 마치 본능처럼 생각함과 동시에 행위를 하기도 하지만, 먼저 생각하고 행동은 나중에 옮기기도 한다. 인간이 행동을 취하기 전에 생각을 먼저 하는 이유는 그에 따른 행동이 도덕적으로 옳은지 그른지를 판단하기 위해서이다. **자유**라는 개념도 이러한 이유와 긴밀히 결부되어 있다.

"Sartre의 말처럼, 인간은 다른 것과의 관계에 의하여 자기를 자각하고 자기 자신과 마주하고 있는 대자존재로서, 자신에 관한 선택 속에서 자신을 찾거나 잃는 '가능존재'이다. 그러므로 인간은 사전에 본질이 결정되지 않은 자유로운 존재로서 어떤 상황에 처해서도 그 한계 내에서 자유롭게 행동을 선택할 수 있고, 숙고한 행동은 물론 책임을 져야 한다. 또 어떤 행동의 선택은 당연히 이후의 행동에 어떤 형태로든 영향을 끼치게 되기 때문에, 자유 속에 던져진 인간은 항상 선택을 하고 자기를 새롭게 구속하지 않으면 안 된다. 그렇다면 그런 책임에 부합되는 올바른 선택은 무엇일까. 그것은 자신이 사는 세계 전체의 움직임과 상황으로 인해 좁혀진 선택의 가능성을 확장해서 자기를 차츰차츰 해방시키는 것이다. (…) 우리가 선택하는 행동이 항상 상황에 구속되는 동시에 상황에 영향을 끼친다고 하는 도식은 영원할 것이다. 그러므로 인간이 역사적 조건 속에서 '실천'을 통해 자신의 자유를 확장시켜 나가는 것은 바로 그 스스로의 실존을 위해서이다. 그리하여 언제나 '실존'하고자 하는 인간의 실천성이 곧 역사의 역동성이 되는 것이다."[42]

그러나 인간은 살아가는 동안 여러 가지 방해요소와 제약 때문에 실천의 방향을 수정하기도 할 것이며, 그런 과정을 거치면서 실천의 결과는 과거보다 퇴보할 수도 있고 발전할 수도 있다. 즉, 인간은 실천을 통해 자신의 생각과 의지대로 목표를 실현하거나 무엇인가를 만들어낸다. 그런데 실천이라고 하면 사람들은 일반적으로는 가시적으로 볼 수 있는 외부적이고 적극적인 행위를 떠올리기 쉬울 것이다. 인간의 육체적인 행위는, 본능적인 반사행위 등을 제외하면, 실제로는 정신적인 사유의 결과 가시적으로 나타나는데도 불구하고, 가시적 행위를 유발하는 직접적인 동기이자 행위의 근거인 사유 활동을 제외해버리는 경향이 있다. 그렇기 때문에 인간 사회에서도 실천가라고 하면 보통은 육체적이고 외적인 행동을

---

42) 이 인용문은 필자의 메모에 의한 것인데, 메모만 있을 뿐 출처가 명기되지 않아서, 여기서 출처를 밝힐 수 없음을 매우 안타깝게 생각한다.

취하는 사람이라고 오해하기가 쉽다. 물론 틀린 말은 아니다.

하지만 마르크스를 예로 들어보면, 그는 1883년에 사망하였지만 그 후 100년이 넘는 세월동안 지구상 절반이 넘는 인류와 지역이 그의 사상을 추종하였다. 말하자면 마르크스는 비록 죽었지만, 그가 죽고 난 다음에 오히려 훨씬 더 큰 영향력을 발휘하여 인류의 절반 이상으로 하여금 100년이 넘도록 그의 사상과 이론에 따라서 행동하게 만들었던 것이다. 그렇다면 마르크스는 이론가일까 실천가일까? 정확하게 답하자면, 그는 실천가가 아니라 이론가였다. 그런데 그의 이론과 사상은 사람들로 하여금 적극적으로 실천하게 만들었다. 따라서 그는 실천가였기도 하였으며, 지금 현재에도 여전히 그는 이론가이자 동시에 실천가로서 막대한 영향력을 행사하고 있는 중이다.

이렇게 생각을 실천에 옮길 때, 우리 인간은 진정으로 역사의 주체가 되기 위해서는 무엇이 올바르고 정당한가를 판단해야 한다. 인간의 삶은 자신이 선택하고 결정해야 하며 또한 필연적으로 그럴 수밖에 없다. 그 누구도 자신의 삶을 대신해주지는 못한다. 타인이 자신의 삶에 도움은 줄 수 있지만, 삶의 종국에 있는 죽음은 결국 자신의 몫일 수밖에 없다는 말이다. 그렇기 때문에 삶의 과정에서 실천도 자신이 주체적으로 행해야 한다. **주체적 실천**은 자신을 다른 존재와 구별해주는 특징이기도 하다. 이것을 인류 전체로 확대해보면, 철학과 역사·정치를 통일하고 사유와 행동을 통일하는 인간의 적극적이고 창조적인 과정이 **실천**이라고 할 수 있다.

"마르크스는 인간이 실천을 관리하고 있기 때문에 인간은 역사적 존재라고 하였다. 그러나 실천은 역사를 창출하고 오늘날에까지 유지시켜 온 원동력일 뿐 아니라, '…' 역사를 새로운 단계로 나아가게 하는 힘이기도 하다. 실천은 필연과 강제의 현실인 '지금까지의' 역사적 현실로부터 자유의 현실, 즉 새로운 역사적 현실로, 실천의 주체인 인간과, 인간의 실천이 몰두해 있는 인간성을 이끌어 가는 추진력이다. 실천은 이 과정을 조절하고 변경시키며, 이렇게 하는 속에서 이 과정을 완수한다. (…) 지금까지의 실천적 인간은 자유로운 인간이 아니었다. 인간이 자유롭다는 점을 역사가 보여주지 못한다면, 그것은 실천이 역사 속에 제대로 표현되지 못하고 있다는 증거이다. 실천은 항상 그것에 부합되는 형태 속에 존재하는 것은 아니다. 마르크스에 따르면 과정의 극복은 인간을 과정 밖으로 끌고 가는 것이 아니라 새로운 단계, 새로운 과정의 시작으로 인도한다."[43]

인간은 일상생활 속에서 반복적인 실천을 통해, 다시 말해서 자신이 속한 특정한 역사적·사회적 조건 속에서 어떻게 행하는가에 따라서 주체 또는 객체가 될 수 있다. 앞서 여러 번 강조했듯이, 실천은 개인의 사유를 행위를 통해서 표출하는 과정이다. 하지만 실천을 위한 변수는 무척 많다. 사회제도, 시대와 역사이념, 사회와 개인의 도덕적 관념 등 수많은 요소가 인간의 실천적 행위를 특정 방향으로 이끌기도 하지만, 다른 한편으로는 실천을 방해하는 요소로서도 작용한다.

---

43) N. 로텐스트라이히 지음, 정승현 옮김, 『청년마르크스의 철학』, 서울 (미래사) 1986, 47쪽.; 그래서 마르크스는 『공산당선언』에서 "만국의 프롤레타리아여 단결하라!"(Proletarier aller Länder vereinigt Euch!)고 외친 것이다. K. Marx － F. Engels, *Manifest der Kommunistischen Partei*, 위의 책, S. 60.

예를 들면, 소크라테스(Sokrates, BC 470-399)의 지행합일(知行合一) 사상을 들 수 있다. 소크라테스는 인간은 알아야만 제대로 행할 수 있는데, 인간이 악행을 하는 이유는 무지(無知)에서 온다고 하였다. 이때의 무지란 선(善)이 무엇인지를 모르는 것을 말한다. 즉, 그는 인간은 선이 무엇인지를 알면 반드시 선을 행할 것인데, 다시 말해서 선에 대한 앎은 인간의 행위를 선행으로 인도한다는 것이 소크라테스의 주장인데, 이것이 바로 지행합일이다. 소크라테스는 인간이 이렇게 선과 악에 대해서 스스로 무지하다는 사실조차 모르고 있다는 것이 더 큰 문제라고 가르쳤다. 그렇기 때문에 그는 당시의 사람들로 하여금 이러한 근본적인 무지를 깨달을 수 있도록 '너 자신을 알라!'라는 경구를 이용하였다. 이처럼 소크라테스는 아테네의 청년들에게 인간의 근본적인 무지가 무엇인지를 가르쳤을 뿐인데도, 당시의 아테네 관리들은 그를 청년들을 선동하는 위험인물이라고 하여 사형선고를 내리고 독배를 마시게 하였다.[44]

---

44) 「소크라테스의 변론」에 있는 소크라테스의 다음과 같은 말을 직접 들어보면 그가 어찌하여 아테네의 청년들을 선동하고 다닌다는 판결을 받게 되었는지 알 수가 있다.: "이런 탐구로 인해, 아테네인들이여, 제게는 가혹하고도 슬프게도 많은 적대자들이 생겨났으며, 결과적으로 많은 편견이 야기되고 또한 제가 지혜로운 사람이라 불리게 되었습니다. 왜냐하면 각각의 경우에 참석했던 사람은 제가 다른 사람을 논박하는 일에 있어서 지혜롭다고 생각했기 때문입니다. 그러나 여러분, 사실상 실제로는 신이 지혜롭고 그의 신탁을 통해 '인간의 지혜는 약간의 가치가 있거나 또는 아무런 가치가 없다'는 말을 하려 했을 겁니다. 그리고 실제로는 그가 소크라테스에 대해 그 말을 했던 것이 아니라 단지 저를 하나의 사례로 삼아 제 이름을 이용했던 것처럼 보입니다. '인간들이여, 당신들 가운데 이 한 사람, 즉 소크라테스처럼 자신의 지혜가 사실 무가치하다는 것을 인지하는 이 한 사람이 가장 지혜롭다'고 말하는 것처럼 말입니다.
따라서 신이 명령하는 것처럼, 저는 지금도 이 탐구를 지속하고 있으며, 내국인이든 외국인이든 제가 지혜롭다고 생각하는 누구든지 찾으려 돌아다니고 있습니다. 그리고 그가 그렇지 않아 보이면, 저는 신을 도와 그가 지혜롭지 않다는 것을 보여

하지만 (적어도 「소크라테스의 변론」에 근거해서 보면) 소크라테스는 청년들로 하여금 참다운 지혜로운 사람이 되게 하기 위해 그들과 끊임없이 대화를 나누고, 그들이 무지한 바가 있다면 그들 스스로 자신의 무지를 깨달아서 참다운 지식인으로 살아가기를 바랐던 것뿐이다. 그런데도 불구하고 아테네 당국이 끝내 그를 사형시킨 것은 그를 이론가로서가 적극적인 실천가로 간주했다는 사실에 대한 반증(反證)이다. 소크라테스의 예를 통해 알 수 있듯이, 모든 이론은 명칭 그대로 이론으로써만 그치지 않으며, 이론에서부터 촉발되는 실천은 동시에 과정과 결과에서 도덕적으로 선·악의 문제와 결부되는 경우가 대부분이며, 동시에 반드시 그래야만 한다. 왜냐하면 선악의 문제와 결부되지 않는다면 사람들은 실천의 중요성을 인식하지 못할 것이기 때문이다. 다시 말해서, 어떤 사건이 후대에 선악의 문제와 결부된 교훈을 주지 못한다면 그것은 역사적 사건으로 인정되기도 어려울 것이기 때문이다. 이처럼 도덕은 인간이 살아가는데 있어서 가장 중요한 사회적 규범이다.

과거에 발생한 어떤 사건이 당시에는 엄청난 격변을 야기한 대

줍니다. 또한 이런 일로 인해 저는 언급할만한 가치가 있는 어떤 나랏일이나 제 자신의 일에도 참여할 여가가 없기도 하지만, [무엇보다도] 신에게 봉사하느라 아주 가난한 상태입니다.

더구나 자발적으로 저를 따르는 여가가 많은 젊은 사람들, 부자들의 자식들은 사람들이 반박되는 것을 들으며 즐거워하고, 종종 그들 자신이 저를 모방하며, 그런 뒤에 그들은 다른 사람들을 반박하기도 합니다. 그런 뒤에 그들은 자신들이 무언가를 안다고 생각하지만 거의 또는 전혀 알지 못하는 많은 수의 사람들을 발견하는 것 같습니다. 따라서 결과적으로, 그들에 의해 반박되는 사람들은 그들에게 화를 내는 대신에 제게 화를 내면서, '소크라테스가 가장 끔찍한 인간이며, 젊은 사람들을 타락시키고 있다'고 말하는 것입니다." 플라톤 지음, 유원기 역해, 『소크라테스의 변론, 크리톤, 향연』, 대구 (계명대학교 출판부) 2018, 25-26쪽.

사건이었을지라도, 그것에 대한 기록은 그 자체만으로 이런 이론도 아니며, 더욱이 후대에 어떤 강력한 실천을 선동할 목적으로 남긴 기록도 아닐 것이다. 만일 어떤 사건에 대해 기록을 하는 사람이, 누군가 특정한 실천행위를 해주기를 바라는 마음을 담아서 그 사건을 서술한다면, 그것은 역사서가 될 수 없다. 그렇지만 역사를 기록하는 사람이 그 어떤 의도도 담지 않을지라도, 후세들은 기록을 분석하고 제대로 이해하려는 과정에서 자신도 모르는 사이에 기록의 영향을 받는 게 일반적이다. 그러한 영향이 크면 클수록 지식에 머물지 않고 실천행위를 하게 되는 것 또한 인간의 삶에서 나타나는 일반적 현상이다.

그렇기 때문에 실천은 선·악의 문제와 연결되지 않을 수 없다. 이 말은 인간의 행위가 가치문제와 직결된다는 뜻인데, 실천이 역사적 사건과 연결된다는 말은 그 사건에 내재한 도덕적 가치문제와 직결된다는 의미이다. 바로 이러한 이유로 인해 역사가는, 비록 의도하지는 않더라도, 자신이 기록하는 모든 것이 실천을 유발할 수 있다는 전제를 바탕으로 모든 사건을 도덕의 상대적 기준이 아닌 절대적 기준에 따라서 바라보아야 한다. 그러나 현실 역사 또는 역사의 과정을 살펴보면, 우리는 매우 많은 경우에 있어서 역사학 또는 역사가들이 상대적 가치로써 선과 악을 절대화시키는 오류를 범하고 있음을 알 수 있다. 선과 악의 개념이 비록 도덕적·윤리적으로는 절대적 의미로 고찰되고 있기는 하지만, 그것이 현실 역사에 적용될 때에는 상대적 의미만을 가지고 있다는 것을 역사적 사건과 그에 관한 기록들이 분명하게 증명해 주고 있다.

20세기에 서로가 적으로서 전쟁을 치른 기독교 문화권의 미국과 이슬람 문화권의 아랍을 대표적인 예로 들 수 있다. 미국과 아랍은 그러한 전쟁에 대해 각각 '테러와의 전쟁'과 '성전'(聖戰)이라고 칭했다. 각 진영은 자신들의 입장에서 전쟁 명칭을 정하고 그런 관점에서 전쟁을 치르면서 역사에도 기록했다는 말이다. 특히 20세기 이후 21세기인 지금까지도 미국은 지구상에서 실질적인 초강대국인데, 그런 헤게모니를 이용해서 미국은 '지구상의 모든 전쟁을 종식시키기 위해서 전쟁을 치른다.'는 명분으로 종종 새로운 전쟁을 일으키기도 한다. 이런 미국의 행태에 대해 하워드 진(Howard Zinn, 1922-2010)은 다음과 같이 비판했다.

> "전쟁이 끝난 뒤 의구심은 커져갔다. 나는 역사책을 읽었다. 미국이 제2차 세계대전에서 여러 민족의 독립과 자결권을 위해 싸운 것일까? 그렇다면 전쟁과 정복을 통해 팽창해온 미국 자신의 역사는 도대체 무엇일까? 미국은 아메리카 원주민과 백 년에 걸친 전쟁을 벌여 조상 대대로 살아온 땅에서 그들을 몰아냈다. 미국은 멕시코와의 전쟁을 부추겨 거의 절반에 가까운 멕시코 땅을 빼앗았고, 지배력과 이윤을 위해 카리브해 국가들에 최소한 20차례 해병대를 파병했다. 하와이를 강탈했고 필리핀인들을 정복하기 위해 야만적인 전쟁을 벌였으며, 1926년에는 니카라과에 5천 병력의 해병대를 파견했다. 우리나라는, 경우에 따라 선택적인 것이 아닌 한, 민족자결권을 신봉한다고 주장할 수 없었다."[45]

또 다른 예로서 제2차 세계대전 이후 일본의 경우를 들어보면 다

---

45) 하워드 진 지음, 『전쟁에 반대한다』, 위의 책, 242쪽.

음과 같다.

"일본에서는 태평양전쟁이라는 명칭이 공식적으로 사용되어 왔다. 이 명칭은 처음에 미국이 사용한 것으로, 주된 전장이 태평양 지역이었기 때문에 붙여진 명칭이다. 이에 대해 일본 정부는 대동아전쟁이라는 명칭을 썼는데, 패전 후 전쟁의 성격에 대한 미국측의 규정을 받아들일 수밖에 없게 되어, 태평양전쟁을 공식명칭으로 사용하게 되었다. (…) 일본 정부는 대동아전쟁이란 전쟁 지역을 대동아에 한정한다는 뜻이 아니라 대동아의 신질서 건설을 목적으로 하는 전쟁을 뜻한다 하고, 여기에 서구 제국주의에 대한 아시아 식민지의 독립전쟁이라는 의미를 부여하였다. 즉, 태평양전쟁이 '추축국=전체주의 대 연합국=민주주의'의 대결 구도로 파악하는 데 대해, 대동아전쟁은 '서구제국주의 대 아시아식민지'의 대결 구도로 파악되는 것이다."[46]

위와 같은 예가 아니더라도 전쟁은 그 어떤 경우에도 지구상에서 영원히 사라져야 할 악(惡) 그 자체이다. 인간 또는 인간 집단이 행하는 실천 행위 가운데 최고의 악행은 바로 전쟁이다. 자유와 평화를 수호하기 위한 전쟁이라는 것도 옳은 명분이 될 수 없다. 이 말은 자유와 평화를 잃어버리는 한이 있더라도 방어적 전쟁마저 거부해야 된다는 뜻이 아니다. 오히려 세계 각국이나 각 민족 그리고 세계적 종교의 지도자들이 역사를 통해서 '모든 전쟁은 최고의 악행이다.'라는 점을 교훈으로 배우고 가르쳐야 한다는 의미이다.

---

46) 한영혜 지음, 『일본사회개설』, 서울 (한울아카데미) 2001, 127-129쪽.

그런데도 그러한 지도자들이 전쟁을 수행하려한다면, 구성원인 국민과 민족, 신도들은 그 지도자를 지구상에서 영원히 추방할 줄 알아야만 한다는 뜻이다.[47]

지금까지 살펴본 것처럼 전쟁은 그 자체가 무조건적인 악이기 때문에, 전쟁의 도덕적 측면에 대해서는 전혀 논의할 필요조차 없지만, 그러한 전쟁을 기록한 내용까지도 실제로는 엄청나게 왜곡되고 있다는 사실을 필자가 주장하는 것이다. 그렇다면 우리는 역사 기록을 살펴볼 때 기록자에 대해서도 알아야 할 것이고, 동일한 사건에 대해 전혀 다른 관점에 기록한 것들도 최대한 살펴보아야만 한다. 뿐만 아니라 미래에는 비슷한 악행이 되풀이 되지 않도록 하기 위해 선과 악이라는 도덕적 기준을 적용하여 역사를 바라보고 평가할 줄도 알아야 한다.

역사를 도덕적 관점에 따라서 살펴보면, 어떤 역사 기록이 제 아무리 보편적 세계사를 전면에 내세울지라도 결국은 **민족사**에 불과하다는 사실도 사람들은 어렵지 않게 발견하게 될 것이다. 이 또한 도덕적 관점에서 자기 민족이나 국가에게 이익이 되고 유리한 방향으로 역사를 기록하기 때문에 벌어지는 현상이다. 바로 그렇기 때문에 현실에서는 전쟁과 평화가 언제나 동전의 양면처럼 공존하고 있는 것이다. 노암 촘스키(Noam Chomsky)는 『불량국가』에서 다음

---

47) 다시 하워드 진의 비판을 들어보자. "우드로 윌슨 대통령은 성전(聖戰)이라는 용어를 사용해 국민들을 진작시키려 노력을 다 했다. 그의 말을 빌리자면 그것은 '모든 전쟁을 종식시키기 위한' 전쟁이었지만, 대다수 미국인은 전쟁에 가담하고 싶은 마음이 없었다. 백만 명의 병력이 필요했지만, 선전포고 뒤 첫 6주 동안 자원입대한 수는 7만 3천 명에 불과했다. 전장에서 싸우도록 강요하려면 투옥이라는 무기가 필요해 보였고, 의회는 징병법을 제정했다." 하워드 진 지음, 『전쟁에 반대한다』, 위의 책, 229쪽.

과 같이 말하고 있다.

"정치적 담론의 많은 다른 용어들과 마찬가지로 '불량국가(rogue state)'란 용어도 두 가지 의미로 사용된다. 하나는 선별된 적국들에 대해 적용하는 프로파간다로서의 용법이고, 다른 하나는 스스로를 국제질서에 구속되지 않는 것으로 간주하는 국가들에 적용되는 문자 그대로의 용법이다. 논리적으로 보자면 내부 규제가 없는 강대국들이 두 번째 범주에 속한다. 우리는 이러한 사실을 역사적으로 쉽게 확인할 수 있다. (…) 또 다른 대학살자인 사담 후세인 역시 최악의 잔학 행위를 자행하는 동안 미국의 지원을 받았으나 미국의 명령에 불복하다가 (또는 미국의 생각을 오판함으로써) 일거에 지위가 변경된 경우이다. (…) 문제가 된 것은 그들이 저지른 범죄 자체가 아니라 그들이 미국에 복종하지 않았다는 사실이다. (…) 국제기구가 미국의 이익에 봉사하지 못할 때 그러한 국제기구가 존재하도록 내버려둘 이유가 없다는 것이 미국의 일반화된 원칙이었던 셈이다. (…) 명령이 곧 법이라는 점을 확실히 하기 위해 폭압적인 초강대국은 '신뢰성'을 유지해야 한다. 여기서 말하는 '신뢰성'이란 물론 강대국의 힘을 존중하지 않으면 무거운 처벌을 받게 된다는 것이다. 이러한 생각은 국가 폭력을 정당화하는 데 상투적으로 사용된다. (…) 기술적인 선동적 용어로 '불량국가들'이라 불리는 이들 잠재적 불복종 국가들은 〈반항적이고, 나태하고, 사악하며, 무질서한〉 국가들이다. 이 국가들은 자칭 '문명화된 선진국가'들이 폭력을 사용하려는 권리를 인정하지 않는다. 뿐만 아니라 이들 소위 〈불량국가들은 문명화된 선진국가가 제한적인 구식 규칙을 무시하고 그때그때에 따라 만들어 내는 현대적 정의(正義) 개념에 의해 폭력을 사용〉하는 것을 거부한다. (…) 미국은 적절하다고 생각되면 언제나 폭력을 사용할 권리가 주어진 '문명화된 국가들'의 지도자로 찬사를 받고 있다. (…) 내부적으로 자유로운 불량국가들 – 이 점에서 미국은 최전선에 서 있다 – 은 자신들의 행위에 대해 찬사를 보내면서 끔찍한 범죄를 용서하거나 거부하는 식견 있는 국민들의 선의에 의지한다. 이에 관한 기록은 풍부하고 이미 광범위하게 검토되었다. 그 결과를 보면 미국은 자신이 내세우는 것만큼 자부심을 느낄 만한 입장이 아니다."[48]

위의 인용문이 다소 장문이기는 하지만, 역사에서 어떤 이념이 제시하는 추상적 측면에 머물기를 거부하고 현실을 구체적으로 변혁하는 실천에 관심을 두는 사람들에게는 시사점이 매우 많고 또한 크기도 하다. 어떤 역사이념이든지 간에, 심지어 사후 세계에 중점을 두는 종교의 이념조차도 현실의 구체적 상황에 작용하여 영향을 끼치는 것을 목표로 한다. 실제로 역사에서 거대한 변혁을 야기한 이념들도 있으며, 현재도 여전히 엄청난 영향력을 발휘하고 있는 이념들도 있다. 그러한 이념들이 현실화되었을 때, 그 이념의 영향을 받아서 행하는 실천행위가 선행으로 나타나지 않고 악행으로 발현되는 것도 당연히 문제이지만, 이념이 특정 국가나 민족에게만 국한되어 다른 국가나 민족을 억압하는 수단처럼 이용된다면, 그것은 **범죄**이다.

---

48) 노암 촘스키 지음, 『불량국가』, 위의 책, 7-23쪽; 그리고 위의 인용문의 괄호 속에 있는 글은 Michael Glennon, "*The New Interventionism*", Foreign Affairs (1999년 5-6월 호)임.

여기에 실천철학의 필요성이 제기된다. 실천은, 적어도 실천을 철학적으로 수용하는 한, 언제나 당대의 정치·사회·종교 사상 및 시대현실에 대해 잘못된 점을 비판하고 대안이나 해결책을 제시해야 하고, 그 속의 긍정적 요소들에 대해서도 더 나은 발전을 위해 재해석해야함은 물론, 동시에 이것을 비판적으로 수용해야 할 것이다. 만일 그렇지 않다면 그것은 현실과는 아무런 관련이 없는 이론으로만 머물고 말 것이기에, 실천이라고 불릴 수도 없다. 그렇기 때문에 실천철학은 역사에서 문제를 제기하는 입장에 서 있고, 또 현실에서도 역사의 방향성을 제시해야 할 중요한 단서를 가지고 있는 셈이다. 따라서 이제 역사는 이념적 역사, 즉 이념 그 자체를 강조하기 보다는 이념을 바탕으로 현실에서 구체적으로 행하는 **실천적 역사**가 되어야 한다.[49]

역사에 등장하는 이념들 가운데 실현, 즉 실천을 염두에 두지 않는 것은 없다. 그렇지만 지금까지 역사에서 출현했던 모든 이념이 보편적으로 실현된 것은 아니었다. 특히 특정인에 의해서 제시되

---

49) 이러한 것에 대해 강만길은 다음과 같이 말하고 있다. "정치적으로 권력의 속박에서 해방되는 인간이 많아지게 하는 것, 경제적으로 생산력이 높아지고 재부가 증가하면서도 그것이 고루 분배되게 하는 것, 사회적으로 신분제 따위를 없애는 것은 말할 것 없고 권력과 재력 앞에서도 만민평등이 되게 하는 것, 문화적으로 생각하고 말하는 자유가 계속 확대되게 하는 것, 이 모든 것이 역사의 길이라고 생각한다. 그리고 그 길을 최고도로 발전시키는 것이 인류사회의 이상이라 할 수 있다. 이 이상이 실현되려면 엄청난 시간이 필요하게 마련인데, 인류사회는 이를 실현하기 위해 역사시대 전체를 통해 부단히 투쟁해왔고 엄청난 희생을 바쳐왔다. 그러면서도 때로는 더디게 때로는 조금 빠르게 한 걸음 한 걸음 줄기차게 그 길을 확대 발전시켜온 것은 부인하지 못한다. 인류사회가 의식하면서 걸어온 길, 즉 역사의 길은 곧 이같은 이상을 한 단계 한 단계 현실화하는 과정이었다고 할 수 있다." 강만길 지음, 『역사는 이상의 현실화 과정이다』, 서울 (창작과비평사) 2002, 20쪽.

는 이념이 이념 자체의 가치로는 보편적이었을지라도, 그 이념을 실현하는 과정에서는 그 특정인이 속한 특정 집단에게는 분명히 절대적 가치를 지녔겠지만, 상대적 집단에게는 결코 절대적이 않은 경우도 허다했다. 예를 들면, 어떤 종교가 제시하는 이념들은 보편적 가치를 지녔을지라도, 현실에서 그 종교를 신앙하지 않는 사람들에게는 그 이념이 오히려 억압의 수단으로 사용된 게 사실이기 때문이다. 이와 같은 것은 지금 현재에도 여전히 진행되고 있는 명백한 현상이다.

지금까지 인류의 역사에서 절대적 가치를 지니는 이념이 없지는 않았다. 대표적으로 예를 들어보면 기독교는 구원을, 헤겔은 자유를, 마르크스는 인간해방 등을 이념으로 제시하였다. 그러나 문제는 그러한 절대적 이념이 실현된 적이 한 번도 없었다는 데에 있다. 이들 절대적 이념들을 실천의 도덕적 측면과 관련지어 볼 때, 절대적 이념은 분명 **선**을 지향할 것이지만, 지금까지의 역사에서와 마찬가지로 현재의 구체적 현실에서도 벌어지고 있는 **전쟁**마저도 **선을 위한 것**이라고 강변하고 있다. 그래서 헌팅턴의 『문명의 충돌』을 비판하는 하랄트 뮐러는 다음과 같이 말한다.

"끔찍하기 짝이 없는 단순 이론가들의 피비린내 나는 행태들과 비교하면 강대국 미국이 이제까지 취해온 태도는 분명 존경받을 만하다. 상대적이긴 하지만 이렇게 호의적이고 책임감 있게 약소국을 대해온 맹주는 세계 역사상 일찍이 없었다. 미국의 정치에 대해 아무리 비판을 한다고 하더라도 이 점만은 분명히 해두어야 한다. 그럼에도 불구하고 '마니교'는 미국의 정치 문명과 역사에 깊이 뿌리내리고 있다. 미국의 국부들은 의식적으로 미국을 시대에 뒤떨어지고 완고한 유럽, 종교 탄압과 내전으로 갈가리 찢긴 왕정 유럽과는 정반대되는 사회, 악의 세계 한가운데 들어선 '새로운 예루살렘'으로 설정했다. 정착민 대 원주민, 북부 대 남부, 자유로운 미국 대 보수적인 제국주의 권력 등 미국사의 중요한 단계마다 '우리 대 그들'의 도식은 어김없이 그 모습을 드러냈다. 전력을 기울여 독일 황제와 싸우고 나니, 악마의 자식 히틀러의 나치스 독일과 제국주의 일본이 다음 상대로 떠올랐다. 미국민들은 이런 경험을 치르며 세계 지도자의 역할을 떠맡게 되었다. 그들은 민주주의와 인권, '선'을 '악'으로부터 보호하는 것이 자신의 역사적 과제라고 믿게 되었다."[50]

인용문에 나타난 사고(思考)는 전쟁도 선한 전쟁과 악한 전쟁이 있으며, 미국이 행하는 전쟁은 무조건 선한 전쟁이라는 것이다. 그러나 그 어떤 전쟁도 결과는 모든 것의 파괴와 죽음을 가져오며, 절대적 이념마저도 파괴해버린다. 그렇기에 그 어떤 경우에도 모든 전쟁은 **악**일 수밖에 없다. 과연 이것이 어떻게 정당화 될 수 있다는 말인가! 전쟁이라는 악을 범하지 않으면 절대적 이념은 실현될 것이다. 그런데도 이것은 실현·실천되지 않고 있다. 결국 모든 것이 상대적 기준에 의한다는 말이다. 전쟁 자체가 지구상에서 영원히 없어져야 하는 것이 절대 명제이지, 악한 전쟁을 절멸하기 위한 선한 전쟁은 수행해도 도덕적으로 아무런 문제가 없는 게 아니다.[51]

---

50) 하랄트 뮐러 지음, 『문명의 공존』, 위의 책, 33-34쪽.
51) 2001년 9월 11일 뉴욕에 있는 세계무역센터(World Trade Center)를 공격하는 테러로 인하여 3,000명 이상이 숨지는 사건이 발생했다. 필자는 그날 집에서 CNN 뉴스를 시청하고 있었는데, 테러범들에 의해 납치된 비행기가 세계무역센터를

모든 전쟁은 그 자체가 바로 악(惡)이라는 말이다.

'악한 전쟁을 절멸하기 위한 전쟁은 선한 전쟁이다.'라고 하는 관점에 동의한다면, **역사왜곡**도 정당하다는 견해에 쉽게 동의하게 될 것이다. 왜냐하면 선과 악은 실천을 위한 절대적 기준이지 결코 상대적 기준일 수가 없기 때문이다. 모든 전쟁은 그 자체가 악인 것처럼 역사왜곡도 객관적 역사의 진실을 왜곡하는 잘못된 행위이다. 그럼에도 불구하고 현실에서는 평화를 내세운 전쟁이나 자국의 이익을 감춘 역사왜곡이 끊임없이 일어나고 있다. 이러한 것들은 이상과 현실, 이론과 실천이 결코 같지 않음을 보여주는 명백한 증거들이다. 하지만 이상과 현실, 이론과 실천이 서로 부합하지 않는다

공격하고 얼마 지나지 않아서 쌍둥이 건물이 무너져 내리는 장면을 뉴스속보(Breaking News)를 통해서 생생하게 보고 있었으며, 21년이 지난 지금도 또렷하게 기억한다. 인류의 역사에서 전쟁이든 테러든, 아무런 이유 없이 생명을 해치는 행위는 잘못된 것이다. 당시 미국의 부시 행정부는 테러에 대한 보복으로 아프가니스탄과 이라크를 침공하였다. "그럼에도 9·11 사건의 역사적 의미는 기본적으로 과도한 가치를 부여받은 미국인들의 목숨에서 도출되거나 기본적인 상징의 힘에서 도출되는 것이 아니다. 우리는 이 사건의 역사적 의미를 이 사건 때문에 생겨난 '테러와의 전쟁'을 통해 찾아 볼 수 있다. '테러와의 전쟁'은 국제연합이 인가했고 기괴한 탈레반 정권을 급속히 무너뜨렸던 2002년의 아프가니스탄 침공으로 시작되었지만, 이 내용은 뒤이은 사건에 비해 많이 다루어지지 않았다. (…) 그러나 부시 행정부가 '테러와의 전쟁'이라는 명분 아래 이라크의 사담 후세인 정권을 공격하려고 그곳으로 시선을 집중시켰다는 사실이 금세 분명하게 드러났다. 부시가 공격을 정당화하기 위해 내세웠던 공격의 근거, 즉 이라크에 숨겨져 있다는 '대량 살상 무기'는 철저하게 잘못된 근거였음이 역사를 통해 이미 밝혀졌다. (…) 우리는 인류가 역사로부터 얻은 교훈이 하나도 없다는 사실 앞에 절망했다. 서아시아의 역사나 그중에서도 이라크의 역사에 대해 처음 접하는 사람일지라도 그 주민들이 침략군인 미군을 두 팔 벌려 환영하고 화환을 둘러주며 해방자로 받아들이지 않으리라는 점을 알 수 있었을 것이다. 우리 모두에게 쉽게 일어날 수 있는 일을 겪은 후 얻게 되는 지혜가 아니라 2003년 초반에 울려 퍼졌던 목소리를 들을 수 있었던 사람이라면 누구나 알 수 있는 자유로운 지혜였다." 크리스 브래지어 지음, 『세계사, 누구를 위한 기록인가?』, 위의 책, 242-244쪽.

고 해서 전쟁이나 역사왜곡이 정당화되지는 않는다. 오히려 필자는 실천의 절대적 기준이 이념적으로는 존재할지라도 현실에서는 결코 찾아 볼 수 없다는 점을 강조하고자 하는 것이다.[52] 그렇다면 우리는 언제 어디서나 타자와의 관계에서가 아니라 **우리에게만** 적용될 수 있는 상대적 기준을, 따라서 적어도 우리에게는 절대적이 될 수 있는 기준을 마련하지 않으면 안 된다.

필자가 앞에서 상대적 기준을 언급한 것은 이상과 이론이 아닌 현실과 실천만을 직시하기 때문이다. 하지만, 그렇다고 해서 필자가 역사에서 실천을 위한 절대적 기준을 제시하기를 포기하는 것은 아니다. 필자는 **절대적 기준**을 세계 4대 성인을 예로 들면서 제시하고자 한다. 우리는 흔히 세계 4대 성인(聖人)이라고 하면 소크라테스·석가모니·공자·예수를 일컫는다. 그런데 어찌하여 사람들은 이들을 성인이라고 할까? 이들은 어떤 공통점을 가지고 있기에 성인으로서 존경받고 있을까? 이들 모두가 종교의 창시자라는 공통점을 지닌 것도 아니고, 철학의 창시자도 아니다. 물론 엄밀한 의미에서는 이들이 특정 철학 사상을 지녔다고 할 수도 있을 것이다. 하지만 이 경우에 공자와 소크라테스는 적극적으로 철학자라고 간

---

52) 예를 들어, 우리가 '세계적'이라는 용어를 사용하는 경우, 우리는 두 가지 의미로 사용하고 있다. 하나는 어떤 것이 세계에서 유일한 것일 때이고, 다른 하나는 전 세계에 보편화 되어 있는 것을 우리도 함께 사용하고 있을 때, '세계적'이라고 한다. 이 두 경우에 모두 '세계적'이라는 용어가 같은 의미라고 한다면, 그것은 잘못이다. 그리고 우리의 역사교육 문제도 마찬가지이다. 우리는 흔히 우리의 역사를 5,000년 또는 반만년의 역사라고 하면서도 실제로는 2,000년 정도의 역사만을 인정하고 가르치고 있다. 더구나 입시교육과 연결한 교육으로써 역사의식이나 이념 또는 역사인식과는 전혀 거리가 먼, 오로지 시험을 위한 역사지식만을 단편적으로 교육하면서도 역사교육이라고 말하고 있다. 과연 우리는 이러한 것들을 절대적 기준에 의한 것이라고 할 수 있을까?

주 될 수 있겠지만, 석가와 예수는 그렇지 못할 것이다.[53] 야스퍼스는 『위대한 사상가들』(Die großen Philosophen)에서 소크라테스·석가모니·공자·예수를 "우리가 고찰한 네 사람만큼 역사적으로 깊이 있고 지속적인 영향을 끼친 인물은 없다."[54]고 함으로써, 다른 많은 사상가들도 있지만 그중에서 이 네 사람을 '위대한 사상가'로서 선택한 이유를 밝히고 있다.[55]

---

53) 물론 필자는 4대 성인을 이렇게 분류한다는 자체에 문제가 있다는 것을 안다. 그렇지만 필자는 지금까지의 역사에서 보았을 때, 석가와 예수의 가르침은 종교에서 그리고 공자와 소크라테스의 가르침은 철학에서 그 역할을 더 많이 수행하고 있기 때문에, 위에서처럼 분류했을 뿐이다.

54) 카를 야스퍼스 지음, 권영경 옮김, 『위대한 사상가들 : 소크라테스·석가모니·공자·예수』, 서울 (책과함께) 2005, 211쪽.

55) 야스퍼스는 이 4대 성인에 대해서 "소크라테스가 실재적인 빛이라면, 예수는 마법처럼 변용된 빛이고, 석가는 마력적인 추상의 빛이며, 공자는 냉정하게 빛나는 객관적인 빛이라고 할 수 있다."(214쪽)고 평가하고 있다. 계속해서 그는 "네 명의 위인은 과학적 비판이 일어나기 이전에 이미 전통의 높은 자리를 차지하고 있었다. 수세기 동안 인간의 정신에 이렇게 막강한 영향을 미친 인물들이 실제로 존재했다고 믿는 것은 우리의 선입견일지도 모른다. 어떤 인물의 무의미성으로부터 고귀한 영혼을 느낄 수 있는 위대한 이미지를 만든다는 것은 불가능하기 때문이다. 그러므로 이미지의 근원 자체가 초월적일 수밖에 없다."(214쪽)고 말한다.
그러면서 야스퍼스는 네 위인의 공통점과 차이점을 밝히는데 공통점을 보면 다음과 같다. 첫째, 네 위인은 모두 가문 있는 집안의 후손으로 사회적으로 안정된 삶을 누리고 있던 것으로 파악하고 있으며, 또한 네 위인이 남성적 성향을 뚜렷하게 보이고 있지만, 그것은 당시의 사회적 상황에 따라 자연스런 것으로 이해하고 있다. 둘째, 네 위인은 황홀경을 경험한 상태에서 예언을 한 것이 아니라 명상과 고독한 침묵을 통해 깨달음의 세계에 도달했기 때문에, 마법적이고 주술적인 방법을 통해서가 아니라 일반 사람들과 함께 대화를 통해서 자신들이 깨달은 진리를 전하고자 한 사람들이다. 셋째, 그들은 자신들의 삶의 자세를 변화시킴으로써 깨달음에 이르게 되었는데, 그런 후 다른 사람들에게 가르친 삶의 태도를 야스퍼스는 "소크라테스의 경우 이런 변용은 사고의 변용이며, 석가가 주장한 변용은 명상과 명상을 위한 삶의 방향이다. 공자는 단순한 배움 이상의 교육을 주장했고, 예수는 이 세상에 집착하지 말고 하느님의 뜻에 따라 복종하라고 가르쳤다."(219쪽)고 말한다. 넷째, 네 위인이 생각한 죽음과 고난에 대한 관점이다. 야스퍼스는 "서구에

필자가 이 네 명의 위인을 실천을 위한 절대적 기준으로 제시하

서 죽음의 문제가 소크라테스와 예수를 통해 전혀 다른 두 가지 해답을 얻게 된다.”고 분석하면서 “소크라테스의 경우, 죽음에 아무런 의미도 두지 않고 태연하게 죽음을 받아들인 반면, 예수는 인간의 한계를 뛰어넘는 극한의 고통과 괴로움 속에서 초월의 근원을 발견하는 죽음을 맞이한다.”고 정의한다. 하지만 야스퍼스의 분석처럼 소크라테스가 죽음에 아무런 의미를 두지 않은 게 아니다. 오히려 악법에 의해서 자신이 사형을 당하게 된 것을 초연하게 받아들임으로써 가장 강력한 방법으로 악법에 저항한 것이며 동시에 악법에 반기를 든 것이라고 할 수 있다. 예수 또한 자신의 죽음은 일상적인 삶의 종말로서 죽음이 아니라 부활의 시작임을 만천하에 알린 것이며, 그렇기 때문에 자신에게 닥친 모든 고난을 초월할 수 있었다. 석가는 고집멸도(苦集滅道)의 수행을 통해 생로병사(生老病死)의 인연의 굴레를 끊고 열반(니르바나)에 들어가 영원한 해탈의 경지에 이르는 것이 죽음이라고 하였다. 공자는 죽음보다는 삶에 더 큰 의미를 두었는데, 이것은 공자가 제자 계로의 질문에 “삶도 모르는데 어찌 죽음을 알겠느냐”(未知生焉知死)는 대답이나 “아침에 도를 들으면 저녁에 죽어도 좋다.”(朝聞道夕死可矣)라고 한 말에서 잘 드러난다. 이렇게 네 위인은 죽음을 단순히 삶의 마지막으로만 이해한 것이 아니라 삶의 중요성을 역설하면서 ‘어떻게 살 것인가?’, ‘어떻게 사는 것이 올바른 삶인가?’에 대한 철저한 고찰 끝에 내린 결론이라고 할 수 있다. 다섯째, 인간애(人間愛)의 극단적인 실천 방법이다. 소크라테스는 “악을 악으로 갚는 것은 옳지 못하며, 악을 갚기 위해 불의가 재발되어서는 안 된다.”고 가르치며, 예수는 “원수를 사랑하라”고 가르치고, 석가는 “어떤 악에도 저항하지 않는 보편적인 사랑, 무한한 온정과 살아 있는 모든 생명체에 대한 자비심을 가르쳤다.”(222쪽) 하지만 공자는 이들과는 달리 “선은 선으로 갚고, 악은 정의로 갚으라”고 함으로써 현실적인 사회정의를 염두에 둔 모습을 보이고 있다. 특히 소크라테스와 공자는 인류로 하여금 무한한 인내심을 가지라는 것이 아니라 악은 반드시 없어져야 할 요소이며, 그렇기 때문에라도 정의가 악을 심판해야 한다고 가르치는 것이다.

이들에게서 우리가 배울 수 있는 교훈은 무엇인가? “그들의 관심은 사물에 대한 단순한 지식이 아니라, 인간의 사고와 내적인 행동을 변화시키는 것이었다. 하지만 어떻게 다른 사람들의 영혼을 깊숙이 움직일 수 있는가 하는 문제가 있다. 이 질문에 대한 네 사람의 답변은 이론적인 해석이 아니라 실용적인 대답이었다. 그들 모두 행동에 앞서 깊은 내면에 관심을 가지고 이야기해야 한다는 사실을 의식하고 있었다. 그들의 메시지는 존재·영원·하느님·절대적 규범에서 비롯된 질서에 근거를 두고 있으며, 객관적 지식으로는 표현할 수 없기 때문이다.”(225~226쪽) (이 각주의 괄호 안에 표시된 ’쪽수’는 “카를 야스퍼스 지음, 『위대한 사상가들 : 소크라테스·석가모니·공자·예수』, 위의 책”의 ’쪽수’임)

는 데에는 중요한 사실이 있다. 그것은 다름 아닌, 이들은 한결같이 **자신의 사상을 본인들 손으로 직접 남긴 글이 없다**는 점이다. 이것은 매우 중요한 사실이다. 이에 대해 어떤 사람들은 또 다음과 같은 의문을 제기할 것이다. 아니, 그들이 남긴 글이 왜 없느냐고, 불경(佛經)과 성경(聖經)이 있고, 논어(論語)와 대화록(對話錄)이 있는데 어찌 남긴 글이 없느냐고 반박할지도 모를 일이다. 그런데 사정은 그렇지 않다.

불교 경전은 석가모니 사후에 제자 마하가섭(摩訶迦葉)을 중심으로 해서 처음으로 결집(結集)을 시작했으며, 그 후 세 차례에 걸쳐서 계속 스승의 말씀을 모아 엮었다. 구약성경은 약30명의 저자에 의해서 1천 년간 기록되었다고 하며, 신약성경은 약9명의 저자에 의해서 50여 년에 걸쳐서 기록되었다고 전해진다. 불경이나 성경과 마찬가지로 논어도 공자가 직접 쓴 것이 아니다. 공자 사후(死後)에 제자들과 공자의 손자가 스승과 할아버지의 어록을 편찬해서 논어라는 명칭을 붙인 것이다. 소크라테스는 서양 정신사에서 절대로 빼놓을 수 없는 인물이지만, 그의 이름과 사상은 제자 또는 동료라고 할 수 있는 플라톤(Platon)의 대화편, 크세노폰(Xenophon)과 아리스토텔레스(Aristoteles)의 저술 등을 통해서 알려져 있을 뿐이다. 이처럼 이들 4명의 성인은 본인의 사상을 담은 저술을 직접 남긴 게 아니다.

이러한 사실을 실증주의(實證主義) 역사학의 입장에서 본다면, 다른 사람에 의해서 기록된 것은 4대 성인 본인들의 사상으로 볼 수 없다고 비판받을지도 모를 일이다. 이것이야 실증주의 역사학의 한계이겠지만, 철학의 입장에서 보면 **4대 성인의 성인됨**을 수용하고도 남을 일이다. 우선 우리가 **인간을 인간이라고 칭하는** 데에는, 인간이 다른 생물들과 구별되는 인간만의 특징을 지니고 있기 때문이다. 이런 까닭에 인간은 동물적 특징에 의해서는 호랑이와도 동일한 **동물**에 속하지만, 예를 들어 **사유하는 존재**라는 특징은 인간을 호랑이와 구별하는 종차(種差, spezifische Differenz)이다. 4대 성인은 인간이라는 측면에서는 여타의 인간과 동일한 특징, 즉 모든 인간과 동일한 유적 특징을 가지고 있지만, **성인됨**이라는 특징은 여타의 인간과 구별되는 특징, 즉 그들만이 지니고 있는 고유한 특징이라는 말이다.

그들에게만 공통적인 특징을 이렇게 해석하는 것은 4대 성인 자신들의 몫이 아니라, 현재를 살아가고 있는 우리의 몫이다. 그들의 **성인됨**을 필자는 '**그들은 실천하기에도 시간이 모자라서 글을 남길 시간이 없었다.**'고 이해하고 해석한다.[56] 물론 그들이 이렇게 말했다

---

56) 세계 4대 성인의 유래에 대해서는 여러 가지 설이 있지만 정확한 유래를 확정하기는 어렵다. 게다가 지역이나 사람에 따라서 석가·공자·예수·소크라테스 중에서 소크라테스 대신 마호메트를 포함하는 경우도 있다. 그러나 세계 4대 성인을 일컫는데 지역적인 안배를 해야 한다면, 그것은 그 지역의 성인이라고는 할 수 있을지언정 세계 4대 성인이라고 규정할 수는 없는 일이다.
야스퍼스는 종교의 창시자를 세계 4대 성인으로 규정한 게 아니었다. 그는 자신의 저서 제목인 『위대한 사상가들』(*Die groβen Philosophen*)처럼 인간 삶의 양식과 행위의 모범으로서 꼽을 수 있는 성인들을 전 세계에서 찾았으며 역사적으로도 과거부터 현재에 이르기까지 모두 연구한 끝에 네 사람을 결정한 셈이다. 만일 그가 종교의 창시자를 염두에 두었다면, 네 사람을 신격화하는 내용을 서술했을 수도 있을 것이다. 하지만 야스퍼스는 네 사람을 철저히 인간적인 측면에서 서술하고 있다. 그것은 다르게 말하면, 어느 시대 어느 지역에 살고 있는 사람들일지라도 네 성인의 가르침에 따라서 삶을 영위할 수 있다는 뜻을 내포하고 있으며, 그들의 가르침에 따르는 삶이라면 그들과 같은 위치에까지 이를 수 있다는 강력한 메시지가 담겨 있다고 할 수 있다. 야스퍼스의 이와 같은 의도는 그의 저서에 고스란히 담겨 있으며, 책을 읽은 독자라면 누구나 동의하고 있는 내용이다. 위에서 말했듯

는 의미는 절대 아니다. 그렇지만 그들이 어떤 말을 하고, 그 말을 통해서 사람들을 어떻게 계몽하고 교화했는가 하는 문제도 중요하겠지만, 그들이 어떤 **실천적 삶**을 살았는가 하는 점이 더욱 중요하다고 생각하기 때문에, 필자는 위와 같이 이해하는 것이다.

그들은 제자와 사람들에게 **지행합일**(知行合一)을 몸소 실행해 보이신 분들이다. 그들은 마음이 병든 자들을 위해서 함께 아파하고 치유할 방법을 찾아 깨달음에 이르게 하였으며, 춥고 배고프고 병들고 가난한 자들을 위해서 목숨을 바치기도 하였다. 주유천하(周遊天下)를 통해서는 세상의 잘못된 점을 직접 고쳐 나가고자 하였으며, 악법에 의한 독배를 순순히 수용함으로써 악법의 부당함에 죽음으로 저항하였다. 그들은 자신들만의 안위와 안락을 위해서 다른 사람들을 현혹하지 않았으며, 궁극적인 진리는 입으로만 구하는 기도에 있지 않음을 몸으로 실천하였다. 그들은 자신들의 가르침을 다른 사람들에게 **실천으로 보여준 것**이었다.

4대 성인이 가르치는 지(知)는 과학적 지식처럼 세상에 대한 객관적인 앎이 아니라 **참된 앎**을 말한다. 이 말의 의미가 과학적 지식은 거짓된 앎이라는 뜻이 아니다. 오히려 참된 앎이라면 반드시 그 **앎에서 비롯되는 행**(行)이 따라야 한다는 게 성인들의 가르침이다. 지와 행은 서로 뗄 수 없는 관계에 있다는 말이다. 이렇게 본다면, 우리가 그들을 성인이라고 부를 때에는, 사실은 그들이 살다 가신 그와 같은 **실천적인 길**을 우리도 함께 걸어가기를 바라는 마음을

이, 소크라테스 대신 마호메트를 포함시킨다면, 그것은 지극히 종교적인 의미로 접근하는 것이기 때문에 야스퍼스의 의도와는 부합하지 않는다. 바로 이것이 그가 지은 책의 의의인 동시에 이 책에 대한 후대의 평가이다. 카를 야스퍼스 지음, 『위대한 사상가들 : 소크라테스·석가모니·공자·예수』, 위의 책, 참고.

담은 호칭(呼稱)이라고 할 수 있다. 극단적으로 말하면, 만일 우리가 그들처럼 실천적으로 살지 못하고 그저 우러러보기만 한다면, 그렇다면 그들이 우리에게 끼치는 영향은 없는 게 될 것이며, 그렇게 되면 그들이 성인이건 아니건 무슨 의미가 있겠는가! 필자는 현재의 인류 모두가 4대 성인의 실천적 삶을 **진정으로** 따르기를 원한다. 그렇게 된다면, 그들의 말씀에 대한 참된 믿음이 생길 것이고, 참된 믿음은 반드시 행위를 수반할 것이지만, 그렇지 않은 믿음은 거짓에 불과하다는 점이 증명될 것이다.

이처럼 세계 4대 성인은 이론가일 뿐만 아니라 동시에 위대한 실천가이다.[57] 우리가 역사를 연구하는 까닭도 과거라는 역사에 대해 비판적으로 사유함으로써, 즉 과거라는 근원을 올바르게 이해하기 위하여 – 적어도 과거가 현재에 대해서는 근원이라고 할 수 있으므

---

57) "네 위인의 실재의 핵심은 기본적인 인간 상황이며 인류의 문제를 확인시켜주는 것이었다. 그들은 사람들에게 문제를 제시하고, 극단적인 질문을 유도하여 답했다. 네 사람의 공통점은 바로 궁극적인 인간의 가능성을 실현시켰다는 데 있다. 그러나 그들을 하나의 전체적인 진리의 집단으로 획일화할 수는 없다. 그들은 모두 인간의 가능성 안에서 살면서 진리를 추구하고 해답을 구했기 때문에 서로 연관성이 있으면서도 서로 다르다. 제각기 다른 이들을 동시에 한 곳을 향하는 하나의 인간으로 만들 수는 없는 일이다.
네 사람의 공통점은 극단적인 인간의 경험과 열정을 표현하고 있다는 데 있다. 따라서 여기서 본질적이었던 것은 영원히 철학의 본질이 될 것이다. 그들은 네 사람의 실재와 사고방식은 영원히 역사의 본질적 요소임을 입증하였다. 그들은 언제나 철학적 사고와 저항할 수 있는 계기의 근원이 될 것이며, 이를 통해 우리의 자각은 분명해질 것이다. (…) 우리는 네 명의 위인들 중 어느 누구의 실재도 따르지 않는다는 사실을 인식하고 있다. 그러나 우리의 일상적 삶이 위인들의 열정에서 멀어질 때면, 우리는 우리에게 내재되어 있는 열정의 가능성을 불러일으킬 필요성을 느끼게 된다. 이런 의미에서 네 사람은 우리가 모방해야 할 대상이 아니라 우리에게 방향을 제시하는 지표이다." 카를 야스퍼스 지음, 『위대한 사상가 : 소크라테스·석가모니·공자·예수』, 위의 책, 229-230쪽.

로─비판을 서슴지 않음으로써 현재와 미래의 역사를 올바르게 이끌고 나아가기 위함이다. 역사가 과거의 기록이기 때문에 이론이라고 한다면, 그리고 현재를 살아가는 우리가 그 이론을 바탕으로 실천하지 않는다면, 과거의 기록은 불태워 없어져야 한다.

4. 역사와 형이상학
─ 역사의 이념과 원리

우리는 살아가면서 '필연'과 '우연'이라는 단어를 종종 사용한다. 국립국어원의 『표준국어대사전』에 따르면 '필연'은 "사물의 관련이나 일의 결과가 반드시 그렇게 될 수밖에 없음"을 말하고, '우연'은 "아무런 인과 관계가 없이 뜻하지 아니하게 일어난 일"이라고 정의하고 있다. 여기서 '우연'을 정의하는 데 있어서 '인과 관계'는 말 그대로 원인과 결과의 관계를 뜻하는데, 이 세상에서 발생하는 모든 일에 대해서 인간이 원인과 결과의 관계를 알 수 있거나 밝혀낼 수 있을까? 실제로 그것은 불가능한 일이다. 지금까지 인간이 밝혀낸 자연의 법칙이 과연 얼마나 될까? 그것은 자연의 입장에서 보면 실제로는 정말 보잘것없는 정도에 불과하다. 모든 자연법칙은 인간이 만들어낸 것이다. 만일 자연법칙이 자연에 고유한 것이라면, 인간이 밝혀내지 못한 자연법칙은 얼마나 되는지 알 길이 없다. 인과 관계는 그와 같은 법칙들 가운데 하나일 뿐이다. 심지어 그것도 인간이 법칙화 해낸 것들 가운데 하나일 뿐이며, 그런 법칙을 통해서 어떤 일이 일어날지 예측하기는 하지만, 인간이 예측하지 못하는 일이 발생하면 '우연'이라는 말로 규정하고 만다. 이렇게 보면 자연계 안에서 일어나는 모든 일은 자연의 측면에서 보면 '필연'이지 결코 '우연'이 아니다. 그럼에도 불구하고 인간은 '모른다'고 또는 '몰랐다'고 고백하지 않고 '우연'이나 '기적'과 같은 단어를 사용하면서 핑계를 대거나 변명을 늘어놓을 뿐이다.

그러므로 역사적 사건뿐만 아니라 그 어떤 사건이건 간에 우연히 발생하는 것은 단 하나도 없다. 다만 인간이 그것의 인과 관계를 밝혀내지 못할 때 우연하게 발생한 사건이라고 규정할 뿐이다. 또한, 인간의 삶에서 발생하는 모든 사건을 역사적 사건이라고 하는 것도 아니다. 그렇지만 모든 사건은 인간의 행위에서 비롯되며, 겉으로 드러나는 가시적인 행위는 행위를 유발하는 비가시적인 사유 활동이 전제되거나 적어도 동시에 수반된다. 물론 무의식중에 또는 본능적으로 행위하는 경우도 있지만, 적어도 역사적 사건들은 철저한 인간 사유의 과정이자 결과라고 할 수 있다. 즉, 인간의 사유활동이 역사적 사건이라는 실천을 야기하는데, 이 실천의 원인과 동력이 된 사유는 비가시적이기 때문에 이념의 영역에 속한다. 그리고 역사적 사건을 이끌만한 힘을 가지고 있는 사유내용을 우리는 보통 **역사적 이념**이라고 부른다.

우리가 알고 있는 거대한 역사적 사건들에는 그 사건을 유발한 비가시적인 이념이 배후에서 작용한 경우가 대부분이다. 그렇지만 시대를 이끄는 이념이 있다고 해서 실천이 필연적으로 뒤따르는 것은 아니다. 특히 사람들이 말하는 소위 태평성대에는 시대를 이끄는 이념이 작용하고 있어도 특별한 사건이 발생하지 않는 경우가 많다. 이것은 『도덕경』(道德經) 17장의 "太上 下知有之 其次 親而

譽之 其次 畏之 其次 侮之"(가장 훌륭한 지도자는 백성들이 그가 있다는 것만 알게 하는 사람이고, 그 다음은 그를 좋아하고 칭송하게 하는 사람이고, 그 다음은 그를 두려워하게 하는 사람이며, 그 다음이 그를 업신여겨 깔보게 하는 사람이다.)라는 글의 의미와 매우 흡사하다. 말하자면 훌륭한 지도자가 이끄는 세상은 태평성대일 것이며, 그런 세상에서는 백성들이 특별한 사건을 일으킬만한 까닭이 없을 것이라는 뜻이다. 그렇다고 해서 그 지도자나 백성들이 아무런 생각 없이 살아가지는 않을 것이다. 오히려 그와 같은 태평성대를 계속 유지하기 위해서 지도자는 끊임없이 고민하고, 작은 불만이라도 해소하기 위해 노력할 게 틀림없다. 따라서 태평성대를 이끌어가는 지도자는 백성들의 전면에 나서는 게 아니라 배후에서 조용히 자신의 역할을 수행하는 사람이라고 할 수 있는데, 그렇기 때문에 그가 나라를 이끌고 있는 지도 이념도 가시적으로 요란하게 드러나는 경우는 없을 것이다. 하지만 그와 같은 **지도 이념**에 따라서 살아가는 백성들의 삶은 매우 구체적이고 가시적이며 실천적일 수밖에 없다.

그런데 역사의 이념이 비가시적이라면, 우리는 그것을 어떻게 이해하고 설명할 수 있을까? 자유·평화·사랑·신(神) 등과 같이 인간의 삶에서는 비가시적이면서도 삶을 이끌고 지표가 되는 것들이 무수히 많다. 인간은 그것이 무엇인지에 대해서 열띤 토론을 하고 정의를 내리며, 그렇게 본인이 이해하고 해석한 방향에 따라서 행동하는 경우가 대부분이다. 하지만 그러한 것들은 사실 가시적으로 증명할 수 없는 이념들이다. 물론 이것들에 대한 사전적(辭典的) 정의는 얼마든지 할 수가 있다. 그렇지만 자유가 아닌 것, 평화가 아닌 상태, 사랑이 아닌 것, 신이라고 할 수 없는 것들을 나열하는 편이 오히려 훨씬 더 편하고 쉬울 것이다. 그렇기 때문에 이와 같은 이념을 대상으로 하는 학문이 바로 **형이상학**(形而上學, Metaphysik)이다. 형이상학의 대상에 관련된 지식은 개별적이고 특수한 지식에 속하는 게 아니라 보편적이고 전체적인 지식이다.[58] 왜냐하면 형이상학적 이념은 모든 개별자와 특수자에 전제되어 있기 때문이다. 만일 그렇지 않다면 그것은 형이상학의 대상이 아니다. 따라서 역사를 이끄는 이념은 보편적이고 전체적이지만 사건은 언제나 구체적이고 개별적이며 특수하다.

역사의 이념을 실천과의 관계에서 보면, 반드시 그런 것은 아니라고 할지라도, 대부분의 사건은 어떤 이념에 따른 실천행위였다고 할 수 있다. 그렇지만 **이념**(Idea, Idee)은 눈에 보이지 않으며, 우리는 이념에 따른 역사적 사건만을 눈으로 볼 수 있을 뿐이다. 그렇다

---

58) "철학의 핵심 분과(Kerndisziplin)인 형이상학(Metaphysik)은 모든 학문으로 하여금 존재(das Sein)의 진리를 탐구할 것을 과제로 제시한다. 존재의 인식은 철학에 있어서 이론적 기본 분과(Grunddisziplin)인 인식론(Erkenntnistheorie)의 과제이다. 그러므로 이와 같은 의미에서 참된 인식은 형식과 내용의 일치, 즉 상(像)과 그 현실성의 일치를 말한다. 또한 영역 분과(Bereichsdisziplin)라고 할 수 있는 논리학(Logik)은 인식의 논리적 형식과 내용을 다룬다. 이러한 인식의 대상들은 사물 일반(Ding überhaupt), 즉 그것은 생명이 없는 것이기도 하고 생명이 있는 것이기도 하며 또한 정신적인 것이기도 하다. 다시 말하면, 존재 일반을 대상으로 하는 인식론은 존재에 대한 논리적 인식작용(das Erkennen)이다.
형이상학적 이념으로서 존재의 진리는 모든 개별자(das Einzelne)와 특수자(das Besondere)에 전제되어 있다. 그런데 객관이든 주관이든 간에 모든 것은 사실상 개별자이며 동시에 인식의 요소로서 사물이다. 그럼에도 불구하고 주관으로서의 개별자는 다른 개별자를 객관으로서, 더욱이 개별자에 내포되어 있는 보편자(das Allgemeine)를 인식하고자 한다. 왜냐하면 인식의 주관은 바로 보편자를 사유하는 사유능력으로서의 인간이기 때문이다. 그러나 개별자로서의 주관은 형이상학적 이념으로서의 보편자를 결코 사물인식과 같은 방법으로 인식할 수가 없다." 문성화, 「버클리와 헤겔에 있어서 인식론적 단초와 철학의 분과들」, 『철학논총』 제49집, 새한철학회 2007, 96쪽.

면 눈으로 볼 수 없는 것을 어떻게 설명할 수 있는가? 비가시적인 것이면서도 개개인 모두가 특정 이념에 따라 살면서 구체적 현실을 인도하는 것이라고 생각하는 것은 형이상학적 대상이다. 그렇기 때문에 형이상학적 대상은 특정 영역이나 학문의 부분적인 지식에 속하는 것이 아니라 모두에게 해당하는 보편적이고 전체적인 지식에 해당하며, 따라서 이념은 보편적이지만 역사는 개별적이고 특수할 수밖에 없다. 그래서 우리는 우선 다음과 같이 물어야 한다.

역사와 형이상학의 관계는 무엇인가? 역사는 사건들의 집합체이고 형이상학은 그러한 사건을 주도하는 이념이다. 이념은 하나일지라도 그 이념을 해석하고 이해하여 행동에 옮기는 인간은 무수히 많으며 각양각색이다. 그런 행동은 행동하는 순간에는 무의식적으로 행하는 것 같지만, 실제로는 의식적으로 무엇인가를 생각한 결과인 경우가 대부분이다. 마치 개인에게 습관처럼 되어버린 것은, 행동하는 순간의 생각이 아니더라도, 평소처럼 행동하게 되는 것과 마찬가지라는 말이다. 이런 경우가 아니라면 그리고 본능적 반사행동이 아니라면, 사람의 생각이 행위를 유발하게 된다. 그렇게 생각한 것이 겉으로 드러났을 때 행위의 결과, 즉 사건이 된다. 사람이 생각하고 있는 것, 그 사람의 생각을 이끄는 것이 바로 **이념**이다. 그래서 우리는 역사적 사건을 주도하는 이념을 **역사의 근원** 또는 **원리**라고도 부르는 것이다.

지나간 역사적 사건은 사건 발생 당시에는 가시적이었고 현재의 눈으로 보면 과거의 것으로 머물지만, 이념은 비가시적인 까닭에 현재에도 미래에도 계속 작용하면서 과거의 것과 유사한 사건을 유발할 수가 있다. 다시 말하면, 과거의 역사적 이념이 현재나 미래의 역사도 여전히 주도할 수 있지만, 반대로 그럴 가능성이 전혀 없을 수도 있다는 말이다. 그 까닭은 이념 자체는 실체가 없으며 객관적 인식의 대상이 아니기 때문이다. 역사가들은 과거의 역사에서 이념을 찾아내려고 하며, 찾아낸 이념은 이미 역사를 통해서 실현된 것 가운데에 내재한 것이기 때문에, 엄밀하게 말하면 더 이상 이념이 아니라 과거의 **사실**(事實)로 남는다. 이러한 사실은 형이상학적 대상이 아니라 인식의 대상이다.

현실에서는 수많은 사건이 일어나지만, 모든 사건이 역사적 사건으로 평가받지는 않는다. 하지만 과거에는 평범한 사건이었을지라도 시간이 흐르면서 어떤 사건들 간에 이념적 유사성이나 공통점 또는 동일한 이념적 토대를 찾아볼 수 있다면, 그러한 이념은 역사적 이념으로 그리고 그러한 이념을 바탕으로 한 사건들은 역사적 사건으로 재평가 될 수도 있다. 게다가 시대와 장소를 초월한 이념이 있다면 그리고 그러한 이념을 바탕으로 사건을 발생시킨다면, 그것은 세계사를 주도하는 이념으로 평가받을 수 있다. 이제 필자는 과연 그러한 이념이 존재할 수 있는지 어떤지를 살펴보고자 한다.

형이상학은 아리스토텔레스 이래로 모든 학문의 전제이자 동시에 근거로 간주되고 있다. 그렇지만 '도대체 형이상학이 학문으로서 가능하기나 한 것인지 그리고 가능하다면 형이상학이란 무엇인가?'라는 문제는 언제나 논쟁거리가 되고 있는 것도 사실이다.[59] 사정이 이런 만큼 우리는 더욱더 근원으로 되돌아가지 않으면 안 된

---

59) "Wie ist Metaphysik als Wissenschaft möglich?"라는 물음으로 유명한 칸트의 명제는 이에 대한 좋은 예가 될 것이다.

다. 왜냐하면 우리는 '형이상학'이라는 명칭을 고전적 의미에서 단순히 '존재자로서의 존재자'(das Seiende als Seiendes)에 관한 학문으로서만 고찰해서는 안 되며, 이 명칭이 아리스토텔레스에게 있어서는 여러 학문을 분류하는 것과도 결부되어 있기 때문이다.

아리스토텔레스는 존재자에 대해서 심사숙고하는 사유방법을 다음과 같이 세 가지로, 즉 '행위'(praxis)와 '창작'(poiesis) ‒ 이 둘은 실천철학이다. ‒ 그리고 관찰 또는 '관조'(theoria) ‒ 이것은 이론철학이다. ‒ 로 분류하고 있다. 이론철학은 그에 의해서 다시 수학과 물리학, 자연학과 신학, 즉 형이상학으로 나누어진다.[60] 그런데 아리스토텔레스에 따르면 수학은 오직 움직이지 않는 것만을, 그리고 물리학은 분할 가능한 것만을 다루는 반면에, 형이상학은 이 양자를 모두 다룬다. 이에 대하여 아리스토텔레스는 다음과 같이 말하고 있다."[61]

"그런데 만일 어떤 영원한 것, 움직이지 않는 것, 분할 가능한 것 ‒ 독립적인 것 ‒ 이 존재한다면, 이것에 대한 인식은 분명히 관찰, 관조하는 학문에 속하지 않으면 안 된다."[62]

"아리스토텔레스는 개별적인 존재자의 유(類, Gattung)를 원인으로 또는 참의 원리(Prinzip der Wahrheit)로, 요컨대 존재자로서의 존재

---

60) Aristoteles, *Metaphysik*, philosophische Schriften in 6 Bd., 5. Bd., Übersetzung v. H. Bonitz, Hamburg 1995, 1025 b f.
61) 문성화, 「버클리와 헤겔에 있어서 인식론적 단초와 철학의 분과들」, 『철학논총』 제49집, 새한철학회 2007, 97쪽.
62) Aristoteles, *Metaphysik*, 위의 책, 1026 a.

자, 즉 존재자 그 자체로 간주하며, 이것을 대상으로 삼는 학문을 그는 '제일 철학'[63]이라고 명명하고 있다. 한 마디로 말해서, 아리스토텔레스에게 있어서 형이상학은 영원한 존재자 그 자체의 인식을 목표로 삼는 학문이다. 그래서 그는 다음과 같이 말하고 있다."[64]

"하지만 우리는 진리를 원인에 대한 인식이 없이는 알 수가 없다. 원리라고 하는 것은 그 밖의 공통적인 것들이 함께 귀속하게 되는 최고의 등급을 이룬다. 따라서 나중에 등장하는 것에 대해서 진리의 원인인 것은 가장 참된 것이다. 그렇기 때문에 영원한 존재자의 원리들은 (항상) 가장 진실되지 않으면 안 된다. 왜냐하면 이 원리들 자체가 여타의 것들에 대한 원인이기 때문이다. 따라서 존재에 대한 원리의 관계는 진리에 대한 원리의 관계와 같다."[65]

이러한 **형이상학**(形而上學)이라는 명칭은 『周易』의 「繫辭」편에 있는 "形而上者 謂之道 形而下者 謂之器"라는 말에 근거하여 번역되었다. 이 말의 뜻은 '형상을 초월해 있는 것을 일컬어 도(道)라고 하고, 형상을 가지고 있는 것을 기(器)'라고 일컫는다는 것인데, 이에

---

63) "그런데 제일 철학은 분할 가능한 (독립적인) 사물들 뿐만 아니라 움직이지 않는 사물들에 관해서도 다룬다. (⋯) 여기에 가장 적합한 학문은 존재자에 가장 적합한 유를 대상으로 가지지 않으면 안 된다. (Aristoteles, *Metaphysik*, 위의 책, 1026 a) 이에 반해서 철학은 개별적인 것과 개별적인 것의 우연한 속성을 다루지 않으며, 오히려 개별적인 것을 오직 존재자 그 자체와 관련해서만 관찰할 뿐이다. (Aristoteles, *Metaphysik*, 위의 책, 1061 b)"

64) 문성화, 「버클리와 헤겔에 있어서 인식론적 단초와 철학의 분과들」, 『철학논총』 제49집, 새한철학회 2007, 98쪽.

65) Aristoteles, *Metaphysik*, 위의 책, 993 b

따라서 보면, 形而上學이라고 하건 metaphysica라고 하건, 이 학문의 대상은 비가시적일 수밖에 없다는 것을 알 수 있다. 그렇다면 '도대체 역사는 형이상학과 어떤 관계에 있는가?' 하는 문제가 생긴다. 역사의 사전적 정의인 '과거의 사건' 또는 그 '사건에 대한 기록' 가운데 사건 자체는 객관적일지라도, 사건을 기록하는 일에는 기록하는 사람의 주관적 관점이 조금이라도 개입될 수밖에 없다. 여기서 '기록자의 관점은 어떻게 이루어지는가?' 하는 의문이 생길 수밖에 없다. 이와 관련하여 카의 다음과 같은 견해는 매우 설득력 있다.

"역사 사실은, 사가가 그것에 부여한 중요성 때문에 역사 사실이 될 뿐이므로, 순수하게 객관적일 수 없다. 역사에 있어서의 객관성 - 만일 우리들이 이 **편의적 용어**를 그대로 사용한다면 말이다 - 이란 사실의 객관성이 아니라 관계의 객관성, 사실과 해석 사이의 관계의 객관성, 과거·현재·미래 사이의 객관성이다."[66]

카의 견해처럼, 실제로 객관적인 역사는 존재하지 않는다. 과거의 사건은 사건 자체로 남는 게 아니라 기록에 의해 남는 것이기 때문에, 기록이 객관적이 아니라면 역사 자체도 객관성을 상실해 버린다. 역사의 객관성이란 "사실과 해석 사이의 관계의 객관성"일 뿐인데, 여기서 말하는 관계는 사실을 해석하는 사람의 견해가 다른 사람들에게서 동의를 얻느냐 그렇지 못하느냐에 따라서 '객관적' 또는 '주관적'이라는 평가를 받게 되는 것을 말한다. 그러므로 역사 기록의 객관성을 논할 때는 결국 해석자의 **관점**이 문제될 수

---

66) E. H. Carr 저, 『역사란 무엇인가』, 위의 책, 153쪽. 강조는 필자의 것.

밖에 없다. "본래 과거는 어떠한 것에 의해서도 변화할 수 없다. 하지만 과거에 관한 인식은 끊임없이 변화하고 개선되며 진보될 수 있다."[67]

사건은 기록될 당시에는 가시적이지만 시간이 지남에 따라 비가시적인 것으로 되어버린다. 더구나 기록자의 관점까지 반영된 기록은 더 이상 가시적인 게 아니다. 필자가 앞에서 여러 번 언급했지만, 어떤 사건이 그것을 기록하는 사람과 그 기록을 이해하고 해석하는 사람에 따라서 의미가 달라지는 일은 무척 흔하다. 다시 말해서, 기록된 사건의 문자적 의미(Bedeutung: 단어의 뜻 / 역사에서는 사건의 객관성을 의미함)는 하나이지만, 문자의 내용적 의미(Sinn: 단어의 문맥적 의미 / 역사에서는 사건 기록자의 주관성을 의미함)는 여러 가지인 것이 많다는 말이다. 그러나 문자적 의미(Bedeutung)도 시대에 따라 변천할 수 있기 때문에, 기록을 해석하고 이해하는 사람만의 문제가 아니라 기록자도 당연히 단어의 정확한 의미를 알고 사용해야 하는 주의를 기울여야 한다. 바로 이 때문에 '역사는 언제나 새롭게 고쳐써야 한다.'는 주장이 제기되는데, 결국 특정한 사건에 대한 관점이 얼마든지 달라질 수 있기 때문에 그러한 것이다.

그런데 사람들은 관점이라는 말을 역사와 관련해서는 일반인들에게는 잘 사용하지 않는다. 물론 역사의 기록을 살펴보는 독자들도 당연히 자신만의 어떤 관점을 가지고 있겠지만, 엄밀하게 말하면 이 개념은 사관(史官)이나 역사학자 또는 역사철학자들에게 적용되어야 한다.[68] 역사와 관련하여 일생을 보낸 사람들은, 자신들

---

67) 마르크 블로크 지음, 『역사를 위한 변명』, 위의 책, 89쪽.
68) "사관(史觀) 혹은 역사관(歷史觀, Geschichtsanschauung)이란 '역사를 어떻게 바라

이 남긴 기록 - 저술이나 다큐멘터리 또는 다른 형태로 남긴 기록들 - 을 통해서, 의도적으로 또는 무의식적으로 특정한 이념을 드러낸다. 그리고 그들은 이러한 이념이 역사를 이끌어간다고 생각한다. 이때의 이념은 이념을 드러내는 사람들의 관점 - 이 관점이 실제로는 개인적일 수도 있고 시대적 · 사회적일 수도 있다. - 에 근거한다.[69]

보느냐', '역사를 무엇으로 바라보느냐' 하는 입장이나 사상을 뜻한다. 이것은 마치 인생관이 '인생을 어떻게 바라보느냐' 하는 입장을 의미하고, 세계관이 '세계를 어떻게 바라보느냐' 하는 입장을 의미하는 것과 동일한 이치이다. 그러므로 역사를 한 흐름으로 바라보면서 그 흐름의 시작과 과정, 그 마지막을 상정해 보려는 것이 사관론자들의 일반적인 방식이다. 그리고 사관은 역사철학과 밀접히 연결되어 있다. 왜냐하면 역사현상에 특정의 의미(meaning)와 가치(values)를 부여하여 그 속에 내재하고 있는 일관된 순서(order)와 계획(design) 그리고 자연과학에서와 같은 미케니즘(mechanism)이나 통칙(generalizations)을 찾아내려는 학문분야가 바로 다름 아닌 역사철학이기 때문이다. 다시 말해서 이것은 사관이나 역사철학이 역사의 형이상학(meta-history)에 속하고 있다는 것을 의미하는 것이다." 이범직 · 김기덕 엮음, 『한국인의 역사의식』, 위의 책, 64쪽.

69) "그렇다면 외적인 객관적 역사연구에 만족하지 않고 그 내면적인 속뜻을 캐내려는 이유는 무엇인가. 그것은 역사현상의 본질을 알아내려는 '근원(根源)'에 대한 인간의 추구 때문일 것이다. '눈에 보이는 것'만이 전부는 아니지 않는가. 겉으로 보이는 것은 오히려 부분적이고 불완전하고 일시적인 속성이 아닌가. (…) 만약 사건들의 외적 과정만 보고 그 내면의 실체를 간과한다면 역사현상은 이러한 무의미한 것들의 집적이 되고 말 것이다. 그러므로 '영원(永遠)', '보편(普遍)', '근원(根源)'과의 관계를 찾아서 더욱 보편타당한 원리에 접근하려는 까닭이 여기에서 나오게 된다. 역사의 형이상학은 바로 소우주(小宇宙, microcosm)인 인간을 중심축으로 역사현상의 내면적, 근원적 의미를 찾아내려는 역사철학이라 할 것이다.

그러므로 이러한 차원에서 사관이나 역사철학은 주관적인 깊은 늪 속에 빠질 가능성이 있게 되는 것이 사실이다. 따라서 사관을 다른 사상들과 마찬가지로 각 시대의 요청에 따라 나타나는 상대론적 역사해석의 일환으로 따진다면 그것은 더욱 그 나름대로의 역사적 의의가 있다고 판단된다. 예컨대 일제 때 일본의 굴욕적 지배를 벗어나 한민족의 자주성을 일깨워준 것은 육당이나 단재와 같은 사람들의 민족주의 사관을 통해서였을 것이다. 이러한 사관은 위에서 말한 그 약점에도 불구하고 그 시대 사람들의 올바른 역사의식을 고취시켜 주었기 때문이다.

'metaphysica'의 어원에 따라서 보면, 아리스토텔레스는 먼저 자연의 원리를 탐구하고 이어서 자연의 근원을 탐구했는데, 자연은 언제나 변화를 거듭하지만, 자연을 자연으로서 존재하게끔 하는 근원은 변화할 수 없는 원리로서 존재해야 한다고 주장한다. 즉, **부동(不動)의 원동자(原動者)**여야 한다는 말이다. 그런데 자연과 마찬가지로 인간 사회도 변화를 거듭한다. 아리스토텔레스의 관점에 따르면, 인간 사회에도 변화를 주도하는 어떤 원리가 변화의 배후에서 작용하고 있다. 그러한 원리는 가시적인 인식의 대상이 아니라 형이상학의 대상이며, 따라서 이것이 역사에서는 이념으로 나타난다. 앞서 살펴보았듯이, 동양에서도 형상을 초월해 있는 도(道)가 형상을 띠고 있는 모든 것의 원리로서 간주되어 왔다. 이러한 사상은 우리가 역사를 연구할 때 필연적으로 역사와 형이상학의 관계를 탐구해야 한다는 점을 보여주는 것이다.

이렇게 보면 칸트가 형이상학을 '순수 이성의 사변적 사용'과 '실천적 사용'으로 나누고, 전자를 '자연의 형이상학'으로 그리고 후자를 '도덕의 형이상학'으로 명명한 것은 탁월한 통찰이라고 할 수 있다. 칸트는 "도덕의 형이상학은 일체의 행동을 선험적으로 규정하고 필연적으로 삼는 제 원리를 포함하고 있다. 그런데 도덕성(Moralität)은 제 원리로부터 완전히 추론될 수 있는 여러 행위의 유일한 합법칙성"이라고 말한다.[70] 칸트가 말하는 도덕성과 필자가

역사현상을 너무 주관적으로 다루는 것도 아전인수격으로 역사를 왜곡할 우려가 있지만, 반대로 역사현상을 너무 객관적으로 취급하려는 것도 객관화의 가능성뿐 아니라 그 객관성 자체에 문제가 있는 것이다. 왜냐하면 역사를 이룬 것은 주체를 지닌 인간 개체들이기 때문이다." 이범직 · 김기덕 엮음, 『한국인의 역사의식』, 위의 책, 64-65쪽.

주장하는 역사성은 인간의 행위와 그 행위를 유발하는 이념에 근거한다는 점에서 크게 다르지 않다. 그렇다면 우리는 칸트의 말을 역사와 관련하여 다음과 같이 분명하게 바꾸어 생각할 수 있을 것이다. 즉, '**역사의 형이상학은 일체의 역사적 사건을 선험적으로 규정하고 필연적으로 삼는 제 원리를 포함한다.**' 도덕에서는 도덕성이 형이상학적 원리이지만, 역사에서는 **역사성**(歷史性 / Geschichtlichkeit)이 형이상학적 원리가 된다. 흔히 역사적 이념이라고 명명되는 것들은 바로 역사성을 의미한다.

역사에 대한 단편적인 지식은 배움을 통해 얼마든지 쌓을 수 있지만, 역사관을 정립하는 일은 역사의식이 없이는 불가능한 일이다. 왜냐하면 역사의식은 시대를 관통하면서 역사를 이끄는 역사의 이념과 관련되어 있는데, 이것은 역사인식을 바탕으로 하면서도 **역사의 원리**에 대해 끊임없이 관심을 가질 때 비로소 형성되기 때문이다. 역사의 원리는 모든 개별 민족 또는 개별 국가의 역사를 움직여나가는 추동력이다. 그렇기 때문에 역사의 원리는 실제로는 역사적 사건에 구체적으로 관계하지만, 원리이자 근거이기 때문에 역사의 **배후(meta)**에 전제되어 있는 것이다. 따라서 역사의 원리는 개별 민족이나 개별 국가의 역사에서는 보편성을 갖는다.

그렇다면 그러한 보편성이 인류 전체에게 그리고 지구상의 모든 국가의 역사에 동일하게 작용하는 보편성을 띨 수 있는지 어떤지에 대해 의문을 제기하지 않을 수 없다. 다시 말해서, 문제는 보편적 세계사를 주장하는 사람들이 과연 개별 국가나 개별 민족의 역사를 제대로 탐구하면서, 동시에 모든 개별 역사의 근거가 되는 보

---

70) Kant, *Kritik der reinen Vernunft*, 위의 책, A 841 f. / B 869 f.

편적인 역사의 의미를 논구하였느냐 하는 점이다. 이것은 개별 학문이 개별적이고 특수한 존재자의 의미를 탐구하는 반면에, 형이상학은 모든 존재자에 적용되는 보편적인 존재 그 자체의 의미를 추적하는 것과 같은 이치이다.

역사와의 관계에서 보면, 형이상학은 개별 사건들을 움직이게 하는 보이지 않는 힘을 탐구하고, 그러한 힘의 특징들 가운데 역사적 이념이라 할 만한 보편자를 규명하려 한다. 보이지 않는 여러 힘 가운데 과거에 역사적 사건을 주도하였고 현재에도 '역사적'이라고 평가받을 사건을 이끌고 있으며 미래의 역사도 이끌만한 어떤 힘이 존재한다면, 그러한 힘은 **역사의 이념**으로 간주된다. 또한 그러한 힘이 이념이 되기 위해서는 보편적이어야 하며, 형이상학은 모든 역사적 사건에서 보편성을 띠는 역사적 이념이 무엇인지를 탐구한다. 왜냐하면 역사적 사건들은 개별적이고 특수한 반면에, 사건들을 주도하는 이념이나 정신은 보편적이어야 하기 때문이다. 이와 같은 시대적 이념이나 정신을 바탕으로 하지 않는 사건들은 시간이 지남에 따라 사람들의 기억에서 자연스럽게 사라질 것이며, 따라서 그것이 비록 당시에는 커다란 반향을 가져왔을지라도 일회성에 불과한 사건이 되어버리고 역사적 사건으로는 간주되지 않게 된다.[71]

---

71) 냉전시대를 벗어난 후부터 지금까지, 즉 오늘날에는 전 세계에서 발생하는 크고 작은 사건들의 원인으로 돈이 배후에서 작용하고 있음을 부정하는 사람들은 아무도 없을 것이다. 개인과 개인 간의 다툼부터 시작해서 한 국가 안에서 나타나는 집단 간의 행동들도, 국가 간에 벌어지는 전쟁들도, 겉으로는 정치적 이념이나 종교적 신념 등을 내세우는 경우가 많지만, 면밀하게 따져보면 실제로는 경제적 이익을 둘러싼 분쟁이라는 사실을 어렵지 않게 간파할 수 있다. 그렇다면 오늘날의 커다란 역사적 사건들을 발생시키는 이념은 바로 '돈'이라고 한 마디로 규정해도 절

스스로 역사가라고 자부하는 사람들은 현실의 모든 사건이 바로 역사적 사건일 수 있다는 관점에서 모든 사건을 아무런 편견 없이 탐구의 대상으로 삼아야 한다. 하지만 모든 사건이 역사적 사건인 것도 아니고, 제아무리 박식하고 뛰어난 역사가일지라도 모든 사건을 역사적 사건으로 간주하여 연구할 수는 없기 때문에, 역사학의 종사자들은 결국 특정 사건들을 선택할 수밖에 없다. 이에 반해서 형이상학은 모든 사건의 본질을 이루고 있는 것이 무엇인가를 다룬다는 점에서 개별 학문인 역사학과는 다르다. 역사학의 대상인 역사적 사건의 본질과 이념에는 **인간의 정신**이 작용하고 있다.[72] 다시 말해서, 역사적 사건의 본질이자 이념은 비가시적인 동시에 정신적인 것이다.

역사가의 정신이든 아니든 간에, 인간의 정신은 현실의 여러 사건을 포착하여 파악하고 이해하며 해석함으로써 사건의 본질과 이념을 밝혀낸다. 학문에 국한하여 말하면, 역사학이 대상으로 삼은 사

대 틀린 게 아니다. 즉, 돈이 오늘날의 역사를 움직여나가는 보이지 않는 힘이라는 뜻이다.

[72] "진리와 역사"를 다룬 글이 있다. 그 글의 필자는 "오랫동안 물과 기름처럼 분리되어 있던 진리와 역사를 한데 마주하게 할 수는 없는가?"라고 묻고는 "그 방법은 진리의 역사화와 역사의 진리화로 요약된다."고 말하면서, "진리의 역사화는 대응론, 정합론 등과 같은 기존의 공시적 진리론들에 대한 공시적 접근에서 출발해 그것들의 한계를 넘어설 수 있는 통시적 역사 진리론을 다듬어낸다. 반면 역사의 진리화는 통시적 역사로부터 그것을 움직이는 힘과 흐름에 대한 진리 명제들을 다듬어낸다. 역사로부터 길어낸 이 명제들이 공시적 보편성을 지니는 것은 아니지만, 역사에 대한 반성의 귀결이라는 점에서 통시적 보편성을 확보한다."는 주장을 펼친다. 하지만 아무리 살펴봐도 '진리'라는 말이 공허하게 들린다. 그러나 이 글의 필자가 말하는 '힘과 흐름'이라는 용어를 역사를 끊임없이 움직이게 하는 **이념**으로 대치하고, 그 이념이 무엇인지를 밝혀내는 이론을 '진리론'이라고 한다면 그 글을 어렵지 않게 이해할 수 있을 것이다. 이승종 지음, 『우리 역사의 철학적 쟁점』, 서울 (소명출판) 2021, 49-50쪽.

건들에서 밝혀낸 이념을 형이상학의 대상으로서 주제화한다면, 이것은 형이상학이 그 이념을 보편화하는 것이 된다. 이런 보편화 과정을 거친 **이념**은, 옳고 그름의 문제와는 별개로, (특정) **역사의 원리**로 간주된다. 이와 같은 것은 역사학 자체에서 다루어지는 것이 아니라 형이상학과의 관계에서 가능해진다. 그렇다고 해서 역사의 이념이라든가 역사의 원리와 같은 것들이 어떤 이론 체계나 학문적 저술에서 다루어질 때 형이상학이라는 명칭도 필연적으로 등장하는 것은 아니다. 왜냐하면 군이 형이상학이라는 명칭을 언급하지 않더라도 어떤 이론을 정립하고 저술활동을 하는데 전혀 문제가 없기 때문이다. 그렇지만 그런 이론이 보편성을 띠고 인정받기 위해서는 그리고 어떤 저술이 가치 있는 것으로 인정되기 위해서는, 특히 그러한 것이 역사와 관련한 것이라면, 역사의 이념과 원리를 다루는 과정을 반드시 거친 다음에 결론을 이끌어내야만 한다.[73]

그렇다면 **역사의 이념**이란 도대체 무엇이며, 우리는 이것을 어떻게 정립할 수 있는가? 엄밀하고 근본적인 의미에서 역사는 현실이지 이념의 세계가 아니다. **이념**(理念)이란 Idea인데, Idea란 플라톤의 사상을 대표하는 개념으로서, 가시적인 현상의 세계가 근원으로 삼고 있는 초월적인 것이기 때문에, 현상계의 사물들은 각각의

---

73) 그래서 앞선 각주에서 인용한 글의 필자가 말하는 다음과 같은 글은 **역사의 이념**과 관련하여 하나의 예가 될 수 있다. "인문학적 관점에서 보았을 때 진리와 역사의 문제는 각각 의미와 계승의 차원에서 논의되어야 한다. 드러남으로서의 진리 개념에서 드러나는 것은 역사의 의미이며 역사는 이 의미의 계승과 변용이기 때문이다. 우리의 역사만 보더라도 고구려는 고조선을 계승한다는 의미의 다물(多勿)을 국시로 삼았으며, 고려와 조선은 그 이름에서 이미 각각 고구려와 고조선을 계승하고 있음을 구현하고 있다." 이승종 지음, 『우리 역사의 철학적 쟁점』, 위의 책, 51쪽.

개별자인 반면에 이데아는 보편자이다. 이렇게 보면 각각의 민족 사와 세계사 – 물론 보편적 세계사를 인정한다는 전제하에 – 의 관 계도 개별자와 보편자의 관계로 설정하여 고찰할 수 있다. 왜냐하 면 구체적 현실로서의 각각의 민족사는 궁극적 이데아로서의 세계 사에 근거를 두지 않으면 안 되기 때문이다.

그러나 보편자에 관한 아리스토텔레스의 사상은 플라톤의 사상 과 분명하게 대비된다. 아리스토텔레스에 따르면, 보편자는 구체 적 개별자 속에 내재하며, 보편자는 보편자를 포함하고 있는 개별 자가 있기 때문에 보편자로서 존재할 수 있다.[74] 아리스토텔레스의 이와 같은 사상에 근거해서 보면, 각각의 민족사가 참된 의미의 역 사이며, 세계사의 보편적 이념은 개별적인 모든 민족사에 내재하 지 않으면 안 된다. 즉, 각각의 민족사가 세계사라는 개념보다 훨씬 더 중요한 의미를 갖는다는 말이다.

역사는 구체적인 현실이다. 구체적 현실에서는 이념을 찾기 어 렵다. 어떤 이념이든지 이념은 대부분 현실이 지나간 다음에 드러 난다. 그게 아니라면, 구체적 현실에서는 온갖 이념이 혼재해 있 는 경우가 대부분이다. 각각의 **민족사**는 구체적 현실에서 전개되 는 현상이지 보편적 이념 – 설령 보편적 이념이 가능하다고 하더라

---

74) "아리스토텔레스는 보편자는 특수자를 떠난 실체로서는 현존하지 않지만, 다만 특 수자들 사이에 공통하는 요소로서는 현존한다고 한다. 즉 X라는 보편은 모든 x에 공 통한다는 것이다. 보편은 개체에 관하여 술어화 되는 것이다. 개별적 대상들은 동일 한 성질을 배분하는데 따라 여러 종류로 술어화 되고 술어화 된 여러 종류는 제 성 질들 사이의 차이에 의하여 유(類)와 종(種)으로 재분할된다. 예컨대 '색깔 있는 대 상'은 색깔 있는 존재에 대하여 공통하지만, 이것은 다시 '붉은 대상'과 '초록빛 대 상'이라는 (유의) 종으로 분할된다. 보편은 개별적 사물 안에 실재한다는 것이다." 소 광희·이석윤·김정선 공저, 『哲學의 諸問題』, 서울(지학사) 1980, 249쪽.

도－이 제시하는 방향에 따라 움직이는 꼭두각시가 아니다. 오히려 우리는 '보편적 이념에 근거하는 **세계사가 존재할 수 있을까?**'라는 질문을 던져야 한다. 그리고 설령 우리가 형이상학적 탐구의 정신에 따라서, 역사에 있어서 보편적 이념을 인정한다고 하더라도, 그 이념은 **개별적인 민족사에 내재**하지 않으면 안 될 것이고, 이러한 것이 역사의 본래적인 의미가 될 것이다. 왜냐하면 만일 어떤 개념이 이념이라면 그것은 필연적으로 보편적이어야 하며, 그 이념이 역사의 이념이라면 개개의 모든 민족사에도 보편적으로 적용할 수 있어야 할 것이기 때문에, 개별적인 모든 민족사는 마땅히 보편적인 역사의 이념을 바탕으로 해서 나아가지 않으면 안 될 것이기 때문이다. 또한, 만일 그러한 보편적 이념이 존재한다면 모든 사람에게, 그중에서도 특히 역사학자들과 역사철학자들에게 동의를 얻을 수 있어야만 할 것이다.

하지만 엄밀한 의미에서, 인간이 행하는 모든 것에는 '절대적'이라고 할 만한 게 아무것도 없다. 어떤 분야에서건 절대적인 기준으로서 제시될 수 있는 것도 있을 수 없다. 그 까닭은 인간이 유한한 존재이기 때문이다. 모든 민족이나 국가에 공통적으로 적용될 수 있는 보편적 이념－이는 마치 사랑이란 무엇인가에 대한 모든 답변이 정답일 수 있는 것과 같은 까닭으로－도 존재할 수가 없다. 필자가 이렇게 말하면, 어떤 사람들은 개개인은 유한하지만 인류는 무한하다고 말하면서 필자의 주장을 반박할지도 모른다. 그렇지만 보편자로서의 인류도 개별자로서의 개개인의 집합인 것은 부정할 수 없는 사실이다.

바로 그렇기 때문에 역사에서 보편적 이념이 존재한다고 하더라도, 그 이념이 현실에서 드러나는 형태나 방식은, 비록 서로 유사할 수는 있을지언정, 결코 같을 수가 없다. 어떤 이념이든지 인간의 사유에 바탕을 두고 있는 것과 마찬가지로, 구체적 현실을 도외시하는 이념을 역사적 이념이라고 제시하는 사람도 없다. 만일 그렇지 않다면, 역사의 이념이라고 제시되는 것은 실제로는 이념이 아니라 역사의 원리이다. 신채호가 제시하는 '아와 비아의 투쟁'도, 토인비가 말하는 '도전과 응전'도, 카가 말하는 '과거와 현재의 끊임없는 대화'도, 이 모든 것 – 이 모든 것이 맞건 틀리건 간에 – 은 역사의 이념이 아니라 역사의 원리이다.

특정 시대나 지역을 뛰어넘고 보편성을 지향하는 역사의 원리는 오직 한 가지여야만 한다. 만일 어떤 역사가가 역사의 원리라고 하면서 여러 가지를 제시한다면, 그것은 역사의 원리가 아니라 각각의 역사 과정을 분석하고 정리한 결과물일 뿐이다. 왜냐하면 역사의 원리에 따른 구체적 역사는 각양각색으로 전개되기 때문이다. 물론 역사의 이념도 한 가지로만 설정될 수 있다. 그러나 역사의 원리는 처음부터 그 원리·원칙 하에서 현실의 역사가 구체적으로 전개되는 과정이 특정 민족이나 국가에서 다르게 나타날 수 있다는 점을 전제한다. 이에 반해서 역사의 이념은 처음부터 특정 이념을 제시하는 사람의 집단, 즉 민족이나 국가를 전제하면서도 그것을 감추는 경우가 허다하다. 그렇기에 역사의 이념은 제시하는 사람마다 얼마든지 다를 수 있다. 물론 누군가가 제시한 역사의 이념이 시대와 지역을 초월하는 보편성을 지닐 수도 있다. 그러나 특정한 역사이념을 제시한 사람이 쓴, 역사 관련 글을 자세히 들여다보면 자신의 민족이나 국가를 중심으로 서술하고 있다는 점을 잘 알 수 있다.

이 책의 전반부에서 필자가 이미 다룬바 있는, 신채호의 '아와 비아의 투쟁'은 아(我)의 위치에 선 특정 민족이나 국가의 구체적 현실이나 이념이 비아(非我)인 다른 민족이나 국가의 침해·침략을 받기 때문에 그에 대항한 투쟁인 것이다. 그렇기 때문에 '아와 비아의 투쟁'은 역사의 원리이지 이념이 아니다. 그러나 헤겔이 제시하는 '자유의식의 진보'(Fortschritt im Bewußtsein der Freiheit)는 '자유의식'이라는 역사의 이념을 내포하고 있으면서도 진보의 정점에는 자신이 속한 게르만 민족을 위치시키고 있다. 즉, 자유의식이라는 이념은 게르만 민족에게만 해당하는 것이기 때문에, 헤겔이 강조하는 세계사는 실제로는 게르만 민족의 민족사를 말하는 것이다.

자유의식의 진보를 역사의 이념으로 하는 역사의 필연성은 **이성의 간계**(List der Vernunft)라는 원리에 의한 것이라고 하는 데에서, 헤겔은 이성을 "보편을 산출하면서 특수를 그 속으로 포섭하는 긍정적이고, 적극적인"[75] 능력이라고 규정한다. 이 말의 의미를 헤겔의 역사철학에 국한해서 보면, 이성의 능력은 보편적 이념을 산출하는데, 각 민족이나 국가의 특수한 역사를 보편적 이념 안에 포섭하여 세계사를 진행해 나간다는 뜻이다. 또한, 형이상학은 이념의 학문이고 이념은 현실의 목표이기 때문에, 이성이 긍정적이고 적극적으로 활동하기만 한다면, 역사가 지향하는 목표가 무엇인지를 알 수 있다는 말이다. 이렇게 보면, 헤겔의 역사철학이 지향하는 이념은 플라톤의 이데아와 같은 의미가 아니라, 아리스토텔레스의

---

75) Hegel, *Wissenschaft der Logik* I, Hamburg 1978, S. 7.; 임석진 역, 『대논리학』 I, 서울 (지학사) 1988(재판), 23쪽 참조.

제일 실체와 같은 의미를 지니고 있다. 그렇지만 이러한 이념은 지극한 신앙심에서 나온 것이 분명하다고 할 수 있다. 다음과 같은 헤겔의 말이 이를 증명해주고 있다.

> "물론 철학이 이념을 **전제**로 하는 한, 역시 선험적인 방식으로 연구에 임하는 것은 사실이다. 즉, 이념은 분명히 존재한다는 것, 이것이 곧 이성의 확신이다." (VG, S. 32.; 『이성』, 54쪽.) "(…) **종교적** 진리의 형식으로서, 여기서 세계는 우연이나 외적인 우연적 원인에 내맡겨지지 않고, 오히려 어떤 하나의 **섭리가 세계를 지배**하는 것으로 생각되고 있다. 앞에서 이미 나는 이상과 같은 원리에 대한 여러분들의 믿음을 요구할 생각은 없음을 밝힌 바 있었다. 그러나 적어도 철학이라는 학문의 특성이 **전제의 타당화**를 받아들이지 않는 이상, 나는 그와 같은 원리에의 **믿음을 종교적 형식**을 통하여 받아들일 것을 호소하고자 한다." (VG, S. 32.; 『이성』, 54쪽.)

헤겔은 이때의 이념을 역사와 관련지어 다음과 같이 밝히고 있다.

> "철학적 세계사는 여러 국민의 구체적인 정신적 원리와 그 역사를 고찰하면서 어떤 개별적 상황이 아닌 전체 속을 일관하는 일반적 사상을 다루는 것이다. (Sie betrachtet das konkrete, geistige Prinzip der Völker und seine Geschichte und beschäftigt sich nicht mit einzelnen Situationen, sondern mit einem allgemeinen Gedanken, der sich durch das Ganze hindurchzieht)" (VG, S. 32 f.; 『이성』, 55쪽.)

현실에서는 수많은 사건이 일어나지만, 이 가운데 제아무리 큰 사건일지라도 시대를 관통하는 이념과 아무런 상관이 없다면 일회적 사건일 수는 있어도 역사적 사건으로 간주되기 어렵다. 물론 그렇지 않은 사건인데도 역사적 사건으로 간주되는 경우가 있을 수 있는데, 그것은 이념을 실현하기 위해서가 아니며 이념과는 전혀 상관없이 발생한 사건이지만, 그러한 사건 이후로는 역사의 전개과정이 이전과는 완전히 다른 방향으로 진행되는 경우일 때이다. 지금까지의 역사가 이것을 명백하게 증명하고 있다면, 위에서와 같은 헤겔의 견해는 한편으로는 타당하지만, 다른 한편으로는 전혀 그렇지 못하다. 특히 헤겔은 위에서 "어떤 개별적 상황이 아닌 전체 속을 일관하는 일반적 사상"을 역사의 이념으로 간주하고 있는데, 이러한 생각은 헤겔이 칸트를 비판하면서 "보편을 산출하면서 특수를 그 속으로 포섭하는 긍정적이고, 적극적인 이성"을 강조했을 때의 견해와는 거리가 먼 것이다. 후자의 입장은 보편자라면 그 어떤 특수자나 개별자도 포섭한다는 관점인데, 전자의 관점은 개별자와 보편자를 분리해버리고 있기 때문에, 이 관점에 따르면 헤겔이 강조하는 보편자로서의 역사적 이념은 개별자로서의 현실적 사건과는 아무런 관련이 없는 것이 되어버린다.

　형이상학적 개념인 자유(Freiheit)는 헤겔이 이러한 점을 극복하기 위하여 제시하는, 역사의 이념이다. 자유가 바로 형이상학적 개념인 까닭에, 헤겔에게 있어서 자유는 한 민족이나 국가 안에서 싹을 틔우더라도 완성의 단계로 나아가지 못하고 시대와 공간을 뛰어넘어 다른 민족이나 국가에서 비로소 완성된다. 따라서 헤겔이 말하는 자유의식의 진보는 역사의 원리가 아니라 이념인 것이다.

필자가 이미 여러 번 강조한 바 있지만, 역사를 학문적으로나 철학적으로 탐구하고 연구하는 사람이라면, 그저 과거와 관련된 지식을 습득하는 것에만 머물지도 않고 만족하지도 않는다. 학자라면 누구나 특수하고 개별적인 것을 넘어서 보편적인 것에 관심을 둔다. 그렇기 때문에 그들은 역사에서도 사건이나 기록 자체의 진위(眞僞)를 캐는 데에 머물지 않고 역사의 원리를 밝히거나 이념을 제시하기를 원한다. 그런데 **역사의 원리**는 지금까지의 역사를 탐구한 결과로써 밝혀질 수 있지만, **역사의 이념**은 과거뿐만 아니라 현재와 미래의 역사 전개 과정과도 뗄 수 없는 연관성을 가지고 있기 때문에 쉽게 제시될 수 있는 것이 아니다.

그런 까닭에 많은 학자가 특정 종교에 의존하여 이념을 제시하는 경향이 있다. 게다가 지구상의 거대 종교들이 가르치는 내용을 들여다보면, 누가 어떤 종교에서 특정한 이념을 채택할지라도, 그 이념은 전 인류에게 충분히 적용될 수 있을 만큼 값진 것이 많다. 하지만 현실은 언제나 그러한 기대와는 정반대의 방향으로 나아가고 있기 때문에 수많은 문제가 발생하는 것이다. (형이상학적) 이념이 아무리 거창하고 아름다울지라도, 현실에서 그 이념의 적용과정이 배타적이라면, 그것은 무용지물이다. 아니, 그것은 폐기 처분해야 마땅하다고 해야 할 것이다.

기독교의 사랑, 불교의 자비, 유교의 인(仁) 등, 이 모든 것의 내적인 의미가 서로 통할지라도 현실에서 배타적으로 나타난다면, 그것은 이 세상에서 폐기 처분해야 할 것들이다. 자유라는 이념도 마찬가지이다. 헤겔이 강조하는 것처럼, 변증법적 발전과정을 거쳐서 진보한 자유의식을 그 과정의 마지막에 위치한 민족들만 진정으로 소유한다고 말한다면, 그것은 결코 보편화된 자유라고 할 수가 없다. 현실에 근거하지 않고, 객관성이 보장되지 않는 기록은 진정한 역사로서 인정받을 수 없듯이, 현실에서는 결코 보편적이지 않은데도 단지 개념적·명목상으로 보편적이라고 해서, 우리가 그러한 것을 역사의 이념으로서 인정할 수는 없는 노릇이다. 이에 대하여 예를 들어, 촘스키가 "현실의 민주주의는 가짜다"라는 점을 설명하는 다음과 같은 비유는 매우 적절하다.

> "민주주의를 확대시키려는 대중과, 민주주의를 제한하려 안간힘을 다하는 지배계급 간의 투쟁은 지금도 계속되고 있습니다. 대기업의 힘을 키워주는 정책과 무역협정은 민주주의를 제한하려는 음모입니다. (…) 모든 것이 민주주의를 어떻게 정의하느냐에 달려 있습니다. 특히 미국에 널리 알려진 이론으로 거의 공식화된 이론에 따르면, 민주주의는 '국민이 당사자가 아니라 방관자에 머무는 체제'입니다. 일정한 시간의 간격을 두고 국민은 투표권을 행사하며 그들에게 나아갈 방향을 지시해 줄 지도자를 선택합니다. 이런 권리를 행사한 후에는 집에 얌전히 틀어박혀 있어야 합니다. 주어진 일에 열중하고 벌어들인 돈으로 소비하고 텔레비전을 시청하며 요리나 하면서 지내야 합니다. 국가를 성가시게 굴어서는 안 됩니다. 바로 이런 것이 민주주의입니다."[76]

아니 더욱 엄밀하게 말해서, 국경과 시대 그리고 민족을 초월해

---

76) 노암 촘스키 지음, 『촘스키, 누가 무엇으로 세상을 지배하는가』, 위의 책, 148-149쪽.

있는 종교라고 해서, 특정 종교가 제시하는 이념이 그 종교를 신앙하는 모든 사람에게 동일하게 받아들여지는 것도 아니다. 민족은 예외로 하더라도, 문화와 언어·사회 등 모든 조건이 다른 상황에서는 제시되는 이념이 각각 다르게 수용될 수밖에 없다.

이와 반대로, 일정하고 동일한 사회 조건에서는 외부의 것일지라도 자신들의 것으로 수용되어 고유한 것으로 변화될 수가 있다. 예를 들면, 대한민국 국민이 신앙하는 기독교와 불교는 예수와 석가모니 생존 당시의 그것과 다르고, 현재의 미국 국민들이나 일본 국민들의 그것과도 같지 않다. 그렇기 때문에 역사의 이념은 사실상 민족이나 국가의 단위를 넘어서기가 어렵다. 만일 특정 이념을 제시한 민족이나 국가가 그 이념의 확대를 원한다면, 그들은 자신들의 이념을 통해서 다른 민족이나 국가를 지배하기를 원한다고 해도 결코 과언이 아니다. 이념의 확대는 정신과 문화 등 비가시적인 것을 목표로 한다. 애초부터 그것은 실현 불가능한 이데아에 불과한 것이다. 실현 가능한 것은 역사의 원리뿐이다. 그런데 이 원리는 역사과정과 전개의 원칙을 말하는 것이지, 원리의 적용은 각각 다르게 가시적으로 나타난다는 것을 전제해야 하고 또한 전제할 수밖에 없다.

맺는말
– 보편적 역사는 오직 민족사뿐이다

　인간이 살아가는 데에는 누구나 동의하고 추구하기를 원하는 보편적 가치들이 있다. 우리는 자유·평등·평화·행복 등의 가치를 보편적 가치라고 칭한다. 하지만 그러한 것들이 보편적 가치로서 인정되기 위해서는 시·공간을 불문하고 모든 사람이 동의하고 추구한다는 전제가 있어야 한다. 그러나 '동의하는 것'과 '추구하는 것'은 전혀 다른 문제이다. 동의하는 것은 그 개념들에 내포된 이념적 가치에 대한 것인 반면, 추구하는 것은 이념이 아니라 현실에서 구체적인 방법에 바탕을 둔 과정과 결과로 나타나기 때문에, 모든 사람에게 결코 동일하지 않다.

　인간의 삶 전체가 아니라 분야를 역사에 한정해서 보더라도 사정은 마찬가지이다. 각각의 민족이나 국가의 역사를 보면 겉으로는 서로 비슷하게 보이는 이념이 있는 경우도 있고 하나의 이념을 공유하는 경우도 있다. 그러나 그 이념을 실현하고자 하는 구체적인 방법이나 내용까지 모두 동일한 것은 아니다. 오늘날 거의 모든 국가가 추구하는 경제적 이념으로서 자본주의도 정치적 이념으로서 민주주의도 고대에서부터 현재에 이르기까지 그 어디에서도 동일하게 구현된 적은 없었다. 그럼에도 불구하고 자본주의나 민주주의 같은 개념들은 여전히 역사에서 위세와 위력을 떨치고 있다. 그 까닭은 이런 개념들이 이념으로서 역사를 주도하기 때문인데, 이 때문에 역사가들뿐만 아니라 역사에 관심을 갖는 일반인들도 하나의 이념에 근거하는 세계사를 주장하기도 한다.

그렇지만 역사에서 모든 국가와 민족을 초월하는 세계사적 공통점이 있다고 하더라도, 그것이 각각의 개별 역사가 가지는 구체적인 내용이나 차이점까지도 포괄하는 것은 아니다. 자칫 잘못하면 보편성에 매몰된 나머지, 차이성이나 고유한 특징을 간과해 버릴 위험이 매우 크다. 만일 누군가가 '세계사란 세계적이어야 한다.'고 주장한다면, 필자는 '세계적'이라는 낱말의 뜻이 무엇인지에 대해 정확하게 정의해야한다고 생각한다. 국립국어원의 『표준국어대사전』에 따르면, '세계적'이라는 낱말은 '명사'나 '관형사'로서 "이름이나 영향 따위가 온 세계에 미치거나 세계에서 가장 뛰어난 것"을 의미한다. 그리고 영어사전에는 형용사와 명사로 'global, universal, being worldwide, being global'이 '세계적'이라는 낱말로 정의되어 있다.

위의 정의를 가만히 살펴보면, 『표준국어대사전』과 영어사전에서 정의하고 있는 의미에서 다른 게 있음을 발견할 수 있다. 우선 『표준국어대사전』에서와 영어사전이 공통적으로 말하고 있는 정의는 '이름이나 영향 따위가 온 세계에 미친다.'는 것이며, 『표준국어대사전』에서만 정의하고 있는 것은 '세계에서 가장 뛰어난 것'이라는 말이다. 이 둘 중에서 '세계사'라는 뜻에 부합하는 정의는 당연히 '이름이나 영향 따위가 온 세계에 미친다.'는 말이다. 그 까닭은 이미 필자뿐만 아니라 모든 역사가와 역사학자가 그 정의에 동의하고, 그에 따라서 세계사를 - 보편적 세계사가 가능하다는 전제에서 - 연구하고 있기 때문이다.

　그렇지만 실제로 지금까지 발표된 모든 세계사 관련 연구 자료를 보면 '이름이나 영향 따위가 온 세계에 미친다.'는 정의에 부합하는 세계사는 존재하지 않는다는 사실을 잘 알 수 있다. 왜냐하면 지금까지의 인류 역사가 보여주고 있는 것은, 모든 민족이나 국가가 똑같은 형태의 문화·언어·사회제도·종교·예술 등을 발전시켜 온 것이 아니라, 그들이 살고 있는 지역의 환경이나 기후[1] 등에 맞는 독특한 형태로 인간의 창조물을 발전시켜왔다는 사실 때문이다. 만일 전체 또는 부분적으로 비슷한 형태로 전개 또는 발전된 무엇인가가 있더라도, 각 민족이나 국가 또는 집단들은 그것을 받아들이는 과정에서 새로운 의미를 부여하고 적용하여 자신들만의 고유한 형태로 변모시켰다는 것은 부정할 수 없는 사실이다. 이에 대한 가장 손쉬운 예로써, 특정 종교를 보면 하나의 명칭을 모두가 동일하게 사용하는 것에는 동의하면서도, 그 종교 안에는 수많은 종파가 나누어져 있는 것을 들 수가 있다.

　이렇게 보면 세계사라는 것은 어떤 하나의 원리나 이념에 의해 형성된 것, 즉 보편적 세계사가 아니라, 특정한 원리나 이념을 여러 민족과 국가에 무차별적이고 인위적으로 적용한 것에 불과한 게 된다. 이런 과정에서는 개별 민족이나 국가의 역사적 특수성이 배제되어버린다. 특히 민족성(nationality / Nationalität)이라는 개념은 한 민족의 공통적 감정·언어·풍습·생활환경 등을 토대로 하여 그 민족의 특질을 나타내는 용어로써, 각각의 민족은 고유한 특성을 지

---

1) 브라이언 페이건 지음, 『기후는 역사를 어떻게 만들었는가』, 위의 책, 참조.

니고 역사를 전개해왔다는 것을 보여준다.

　"'민족'이란 어떤 의미를 지니는가. 먼저 그 어원부터 검토해보자. '민족'이라는 용어는 서양어 'nation' 또는 'Volk'를 번역한 것이다. 그런데 이 용어들은 본래 각기 다른 의미를 가진 것이었다. nation은 프랑스 말로 민족, 국민, 국가를 의미한다. nation은 혈통이나 출생을 의미하는 라틴어 natio에서 나온 것으로, natio는 원래 인종이나 종족과 같은 혈연관계에 기초를 둔 하나의 혈연 집단을 의미하였다. (…) 한편 Volk는 민중, 민족, 국민, 인민 등 다양한 의미를 지니는 독일어였으며, 그 내용은 역사의 흐름에 따라 다양한 변화를 보여주었다. (…) 이처럼 프랑스의 nation과 독일의 Volk는 본래 각기 다른 의미를 지니고 있었다. 즉 nation은 주로 이념을 공유하는 정치적 공동체의 성격이 강하였고, Volk는 언어·역사 등을 같이하는 문화적 공동체의 성격이 강하였다. (…) '민족'의 개념에 대해서는 위와 같은 정의들을 비롯하여 여러 고전적인 정의들이 있지만, 어떠한 정의도 '민족'에 대해 충분히 설명하고 있다고 보기는 어렵다. 정치적 이념을 같이한다고 해도 하나의 민족을 꼭 구성하는 것은 아니다. 또 언어를 같이한다고 해서 하나의 민족을 구성하는 것도 아니고, 같은 영토에도 여러 민족이 살고 있는 경우도 있다. 정치적 이념은 달리하지만, 언어와 종교 등 문화를 같이하면서 하나의 민족을 구성하는 경우도 있다. 따라서 '민족'이란 무엇인가를 정의하기란 매우 어려운 일이라는 것이 일반적인 견해이다."[2]

---

2) 박찬승 지음,『민족·민족주의』, 위의 책, 29-33쪽.

위 인용문에서 볼 수 있는 것처럼, 민족이라는 개념을 한 마디로 명확하게 정의하기란 결코 쉽지 않다. 그렇지만 현실적으로 지구상에는 수많은 민족이 존재하고 있는 게 사실이고, 국가는 건국되었다가 멸망하기도 하지만, 민족의 경우는 비록 흥망성쇠를 거듭할지라도 여전히 존재하고 있는 것 또한 사실이다. 그렇기 때문에 만일 각 민족의 특수성을 무시한 채 보편성의 논리에만 매몰되어 세계사를 논할 경우, 오직 하나의 틀 안에서 전체를 이해해야하는 문제가 발생하고 말 것이며, 세계사의 전개과정은 각 민족사의 고유한 흐름을 배제하고 보편적인 흐름에 따라야만 한다는 주장에 동조하는 결과를 낳고 만다.

특정 이념에 근거하는 보편적 세계사 또는 특정 원리에 따르는 세계사를 강조하고 주장하는 사람들은 자신들의 편견으로 인해서, 예컨대 유럽 사람들에 있어서는 서양을, 그리고 중국 사람들에 있어서는 중국을 중심으로 하는 역사의 통일성을 주장하였다. 그러한 편견을 가진 사람들은 자신들이 제시하는 역사의 이념이나 원리에 부합하지 않는 역사를 가진 민족은 무역사적일 뿐만 아니라 야만인과 자연민족의 생활이었으며, 그러한 것들은 민속학적 관심의 대상이긴 했으나, 역사의 대상일 수는 없다는 주장을 펼친다. 그들이 주장을 펼칠 때 사용하는 '야만'이나 '자연민족' 등의 용어가 '문화' 또는 '문화민족' 등의 개념과 대립할 수는 있을지라도, 어떤 것이 다른 것에 비해서 **도덕적으로** 우월하거나 열등함을 나타내는 척도가 될 수 없다는 사실은 분명하다. 물론 언어나 종교·예술·철학 등 인간의 정신문화를 주도하는 것들이 하나의 뿌리에 근거를 두고 있다면, 거기에 따라서 진행되는 역사의 흐름도 당연히 어떤 통일성이나 단일성을 지향한다고 할 수는 있다. 하지만 통일성과 단일성이 보편성과 동의어는 아니며, 정신문화를 주도하는 하나의 뿌리가 있다고 해서, 그것이 다른 것에 비해서 우월하다는 것을 보증해주는 것은 더더욱 아니다.

그렇지만 이러한 생각의 바탕에는 선민사상(選民思想)[3]이 자리 잡고 있다.[4] 선민사상에 물들어 있는 민족은 보편성을 지향하지 않는다는 것이 이미 그 사상 자체에 내포되어 있으며, 오히려 그러한

---

3) 이는 개인적으로는 누구에게나 본성적으로 내재한다고도 할 수 있을 것이지만, 집단적으로는 특히 서구인들이 제국주의를 확장해 나갈 때부터 생긴 사상이라고 할 수 있다. 서구인들은 오직 자신들의 모든 문화적 척도만 보편적이라고 생각한 나머지, 다른 이질적인 문화 또는 문명의 산물을 야만이라거나 미개한 것으로 치부해 버렸다. 그런데 자세히 들여다보면 이들이 주장하는 보편성이라는 개념에 이미 가치의 상대성과 문화의 상대성이라는 생각이 배경으로 작용하고 있음을 알 수 있다. 어떠한 것이 진정으로 '보편적'이 되기 위해서는 모든 것에 무차별적으로 적용되어야 한다. 예를 들어, '살인은 그 어떤 경우에서건 죄악이다.'라는 생각이 진정으로 보편성을 확보하려면, 일상에서 행해지는 살인이건, 식인의 풍습이건, 사형제도이건, 전쟁을 통한 살인이건 간에, 그 어떤 경우에도 살인은 행하지 말아야 한다. 따라서 테러에 대한 응징도 정당하지 않으며 성전(聖戰)도 언어의 유희일 뿐이다. 특히 서구인들이 가지고 있는, 자신들만의 문화가 보편성을 가진다는 생각에 예리한 비판을 하고 있는 것으로는 "루스 베네딕트 지음, 『문화의 패턴』, 위의 책"을 참조 할 것.

4) 다음의 글은 선민사상이 낳은 결과를 잘 보여주고 있다. "유럽인들은 아프리카인들이 인간 이하의 존재라는 논리로 노예제를 합리화했다. (…) 유럽의 위대한 철학자들마저 흑인이 본디 백인에 비해 열등한 존재라는 사고에 감염되었다. 흄은 '깜둥이들이 태생적으로 백인보다 열등한 존재가 아닌지 미심쩍게 여기는 경향'이 있었다. 헤겔의 경우 아프리카인들이 '철저하게 야생적이고 길들여지지 않은 자연인의 표상이며 이런 종류의 특성은 인간성에 어울리지 않는다.'고 언급하기도 했다. 게다가 다윈의 진화 이론은 아프리카인에 대한 이런 사고를 뒷받침하는 허위 과학을 낳았다. 이 허위 과학은 아프리카인을 자연적 위계질서의 사닥다리 최하단에 두었다. 사닥다리의 중단에는 아시아인이 있고, 최상위는 영광스럽게도 유럽 백인이 차지했다." 크리스 브래지어 지음, 『세계사, 누구를 위한 기록인가?』, 위의 책, 136쪽.

민족은 자신들만의 특수한 요소를 다른 민족들에게 확대 적용하려고 한다. 그 과정에는 필연적으로 **침략적 행위**가 뒤따르게 된다. 그렇기 때문에 그러한 민족은 자신들보다 열등하다고 생각하는 모든 민족이나 국가를 강제하여 자신들의 문화와 체제·질서를 따르도록 하는 경향을 보여 왔으며, 지금도 여전히 그와 같은 역사를 진행하고 있다. 따라서 이러한 역사는 여전히 개별성 내지는 특수성에 불과할 뿐이지, 결코 보편성을 목표로 하는 것이 아니다. 만일 그들이 세계사를 주장할지라도, 이때의 세계사는 '이름이나 영향 따위가 온 세계에 미치는' 의미로서의 역사가 아니라 '세계에서 가장 뛰어난' 역사라는 의미에서의 세계사임은 부정할 수 없는 사실이다. 즉, 자신들의 역사가 이 세계에서 가장 뛰어난 역사라는 뜻에서 세계사라고 주장한다는 말이다.

위에서 이미 강조했듯이, 필자는 '세계사'를 논하는 사람이라면 그 개념이 갖고 있는 의미를 엄밀하게 규정하는 일을 선행해야 한다고 주장하는 바이다. 그렇다면 보편적 세계사의 완성을 주장하고 있는 대표적인 철학자인 헤겔의 경우는 어떠한가? 헤겔은 현실 세계의 궁극적인 목표는 인간 정신이 바로 정신의 본질인 바의 자유를 의식하는 것이라고 했다. 즉, 정신이 자유가 자신의 본질인 바를 의식할 때, 자유가 비로소 완전히 실현된다고 한 것이다. 하지만 이때의 정신은 개인의 주관적 정신이 아니라 모든 개인을 초월해 있는 절대정신이기 때문에, 마찬가지로 자유도 개인적인 자유, 즉 내가 하고 싶은 것을 마음대로 하는 자유가 아니라고 하였다. 그것은 인간이 자기 자신의 본질, 즉 이성을 따르게 될 때 획득하게 되는 자유이다.[5]

혜겔에 따르면, 이러한 자유는 다름 아닌 **국가**에서만 온전하게 실현될 수 있으며, 역사는 정신이 자유를 실현하기 위해 나아가는 진행과정을 서술하는 것이다. 그리고 역사의 진행과정에는 각 단계들의 형태가 세계사 상의 민족정신으로 나타나고, 각 민족의 정신이 예술·종교·철학을 통해서 발현된다는 것이다. 그렇기는 하지만 이러한 형태의 각 민족정신은 스스로 최종 목표에 도달하지는 못하며, 오히려 게르만 세계에서 완성을 맞이하기 위해 거쳐 가는 중간 단계, 즉 목표를 위해 필연적으로 거쳐야 하는 단계에 불과할 뿐이라는 게 혜겔의 사상이다.

혜겔의 역사철학 사상이 이와 같은 이유는 그가 세계의 목표, 즉 '자유의식의 진보'를 역사의 이념으로 설정하였고, 이에 부합하지 않는 민족이나 역사적 사건을 굳이 다룰 필요가 없었기 때문이다. 다시 말해서, 혜겔의 입장에서는 자신이 설정한 역사의 이념에 포함되지 않는 민족이나 역사적 사건은 세계사 서술의 대상이 아니었다는 말이다. 필자가 이미 앞에서 자세하게 고찰한 바 있듯이, 혜겔은 모든 민족과 국가의 역사를 아우르는 세계사가 아니라, 자유의식의 진보라는 역사의 이념이 고대 중국과 인도를 거쳐서 그리스와 로마제국으로, 그리고 기독교의 게르만 세계로 시간의 흐름에 따라 공간적으로 이동되어 왔던 것만을 다루었을 뿐이다. 이때

---

5) "결국 세계사의 목표는 정신이 스스로를 하나의 자연, 또는 자기에게 적합한 세계로 완성함으로써, 주관으로 하여금 정신에 관한 그 개념을 바로 이 제2의 자연, 즉 정신의 개념을 통하여 산출된 이 현실 속에서 발견하고, 객관성 속에서 자기의 주관적 자유와 합리성의 의식을 지니는 데 있다. 이것이 곧 이념 일반의 진보이며, 또한 이와 같은 입장이야말로 역사가 우리에게 안겨주는 궁극적 의미이다." (VG, S. 256f.;『이성』, 337쪽.)

의 시간적 흐름과 공간적 이동이라는 것은 과거에서부터 헤겔 당시에까지, 고대 동양에서부터 헤겔 당시의 게르만 세계에까지 한번 흐르고 이동하면 두 번 다시 되풀이 될 수 없는 1회성에 불과한 것이다. 따라서 헤겔의 역사철학에서 **세계사**라는 용어는 온 세계에 골고루 적용되는 게 아니라 세계에서 가장 뛰어난 역사 – 만일 이러한 역사가 가능하다면 – 를 의미하는 것이므로, 그의 세계사는 결코 세계사가 아니며, 보편적 세계사인 것은 더욱 더 아니다.

이렇게 엄밀하게 고찰해보면, 필자는 온 세계에 골고루 적용된다는 의미에서의 보편적 세계사는 불가능하다는 입장에서 실제로 가능한 역사는 오로지 **민족사뿐**이라고 주장하는 바이다. 신채호가 말하는 '아와 비아의 투쟁'은 아와 비아의 **관계**를 전제하는 역사의 원리이다. 비아가 없는 아는 존재할 수 없다. 아와 비아의 관계는 손등과 손바닥의 관계와 같다. 부상을 입어서 짓뭉개진 손일지라도 어느 한 쪽을 손등이라고 한다면 반대쪽은 손바닥일 수밖에 없듯이, 현실에서 자기 자신을 아라고 부르기 위해서는 다른 사람을 비아로서 전제하지 않으면 안 된다. 이때 아의 측면에서는 다른 사람을 비아라고 부르지만, 비아인 다른 사람도 자기 자신을 부를 때는 '아'라고 한다. 그렇기 때문에 모든 아는 비아의 존재를 긍정적으로 받아들여만 스스로의 존재가치도 인정받을 수 있게 된다.

그런데도 어찌하여 신채호는 아와 비아의 **투쟁**을 역사의 원리라고 했을까? 신채호는 아와 비아의 관계를 긍정적으로 인정하고 싶었지만, 현실을 봤을 때 펼쳐지는 역사는 아가 비아를 그리고 비아가 아를 서로 인정하는 게 아니라 약육강식의 방식으로 전개되는 것을 목도했기 때문이었다.[6] 다시 말해서, 신채호에게 있어서 역사

와 관련하여 '세계적'이라는 낱말의 의미가 수평적 측면으로 이해
된 것이 아니라 수직적 측면으로 전개되고 있었다는 뜻이다. '아와
비아'라는 말에는 '투쟁'이라는 의미가 내포된 게 아니다. 앞서 말
했듯이, 이 말에는 서로가 상대를 인정하는 '관계'라는 뜻만 들어
있다. 그런데 그 관계가 현실에서는 '투쟁'의 방식으로 전개되고 있
다는 사실을 신채호가 고찰한 것이다. 따라서 '아와 비아의 투쟁'이
라는 역사의 원리에 바탕으로 두고 보면 '세계적'이라는 말은 '세
계에서 가장 뛰어난 것'이라는 의미가 되기 때문에, 결국 상대를 인
정할 수가 없게 되고, 서로 투쟁하지 않을 수 없는 결과를 낳는다.

　모든 철학자가 그러하듯이, 헤겔도 자신의 역사철학에서 보편성
을 지향한다. 따라서 헤겔이 세계사를 목표로 하는 것은 당연한 일
이다. 그렇다면 세계사는 더욱 더 시간적으로는 과거로부터 현재
에 이르기까지, 공간적으로는 전 세계를 아우르면서 모든 민족과
국가를 포괄할 수 있는 역사의 원리를 바탕으로 하지 않으면 안 된
다. 그럼에도 불구하고 헤겔은 스스로 제시한 자유의식의 진보라
는 역사의 이념을 시간의 흐름에 따라서 지역적으로 이동하는 하
는 것으로 보고 세계사의 무대를 지역적·민족적으로 한정해버렸
다. 이것은 헤겔 스스로가 세계사라고 칭하면서도 사실은 지역사
(地域史)로 전락시켜버린 명백한 잘못이다. 특히 정신에 의해 관념

---

6) 그러나 세계의 강대국들은 상대가 존재한다는 사실을 부정하지는 않지만, 상대를
　자신들과 동등한 상태로 인정하려 들지 않는다. 그러기에 자국에서의 역사교육은
　모두가 자국을 중심에 위치시키고, 다른 나라들을 변방에 위치시켜서 오직 자국
　중심주의의 역사교육을 실시하고 있다. 이에 대해서는 "이길주, 「미국의 제국주의
　사관과 한국사 서술」, 『사회와 사상』 1989년 10월·통권 제 14호, 서울 (한길사)"와
　"제임스 W. 로웬 지음, 『선생님이 가르쳐 준 거짓말』, 위의 책."을 참고하기 바람.

으로 파악되는 세계의 역사가 자유의식의 진보를 증명해주는 것이라면, 적어도 특정 민족이나 지역의 역사만을 고찰의 대상으로 삼아서는 안 될 일이다.

시대와 지역적으로 특정 시대와 지역에서 중심이 되는 민족이나 국가는 얼마든지 나타날 수 있다. 그렇기 때문에 필자는 중국이나 인도 또는 그리스와 로마가 특정 시대와 지역에서 중심이 되는 역할을 했다고 하는 사실에 대해 부정하는 것은 아니다. 하지만 세계는 중국과 인도만의 세계도 아니고 그리스와 로마에만 해당하는 것도 아니며, 게르만 민족에게만 나타나는 세계인 것도 아니다. 이데올로기가 첨예하게 대립해 있던 냉전시대에는 미국과 소련이 두 이데올로기를 대표하는 국가였지만, 세계가 두 국가에만 적용되는 게 아니었던 것처럼, 지역적·민족적으로 제한된 세계는 결코 보편적 세계일 수가 없다. 헤겔은 세계사의 전제로서 다음과 같이 말한다.

> "모든 국민이 겪어나가는 사건 속에서는 궁극 목적이 지배적인 것이며, 또한 이성이 세계사 속에 있다는 것 – 그러나 어떤 특수한 주관의 이성이 아닌 신적이며 절대적인 이성 – 이 우리가 전제로 하는 진리이거니와 이 진리를 증명하는 것이 곧 세계사 자체의 논구이며, 다시 이 논구야말로 이성의 상(像)이며 행위인 것이다." (VG, S. 29.; 『이성』, 51쪽.)

역사를 바라보는 관점은 여러 가지가 있을 수 있다. 헤겔처럼 '자유의식이 진보'해 나가는 과정으로 볼 수도 있고 마르크스처럼 '계급투쟁의 역사'라고 할 수도 있으며 신채호처럼 '아와 비아의 투쟁'으로 바라 볼 수도 있다. 그렇지만 이들의 관점이 전적으로 옳을 수도 없고 완전히 틀린 것도 없다. 그렇기 때문에 필자는 특정 역사가나 역사철학자의 관점을 무조건 부정하려는 생각은 전혀 없다. 오히려 범위를 헤겔의 사상에 한정해서 보면, 그가 이성의 능력을 위 인용문처럼 파악한다면, 어느 민족, 어느 국가에 있어서건 각각의 역사는 '이성의 간계'에 의해서 저마다의 자유의식의 단초를 마련하고 스스로의 역사를 발전시켜나가야 한다는 사실이 필연적이어야 한다는 점을 지적하는 것이다. 더구나 헤겔에 따르면 "이성 자체는 모든 추상적인 규정을 자신 속에 포괄하면서 동시에 이 모든 규정의 실질적이고도 절대적 · 구체적 통일을 의미하는 실체적인 것 또는 실재적인 것"[7]이기 때문에, 특정 민족이나 국가에서 자유의식이 싹트기 시작했다면 그 안에서 자유의식을 완성하는 것은 필연적이어야 한다. 그럼에도 불구하고 헤겔은 자유의식의 태동과 전개 그리고 완성을 시간적 · 공간적으로 이행(移行)시켰으며, 결국 게르만 세계만이 자유의식의 진보를 완성했다는 잘못된 주장을 펼친 것이다.

"세계사는 단지 각 나라의 민족사를 묶어놓는 것이 아니라, 세계사를 성립시키는 내재적인 통일이 있어야 비로소 가능하게 된다. 이러한 원리는 도대체 어디서 구할 수 있는가. 역사의 밖에나 역사를 초월한 것에서 구할 수 있는가. 아니면 역사 그 자체에서 구할 수 있는가, 어떤 초월신에 의한 역사의 섭리를 믿는다면 세계사의 원리적

---

7) Hegel, *Wissenschaft der Logik* I, Hamburg 1978, S. 19.; 임석진 역, 『대논리학』I, 서울 (지학사) 1988 (재판), 34쪽.

파악이나 세계사의 서술은 쉬워질지도 모르지만, 그것은 역사의 객관적 사실에 대한 폭행이나 왜곡을 통해서 밖에 성립할 수 없다."[8]

역사의 진행과정을 발전으로 본다거나 순환한다고 생각하는 학자들 또는 역사는 발전도 순환도 아니고 그저 비슷한 형태를 반복할 뿐이라는 등, 역사학자들은 여러 관점에서 역사의 법칙을 주장한다. 하지만 역사에는 법칙이 존재하지 않는다. 만일 역사에 법칙이 존재한다면, 그것은 특정 역사학자가 자신이 주장하는 법칙에 부합하는 역사의 이념이나 원리를 역사적 사건들에 인위적으로 꿰어 맞춘 것에 불과한 것일 뿐이다. 헤겔은 역사를 발전 또는 진보하는 것으로 고찰한다. 이에 대한 기준은 '자유의식의 진보'이다. 그렇기 때문에 적어도 헤겔에게 있어서는 이 범주에서 벗어나는 모든 것이 무역사적 또는 비역사적인 것으로 간주된다.

헤겔 철학의 방법론이 변증법(Dialektik)이라는 것은 잘 알려져 있다. 헤겔이 말하는 변증법은, 어떤 사태 또는 사실이든지 내재적으로 **모순**(Widerspruch)을 갖고 있지만, 이 모순은 부정적으로가 아니라 긍정적으로 작용하는 논리적 추진력으로서, 이전 사태보다 퇴보가 아닌 발전한 결과를 가져온다는 논리적 방법론이다. 이러한 방법론에 따르는 헤겔의 철학은, 특히 정신철학에서 보면, 감성적 확실성에서 시작하여 절대 이념을 인식하는 단계에까지 나아간다. 그 과정에서 수많은 단계를 거치는데, 그 모든 단계가 변증법적으로 지양한다는 게 헤겔의 주장이다. 정신, 즉 이성의 능력이 이와 같으므로 헤겔은 '이성의 간계'에 의해서 움직이는 역사도 마찬가

8) 齋藤 孝 著, 『歷史와 歷史學』, 위의 책, 88쪽.

지로 변증법적 발전으로 간주한 것이다.

비록 헤겔이 자신의 철학적 방법론에 따라서 인간의 정신은 발전하는 것으로 고찰할 수가 있을지라도, 역사마저도 그것과 동일한 방법론에 따라서 진행한다고, 그래서 반드시 발전한다고 고찰한 것은 자신의 철학적 방법론이라는 틀에 역사를 인위적으로 꿰맞추어 나간 것에 다름 아니다. 변증법이 **모순**에 의해서 추진되는 논리적 방법이라는 헤겔의 말을 그대로 인정할지라도, '변증법' 또는 '변증법적'이라는 말에는 발전이나 진보라는 의미까지 내포되어 있지는 않다. 따라서 역사가 비록 변증법적으로 전개된다고 할지라도, 그 과정과 결과가 반드시 발전이나 진보만 거듭한다고 주장할 수는 없다. 또한 변증법의 중요한 논리적 요소인 모순은 참(Wahrheit)과 거짓(Falschheit)이 하나의 사태·사실에 동시에 존재하는 것으로써 참도 아니고 거짓도 아니며, 따라서 진리가치의 능력이 없는 것이다. 그래서 헤겔은 다음과 같이 분명하게 말하고 있다.

> "지양(Aufheben)이라는 말은 '…' 의미심장한 이중적 성격을 드러내는바, 즉 이 말은 **부정하면서**(Negieren) 동시에 **보존한다** (Aufbewah-ren)고 하는 두 가지 의미를 함께 지닌다는 것이다."[9]

헤겔의 이와 같은 말에 따라서 보면, 역사가 변증법적으로 전개하면서 지양작용을 통해 발전하는데, 그 전개과정에서 '부정되는 것'은 역사의 발전을 저해하는 요소들이고, '보존되는 것'은 발전의

---

9) Hegel, *Phänomenologie des Geistes*, 위의 책, S. 90.; 임석진 역, 『정신현상학』 I, 위의 책, 172쪽. 강조는 헤겔의 것.

추동력이 되는 요소들임이 분명하다. 그러나 헤겔은 역사를 기록하는 사관(史官)이 아니라 역사철학자이다. 역사철학자는 사관이 기록한 역사에 체계적인 통일성을 부여하거나 역사과정의 법칙성 또는 원동력을 밝혀내려고 하는 사람이다. 그렇기 때문에 관념철학자인 헤겔은 이성 — 정신 또는 사유 — 을 자신의 모든 철학에서 처음부터 형이상학적 근거로서 전제하고 있었으며, 자연필연성에 대립하면서도 자연계의 영역을 넘어서 있는 **자유**(Freiheit)를 역사의 단초이자 궁극적 목표로 설정하였다.

따라서 헤겔은 자유와 관련 없는 것은 처음부터 역사철학의 대상으로 삼지 않았던 것이다. 이것보다 더욱 중요한 사실은 헤겔이 철학의 모든 분야에서 자신의 철학적 방법론인 변증법적 도식, 그것도 변증법적 발전이라는 도식을 통해서 완결하려 했던 점인데, 역사철학도 그러한 도식에서 예외가 될 수 없음은 당연한 일이었다고 할 수 있다.[10] 역사철학에서 자유의식의 변증법적 발전이라는 도식에 따른 필연적 귀결로써 헤겔은 자유의식이 발전·진보한 순서를 도식화하였다. 그의 도식에 따르면, 자유의식은 중국과 인도로 대표되는 '동양세계'에서 단초를 이루며, 이후 시간적·공간적으로 아무런 관련이 없는 '그리스와 로마'의 제국주의세계로 이행하면서 발전하다가 종국에는 기독교에 바탕을 두는 '게르만의 세계'

---

10) 이러한 의도를 압축하여 표현한 것이 "미네르바의 부엉이는 황혼이 깃들 무렵에야 비로소 날기 시작한다."(Die Eule der Minerva beginnt erst mit einbrechenden Dämmerung ihren Flug)라는 말이다. G. W. F. Hegel, *Grundlinien der Philosophie des Rechts*, in G. W. F. Hegel Werke in zwanzig Bänden, Theorie-Werkausgabe Redaktion Eva Moldenhauer und Karl Markus Michel, Frankfurt a. M. 1970-1971, Bd. 7., S. 28.

에서 완성된다.

이러한 도식은 헤겔 자신의 변증법적 방법론과 맞지 않으며 다분히 자의적(恣意的)이다. 왜냐하면 헤겔이 말하는 변증법에 정확하게 따라서 보면, 발전의 과정에는 반드시 **모순**이 생길 수밖에 없는데, 예를 들어 동양세계도 역사가 발전하는 과정에서 모순에 맞닥뜨릴 수밖에 없는데, 그렇지만 모순은 언제나 그 안에서 극복되어야 하지만, 헤겔은 역사발전 과정에서 나타나는 모순은 다른 시대와 지역으로 이행함으로써 해소된다고 하기 때문이다. 다시 말하면, 헤겔은 동양세계에서 발생한 모순이 동양세계 안에서 자체적으로 해소되지 못하고 그리스와 로마로 이행함으로써 비로소 해소된다고 주장하는 것이다. 게다가 다음과 같은 헤겔의 말을 보면, 그의 주장이 자신의 철학적 방법론에 얼마나 어긋나는지 잘 알 수 있다.

> "해는 동양에서 솟는다. (⋯) 세계사는 동에서 서로 움직여 가는데, 왜냐하면 유럽은 단적으로 세계사의 끝이며 아시아는 그 시원이기 때문이다. 그 자체만으로 보면 동쪽은 전적으로 상대적인 것이지만, 이 동쪽이 세계사에 대해서는 고유한 의미의 동쪽이다. (⋯) 이 동쪽에서 외면적인 자연의 태양이 솟아오르고, 다시 이것은 서쪽으로 기울어지지만, 그러나 그 대신 서쪽에서는 자기의식이라는 내면의 태양이 솟아오르면서 휘황한 빛을 발산한다. 결국 세계사란 자연적 의지의 분방함을 보편적인 것, 그리고 주관적인 자유에로 이르게 하는 도야의 과정이다." (VG, S. 242f.;『이성』, 319-320쪽.)

위의 인용문에서 보듯이, 헤겔은 '동쪽은 전적으로 상대적인 것'이라고 하면서도 어찌하여 세계사에서는 동쪽과 서쪽이 절대적이라고 하는 것일까? 자연과 정신은 분명히 다르지만, 자신의 철학을 설명하고 자신의 이론이 옳다는 것을 증명하기 위해 자연에서 예를 찾더라도, 인간이 인위적으로 자연의 원리를 변형할 수는 없다. 헤겔이 말하는 동쪽과 서쪽은 자연에 있는 것이지 정신 안에 있는 게 아니다. 또 다른 예로써 자연의 법칙들이라는 것도 엄밀하게 따져보면, 그것은 자연이 정립한 법칙이 아니라 인간이 만들어낸 법칙에 불과하다. 그렇기 때문에 헤겔이 자신의 측면에서 보편적 세계사의 완성을 의미하는 정신적인 태양을 강조하기 위해 자연적인 태양을 끌어들이고 있지만, 이 두 태양은 서로 그 어떤 연관성도 갖지 않는다.

헤겔의 입장에서 보더라도 역사가 보편적 세계사로서 완성되려면, 세계사의 단초라고 하는 중국과 인도, 그리고 세계사의 발전 과정에 있던 그리스와 로마, 마지막으로 세계사의 완성을 맞이했다고 하는 게르만 세계까지, 이 각각의 세계가 독자적인 단초를 가지고 스스로의 모순을 극복해나가면서 자유의식을 완성해야하는 것이다. 즉, 각각의 세계가 완만하든지 급진적이든지 간에 자기들 나름대로의 발전과정을 거쳐서 자유의식이라는 이념을 실현해야 할 것이라는 말이다. 만일 헤겔이 그런 역사를 고찰하고서 각각의 세계에 공통적인 역사이념과 원리를 찾아냈는데, 그것이 바로 '자유의식의 진보'였다면, 그런 역사는 보편적 세계사로서 인정받게 되었을 것이다. 그런데도 헤겔이 세계사는 다른 세계에서는 완성되지 못하고 오직 게르만 세계에서만 완결된 것이라고 주장하는 것은, 스스로 말하고 있는 것처럼, 헤겔 자신이 '자기 시대의 아들로서 결코 그 시대를 넘어서지 않기' 때문이며, '철학이란 전적으로 자기의 시대와 더불어 있기' 때문이다. 이로써 그는 자기 시대와 자기 민족 그리고 자기 조국, 더 나아가서는 자기 철학을 합리화하고자 한 것이었음이 명백해졌다. 하지만 헤겔이 아무리 관념철학자일지라도, 그는 자신의 말처럼 역사에서 **실증성**(實證性)의 중요함을 부정하지는 않는다.

> "역사는 일어난 어떤 것과 관계한다. (…) 역사는 오직 현존하는 것과, 이미 존재하였던 것, 즉 갖가지 사건이나 행위·소행을 순수하게 파악해야만 한다."(VG, S. 26f.:『이성』, 46-47쪽.)

헤겔은 세계사를 철학적으로 고찰하려는 계획, 즉 철학적 세계사(die philosophische Weltgeschichte)에 집착한 나머지 실증적 역사의 의미를 소홀히 다루어 버렸다. 헤겔의 의도처럼 철학적 세계사는, 그것이 존재하건 그렇지 않건 간에, 역사를 개념적으로 인식하기 위해서는 반드시 필요하다. 하지만 그러기 위해서는 실증적 역사의 의미를 더욱 자세하고 면밀하게 고찰할 필요가 있다.

우리는 그것을 신채호에게서 찾을 수 있다. 신채호에 따르면 역사는 "인과관계"에 근거하여 "계통(系統)을 구해야 하고", 역사적 사건에 관련된 "회통(會通)을 구해야 하며", 철저한 고증(考證)과 진실의 기록에 바탕을 두어서 "심습(心習)을 거(去)하고 본색(本色)을 존(存)해야" 한다.(「朝鮮上古史」 總論, 61-71쪽.) 신채호가 탐구하는 **계통**(系統)은 바로 한 민족이 가지고 있는 역사의 **단초**(Anfang)에서 비롯되는 체계를 말하는 것인데, 이에 입각해서 보면 그리고 헤겔 자신도 말하고 있는 '모든 철학의 단초'라는 관점에서 보면 자유의식이 최초로 발생했다고 하는 중국과 인도가 게르만 민족의 역사적 단초여야 한다. 두 번째로 **회통**(會通)을 구해야 한다는 말은 역사를 기술하는 경험적 사실에 입각해서 어떤 역사적 사건에 대한 총체적 연관성을 탐구해야 한다는 것인데, 헤겔은 세계사적 사건에 대한 시간적·공간적 연관성을 탐구하기보다는 그러한 사건을 **신의 섭리**로 간주해 버리고, 그럼으로써 이성을 신앙과 동일시 해버린다.[11]

　그리고 '심습(心習)을 거(去)하고 본색(本色)을 존(存)해야'한다는 말, 즉 역사가의 주관적인 선입견을 버리고 철저하게 객관적 사실(事實)에 바탕을 두어야 한다는 말에 대해, 다른 모든 역사가와 마찬가지로 헤겔도 우선 긍정적인 태도를 보이기는 한다. 그렇지만 기술된 역사에서는 역사를 기록한 사람의 자의(恣意)를 경계해야 된다는 이유를[12] 들면서, 기술된 사실(史實)을 그대로 받아들이지 않고, 오히려 "변화의 범주"(Kategorie der Veränderung)(VG, S. 34.; 『이성』, 56쪽.)를 역사에 적용하여 헤겔 자신의 관점에서 역사를 발췌하여 해석해버린다. 이렇게 하여 헤겔은 스스로를 합리화하고 사실(事實)의 역사를 철학적으로 변형시킨다.

---

11) "'…' 세계사는 영원한 이성의 산물이며, 또한 이성이 세계사의 모든 대혁명을 규정해 왔다는 데 대한 신앙이다." VG, S. 46.; 『이성』, 73쪽.

12) 이에 대해 헤겔은 구체적으로 말한다.: "'…' 오직 주어져 있는 것에 몰입할 뿐이라고 자처하는 통속적이며 범상한 역사서술자도 결코 그가 스스로 사유하는 데에서 수동적인 것은 아니다. 즉, 그는 자기의 범주를 동반하면서 이를 통하여 현존하는 것을 바라보게 마련이다." 그래서 헤겔 자신도 스스로의 범주를 가지고 역사에 대해 능동적으로 사유하는 것이다. VG, S. 31.; 『이성』, 53쪽.

"물론 이러한 일반적 표상은 무한히 많은 변형을 감수할 수는 있지만 실제로 이 경우에 떠오르는 보편적 요소는 그 각각 다른 변형 속에 깃들여 있는 단 하나의 동일한 본질이다."(VG, S. 51.;『이성』, 79쪽.)

　여기서 '일반적 표상'은 무수히 많은 역사적 사건과 사실을 말하는 것이기 때문에, 역사에 있어서 '단 하나의 동일한 본질'이어야 하는 '보편적 요소'가 될 수 없다는 게 헤겔의 주장이다. 그렇다면 그러한 본질을 어떻게 찾아낼 수 있다는 말인가? 헤겔은 "정신의 노동"(Arbeit des Geistes)(VG, S. 35.;『이성』, 59쪽.)에 의해서 단 하나의 동일한 본질을 찾아낼 수 있다고 한다. 즉, 헤겔은 인간의 사유능력을 극대화할 때 비로소 개개의 역사 현상들에서 역사의 본질을 찾아낼 수 있다고 본 것이다. 이에 반해서 신채호는 '시(時), 지(地), 인(人)'을 역사의 3대 요소로 하여, 그 안에서 일어난 여러 사건의 **종적·시간적 연속성**과 **횡적·공간적 보편성**을 모두 규명할 때 역사의 본질이 밝혀지는 것으로 보았다. 그 결과 신채호는 **민족의 자존**(自存)을 역사의 본질로 간주한다.
　헤겔과 신채호가 역사를 바라보는 관점이 이처럼 각각 다르지만, 적어도 각자의 관점에서 보면 오류를 범했다고 단정할 수는 없다. 왜냐하면 헤겔도 신채호도 각각 자신이 속해있던 시대를 벗어나지 못한 상태에서, 아니 그보다도 언제나 자기 자신을 역사의 중심에 위치시키고 이로부터 가장 절실한 문제를 역사고찰의 근거로 삼기 때문이다. 다시 말해서, 헤겔의 말처럼 "철학자는 시대의 아들"[13]일 수밖에 없는 것이며, 그렇기 때문에 헤겔도 신채호도

---

13) 또 다른 역사철학자 마르크스는 산업혁명 이후로 소외되기 시작한 노동자계층을

각각 자신의 시대를 벗어나서 역사를 완벽하게 객관적으로 서술할 수는 없었다는 말이다.

필자는 철저하게 역사적 현실에 근거하여, 헤겔을 그 시대의 아들로서 바라보려고 한다. 1770년에 태어난 헤겔이 20세가 될 즈음인 1789년 7월 14일부터 시작된 프랑스 혁명은 1795년 10월 집정관(執政官) 정부가 성립하면서 사실상 종결되고, 1804년 5월 나폴레옹이 황제로 즉위하면서 전 유럽에 대한 정복전쟁을 시작한다. 헤겔의 조국 프로이센 왕국(Preuβ en)은 1806년 10월 14일 예나(Jena)와 아우어슈테트(Auerstädt)에서 나폴레옹의 군대에 패전한다.[14] 그리고 비록 실제 생활에는 거의 영향을 주지 못했을지라도, 1808년에서 1811년 사이에 프로이센 도시들이 자치정부를 수립하였으며 영업의 자유와 농민해방령이 발표되었다. 다시 말해서, 이 시기 이전의 독일 농민들은 중세 농노의 상태를 벗어나지 못했던 것이다. 그러나 이념과 이성에 최고의 가치를 부여하는 관념철학자 헤겔로서는 이와 같은 일련의 조치들이 '인간이 인간으로서 자유롭다.'는 철학적 이념을 현실화시키는 것으로 보았던 것이다. 더욱이 당시의 독일 정신계는 영국과 프랑스보다도 한층 더 인간의 삶에 관심을 기울여, 낭만주의 문학·음악과 더불어 독일관념론 철학이 정점에 다다라 있었다. 이와 동시에 언어학자인 훔볼트

보면서 역사를 탐구하기 시작하여 역사를 경제적 구조에 바탕을 두는 계급투쟁으로 보았으며, 유태인을 아내로 두었던 야스퍼스는 1, 2차 세계대전을 겪으면서 역사란 결코 발전하는 것이 아니라는 확신을 가지면서, 역사는 개인의 실존적 가능성을 최대한 보장할 때 비로소 그 안에서 인간이 인간으로서 존립할 수 있다고 보아, '차축시대'의 정신으로 돌아갈 것을 강조하였던 것이다.

14) 헤겔이 자신의 주저인 『정신현상학』(*Phänomenologie des Geistes*)을 탈고한 날이 예나 전투 바로 전날이었다는 것은 잘 알려진 사실이다.

(W. v. Humboldt, 1767-1835)의 연구 성과는 인문과학과 자연과학의 발전에 지대한 공헌을 하였다. 또한, 독일의 대학들은 중세적인 틀에서 벗어나서 학문적 자유와 대학의 자치권을 부여받고 무한한 연구 활동을 시작하였다. 이와 같은 정치적·정신사적 배경 속에서 헤겔은 문화적인 자기표현이나 정치적 자유 그리고 이에 관련된 철학적인 이념으로서 인간의 정신적 자유, 최종적으로는 이들을 포괄적이고도 현실적으로 보장해 주는 것으로서 **국가형성**에 관심을 기울인 것이다.

신채호가 「朝鮮上古史」를 집필하던 시기는 1931년이다. "옷 한 벌을 다 적시면서도 꼿꼿이 서서 고개를 안 숙이고 세수한"[15] 혁명적 민족주의자 신채호는 1880년에 태어나서 청년기인 1905년 일본 제국주의에 의해서 조국이 침탈(侵奪) 당하는 비극을 몸소 겪으면서 민족사관을 정립해 나간다. 이러한 시대적 배경이 있었기 때문에, 신채호의 눈에는 역사의 원리가 '아와 비아의 투쟁'으로 보일 수밖에 없었다.[16] 그렇기 때문에 우리는 신채호의 역사사상

---

15) 申一澈, 「申采浩의 民族史觀」, 『韓國의 近代思想』, 위의 책, 327쪽.

16) 현대의 세계사는 1900년을 전후한 시기를 제국주의(Imperialismus) 시대라고 명명한다. 서구 제국주의의 침략으로 아시아 국가들은 강압에 의해 문호를 개방하고 - 청나라는 영국과의 아편전쟁(1840-1842)에서 패하여 홍콩을 할양하고, 일본은 미국 전함의 침략을 받고 1854년에 개항과 더불어 통상조약을 체결하였으며, 조선은 일본이 미국에 당한 것과 같은 방법으로 일본에 의해 1876년에 문호가 개방되었다 - 일본은 1868년 명치유신(明治維新)을 통해 근대화를 시작하면서 조선을 비롯하여 중국대륙을 침공하면서 제국주의 야욕을 드러낸다. 그리하여 일본은 청·일 전쟁(1894-1895)과 러·일 전쟁(1904-1905)에서 승리한 이후 1910년에는 대한제국을 - 조선은 1897년 10월 대한제국(大韓帝國)으로 국호를 바꿈과 동시에 칭제(稱帝)하고 건원(建元)한다. - 완전히 침탈하였다. 일본은 미국으로부터 제국주의 정책을 흡수하여 실시하기 시작했지만, 청나라는 서구 제국주의 국가들의 각축장으로 변하였다. 이와 같은 세계사적인 패권주의 흐름 속에서 대한제국은 일본

을－간디(M. K. Gandhi, 1869-1948)의 사상을 인도 독립운동과 떼어서는 생각할 수 없듯이－항일(抗日) 독립투쟁과 분리하여 고찰할 수가 없다. 신채호는 1923년 「朝鮮革命宣言」에서 독립을 위한 외교론과 준비론을 통렬하게 비판[17]하면서 **전체 민중에 의한 직접혁명**을 부르짖는다. 신채호는 **혁명**에 대한 정의를 다음과 같이 내리고 있다.

> "舊時代의 革命으로 말하면, 人民은 國家의 奴隷가 되고 그 以上에 人民을 支配하는 上典 곧 特殊勢力이 있어 그 所謂 革命이란 것은 特殊勢力의 名稱을 變更함에 不過하였다. 다시 말하자면 곧 「乙」의 特殊勢力으로 「甲」의 特殊勢力을 變更함에 불과하였다. (…) 今日 革命으로 말하면 民衆이 곧 民衆 自己를 爲하여 하는 革命인 故로 「民衆革命」이라 「直接革命」이라 稱함이며, 民衆 直接의 革命인 故로 그 沸騰 澎漲의 熱度가 數字上 强弱 比較의 觀念을 打破하며, 그 結果의 成敗가 매양 戰爭學上의 定軌에 逸出하여 無錢無兵한 民衆으로 百萬의 軍隊와 億萬의 富力을 가진 帝王도 打倒하며 外寇도 驅逐하나니, 그러므로 우리 革命의 第一步는 民衆覺惡의 要求니라." (「朝鮮革命宣言」, 41쪽.)

위의 글에서 말하는 특수세력이란 한 민족 안에서는 지배계층이라고 할 수 있지만, 식민시대에서는 식민민족과 식민국가를 의미

제국주의의 식민지가 되었다.

17) 당시 외교론의 대표자는 이승만이고 준비론의 대표자는 안창호이다. 이에 대한 더욱 자세한 고찰은 "愼鏞廈 著, 『申采浩의 社會思想研究』, 서울 (한길사) 1991, 250-254쪽"을 참조할 것.

한다. 따라서 특수세력은 결코 전체를 대표하지 못하며, 한 민족 안에서건 식민사회에서건 간에 **민중**이야말로 진정으로 전체를 대표하는 보편자라는 게 신채호의 사상이다. 이렇게 보면 국가가 침탈당했다는 것은 바로 이 보편자로서의 민중의 주권과 자유가 상실됐다는 것을 의미하며, 바로 이 때문에 신채호는 전 민족이 참전하여 일제(日帝)를 타도하기 위한 폭력적 대외투쟁, 즉 **혁명**[18]을 해야 한다고 역설하는 것이다. 이처럼 신채호의 민족주의 역사사상은 철저하게 현실에 바탕을 두고 있다.

지리적 구분이 불명확한 까닭에 국경이 수시로 변화한 유럽에서는 프랑스 혁명 이후 정치적 자유의식이 각 나라와 각 민족에게 빠른 속도로 쉽게 전파된 반면에, 조선은 일제의 침탈을 당할 때까지도 여전히 존화주의(尊華主義)만을 고집함으로써 여러 측면에서의 세계적인 흐름에 대처하지 못했으며, 급기야 일본 제국주의의 침략을 받기에 이른다. 신채호는 이러한 시대상황 속에서 당시의 제국주의 침략에 대항하는 민족주의 사관을 정립하고, 나중에는 역사의 전개와 발전의 원동력으로서 민중을 역사의 주체로 삼는다. 그렇기 때문에 신채호가 주장하는 **민중혁명**은 단순히 일본 제국주의에만 대항할 것을 선동하는 폭력적 수단이 아니라, 역사의 진정한 주체는 민족이나 국가의 구성원들 가운데 대다수를 점하는 **민중**임을 강조하는 것이다.

모든 민족과 국가에는 민중이 반드시 존재하기 마련이므로, 신채호의 역사관에 따라서 민중을 역사의 주체로 하는 보편적 세계

---

18) 이에 대한 더욱 자세한 고찰은 "愼鏞廈 著, 『申采浩의 社會思想研究』, 위의 책, 235-260쪽"을 참조할 것.

사를 서술할 수도 있을 것이다. 하지만 **역사의 주체와 역사의 원리**가 동일하지는 않다. 신채호가 역사의 원리로 간주하는 것은 '아와 비아의 투쟁'이다. **투쟁**은 상대를 인정할 때가 아니라 부정할 때 발생한다. 그러므로 필자는 신채호의 사상에 따라서 역사는 **부정의 역사**라고 이해한다. 각각의 민족이나 국가가 역사에서 추구하는 이념이 있을지라도, 서로 상대를 긍정하지 않고 부정하는 상황에서는 그 이념들에 어떤 공통점이 존재할 수 없다. 또한, 모든 민족과 국가에 민중이 항상 존재해왔고 여전히 존재한다고 해서, 어떤 민족이나 국가에 속한 민중이 다른 민족이나 국가에 속한 민중에 대해 투쟁하는 것을 역사의 원리로 삼는 한, 민중 역시 특정 민족사의 주체는 될 수 있을지언정 세계사의 주체라고 할 수는 없다. 더욱 엄밀하게 말하면, 공통된 이념과 공통된 주체가 없이는 보편적 세계사를 서술할 수 없으며, 따라서 모든 역사 서술은 사실상 오직 **민족사**만 가능하다. 그래서 신채호는 역사를 다음과 같이 규정하는 것이다.

> "然而나 年代나 記하며 人名·地名이나 列하면 此가 歷史며, 文華나 粧하며 架談贅設이나 附하면 此가 歷史인가. 大抵 歷史란 者는 必也向에 云한바, 內를 尊하며 外를 岐하고 民賊을 誅하며 公仇를 戮하는 等, 一定主義 一貫精神을 伏하며 民族進化의 狀態를 叙하며 國家治亂의 因果를 推하여, 懦者 立하며, 頑者 惡케 하여야 於是乎 歷史라 可稱할지니 '…'"[19]

---

19) 「歷史와 愛國心의 關係」, 『丹齋申采浩全集』(下卷), 丹齋申采浩先生 紀念事業會, 형설출판사 1995 (개정 5쇄), 78쪽.

그러므로 신채호가 우리 민족의 정신적 통일체로서 단군(檀君)을 설정하고, 당시의 동양주의·인종주의를 비판하면서 민족주의론을 주장하여 민족운동의 논리를 제공할 수 있는 이념으로서 화랑(花郞)정신을 강조한 것은 그의 역사관에 따른 필연적 귀결이었다.[20] 여기서 우리 민족의 사관을 새롭게 정립해야할 필요성이 제기된다. 하나의 민족사를 지니고 있던 우리 민족이 1945년 이후 지금까지도 남과 북이 여전히 대립적 이데올로기를 극복하기는커녕, 오히려 정치적으로 이용하는 가운데 적대적 상황을 더욱 공고히 하면서, 양 진영의 구성원들로 하여금 역사적 현실로 받아들이지 않을 수 없게 만들었다. 그 결과 정치적으로 뿐만 아니라 다른 모든 분야에서도 서로를 부정하게 되었고, 신채호가 말하는 아(我)의 단위도 이분되었다.

신채호가 말하는 아의 단위는 역사에서 다른 민족에 대(對)한 어떤 특정 민족을 가리키는 것으로, 개개인이 아닌 민족 전체를 한 단위로 설정하고 있다. 그렇기 때문에 아직은 남과 북이 둘로 나누어져 있지만, 애초에 하나로써 아를 형성한 민족이라면 다시 하나로 합쳐야한다고 생각하는 것이 통일의 실질적 출발점이 되어야 한

---

20) 신채호의 국수주의적 민족주의론에 대해서는 金度亨, 『大韓帝國期의 政治思想研究』, 서울(지식산업사) 1994, 374쪽"을 참조할 것. 김도형은 이것을 신채호의 '새로운 도덕론'으로 고찰하고 있다.: "그는(신채호) 새로운 도덕을 주장하였다. 첫째는 有制限的 도덕이었다. 범위를 좁혀서 개인에만 한정시킨 가족적 도덕도 반대하고, 또한 황인종 단결이나 인류박애를 주장하는 문화주의·세계주의 망상을 배격하자는 것이었다. (…) 둘째는 無恐怖的 도덕이었다. (…) 두려움 없이 모든 수단을 동원하여 국가를 위하는 것이 바로 도덕이라고 하였던 것이다. 셋째는 국수적 도덕이었다. 폐단을 낳은 유교는 중국의 도덕이고, 고유의 도덕은 아니라고 하였다. 고유의 도덕은 약한 나라는 강하게 하고 망한 나라도 흥하게 하는 것으로, 곧 郞家思想이었다." 같은 책, 같은 곳.

다. 그렇다고 해서 (한민족) 철학자가 통일이라는 주제와 관련한 모든 것을 구체적 현실에서 다룰 수 있는 것은 아니다. 그렇기는 하지만 (한민족) 철학자라면 남북통일을 위한 이념을 제공하고 근거를 정립해야할 의무를 가져야 한다. 그것은 바로 (한민족) 역사의 이념을 재발견하여 역사를 통일하고, 세계사의 구체적인 부분까지도 재검토하여 (한민족) 통일의 당위성을 밝혀내는 일이다.

원래 하나였던 것이 어떤 원인으로 인해 둘로 쪼개졌다면, 그 원인을 제거함으로써 다시 하나로 합해져야한다. 그것이 원래 하나가 될 수 있는 이유는 쪼개진 둘이 하나의 역사를 갖고 있었고 그 역사의 주체가 동일한 민족이었기 때문이다. 물론 "통일은 과거의 고향으로의 단순한 회귀가 아니라 미래를 끌어당기는 희망"[21]이라는 점은 분명하다. 역사에서 과거는 필연성으로서 존재한다. 그렇다면 역사의 필연성은 현재와 미래에도 그대로 통용되어야 할 것이다. 과거와 달리 현재와 미래가 아직은 필연성이 아니지만, 과거라는 필연성을 바탕으로 할 때 역사는 연속성을 갖는다. 이러한 필연성의 제1요소가 바로 민족이다.[22]

---

21) 송두율, 「분단을 넘어서는 통일의 철학」, 『변화하는 시대와 철학의 과제』, 한민족 철학자 대회보 1권 1991, 서울 (도서출판 天池) 1991, 43쪽.
22) 이에 반대하는 다음과 같은 견해도 있다.: "민족주의는 사다리이다. (…) 사다리의 끝에는 세계체제 속의 시민국가가 있으며 우리는 이곳을 향해 가고 있다. 시민국가는 국민국가가 아니며 민족국가도 아니다. 또한 시민국가는 홀로 떨어진 국가가 아니라 몇 백 년 전에 시작된 세계체제 속의 일원이어야 한다. 결국 근대민족국가 건설을 목표로 만들어진 민족주의는 세계체제 속의 시민국가가 되기 위한 사다리였던 것이다. 우리는 마지막 한 칸을 남겨두고 있다. 한 칸을 더 오르면 세계체제 속의 시민국가가 우리를 기다리고 있을 것이다." (탁석산 지음, 『한국의 민족주의를 말한다』, 위의 책)
하지만 우리가 명심해야 할 것이 있다. 역사는 결코 우리의 바람이나 감정대로 움철학뿐만 아니라 모든 학문은 보편성을 추구한다. 그래야만 그 학문에서 말하는 이론이나 학설이 설득력이 생기기 때문이다. 보편성은 개별성과 특수성을 배제할 때가 아니라 적극 수용할 때 생명력을 얻게 된다. 개별성과 특수성을 바탕으로 정립된 보편성은 다시금 각각의 개별성과 특수성에 적용된다. 이러한 적용이 역사적 현실의 영역에서는 겉으로는 보편성을 내세우지만 안으로는 특수성과 개별성만을 유일한 목적으로 삼는 것으로 나타난다. 더욱 엄밀하게 말하면, 보편적 세계사를 전면에 내세울지라도 실제로는

직이지 않는다. 그렇다고 해서 역사가 이성의 명령에 따라 진행되지도 않는다. 필자가 여기서 강조하는 민족주의 근대 제국주의 시대의 민족주의와 같은 것을 말하는 것이 아니다. 혈통에 집착하지 않는 한, 민족주의는 결코 사라지지 않을 것이다. 물론 현재의 추세대로 보면 어떤 민족이나 국가에서건 민족주의를 전면에 내세우지는 않을 것이다. 하지만 구체적 현실을 들여다보면, 변형된 형태의 민족주의가 도처에서 위세를 떨치고 있음을 알 수 있다. 여전히 존재하고 있는 인종차별이 그 증거이고, 국가에 따라서는 정치적 헤게모니의 중심을 이루고 있는 것이 또한 민족적 개념이다. 세계는 예나 지금이나 여전히 자신들이 하는 모든 행위는 선이지만, 타자가 하는 모든 것은 악이라는 전제에 입각하여 움직이고 있다. 세계시민국가는 처음부터 실현될 수 없는 것이며, 추구해야할 꿈도 무지개도 아니다.
"한국에서 '민족주의'와 '제국주의'라는 말이 처음 쓰인 것은 1906년경부터였다. 당시 지식인들은 '민족주의', '제국주의' 개념을 중국의 량치차오와 도일 유학생을 통해 수용하였다. 한말 신채호는 량치차오의 글을 읽고 '민족주의'를 '타민족의 간섭을 받지 않는 주의', 즉 '아족의 국은 아족이 주장한다'는 주의로 이해하였고, 제국주의를 '영토와 국권을 확장하는 주의'로 이해하였다." (박찬승 지음, 『민족·민족주의』, 위의 책, 257쪽.)
"20세기 한국사에서 민족과 민족주의는 역사를 이끌고 온 동력과 같은 존재였다. 민족과 민족주의라는 개념이 있었기에 독립운동도 가능했고, 국가 건설과 경제 부흥도 가능했고, 또 통일을 위한 노력도 가능했다. 그만큼 한국인에게 '민족'과 '민족주의'는 중요한 개념이었다. 그러나 21세기 들어 한국 사회 안으로 다민족 사회로의 변화와 계층 간의 격차 확대, 밖으로 급속한 세계화와 남북한 간의 갈등이라는 새로운 환경을 맞고 있다. 이러한 새로운 여건에서 '민족'과 '민족주의'에 대한 어떠한 새로운 해석이 나올 수 있을지 주목된다." (박찬승 지음, 『민족·민족주의』, 위의 책, 266쪽.)

개별 민족이나 국가의 민족사를 그 세계사의 정점에 위치시키는 것과 같은 현상이라고 할 수 있다. 마치 시계의 부속품들을 한 곳에 모으기만 한다고 해서 시계가 되는 게 아닌 것처럼, 즉 각 부분들을 모아둔다고 해서 유기적인 전체가 될 수 없는 것처럼, 여러 민족이나 국가의 역사를 한 곳에 가지런히 정리해둔다고 해서 보편적 세계사가 될 수는 없다.

시간이 흐르고 시대가 변하는 가운데, 20세기의 끔찍한 비극을 뒤로하고, 21세기에 들어서서 세계의 여러 국가·민족들은 겉으로는 자유와 평화로운 세상을 만들어가기 위해 노력하는 것처럼 보일 때도 있다. 하지만 이 또한 가면을 쓰고 행하는 연극에 불과할 뿐이다. 자기 민족이나 국가에 도움이 되는 길이라면, 서로 이해관계를 함께 하는 민족·국가들과 경제적 블록을 형성하여, 대립관계에 있는 다른 세력에 대처·대항하고 있는 게 현실이다. 그 이면에는 정치·군사적인 이해관계도 얽혀있는 경우가 대부분임은 부인할 수 없는 사실이다. 말하자면 자유와 평화를 전면에 내세우고 있는 현실 역사의 흐름 이면에는 여전히 '파워게임'이 진행 중인 것이다. 그것이 경제적 공동체로, 정치적 연합체로 그리고 군사적 동맹체 등의 방식으로 존재하지만 문화와 민족·국가 간의 이질성은 각각 고유한 역사적 전통에 있는 것이기 때문에, 그런 연합이나 동맹은 언제든지 한순간에 손쉽게 깨질 수 있다. 그렇기에 서로가 서로의 다른 점을 인정할 때는 자유와 평화가 보장될 수 있지만, 그렇지 못할 경우에는 자연계에서와 같은 약육강식의 법칙만이 지배하게 된다.

이것은 실증적 역사가 보여주고 있는 살아 있는 역사적 현실이지 결코 억측이나 공상이 아니다. 현실의 역사서술을 보면 각각의 민족이나 국가는 자신들이 처한 현실적 상황에 따라서 역사의 문제를 재구성 또는 재해석하기도 하며, 심지어는 역사의 기록을 서슴지 않고 왜곡하기도 한다. 소위 역사상의 강대국이었고 지금도 강대국이라고 하는 국가들은 **자국의 역사를 중심**으로 해서 세계사를 서술해 나간다. "중국"(中國)이라는 명칭이 그렇게 만들어졌으며, "미국사는 미국 한 나라의 역사가 아니라는 의식이 뚜렷하다. 미국은 '세계적인 나라'–즉 영어표현으로 global country–라는 것과 단순히 한 나라의 역사를 배우기보다는 그 나라와 미국과의 관계에 더 중요성을 둔다."[23]는 사실이 그러하다. 우리나라의 역사와 관련해서 보면, 우리 민족과 영토 전체를 침탈하고, 제국주의 야욕을 불태우면서 '대동아 공영권'(大東亞共榮圈)을 표방한 일본의 제국주의 침략사가 그러하다.

그렇기 때문에 역사 또는 역사학이 과거의 사건과 과거의 기록을 다룬다고 해서 현재적인 것과 미래에 대해 침묵해야한다고 말한다면 너무 무책임하다. 사실에 근거하는 역사가도 "미래의 목표"[24]를 역사고찰의 범주에 산입한다. 미래의 것이기에 아직은 알 수 없는 것이지만, 오늘보다 더 나은 내일을 꿈꾸기에 **희망**이어야 한다. 하지만 그 희망이 구체적으로 실현되기를 바라는 마음이기에 현실에 바탕을 두어야 할 것이며, 내일이 되면 오늘은 이미 지나간 역사가 될 것이므로, 오늘 하루는 내일의 바탕이 될 수 있는 의미 있는 하루가 되어야 한다.

---

23) 이길주, 「미국의 제국주의 사관과 한국사 서술」, 『사회와 사상』 1989년 10월·통권 제 14호, 서울 (한길사), 63쪽.
24) E. H. Carr 저, 『역사란 무엇인가』, 위의 책, 157-158쪽 참조.

참고 문헌

[국내서적]

1. 姜萬吉, 『分斷時代의 歷史認識』, 서울 (創作과 批評社) 1995
2. 강만길 지음, 『역사는 이상의 현실화 과정이다』, 서울 (창작과비평사) 2002
3. 강영안 지음, 『자연과 자유 사이』, 서울 (문예출판사) 1998
4. 權伍興 著, 『放浪詩人 金삿갓』, 서울 (홍신문화사) 1989
5. 金度亨, 『大韓帝國期의 政治思想研究』, 서울 (지식산업사) 1994
6. 김석득, 「국어순화에 대한 반성과 문제점」, 『언어와 삶』, 김혜숙 엮음, 서울 (태학사) 1992
7. 김성배, 「민족과 언어 문화」, 『언어와 삶』, 김혜숙 엮음, 서울 (태학사) 1992
8. 김영민, 『현상학과 시간』, 서울 (까치) 1994
9. 김용운 지음, 『원형의 유혹』, 서울 (한길사) 1994
10. 김응종, 『아날 학파』, 서울 (민음사) 1991
11. 김혜숙 엮음, 『언어와 삶』, 서울 (태학사) 1992
12. 『논어』(論語)
13. 『檀君 – 그 이해와 자료』, 서울대학교 종교문제연구소 편, 서울 (서울대학교출판부) 1997
14. 『檀君神話論集』, 李基白 編, 서울 (새문社) 1990 (재판)
15. 『단군신화연구』, 이은봉 엮음, 서울 (온누리) 1994
16. 『도덕경』(道德經)
17. 문성화 지음, 『삼국사기와 삼국유사의 역사인식과 역사의식』, 서울 (소명출판) 2015
18. 문성화 지음, 『버클리의 관념론과 헤겔의 경험론』, 대구 (계명대학교 출판부) 2019
19. 박찬승 지음, 『민족·민족주의』, 서울 (小花) 2019 (2판 2쇄)
20. 白樂晴 엮음, 『民族主義란 무엇인가』, 서울 (創作과 批評社) 1991 (3판)
21. 법성 지음, 『앎의 해방, 삶의 해방』, 서울 (한마당) 1989
22. 소광희·이석윤·김정선 공저, 『哲學의 諸問題』, 서울 (지학사) 1980
23. 시정곤 외 4명 지음, 『한국어가 사라진다면』, 서울 (한겨레신문사) 2003
24. 愼鏞廈 著, 『申采浩의 社會思想研究』, 서울 (한길사) 1991
25. 申一澈, 「申采浩의 民族史觀」, 『韓國의 近代思想』, 서울 (三省出版社) 1984
26. 신채호, 「20世紀 新國民」, 『대한매일신보』 1910. 3. 3.
27. 신채호, 단재신채호선생기념사업회 편, 『단재신채호전집 상』, 형설출판사 1972
28. 신채호, 「朝鮮上古史」 總論, 『丹齋申采浩全集』 (上卷), 丹齋申采浩先生 紀念事業會, 형설출판사 1995 (개정 5쇄)
29. _____「讀史新論」, 『丹齋申采浩全集』 (上卷), 丹齋申采浩先生 紀念事業會, 형설출판사 1995 (개정 5쇄)

30. _____「朝鮮革命宣言」,『丹齋申采浩全集』(下卷), 丹齋申采浩先生 紀念事業會, 형설출판사 1995 (개정 5쇄)

31. _____「浪客의 新年漫筆」,『丹齋申采浩全集』(下卷), 丹齋申采浩先生 紀念事業會, 형설출판사 1995 (개정 5쇄)

32. _____「道德」,『丹齋申采浩全集』(下卷), 丹齋申采浩先生 紀念事業會, 형설출판사 1995 (개정 5쇄)

33. _____「歷史와 愛國心의 關係」,『丹齋申采浩全集』(下卷), 丹齋申采浩先生 紀念事業會, 형설출판사 1995 (개정 5쇄)

34. _____「我란 觀念을 擴張할지어다」,『丹齋申采浩全集』(別集), 丹齋申采浩先生 紀念事業會, 형설출판사 1998

35. _____「思想變遷의 階級」,『丹齋申采浩全集』(別集), 丹齋申采浩先生 紀念事業會, 형설출판사 1998

36. 安秉直,「丹齋 申采浩의 民族主義」,『韓國의 歷史認識 下』, 李佑成·姜萬吉 編, 서울 (創作과 批評社) 1993

37. 이기백/차하순 편,『歷史란 무엇인가』, 서울 (文學과 知性社) 1995

38. 이길주,「미국의 제국주의 사관과 한국사 서술」,「사회와 사상」1989년 10월·통권 제 14호, 서울 (한길사)

39. 李萬烈 著,『丹齊 申采浩의 歷史學 研究』, 서울 (문학과지성사) 1995

40. 이민홍 지음,『언어민족주의와 언어사대주의의 갈등』, 서울 (성균관대학교 출판부) 2002

41. 이범직·김기덕 엮음,『한국인의 역사의식』, 서울 (청년사) 2004

42. 이승종 지음,『우리 역사의 철학적 쟁점』, 서울 (소명출판) 2021

43. 이유택 지음,『인간과 실존』, 대구 (계명대학교 출판부) 2021

44. 이을환,「언어의 기능과 전달이론」,『언어와 삶』, 김혜숙 엮음, 서울 (태학사) 1992

45. 이희승,「국어와 언어」,『언어와 삶』, 김혜숙 엮음, 서울 (태학사) 1992

46. 이희재 지음,『번역의 탄생』, 서울 (교양인) 2009

47. 이희진 지음,『거짓과 오만의 역사』, 서울 (동방미디어) 2001

48. 이희진 지음,『식민사학과 한국고대사』, 서울 (소나무) 2008

49. 임석진 외 지음,『철학사전』, 중원문화 2009

50. 임홍빈,「헤겔의 자연철학: 그 이념과 서술 원칙에 대한 일반적 고찰」,『인간과 자연』, 계명대학교 철학 연구소 편, 서울 (서광사) 1995

51. 임희완,『역사의 이해』, 건국대학교출판부 1994

52. 탁석산 지음,『한국의 민족주의를 말한다』, 서울 (웅진닷컴) 2004

53. 한영혜 지음,『일본사회개설』, 서울 (한울아카데미) 2001

54. 허용·김선정 지음,『대조언어학』, 서울 (소통) 2018 (2판 3쇄)

55. 허웅,「말과 정신」,『언어와 삶』, 김혜숙 엮음, 서울 (태학사) 1992

56. 황상민 지음,『사이버 공간에 또 다른 내가 있다』, 서울 (김영사) 2000

57. 한국 정신문화 연구원,『고등학교 철학』교사용 지도서

58. 국립국어원,『표준국어대사전』

59. 역사교육연대회의 지음,『뉴라이트 위험한 교과서, 바로 읽기』, 서울 (서해문집) 2009

60. 전국역사교사모임 지음,『살아있는 한국사 교과서 1』, 서울 (휴머니스트) 2002
61. 전국역사교사모임 지음,『살아있는 한국사 교과서 2』, 서울 (휴머니스트) 2002
62. 한국학중앙연구원,『한국민족문화대백과사전』, 2000
63.『小法典』, 서울 (현암사) 2010

[국내 번역서적]
1. 노암 촘스키 지음, 장영준 옮김,『불량국가』, 서울 (두레) 2002
2. _____ 강주헌 옮김,『촘스키, 세상의 권력을 말하다』, 서울 (시대의창) 2004
3. _____ 강주헌 옮김,『촘스키, 누가 무엇으로 세상을 지배하는가』, 서울 (시대의창)
   2004
4. 데이비드 캐너다인 엮음, 문화사학회 옮김,『굿바이 E. H. 카』, 서울 (푸른역사) 2005
5. 도널드 워스터 지음, 강헌·문순홍 옮김,『생태학, 그 열림과 닫힘의 역사』, 서울 (아카
   넷) 2002
6. 레오 바이스게르버 지음, 허발 옮김,『모국어와 정신형성』, 서울 (문예출판사) 1993
7. 루스 베네딕트 지음, 김열규 옮김,『문화의 패턴』, 서울 (까치) 1991
8. 리차드 E. 팔머 지음, 李翰雨 譯,『해석학이란 무엇인가』, 서울 (문예출판사) 1988
9. 마르크 블로크 지음, 고봉만 옮김,『역사를 위한 변명』, 서울 (한길사) 2005,
10. 마르틴 부버 著, 이병섭 譯,『神의 日蝕』, 서울 (이화여자대학교 출판부) 1984
11. 마이클 샌델 지음, 안진환 옮김,『왜 도덕인가?』, 서울 (한국경제신문) 2011
12. 막스 베버 저, 문성화 역,『프로테스탄티즘의 윤리와 자본주의 정신』, 대구 (계명대학
    교 출판부) 2019
13. 만프레드 회퍼,「헤겔의 역사철학」, 에르하르트 랑게 엮음, 신민우 옮김,『헤겔과 현
    대』, 서울 (풀빛) 1985
14. 미우라 노부타카,「식민지 시대와 포스트식민지 시대의 언어 지배」,『언어 제국주의
    란 무엇인가』, 미우라 노부타카·가스야 게이스케 엮음, 이연숙·고영진·조태린 옮김,
    서울 (돌베개) 2005
15. 브라이언 페이건 지음, 윤성옥 옮김,『기후는 역사를 어떻게 만들었는가』, 서울 (중심)
    2002
16. 오르테가 지음, 설영환 옮김,『이야기 철학』, 서울 (우석) 1986
17. 요한네스 힐쉬베르거 지음, 강성위 옮김,『서양철학사(上)』, 대구 (이문출판사) 1987
18. 제임스 W. 로웬 지음, 이현주 옮김,『선생님이 가르쳐 준 거짓말』, 서울 (평민사) 2001
19. 칼 야스퍼스 저, 백승균 역,『역사의 기원과 목표』, 서울 (이화여대 출판부) 1986
20. 카를 야스퍼스 지음, 권영경 옮김,『위대한 사상가들 : 소크라테스·석가모니·공자·
    예수』, 서울 (책과함께) 2005
21. 크리스 브래지어 지음, 추선영 옮김,『세계사, 누구를 위한 기록인가?』, 서울 (이후)
    2007
22. 플라톤 지음, 유원기 역해,『소크라테스의 변론, 크리톤, 향연』, 대구 (계명대학교 출판
    부) 2018
23. 피터 N. 스턴스 지음, 최재인 옮김,『세계사 공부의 기초』, 서울 (삼천리) 2019
24. 하랄트 뮐러 지음, 이영희 옮김,『문명의 공존』, 서울 (푸른숲) 2001

25. 하워드 진 지음, 유강은 옮김, 『전쟁에 반대한다』, 서울 (이후) 2003

25. 한스 인아이헨 지음, 문성화 옮김, 『철학적 해석학』, 서울 (문예출판사) 1998

26. 헬레나 노르베리-호지/ISEC 지음, 이민아 옮김, 『허울뿐인 세계화』, 서울 (도서출판 따님) 2000년

27. 헬레나 노르베리-호지 · 반다나 시바 외 지음, 홍수원 옮김, 『진보의 미래』, 서울 (두레) 2006

28. 헬무트 코르히, 「헤겔의 자연철학」, 에르하르트 랑게 엮음, 신민우 옮김, 『헤겔과 현대』, 서울 (풀빛) 1985

29. N. 로텐스트라이히 지음, 정승현 옮김, 『청년마르크스의 철학』, 서울 (미래사) 1986

30. J. E. 러브록 지음, 홍욱희 옮김, 『가이아 - 생명체로서의 지구 - 』, 서울 (범양사출판부) 1999

31. J. 몰트만 지음, 조성로 옮김, 『정치신학 · 정치윤리』, 서울 (대한기독교서회) 1992

32. R. 번스타인 지음, 김대웅 옮김, 『실천론 : 헤겔과 마르크스의 실천개념』, 서울 (한마당) 1985

33. H. J. 슈퇴릭히 著, 임석진 譯, 『世界哲學史 上』, 서울 (분도출판사) 1983

34. J. 하버마스 지음, 강영계 옮김, 『인식과 관심』, 서울 (고려원) 1983

35. O. F. Bollnow 지음, 백승균 옮김, 『삶의 哲學』, 서울 (경문사) 1985

36. E. H. Carr 저, 진원숙 역주, 『역사란 무엇인가』, 대구 (계명대학교출판부) 1997

37. Friedrich Kümmel 저, 권의무 역, 『시간의 개념과 구조』, 대구 (계명대학교출판부) 1986

38. Michael Landman 지음, 진교훈 역, 『철학적 인간학』, 서울 (경문사) 1998 (개정판)

39. 齊藤 孝 著, 崔民 譯, 『歷史와 歷史學』, 서울 (形成社) 1983

[국외서적 ; 번역본]

1. Aristoteles, *Metaphysik*, philosophische Schriften in 6 Bd., 5. Bd., Übersetzung v. H. Bonitz, Hamburg 1995

2. G. Berkeley, *A Treatise Concerning the Principles of Human Knowledge* ; 문성화 옮김, 『인간 지식의 원리론』, 대구 (계명대학교 출판부) 2010

3. A. Boeckh, *Enzyklopädie und Methodenlehre der philosophischen Wissenschaften*, hrsg. von E. Bratuscheck, Darmstadt 1966

4. Chomsky, Noam. *The Logical Structure of Linguistics Theory*, University of Chicago Press 1975

5. Droysen, Historik. *Vorlesungen über Enzyklopädie und Methodologie der Geschichte*, hrsg. v. R. Hübner, 3. Aufl. Darmstadt 1958

6. H. G. Gadamer, *Wahrheit und Methode, Grundzüge einer philosophischen Hermeneutik*, Tübingen (1. Aufl. 1960)

7. Lutz Geldsetzer, *Logik*, Scientia Verlag Aalen 1987 ; 문성화 옮김, 『논리학』, 대구 (계명대학교 출판부) 1997

8. G. W. F. Hegel Werke in zwanzig Bänden, Theorie-Werkausgabe Redaktion Eva Moldenhauer und Karl Markus Michel, Frankfurt a. M. 1970-1971

9. _____ Bd. 3: *Phänomenologie des Geistes*

10. _____ Bd. 7: *Grundlinien der Philosophie des Rechts* ; 임석진 역, 『법철학』 I,
    II, 서울 (지식산업사) 1989

11. _____ Bd. 9: *Enzyklopädie der philosophischen Wissenschaften* II

12. _____ Bd. 12: *Vorlesungen über die Philosophie der Geschichte* ; 김종호 역, 『역
    사철학강의』 I, 서울(삼성출판사) 1984,

13. _____ Bd. 17: *Vorlesungen über die Philosophie der Religion* II

14. _____ Bd. 18: *Vorlesungen über die Geschichte der Philosophie* I ; 임석진 역,
    『철학사』 I, 서울 (지식산업사) 1996

15. _____ Bd. 20: *Vorlesungen über die Geschichte der Philosophie* III

16. _____ *Phänomenologie des Geistes*, Hamburg 1952 ; 임석진 역, 『정신현상학』,
    재판, 서울 (분도출판사) 1983

17. _____ *Die Vernunft in der Geschichte*, hrsg. v. Johannes Hoffmeister, 5. Aufl.,
    Hamburg 1955 ; 임석진 역, 『역사 속의 이성』, 서울 (지식산업사) 1994

18. _____ *Wissenschaft der Logik* I, Hamburg 1978 ; 임석진 역, 『대논리학』 I, 서울
    (지학사) 1988(재판)

19. Herder, *Auch eine Philosophie der Geschichte zur Bildung der Menschheit*, 1774

20. _____ *Ideen zur Philosophie der Geschichte der Menschheit*, 1784/91

21. I. Kant, *Kritik der reinen Vernunft*, Hamburg 1956

22. Karl Marx, *Einleitung zu Zur Kritik der Hegelschen Rechtsphilosophie*, in: Deutsch-
    Französische Jahrbücher 1844

23. K. Marx, *Thesen über Feuerbach*, 1845

24. K. Marx - F. Engels, *Manifest der kommunistischen Partei*, Erstausgabe 1848, mit
    einem Nachwort v. I. Fetscher, Stuttgart 1969 (Reclam)

25. Hans Meyerhoff, "*History and Philosophy*", Meyerhoff, ed., The Philosophy of History
    in Our Time (1959) ; 이기백/차하순 편, 『歷史란 무엇인가』, 서울 (文學과 知性社)
    1995

26. Michael Glennon, "*The New Interventionism*", Foreign Affairs (1999년 5-6월 호)

27. F. W. Nietzsche, *Die fröhliche Wissenschaft*, Drittes Buch, Aphorismus 125, hrsg.
    Peter Pütz, München, Goldmann Verlag, 1987

28. José Ortega y. Gasset, *Geschichte als System*, übers. v. F. Schalk, Stuttgart 1943

29. Richard Schaeffler, *Einführung in die Geschichtsphilosophie*, Darmstadt 1980 ; 김진
    옮김, 『역사철학』, 서울 (철학과 현실사) 1997

30. Max Scheler, *Die Stellung des Menschen im Kosmos*, Darmstadt 1928, Bern/
    München 1962 (6. Aufl.)

31. F. D. E. Schleiermacher, *Hermeneutik und Kritik*, hrsg. von M. Frank, Frankfurt a.M.
    1977

32. Herbert Schnädelbach, *Geschichtsphilosophie nach Hegel, Die Probleme des
    Historismus*, Freiburg/München 1974 ; 이한우 역, 『헤겔 이후의 歷史哲學』, 서울 (문
    예출판사) 1986

33. O. Spengler, *Der Untergang des Abendlandes*, 1918/1922

34. Merold Westphal, "Hegels Phänomenologie der Wahrnehmung", in *Materialien zu Hegels ≫Phänomenologie des Geistes≪*, hrsg von H. F. Fulda und D. Henrich, Frankfurt a. M. 1973

[국내 논문]

1. 문성화, 「사이버스페이스와 현실 공간 - 공간 개념의 윤리적 전환」, 『哲學硏究』 제80집, 대한철학회 2001. 11.
2. 문성화, 「버클리와 헤겔에서 인식론적 단초와 철학의 분과들」, 『철학논총』 제49집, 새한철학회 2007. 7.
3. 문성화, 「헤겔 철학에서 인식 방법론」, 『철학논총』 제54집, 새한철학회 2008. 10.
4. 문성화, 「Feuerbach의 Hegel 인간학 비판」, 『철학논총』, 제79집, 새한철학회 2015. 1.
5. 송두율, 「분단을 넘어서는 통일의 철학」, 『변화하는 시대와 철학의 과제』, 한민족 철학자 대회보 1권 1991, 서울(도서출판 天池) 1991
6. 이효형, 「『歷代年表』와 『三國遺事』를 통해 본 一然의 발해 인식」, 『동북아역사논총』 제18호, 동북아역사재단 2007. 12.

[기타 자료]

1. 국사편찬위원회: "한국사데이터베이스→한국사연표→시대별연표" (2005년 2월 3일 다운로드)
2. 2005. 2. 12. Daum 사전 검색 (자료제공: 『파스칼세계대백과사전』)
3. 東亞日報 1924. 2. 6.
4. 1986년 8월 17일자 조선일보
5. 1999년 8월 11일 · 18일 · 31일자 동아일보
6. 1999년 10월 3일자 중앙일보
7. 독일 지역방송 'SWR' (2021년 1월 28일, de.yahoo.com 검색)
8. 김영명, 「'구국의 혁명' 꿈꾼 5 · 16, 정권탈취와 민주압살로 귀결」, 『신동아(新東亞)』 2007년 1월호. (2021년 1월 28일, NAVER 검색)
9. pmg 지식엔진연구소, 『시사상식사전』, 박문각. (네이버 지식백과 "4차 산업혁명", 2021년 3월 8일 검색)
10. https://www.wikiwand.com/ko/유엔#/언어 (2021년 4월 20일, NAVER 검색)

(Endnotes)

역사란 무엇인가?

초판 1쇄 인쇄일   2022년 10월 13일
초판 1쇄 발행일   2022년 10월 18일

지 은 이   문성화
만 든 이   이정옥
만 든 곳   평민사
　　　　　　서울시 은평구 수색로 340 〈202호〉
　　　　　　전화 : 02) 375-8571
　　　　　　팩스 : 02) 375-8573
　　　　　　http://blog.naver.com/pyung1976
　　　　　　이메일   pyung1976@naver.com
등록번호   25100-2015-000102호.
ISBN   978-89-7115-826-5   93900
정　　　가   20,000원

＊ 이 도서는 한국출판문화산업진흥원의 '2022년 중소출판사 출판콘텐츠 창작
　지원 사업'의 일환으로 국민체육진흥기금을 지원받아 제작되었습니다.